ATEMPORAIS

Dados Internacionais de Catalogação na Publicação (CIP)
(Claudia Santos Costa – CRB 8ª/9050)

Edwards-Dujardin, Hayley
Atemporais: uma antologia da moda / Hayley Edwards-Dujardin; ilustrações de Timothy Durand e The Shelf Studio; tradução Brune Carvalho. – São Paulo: Editora Senac São Paulo, 2025.

Título original: Indémodables: Le répertoire de ce qui fait la mode.

ISBN 978-85-396-5312-6 (impresso/2025)

1. Moda – História. 2. Moda – Vocabulário. I. Durand, Timothy. II. Título.

25-2354c CDD–391.009
746.9209
BISAC DES005000

Índices para catálogo sistemático:
1. Moda: História 391.009
2. Moda: Vestuário: História 391.009
3. Moda: Estilo: História 746.9209

HAYLEY EDWARDS-DUJARDIN

TRADUÇÃO DE BRUNE CARVALHO

ATEMPORAIS

UMA ANTOLOGIA DA MODA

ILUSTRAÇÕES DE
TIMOTHY DURAND E THE SHELF STUDIO

EDITORA SENAC SÃO PAULO – SÃO PAULO – 2025

Para meu pai, que acompanhou o início desta obra, mas não pôde ver a sua conclusão. Com seu estilo atemporal, chique e com um toque único, ele cultivou o fio condutor deste projeto e me acompanhou ao longo de toda a escrita, em aromas místicos de tabaco apagado e de perfume Équipage.

NÃO HÁ NADA DE FÚTIL EM SE VESTIR

Nossas roupas, segunda pele consentida ou não, criam um laço entre nós e o resto do mundo. Elas nos protegem, nos embelezam, nos confortam. Elas também contam sobre nós, nos transformam ou nos camuflam. Nossas roupas falam sobre as nossas paisagens íntimas, mas também sobre nossas histórias sociais, políticas, culturais e econômicas. Daí, tornam-se moda. Um fenômeno. Uma indústria. Uma norma. Uma autoridade.

No entanto, não sabemos muito sobre nossas roupas. Esquecemos sua história. A moda tem isso de ambivalente, ela é ao mesmo tempo efêmera e perene. Existem peças que transcendem o tempo, e há mitos imutáveis, os das passarelas e das grifes, que falam do imaginário de seus criadores, do gosto pelo sonho e pela prescrição.

Contar a origem dessas peças que foram banalizadas ou fantasiadas é reconstruir a linha de uma história da moda feita de homens, mulheres, cultura popular, do que é superficial e profundo. É também restituir a essas peças seu valor, em um momento em que a moda nunca foi tão irrisória. Exaltando os objetos da moda e as aparências, exaltamos os indivíduos.

VESTUÁRIO

78 ITENS ESSENCIAIS

P. 9

CRIAÇÕES

60 ÍCONES

P. 191

ESTILOS

22 SILHUETAS

P. 301

PERFIS

52 CRIADORES

P. 349

PARTE 1

VESTUÁRIO

78 ITENS ESSENCIAIS

Camiseta branca .... p. 10
Sapatilha .... p. 14
Cardigã .... p. 15
Marinière .... p. 16
Dr. Martens .... p. 20
Gola alta .... p. 21
Polo .... p. 24
Yellow boot .... p. 28
Camisa xadrez .... p. 29
Geta .... p. 32
Sarongue .... p. 33
Bucket .... p. 36
Chinelo de dedo .... p. 37
Bandana .... p. 38
Casaco de tweed .... p. 42
Bota .... p. 43
Caftan .... p. 46
Jardineira .... p. 47
Birkenstock .... p. 50
Mochila .... p. 51
Calça cáqui .... p. 54
Moletom .... p. 55
Sári .... p. 56
Jaqueta militar .... p. 60
Desert boot .... p. 61
Jaqueta jeans .... p. 64
Jaqueta tang .... p. 65
Gravata-borboleta .... p. 68
Shorts .... p. 69
Maiô .... p. 72
Biquíni .... p. 73
Jaqueta puffer .... p. 76
Pochete .... p. 77
Vestido camponesa .... p. 80
Chapéu de palha .... p. 81
Qipao .... p. 84
Jaqueta utilitária .... p. 85
Samuê .... p. 86
Boné .... p. 87
Tênis .... p. 92
Scarpin .... p. 96
Sutiã .... p. 98
Calcinha .... p. 99
Regata .... p. 102
Cueca .... p. 103
Vestidinho preto .... p. 106
Djelaba .... p. 110
Kufi .... p. 111
Dashiki .... p. 114
Jaqueta perfecto .... p. 115
Guayabera .... p. 118
Boina .... p. 119
Jaqueta aviador .... p. 122
Jaqueta bomber .... p. 123
Duffle coat .... p. 126
Caban .... p. 127
Alpargata .... p. 130
Plataforma .... p. 131
Boubou .... p. 134
Qamis .... p. 135
Jeans .... p. 136
Jogging .... p. 144
Quimono .... p. 148
Sobretudo .... p. 152
Fedora .... p. 153
Suéter .... p. 156
Minissaia .... p. 160
Turbante .... p. 161
Barbour .... p. 164
Gorro .... p. 165
Camisa branca .... p. 166
Camisa jeans .... p. 170
Trench coat .... p. 171
Mocassim .... p. 174
Kilt .... p. 178
Huipil .... p. 179
Gravata .... p. 182
Terno moderno .... p. 186

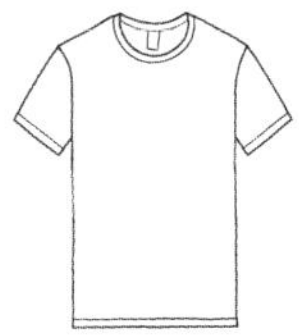

CAMISETA BRANCA

TELA EM BRANCO

CELEBRIDADES .... MARLON BRANDO, JEAN SEBERG

PASSARELAS .... JIL SANDER, VIVIENNE WESTWOOD, DIOR

A camiseta ou T-shirt branca, originalmente uma modesta roupa íntima para ser usada por baixo de outras peças, confortável, prática e universal, se tornou, na segunda metade do século XX, o paradigma dos itens essenciais da moda. Trivial e singular ao mesmo tempo, manifesta significantes variados inscritos em todas as dissonâncias da indústria da moda.

↑ **Marlon Brando**, em *Uma rua chamada pecado*, 1951

A FORMA DE UM T

Desde a Idade Média existe uma roupa de baixo em forma de T. Modesta, robusta e rústica, protege o corpo da aspereza de alguns materiais, evitando também que o sebo da pele suje as peças externas. Pouco a pouco substituída pela camisa, a camiseta de baixo ressurge no século XIX, corroborada pelo pensamento higienista.

ROUPA JUSTA

Hollywood se vale dessa ambiguidade. Marlon Brando ostenta uma camiseta branca nas telas, que reveste seus músculos e expõe sua silhueta. Os rebeldes, as mulheres intrépidas, os estudantes intelectuais e os revolucionários de maio de 1968 se apropriam dela. As feministas a usam sem sutiã e os gays veem nela uma aliada erótica.

"SEMPRE PENSEI QUE A CAMISETA REPRESENTASSE O ALFA E O ÔMEGA NO VOCABULÁRIO DA MODA."

GIORGIO ARMANI

HERÓIS DE GUERRA

A camiseta ganhou sua forma em 1898. O exército americano integra essa camiseta ao uniforme de seus soldados, tornando-se característica, e às vezes usada sem nada por cima nas missões em países quentes. Ela passa a ser mais exibida durante a Segunda Guerra Mundial, servindo a uma iconografia conquistadora, em que os soldados vestem suas camisetas justas, em uma estética viril, com ambivalência sexual.

ORIGEM LITERÁRIA

Atribui-se ao escritor F. Scott Fitzgerald a primeira menção escrita ao termo "T-shirt", em 1920, em sua obra *Este lado do paraíso*, quando ele descreve o conteúdo de uma mala. Na França dos anos 1950 aparece o termo derivado "tee-shirt".

POLUIÇÃO TÊXTIL

A camiseta branca passa a ser um lugar-comum usado por todos, em qualquer lugar. Até um pouco demais. Luxuosa quando atinge valores absurdos, comum quando é vendida no atacado a preços muito baixos, ela participa de todo o vocabulário da moda. Inclusive por suas falhas, porque ela também integra o ciclo de danos ambientais.

TRANSMITIR A MENSAGEM

Os primeiros slogans nas camisetas são aqueles que o exército americano exibe na década de 1940 com os nomes de suas corporações ou escolas. Esses slogans entram em seguida no mundo civil graças a um político, em 1948, seguidos de perto pelas camisetas promocionais de Walt Disney, por mensagens contestatórias ou pessoais nos anos 1960, depois por logotipos de luxo.

TRANSMITIR A MENSAGEM

1871

MARCA ICÔNICA

Surgimento da Fruit of the Loom.

1898

PLEBISCITO PARA OS SOLDADOS

Guerra Mexicano-Americana, ao longo da qual a roupa de baixo branca se estabeleceu no exército americano.

1901

FORNECEDORA OFICIAL

Fundação da manufatura Hanes, que abastece o exército americano.

1920

CARTAS DE NOBREZA

F. Scott Fitzgerald estabelece o apelo da T-shirt em sua obra *Este lado do paraíso*.

1939

BRINDES

A primeira camiseta promocional é criada para o lançamento de *O Mágico de Oz*.

1942

PRIMEIRA CAMISETA ESTAMPADA

Capa da revista *Life* com um soldado americano exibindo uma camiseta estampada com o nome de sua escola.

1948

CAMISETA COM FRASES

Thomas Dewey participa das eleições para presidente dos Estados Unidos e lança camisetas com o slogan "Dew-it-with Dewey".

1951

SEX SYMBOL

Marlon Brando leva multidões à loucura com sua camiseta apertada em *Uma rua chamada pecado*.

1960

NAS TELAS

Jean Seberg passeia pela avenida Champs-Élysées com sua camiseta "New York Herald Tribune" em *Acossado*.

1977

MODELO MÍTICO

Criação de "I Love New York".

1984

MANIFESTO IMPRESSO

A estilista britânica Katharine Hamnett encontra Margaret Thatcher vestindo uma de suas camisetas de protesto: "58% Don't Want Pershing".

2017

TOMADA DE POSIÇÃO

Dior lança as camisetas "We Should All Be Feminists", inspiradas nas palavras da escritora Chimamanda Ngozi Adichie.

SWAMP WATER
AMERICAN
BLUEJACKETS

← **Ramones,** Santa Mônica, 1976

↑ **Camiseta com decote redondo,** Velva Sheen

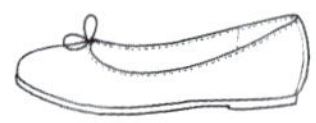

SAPATILHA

DO PALCO PARA A CIDADE

CELEBRIDADES ··· **BRIGITTE BARDOT, AUDREY HEPBURN, KATE MOSS**

PASSARELAS ······················ **VALENTINO, CHRISTIAN DIOR, MIU MIU**

No século XVIII, a dançarina Marie-Anne de Cupis de Camargo se livra dos pequenos saltos que adornavam seus sapatos de dança e a constrangiam. Mais práticos e mais leves, esses novos sapatos oferecem uma nova visão da feminilidade: romântica, moderna e pretensamente ingênua.

INFLUÊNCIA DA DANÇA

No início do século XIX, as bailarinas usam calçados macios e planos. Aprimorados com constância, esses calçados buscam apoiar sua postura e seus gestos técnicos. Em 1997, Salvatore Capezio abre um ateliê em Nova York e se especializa em criar sapatos para dança. Na rua, a moda dos sapatos sem salto com laço romântico que vai até o tornozelo é inspirada nas sapatilhas das bailarinas.

DO PALCO À RUA

O russo Jacob Bloch, que abre sua oficina de sapatos de dança em Sydney em 1932, é o primeiro a chamar suas sapatilhas de *ballerines*. Mas é nos Estados Unidos que a moda das sapatilhas ganha a cidade. Claire McCardell, estilista pioneira de gosto minimalista, define o estilo clean, elegante e confortável desejado por essa tendência.

APARÊNCIA DO PÓS-GUERRA

Em 1944, ela colabora com Salvatore Capezio, que projeta sapatos adaptados à sua coleção de prêt-à-porter. Entrando na moda, a sapatilha se torna em 1950 uma prerrogativa das jovens que preferiam sua estética mais reservada e um tanto moleca com o visual ousado da década. Consumidora de Salvatore Ferragamo, a atriz Audrey Hepburn é adepta desses sapatos.

SAPATILHA DE LUXO

Em 1960, Fiamma Ferragamo retoma a marca de sapatos luxuosos e criativos que seu pai, Salvatore, impôs à elite internacional. Em 1978, ela cria um modelo cuja forma é emprestada da sapatilha, com um pequeno salto quadrado e um laço de fita na frente: a Vara. Best-seller constantemente reinventado, ele se tornou um item obrigatório da marca.

↑ **Sapatilhas Cinderela**, Repetto

"SE O SAPATO TE FAZ SOFRER, JOGUE-O FORA."

CLAIRE MCCARDELL

ÍCONE PARISIENSE

Na França, Brigitte Bardot exibe as sapatilhas Cinderela feitas para ela por Rose Repetto em 1956. A nouvelle vague se apropria da sapatilha, e ela se torna sinônimo de um estilo parisiense atrevido e pretensamente sofisticado. Identidade que conserva até hoje, entre romantismo, audácia e sensualidade.

AMERICANA

Pioneira da moda americana, Claire McCardell se adapta às restrições da Segunda Guerra Mundial, concebendo um vestuário feminino composto de peças funcionais, simples e acessíveis, privilegiando os materiais naturais. Os calçados urbanos são então restritos, mas não os sapatos de dança. Claire McCardell lança a moda das sapatilhas na cidade, antecipando o visual contemporâneo, simplificado, versátil e ativo que definirá a identidade da moda americana e influenciará estilistas como Calvin Klein ou Ralph Lauren.

CARDIGÃ

LENDA URBANA

CELEBRIDADES ······ **KURT COBAIN, EDIE SEDGWICK, HARRY STYLES**

PASSARELAS ················ **CHRISTOPHER KANE, PRADA, JACQUEMUS**

O cardigã é ao mesmo tempo elegante e despojado, confortável e sofisticado. Essas variações com certeza têm a ver com suas origens aristocráticas e funcionais. O século XIX introduz a peça, ainda que parte de suas origens remonte a roupas usadas por pescadores desde o século XVII.

↑ Cardigã com botões de pressão Le Classique, agnès b.

MITO DO GUERREIRO

Sua posteridade se estabelece na Batalha de Balaclava, na Ucrânia, durante a Guerra da Crimeia, em 1854. Em vez da vestimenta militar tradicional, James Thomas Brudenell, o conde de Cardigan, prefere usar uma jaqueta de lã sem gola, mais adaptada e mais quente – e um mito é construído em torno de suas falsas façanhas militares.

À FRANCESA

Em 1979, cansada de moletons, Agnès Troublé, conhecida por sua marca agnès b., decide fazer um corte no centro de um deles e prender botões de pressão. Nasce então o protótipo de um modelo que ela aperfeiçoará ao longo do tempo e que vai se tornar o cardigã de malha de algodão, assinatura da marca e que vem sendo constantemente revisitado desde então.

SUCESSO COMERCIAL

Os alfaiates capitalizam esse mito para comercializar o casaco, batizando-o com o nome do conde. Quente e flexível, ele ganha popularidade, sobretudo entre a aristocracia masculina inglesa.

ELITE ESPORTIVA

Na década de 1920, ele passou a ser associado à atividade esportiva, com o desenvolvimento da moda esportiva de luxo, promovida por estilistas como Lucien Lelong e Jean Patou. Logo, ele entra também no guarda-roupa feminino, quando Gabrielle Chanel o transforma em um elegante conjunto urbano na forma de um tailleur de jérsei (p. 203). Nos anos 1930 e 1940, ele é democratizado no vestuário feminino, sobretudo entre as estudantes americanas, mas, no âmbito masculino, ele permanece caracterizando a elite.

UNANIMIDADE

Nos anos 1950, ele está em toda parte: dos sofisticados estudantes da Ivy League (p. 334) aos intelectuais alemães, passando pelos conjuntinhos de pin-ups e os boêmios beatniks. Mulheres lésbicas, em seguida, fazem dele o símbolo de sua identidade sexual, enquanto a televisão o associa a um conservadorismo patriarcal conformista. Ao mesmo tempo sério e descolado, ele também pode ser uma peça fora da curva e grunge (p. 338), quando Kurt Cobain veste um cardigã oversized e puído em uma apresentação lendária na MTV.

CONFUSÃO

Há a tendência errada de chamar os cardigãs de coletes. Um colete é, na verdade, uma roupa de baixo, ou, mais frequentemente, um casaco curto sem mangas que é encontrado em ternos de três peças. A nomenclatura "cardigã" se refere a casacos de tricô, com botões na frente.

GRUNGE PARA O MUNDO

Em 2019, o cardigã verde-oliva usado por Kurt Cobain no *Acústico MTV* em 1993 foi leiloado por 334 mil dólares.

MARINIÈRE

"QUEM ME NAVEGA É O MAR"

CELEBRIDADES ········ **ANDY WARHOL, PICASSO, GABRIELLE CHANEL**

PASSARELAS ·········· **BALMAIN, JEAN-PAUL GAULTIER, JACQUEMUS**

Até o século XIX, os marinheiros franceses embarcavam nos navios com trajes pessoais (os oficiais tinham direito a um uniforme regulamentar). Em 1858, um decreto ministerial estabelece o uniforme da tripulação: gola de marinheiro, corta-vento, calça com botões nas laterais e um tricô listrado distinguem essa silhueta.

↑ Marinière bretã histórica, Le Minor

TRICÔ LISTRADO

No século XX, a elite emancipada desfila com o tricô de algodão de marinheiro, listrado de azul e branco, no litoral francês. De acordo com o decreto de 1858, as mangas devem cobrir apenas três quartos do braço para não se projetarem para fora do paletó. As listras permitem reduzir o uso do índigo, que custa caro, a apenas algumas faixas.

O TRICÔ EM NÚMEROS

1858: um decreto define a estética do tricô listrado.

21 listras brancas: largura de 20 mm para o tronco e de 15 mm para as mangas.

20 ou 21 listras azuis: largura de 10 mm para o tronco e de 14 ou 15 mm para as mangas.

DE VENTO EM POPA

Desde o final do século XVIII, os guarda-roupas infantis têm peças emprestadas do mundo marítimo. Na belle époque, com o desenvolvimento do lazer balneário, as mulheres se apropriam dos formatos e das estampas do uniforme dos marinheiros, cuja imagem é fantasiada: aventura, liberdade e sensualidade. No século XX, usar referências náuticas significa atribuir a si próprio uma forma de independência.

BOÊMIO CHIQUE

Ao longo dos anos 1920, a marinière passa a ser mais usada. Na boêmia Paris, o artista japonês Foujita a usa, seguido por Pablo Picasso e Andy Warhol. Coco Chanel, por sua vez, lembra o visual dos uniformes de marinheiro com seus jérseis e ela mesma é adepta da marinière com calça nos anos 1930.

"ESSA MALHA LISTRADA DE MARINHEIRO TINHA O PODER DE UMA PELE DE LEOPARDO. MAIS AINDA, ELA ERA O PRÓPRIO ANIMAL QUE SE ESCONDE EM CADA UM [...]."

JEAN GENET

CHARME NAS TELAS

Depois da guerra, a marinière entra nos filmes da nouvelle vague, usada por Jean Seberg ou Brigitte Bardot.

BELEZA DA CARNE

Lúdica quando usada por mulheres autônomas, ela é carnal quando usada por homens, alimentando fantasias homoeróticas, como em *Morte em Veneza*, de Thomas Mann, ou *Querelle de Brest*, de Jean Genet.

BEM AQUECIDA

Em 1850, Léon Legallais funda uma fábrica de lã em Saint-James, que, no final do século XIX, produz camisas de lã de manga comprida, semelhantes a suéteres, chamadas de "suéteres de marinheiro" em referência aos navegadores que as usam, apelidados de "vendedores de alho". A marinha francesa torna-se seu principal cliente: para os marinheiros, as peças listradas; e, para os oficiais, suéteres lisos.

CORPO E DECORAÇÃO

UMA HISTÓRIA DE PADRÕES

Desde os tempos pré-históricos, homens e mulheres decoram os tecidos com os quais se revestem, entrelaçando fios tingidos, imprimindo padrões com a ajuda de estêncil ou peças de madeira gravadas. Esta técnica, surgida na Índia, desenvolve-se no Oriente, antes que a Europa, com o objetivo de imitar os tecidos importados da Ásia, crie suas primeiras manufaturas de impressão têxtil no século XVII.

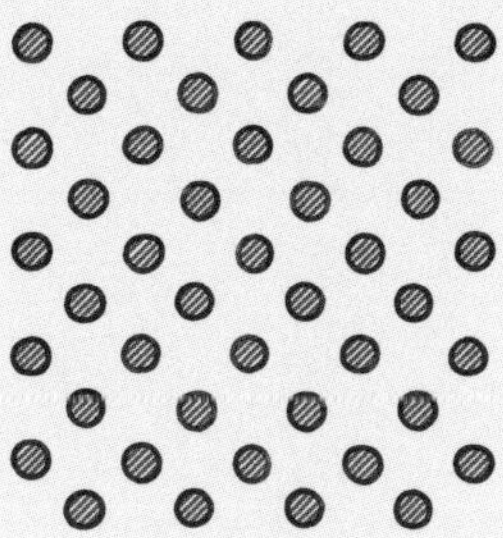

POÁS

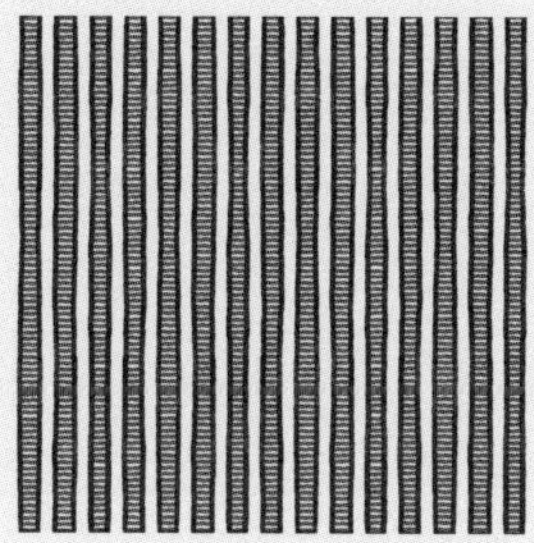

LISTRAS

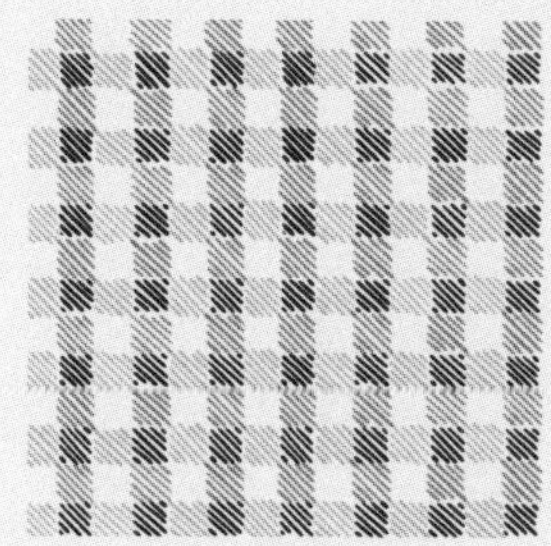

XADREZ VICHY

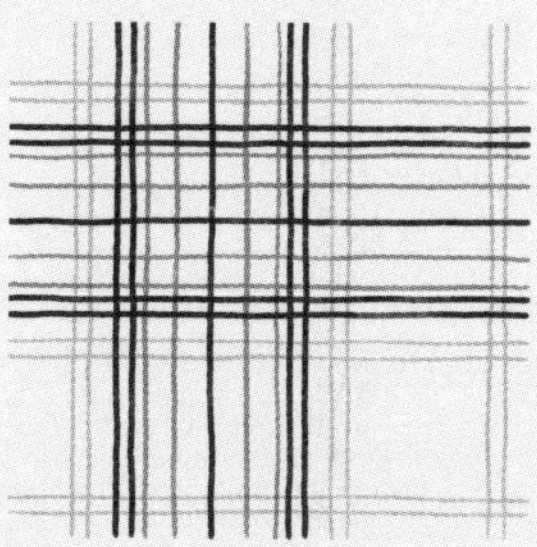

TARTAN

PIED-DE-POULE

ZEBRA

LEOPARDO

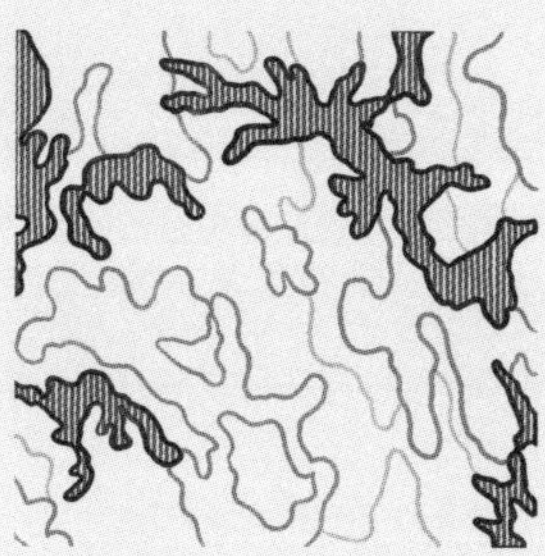

CAMUFLAGEM

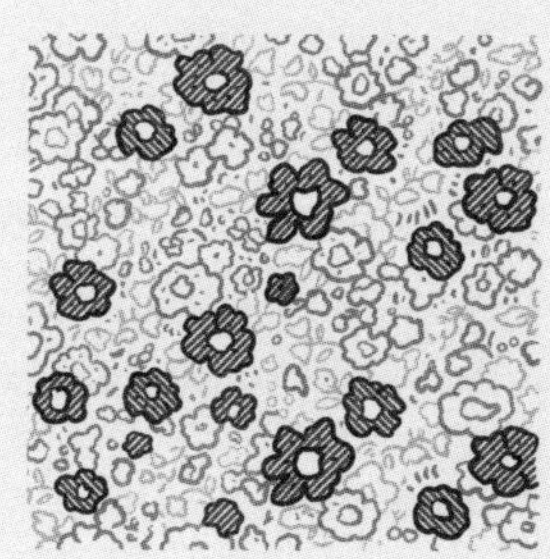

FLORAL LIBERTY

↑ **Bota 1460**, Dr. Martens

→ **Punk britânico**, Reino Unido, 1982

DR. MARTENS

DIRETO AO PONTO

CELEBRIDADES ········ **PETE TOWNSHEND, DREW BARRYMORE**

PASSARELAS ········ **PERRY ELLIS, JEAN-PAUL GAULTIER**

Por volta de 1946, o médico alemão Klaus Maertens desenvolve, com o engenheiro Herbert Funck, suas "Dr. Maertens": solas ortopédicas com almofadas de ar. A guerra aprisiona os pés dos homens a botas militares, e os das mulheres a sapatos de madeira. Essas solas aeradas representam um grande alívio.

NOS PÉS DOS TRABALHADORES

Na Inglaterra, a empresa R. Griggs obtém uma licença exclusiva para produzir as solas, adaptando-as a botas arredondadas em couro resistente, com costura amarela, solado com sulcos, língua e a inscrição "Airwair with bouncing soles" ["Airwair com solas que saltam"]. A Airway se torna o modelo Dr. Martens 1460, em homenagem a seu criador e à data de sua criação: 1º de abril de 1960. Baratas e funcionais, elas têm apelo para operários, para trabalhadores do metrô de Londres...

ARMA FATAL

... e para a contracultura. Na década de 1960, os skinheads ingleses as adotam, pois seu uso por parte dos trabalhadores se adequa às suas reinvindicações, e as imponentes botas os deixam alguns centímetros mais altos. Elas encontram seu público, e as vendas explodem.

DO PUNK...

Nos anos 1970, a bota se torna o elemento mais característico do visual punk (p. 328), que se identifica com sua estética militar, quase ameaçadora. Unissex, ela personifica a raiva, o não conformismo e a ferocidade de sua música.

RAIVA NO ESTÔMAGO

Os skinheads provêm da classe trabalhadora do leste de Londres e das cidades industriais inglesas. Herdeiros dos mods, eles apreciam gêneros musicais como ska e rocksteady, criados pelos rude boys jamaicanos. No final da década de 1970, parte do movimento, violento desde o início, cai no fascismo e no extremismo, características associadas ao grupo até hoje.

... AO GRUNGE

Inspirada pelos punks, a maior parte das correntes musicais alternativas nos Estados Unidos adota essas botas, como o grunge, nos anos 1990. Usadas com os cadarços desamarrados e a língua para fora, com certa negligência, elas conferem um vocabulário próprio a essa juventude revoltada.

↑ **Pete Townshend**, guitarrista do The Who, 1975

"ELAS ERAM RESISTENTES E FLEXÍVEIS, PERFEITAS PARA OS SALTOS QUE EU DAVA. EU TINHA A IMPRESSÃO DE VOAR."

PETE TOWNSHEND, THE WHO

HISTÓRIA SEM FIM

Os anos 2000, com sua ostentação característica, abandonam as Dr. Martens, mas elas reaparecem nos anos 2010, transformando-se em um culto. O desconstrutivismo está de volta, agora mais brutal. Enquanto as marcas de luxo oferecem suas versões caras, os jovens recorrem a um modelo autêntico e acessível.

GANGUE

Já muito associada ao movimento skinhead, a Dr. Martens passa a ter uma imagem negativa, uma vez que foi utilizada como alegoria da violência e do fascismo no simbolismo do vestuário. É nesse espírito que o diretor Stanley Kubrick calça com Dr. Martens suas personagens doentias e ultraviolentas, os "drugues", liderados por Alex DeLarge no filme *Laranja mecânica*, clássico de 1971.

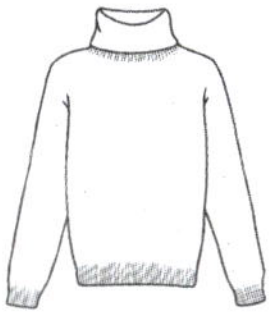

GOLA ALTA

UM ITEM UNIVERSAL

CELEBRIDADES .... **STEVE JOBS, ANDY WARHOL, HALSTON**

PASSARELAS .... **GUCCI, MAX MARA, YVES SAINT LAURENT**

Quando a gola alta aparece no fim do século XIX, ela é sobretudo utilizada em contextos esportivos ou navais, por suas qualidades térmicas e práticas, assim como anteriormente foram os cardigãs e os suéteres.

GOLA ALTA

No Renascimento, as golas altas se espalham. Esconder o pescoço é uma forma de protegê-lo, de ocultá-lo ou de acentuar a nobreza da silhueta – os poderosos utilizam colarinhos pomposos na forma de morangos extravagantes. Enquanto o colo das mulheres é desnudado a partir do século XVII, os homens apreciam a elegância dos lenços. Com a aparição da gola rolê no fim do século XIX, a gola alta abandona o universo aristocrático para se unir à funcionalidade.

TRICÔ INQUIETANTE

No contexto do filme de 1937 *Esquecer, nunca!*, em que a atriz Lana Turner usa um suéter justo, o apelido objetificante de "sweater girl" é criado para enfatizar seu sex appeal. A peça se difunde nos anos 1950, com o surgimento dos sutiãs em formato de cone. Explorando ao máximo a feminilidade, a década coloca em destaque as pinups com malhas justas e golas supostamente recatadas.

GOLA ESPORTIVA

Dependendo da moda, revela-se mais ou menos o decote, mas parece que os homens tendem a cobrir mais o peito do que as mulheres. A gola alta aparece no fim do século XIX. Os atletas, especialmente os jogadores de polo, e o mundo naval a adotam graças à sua funcionalidade.

CANALHA E SEXY

Na década de 1920, livre das algemas e do conservadorismo, ela passa a fazer parte do guarda-roupa do dia a dia. É assimilada por homens da alta sociedade com um ar um tanto canalha e por algumas feministas, por conta de sua estética andrógina. Nos anos 1950, ela não é mais usada da mesma forma. Sinônimo de masculinidade negligente para os homens, ela sublinha o peito em formato cônico nas mulheres.

↑ **Angela Davis**, fotografia de Bernard Gotfryd, 1974

VERSÁTIL E UNISSEX

Os anos 1960 misturam esses estereótipos. Unissex, gráfica e minimalista, ela passa por tudo e é principalmente versátil: intelectual nos filósofos de Saint-Germain-des-Près, futurista entre os obcecados pelo Space Age (p. 266), descolada para os mods (p. 304), londrina e militante para os Panteras Negras (p. 340). Ela é aliada de mulheres modernas, de exploradores como o comandante Jacques Cousteau, e de estilistas da era disco, como Halston (p. 219).

A GOLA ALTA TEM MÚLTIPLA PERSONALIDADE?

Eclética, ela se adapta a todos. Na década de 1970, está em todo lugar, banalizada ao extremo, e entra no rigoroso universo do trabalho: o homem está autorizado a deixar de lado a camisa (p. 166) e a gravata (p. 182). As feministas também a usam, pois, mesmo que revele as curvas do corpo, ao mesmo tempo, as dissimula generosamente. É um item básico: a gola alta se apaga e deixa o indivíduo expressar sua singularidade.

BRANDING

Ao visitar os escritórios da Sony no Japão na década de 1980, Steve Jobs observa o estilo clean das roupas dos funcionários, desenhadas pelo estilista Issey Miyake. Ele encomenda então ao estilista golas altas pretas para sua equipe, conferindo à Apple uma assinatura identificável e um estilo multifuncional, entre o apagamento de si por trás de sua marca e uma imagem pessoal comercialmente apelativa.

← **Michael Douglas** com gola alta e jaqueta de camurça

↑ **Gola alta em caxemira,** Tricot

POLO

LOGOTIPO ESPORTIVO

CELEBRIDADES .... **PAUL NEWMAN, AMY WINEHOUSE**

PASSARELAS .... **MARNI, FENDI, PRADA**

É apenas nos anos 1920 que a polo toma a forma como a conhecemos hoje: uma blusa de manga curta com gola e casa de botão encurtada. Antes disso, era uma camisa confortável nascida na Índia, nos campos esportivos dos colonos britânicos.

A GALOPE

No século XIX, os soldados britânicos que estão na Índia jogam polo com uma camisa de algodão e gola abotoada, que lhes proporcionava maior conforto. No final do século, a marca nova-iorquina Brooks Brothers populariza esse modelo entre o grande público, de modo que ele se torna um elemento incontornável do estilo americano.

MÁ REPUTAÇÃO

A camisa polo Fred Perry sofre uma apropriação por parte de grupos extremistas, como os skinheads neonazistas do final dos anos 1970, que usam o modelo M12 com bordas listradas, ou os neofascistas Proud Boys, que escolhem a polo preta com detalhes em amarelo. Fred Perry deixa de vender este último nos Estados Unidos e no Canadá, para se desvincular dos Proud Boys.

CROCODILO

Em 1926, para a abertura do US Open, o tenista francês René Lacoste pede a um alfaiate que desenhe malhas com gola macia e mangas curtas, para que ele não precise mais dobrá-las. Algumas são feitas de lã, outras de algodão piquê, o que possibilita melhor ventilação ao corpo. Seu amigo Robert George concebe um logotipo em homenagem a seu apelido, Crocodilo, que afixa em seu blazer.

POLOS COLORIDAS

A polo atrai outros jogadores e Lacoste se associa, em 1933, ao fabricante de roupas André Gillier, objetivando um comércio em grande escala. Nos anos 1950, a marca diversifica sua paleta de cores e a polo se torna um símbolo dos privilegiados, preocupados em manter a elegância e, ao mesmo tempo, a descontração.

↑ **Príncipe Charles** em uma partida de polo no Windsor Great Park

"INVENTOR! SE EU DEVESSE REGISTRAR UMA PROFISSÃO EM MEU CARTÃO DE VISITAS, É ISSO QUE EU MANDARIA COLOCAR. EU INVENTEI POR TODA A MINHA VIDA."

RENÉ LACOSTE

LOUROS, CROCODILOS E CAVALOS

O jogador de tênis britânico Fred Perry, que vem da classe trabalhadora, influencia as massas com seu estilo. Em 1952, ele cria sua própria polo, ornamentada com uma coroa de louros para ter legitimidade no cerne de um universo mundano. Enquanto os mods londrinos e os skinheads dos anos 1970 a adotam, distorcendo os símbolos da burguesia, o rap francês dos anos 1980 escolhe a polo Lacoste, e o hip-hop americano (p. 316), nos anos 1990, opta pela polo Ralph Lauren.

CHIQUE

Com a criação de sua polo em 1972, Ralph Lauren vincula o tênis e o polo, uma vez que escolhe como logo um jogador de polo a cavalo. Esta também é uma forma de justapor valores elitistas a suas peças.

TERRA BATIDA

SÉCULO XIX

EQUIPAMENTO ESPORTIVO

A prática do polo se desenvolve na Índia e seus jogadores usam uma camisa com gola abotoada.

1926

ENTRADA NAS QUADRAS

René Lacoste usa a primeira polo esportiva na abertura do US Open: a camisa Lacoste.

1927

LOGO ICÔNICO

Nascimento do logo de crocodilo da Lacoste.

1933

COMEÇO DO SUCESSO

René Lacoste comercializa sua polo.

1952

LOGO ICÔNICO

Fred Perry lança sua polo com louros.

1955

NAS TELAS

Sidney Poitier usa uma polo Fred Perry no filme *Sementes de violência*.

1972

MODELO EMBLEMÁTICO

Ralph Lauren cria uma polo marcada pelo célebre logotipo do jogador a cavalo, em homenagem à sua linha Polo, lançada cinco anos antes.

1988

CRIME ORGANIZADO

Nascimento do movimento Lo-Life, que confessa sua veneração a Ralph Lauren e organiza incursões em grandes lojas de departamento de Nova York para roubar roupas.

2016

RETOMADA IDEOLÓGICA

Para os Proud Boys, grupo neofascista, usar a polo Fred Perry preta e amarela serve para combater o multiculturalismo.

2017

NAS TELAS

Timothée Chalamet usa uma polo Lacoste no filme *Me chame pelo seu nome*.

2020

DECISÃO POLÍTICA

Fred Perry para de vender sua polo preta com detalhes amarelos nos Estados Unidos e no Canadá.

← **René Lacoste**, torneio de North London Hard Courts, Londres, 23 de abril de 1929

↑ **Polo original L.12.12**, Lacoste

YELLOW BOOT

CLIENTELA INESPERADA

CELEBRIDADES .... **RIHANNA, JAY-Z, JENNIFER LOPEZ**

PASSARELAS .... **MOSCHINO, MOWALOLA, CELINE**

Em 1952, Nathan Swartz compra ações de um fabricante americano de calçados, assumindo totalmente a empresa logo depois. Morando em uma região de natureza imponente, em que o clima pode ser rigoroso, ele sabe a importância de um calçado prático e adaptado a condições extremas.

↑ **Bota 6-inch impermeável,** Timberland

"EM COURO E COM MINHAS TIMBS COMO SE FOSSE 1998."

DRAKE

CONCEBER A "IMPERMEABILIDADE"

Um problema central: é assim que Swartz inova, ao substituir as costuras entre a sola e o couro por um sistema de moldagem por injeção. Em 1973, seu filho Sidney projeta um par de botas impermeáveis em nobuck amarelo, forradas com couro e com sola entalhada. Destinado aos homens, esse modelo recebe o nome de Timberland. Ele agrada aos trabalhadores e aos que buscam sapatos adaptados para a vida ao ar livre.

IMITAÇÃO DA TIMBERLAND

Em 2002, a marca de calçados de luxo Manolo Blahnik lança um par de sapatos batizados como Oklamod: uma espécie de Yellow Boot com salto. Grandes estrelas femininas do R&B, como Jennifer Lopez e Beyoncé, ostentam essas botas nos videoclipes. O sucesso é global e prova que as botas de lenhador podem entrar no mundo do luxo.

SUCESSO IMINENTE

A marca da família Swartz é renomeada como Timberland em 1978, e o modelo de calçado, como Yellow Boot. Nos anos 1980, a empresa se abre à moda, exportando seus produtos para a Europa, no início para a Itália, e depois inaugurando suas próprias lojas. Mas são os anos 1990 que realmente mudam essa situação. A Yellow Boot seduz os adeptos de um influente gênero musical.

PERSONA NON GRATA

Da vida ao ar livre para a cultura pop foi um passo. São os *dealers* dos guetos nova-iorquinos os primeiros a usar as Timberland. Tendo assim se inserido na contracultura, a Yellow Boot rapidamente cai no gosto dos rappers e vira objeto de suas canções. Essa guinada comercial não agrada a marca, que prefere permanecer associada ao trabalhador valente. Mas é difícil ignorar um fenômeno que triplica suas vendas.

DIRETA

O nome Timberland vem de *timber*, que se refere à madeira cortada, mas também ao grito dos madeireiros para alertar sobre a queda de uma árvore, enquanto *land* significa "terra". É fácil reconhecer quem a marca tem como alvo!

MULTICULTURAL

Os fãs imitam seus ídolos, e as moças também querem usá-las. A Timberland não pode mais ignorar que, além do lenhador e da classe trabalhadora branca, é a comunidade afro-americana que garante o seu sucesso.

CAMISA XADREZ

DA FLORESTA AO PALCO

CELEBRIDADES ··· KURT COBAIN, GWEN STEFANI, AXL ROSE

PASSARELAS ··· DRIES VAN NOTEN, BOTTEGA VENETA

Os tecidos com padrão xadrez existem na história têxtil desde o século XVI. Na Escócia, é o tartan que ganha destaque, enquanto a Índia populariza um algodão listrado, o madras, desde o século XVII. Nos Estados Unidos, uma flanela de lã inspirada no tartan encarna a preferência local.

HOMEM DA FLORESTA

Em 1850, a empresa Woolrich Woollen Mills cria a Buffalo Check: uma camisa de flanela xadrez que lembra o tartan dos trabalhadores escoceses do século XVIII. No final do século, ela propõe estampas e cores variadas, populares entre os atletas.

SÍMBOLO GRUNGE

Os anos 1990 são a era de ouro da camisa xadrez. À medida que o movimento grunge se desenvolve (p. 338), nasce um estilo associado à sua música: jeans (p. 136) e tênis (p. 92) desgastados, camisetas largas (p. 10) e camisas xadrez adquiridas em brechós locais.

↑ Camisa vintage em lã, Pendleton

"MELHOR MORRER DO QUE SER COOL."

KURT COBAIN

CLASSE TRABALHADORA

Depois da Segunda Guerra Mundial, a camisa atravessa as fronteiras sociais. Usada nos finais de semana por pais de família, ela se populariza entre a sociedade do lazer americana. Com a cultura hippie (p. 326) do final da década de 1960, ela coroa uma concepção proletária e utópica da vida coletiva. Na década seguinte, a comunidade gay de São Francisco passa a usá-la também, afirmando uma virilidade exacerbada.

DANDO UM JEITO

A atitude grunge é funcional para jovens sem dinheiro que adquirem essas roupas por necessidade, mas o uniforme se espalha como algo identificável e coletivo. Amarrada na cintura ou aberta sobre uma camiseta velha, a camisa xadrez se torna unissex e define o look.

ANTIMODA

As marcas se apropriam do estilo grunge. Camisas datadas de brechós tornam-se peças originais e modernas, vendidas em escala global. Alguns designers se arriscam com o estilo, como Marc Jacobs na Perry Ellis, e falham: nascido na privação, a moda não tem nada a ver com ele.

COR LOCAL

No século XVI, encontramos os primeiros vestígios de tecido madras, feitos de fios de bananeira, em Chennai, no sul da Índia. Transformado em um tecido leve de algodão com quadrados coloridos, é exportado pelos ingleses e se populariza na Europa e nas colônias no século XVIII. Associado às Antilhas, o tecido chega ao século XIX pela mão de obra indiana após a abolição da escravatura.

↑ Par do chinelo tradicional japonês geta

→ Distrito de Kinosaki, Toyooka, Japão, 2022

FamilyMart
地蔵湯前
Jizoyu
30
区域内

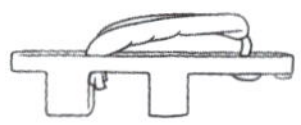

GETA

A SINFONIA DA SOLA DE MADEIRA

CELEBRIDADES .... **KANSAI YAMAMOTO, SAYOKO YAMAGUCHI**

PASSARELAS .... **PRADA, CHRISTIAN DIOR, KENZO**

É sob a influência chinesa que os primeiros chinelos geta (lê-se "guetá") surgem no Japão. Herdeiros das sandálias de madeira da Antiguidade, eles se desenvolvem na Idade Média, ao mesmo tempo populares e elitistas. Os geta, de fato, permitem que alguém se eleve tanto por razões simbólicas quanto por razões práticas.

ASCENSÃO SOCIAL

Pares de sandálias altas de madeira eram usadas pela elite, gueixas e peixeiros da era feudal japonesa. A alta sociedade se impõe, dominante e elegante, com modelos bastante altos e laqueados, enquanto as gueixas preservam seus caros quimonos (p. 148), evitando que eles se arrastem pelo chão, e os peixeiros se esquivam dos restos de peixe a seus pés.

SAPATOS COM DENTES

Compostos de uma placa de madeira sustentada por um ou mais apoios, que são espécies de dentes (chamados de *ha*), quase sempre dois, o geta possui uma tira de tecido (*hanao*), às vezes feita com sobras de quimonos, posicionada entre o dedão do pé e o segundo dedo. Essas sandálias altas são, na maior parte das vezes, usadas com um yukata, um tipo de quimono de algodão mais informal. Elas também podem ser usadas com meias tabi.

MARCAR O PASSO

Os japoneses deixam a parte de trás dos pés ligeiramente para fora do geta, em busca de equilíbrio para evitar tombar sobre os apoios da sandália. Trata-se de uma forma de andar ordenada, que produz um som rítmico quando a madeira do geta toca o chão. É uma maneira de a pessoa ser notada, apesar de tudo.

EXTREMO ORIENTE

A estilista japonesa Hanae Mori apresenta sua primeira coleção de prêt-à-porter em Nova York em 1965, de modo a difundir sua cultura. Ela une a tradição japonesa e a moda ocidental, ao mesmo tempo que valoriza o gosto boêmio chique da elite americana. Em 1977, ela se torna a primeira mulher a integrar a Câmara Sindical da Alta-Costura de Paris.

↑ **Homem nos jardins da residência da família Asaka, Tóquio, 1926-1927**, coleção do museu Albert-Kahn

"EU ADORO O TAP, TAP, TAP DAS SANDÁLIAS DE MADEIRA."

MAURICE CHEVALIER

MISTURA DE GÊNEROS

Hoje, os getas não são tão comuns. No entanto, muitas são suas reapropriações, que os associam a visuais que surgem na moda europeia. À moda, que trouxe sapatos plataforma (p. 131) à tendência na década de 1970, certamente não é estranha essa assimilação entre o antigo e o moderno. Poético e rústico, o geta é abrangente sem necessariamente dominar.

OBJETO DE CULTO

Para sua coleção primavera-verão de 1989, Martin Margiela apresenta sua primeira bota Tabi. Inspirada no jikatabi, calçado japonês híbrido entre sapato e meia, com o dedão separado dos outros dedos, ela se torna um item obrigatório de sua marca, sendo constantemente revisitada. Ela desafia o princípio estético dos sapatos e aquilo que é considerado belo na cultura ocidental.

SARONGUE

UMA SAIA PARA TODOS

CELEBRIDADES .... **DOROTHY LAMOUR, YOHJI YAMAMOTO**

PASSARELAS .... **JEAN-PAUL GAULTIER, MICHAEL KORS**

Embora a sociedade ocidental prescreva a calça como vestuário imperativo dos homens, em muitas culturas essa não é a regra. No Sudeste Asiático e também no continente africano e na maioria das ilhas do Pacífico, o costume é usar um tecido amarrado na cintura que lembra uma saia.

↑ Sarongues tradicionais indianos em algodão

DESOBEDIÊNCIA

Em 2021, em Mianmar (antiga Birmânia), o sarongue se torna uma arma de resistência contra a junta militar. As feministas penduram sua tanga tradicional, a *htamein*, em varais ou fios elétricos. Na cultura local, passar debaixo de peças que as mulheres usam abaixo da cintura traz azar ao homem e mina sua virilidade. Os soldados não se arriscam.

COBRIR O CORPO

O sarongue, termo derivado do *sarung* malaio e indonésio, que significa "cobrir", é originalmente a roupa dos marinheiros malaios. Talvez tenha sido introduzido na Ásia pelos muçulmanos indianos, embora existam variantes no continente desde a Antiguidade. Ao mesmo tempo formal e trivial, ele adquire, dependendo da cultura, um simbolismo variado e usos múltiplos. Na Indonésia, é uma roupa do dia a dia e um traje misto.

CADA UM COM SEU PRÓPRIO SARONGUE

Feito de algodão ou seda, com padrões e estampas coloridas obtidas por meio do ikat ou do batik, técnicas tradicionais de tingimento, ele é amarrado firmemente à cintura, às vezes nos braços, no caso das mulheres, formando um tubo apertado na parte inferior do corpo até os tornozelos.

FETICHISMO ORIENTAL

Na década de 1930, Hollywood transforma a peça em uma fantasia exótica, exibindo a sensualidade das atrizes e uma iconografia excêntrica. A primeira delas foi Dorothy Lamour, em *The Jungle Princess*. Ela ostenta seu quadril rodeado por um tecido drapeado que expõe suas pernas. Quimera orientalista, o sarongue é reinterpretado e redefinido segundo critérios ocidentais. Tanto que o termo passou a designar, em inglês, as saídas de praia.

O TEMPO DE SE VESTIR

Para além da fantasia, ele continua a ser um objeto tradicional que fala da aliança entre gêneros. Uma peça de roupa simultaneamente masculina e feminina, que reflete seu gesto artesanal, mas também exalta o simples fato de se vestir. Tomar o tempo de tocar, dobrar e amarrar, para honrar aquilo que cobre o corpo.

NA AREIA

No Taiti, desenvolve-se o pareô (nome derivado do termo local *pāreu*), cujo formato se aproxima do sarongue. Na origem, o termo se refere apenas aos tecidos com nós usados pelas mulheres, enquanto os homens usavam o *maro*. Mas a era moderna estabelece esse nome para todos os tipos de tecidos próximos à tanga.

PELO MUNDO

É possível encontrar o sarongue em todo o mundo.

Arábia Saudita: *fouta*.

Sri Lanka: *saram*.

Somália: *macawis*.

Malásia: *kain*.

Filipinas: *malong*.

África do Sul: *kikoi*.

Brasil: *canga*.

Índia: *lungi*.

Camboja: *sampot*.

Havaí: *kikepa*.

← Ali MacGraw, 1972

↑ **Bucket Adicolor Trefoil,** Adidas

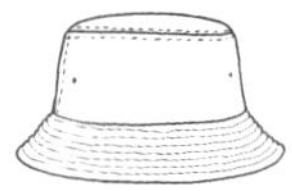

BUCKET

ENTRE A ALEGORIA E O COTIDIANO

CELEBRIDADES ········ RUN-DMC, JANET JACKSON, LAUREN HUTTON

PASSARELAS ········ FENDI, PRADA, VALENTINO

O chapéu bucket, originalmente chamado de bob, seria derivado dos chapéus usados pelos pescadores e pelos agricultores irlandeses no final do século XIX. Utilitário por natureza, é leve, impermeável e protege do sol graças à sua aba larga. Acima de tudo, cabe no bolso – um detalhe que atrai o exército americano.

UM LUGAR AO SOL

Ao longo da Segunda Guerra Mundial, o exército americano incorpora esse chapéu para proteger as suas tropas do sol, enquanto a guerra no Vietnã populariza o *boonie hat* mais rígido, que mais tarde veio a se tornar o favorito em meio aos uniformes militares.

ACESSÓRIO DE IDENTIDADE

Para além da funcionalidade, ele tem um simbolismo cultural, por vezes até mesmo político. Em Israel, o *tembel*, de origem turca, se torna a partir dos anos 1940 o emblema dos primeiros colonos que defendiam uma ideologia socialista e rural. Na África do Sul, o bucket é um *ispoti* usado pelos dançarinos de pantsula nos *townships* de Johanesburgo.

CLASSE TURÍSTICA

A juventude americana, principalmente ligada à contracultura, vê nele um acessório para expressar displicência e rebelião, a exemplo do escritor Hunter S. Thompson, enquanto a televisão enfatiza um arquétipo extravagante e popular com o personagem Gilligan, da série dos anos 1960 *Ilha dos Birutas*. Pois o bucket é também o turista, o pequeno burguês, o Tour de France... Ele encarna o subversivo e o proletário.

ROBERT...

Conta a lenda que um certo Robert inventou o primeiro bob em 1924, por isso o seu nome original, um diminutivo familiar do primeiro nome de seu potencial criador.

↑ **Pescador**, Estados Unidos, década de 1930

"A MELHOR FORMA DE USAR UM BUCKET É ENFIAR O CHAPÉU NA CABEÇA E NÃO SE OLHAR NO ESPELHO."

STEPHEN JONES, CHAPELEIRO BRITÂNICO

IMPULSO DO HIP-HOP

No fim dos anos 1970, aliado ao movimento hip-hop (p. 316), o bucket se populariza entre os jovens, que o descobrem com os rappers do Run-DMC ou do grupo Sugarhill Gang. As mulheres que adotam o chapéu têm um ar de indiferença. Embora o kitsch e o visual cru nunca tenham sido tão populares na moda, o bucket agora consegue conciliar suas duas identidades: o desleixado e o cool.

... OU ROBERTS

Alguns justificam o nome do chapéu pelo apelido dado pelos franceses aos soldados americanos durante a Segunda Guerra Mundial: os "Roberts". Em um piscar de olhos, seus chapéus de abas largas se tornaram os bobs.

CHINELO DE DEDO

DA PRAIA À FESTA

CELEBRIDADES GISELE BÜNDCHEN, JENNIFER ANISTON, BRAD PITT

PASSARELAS MARNI, ISABEL MARANT, JACQUEMUS

Essas sandálias são adotadas desde os tempos pré-históricos pela sua simplicidade e funcionalidade. Originalmente concebidas com materiais orgânicos, tornaram-se totalmente sintéticas no século XX e entraram com força total no campo do lazer.

TEM COISA MAIS SIMPLES?

Os chinelos de dedo são muito antigos e básicos: uma sola plana e uma tira entre os dedos. Pouco adaptados ao frio e considerados primitivos, eles são abandonados, enquanto a sociedade se moderniza, em favor de calçados mais elaborados e com mais cobertura, especialmente na Europa.

UMA SANDÁLIA JAPONESA

Os modelos zori e geta (p. 32) possivelmente inspiraram os chinelos de neoprene de Osaka na década de 1940. A borracha sintética desenvolvida durante a guerra facilita a sua industrialização. A equipe japonesa de natação usa esse modelo nas Olimpíadas de Melbourne em 1956 e é copiada em todo o mundo do esporte.

CHAMADO DA PRAIA

Nos anos 1960, o vestiário se simplifica e o chinelo de dedo invade as praias americanas. Em 1962, o escocês Robert Fraser decide criar sua própria versão de borracha depois de observar a versão japonesa no Havaí. Morando no Brasil, ele cria a marca Havaianas, que se torna um padrão cultural brasileiro, entre clichê e autenticidade, praias de areia fina, festa e descontração. Nos anos 1990, as Havaianas se difundem em escala global, graças a uma campanha de marketing, à Copa do Mundo de 1998 e à popularidade das modelos brasileiras. É um acessório de moda lúdico, turístico e universal.

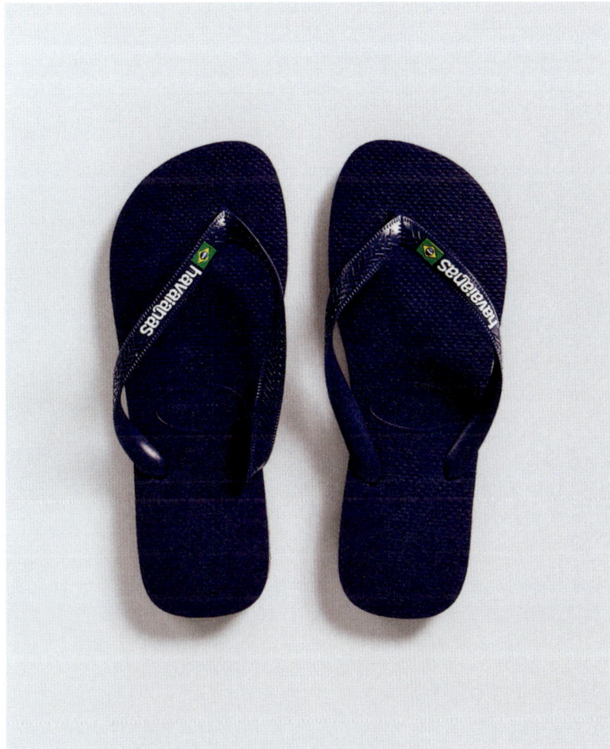

↑ **Chinelos de dedo logo Brasil**, Havaianas

"EU QUERIA MUITO TER INVENTADO O CHINELO DE DEDO. EU AMO CHINELOS DE DEDO!"

CHRISTIAN LOUBOUTIN

CONTRADIÇÕES CULTURAIS

Seu simbolismo é variado. Emblema de humildade usado por figuras espirituais e religiosas, calçado do cotidiano ou do prazer pontual ligado às férias, os chinelos se propagam entre banalidade e deleite, entre exotismo e ocidentalização vulgar.

APELIDO

Na Guerra do Vietnã, os soldados americanos notam as sandálias de tiras usadas pelos vietnamitas nos campos de arroz. Os soldados então os apelidaram de *thong*, "tira" em inglês. Disso deriva o nome tong, pelo qual o modelo é conhecido mundialmente.

BANDANA

PEQUENO QUADRADO, GRANDE HISTÓRIA

CELEBRIDADES .... **TUPAC, MADONNA, AXL ROSE**

PASSARELAS .... **LOEWE, SACAI, CHILDREN OF DISCORDANCE**

Desde a Antiguidade, os indianos produzem lenços coloridos com estampas feitas à mão. Em sânscrito, o prefixo bandh significa "amarrar": a bandana é uma história de vínculos. Ingleses e holandeses exportaram esses tecidos com o nome de bandana no século XVIII.

CALDEIRÃO DE CULTURAS

No século XIX, quando Napoleão dissemina na Europa o gosto por xales estampados vindos da Índia – seus homens os traziam como lembrança das expedições militares no Egito –, os ingleses industrializam e popularizam a estampa cashmere, de origem iraniana, em quadrados de algodão tingidos de vermelho-turco que imitam os lenços indianos. Toma forma, assim, uma bandana de influências multiculturais.

GRANDE OESTE

Em 1775, os ingleses proíbem a impressão têxtil em suas colônias na América. Em sinal de protesto, Martha Washington manda fazer uma bandana de linho com a imagem de seu marido, George Washington.

A primeira bandana americana define uma simbologia política e contestatória que será sempre revivida. Assim, inspirados nos camponeses espanhóis e nos lenços de cabeça dos imigrantes alemães, os caubóis americanos as utilizam como proteção contra a poeira e o sol.

PROPAGANDA MASCULINA...

Com influência da figura do caubói do cinema hollywoodiano dos anos 1920 e 1930, a bandana compõe o arquétipo de uma masculinidade um tanto rebelde.

... E FEMININA

Uma demonstração patriótica a revive na Segunda Guerra Mundial: ela protege o cabelo das mulheres que substituem os homens nas fábricas, inclusive os da feminista Rosie the Riveter (Rosie, a rebitadora).

↑ **Tupac,** lançamento de *I Like It Like That*, Nova York, 1994

"ENTRE A ATEMPORALIDADE, A AUTENTICIDADE E A MODERNIDADE."

CALVIN KLEIN

BANDANA ICÔNICA

Formato: quadrado.

Dimensões: 50 a 55 cm em cada lateral.

Cores: três cores, incluindo branco e preto.

Motivo: estampa "paisley".

SIGNO DE PERTENCIMENTO

Símbolo identitário, ela integra, nos anos 1970, a linguagem erótica da comunidade gay: suas cores e modos de uso expressam preferências e práticas. Também passa a acompanhar roqueiros e rappers, que se inspiram no visual de gangues. Aliada dos signos de pertencimento, por vezes burgueses, muitas vezes rebeldes, não se pode ignorar seu sentido político. Ela protege, mascara e transcende os rebeldes em manifestações por todo o mundo.

AMARRAÇÕES

UMA HISTÓRIA DE CÓDIGOS

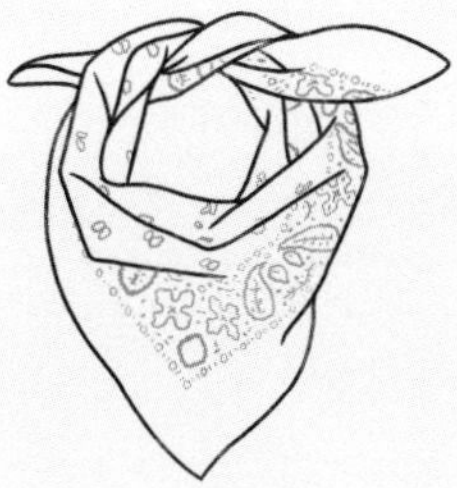

1

BANDANA AO REDOR DO PESCOÇO

Na versão original, à maneira dos caubóis, que a colocavam sobre a boca.

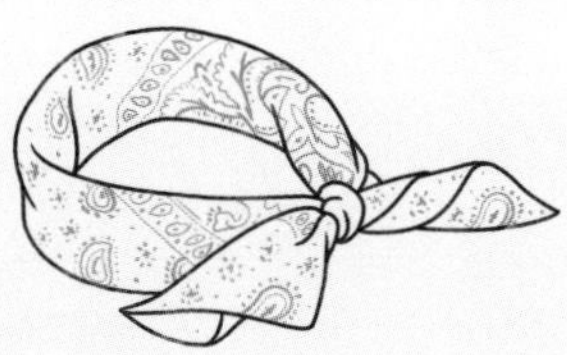

2

AINDA AO REDOR DO PESCOÇO

Agora em um estilo mais clássico e universal.

3

AMARRADA ATRÁS DA CABEÇA

É o visual dos hippies e dos roqueiros dos anos 1980.

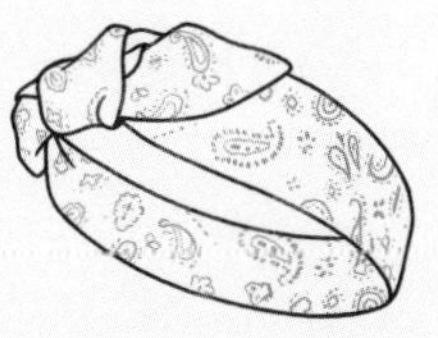

4

À LA TUPAC

O rapper americano foi o responsável por popularizar a amarração à frente do rosto, usual entre as gangues.

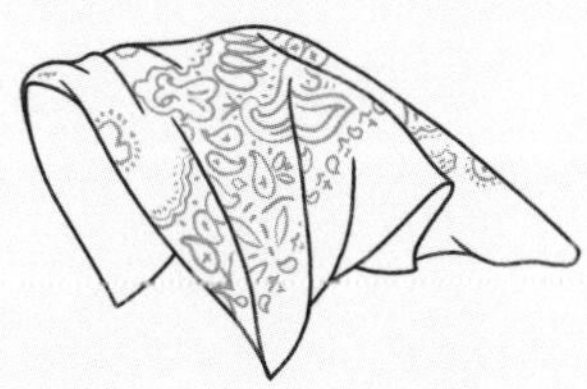

5

AMARRADA SOB O QUEIXO

E por que não uma bandana amarrada como um lenço?

6

AO REDOR DO JOELHO

É a escolha dos roqueiros herdeiros do movimento hard rock.

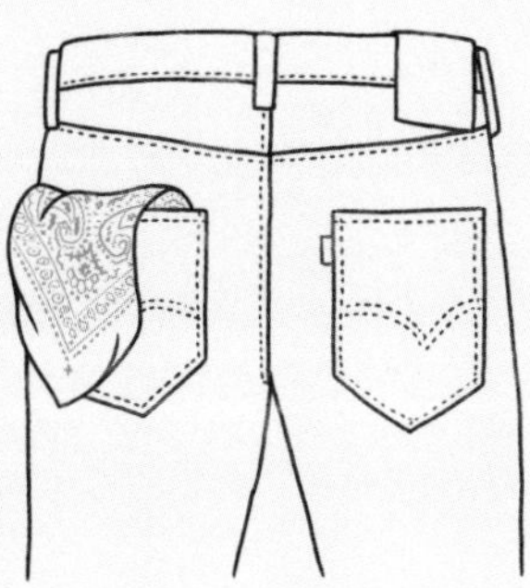

7

NO BOLSO DE TRÁS

Membros da comunidade gay usavam, sobretudo nos anos 1970, o famoso flagging *("hanky code" ou "código do lenço") como sinalização de práticas sexuais desejadas.*

8

AMARRADA NO PULSO

Também herdado do rock, esse é um sinal de reconhecimento entre os companheiros de uma gangue.

↑ Bandana tradicional com estampa "paisley"

→ Operária da fábrica Vultee Aircraft, Nashville, Tennessee, fotografia de Alfred T. Palmer, 1943

CASACO DE TWEED

ARISTOCRÁTICO, MAS NÃO MUITO

CELEBRIDADES .... **PRÍNCIPE CHARLES, DAVID BECKHAM**

PASSARELAS .... **MIU MIU, RALPH LAUREN, VIVIENNE WESTWOOD**

No século XVIII, os camponeses irlandeses e escoceses precisavam de roupas apropriadas para o frio. Nasce o *tweel*: uma lã grossa tecida de forma cruzada, chamada de "sarja" em português (*twill* em inglês). No final dos anos 1820, um comerciante inglês não compreende direito a caligrafia de um fornecedor e rebatiza o tecido como "tweed".

TWEED PERSONALIZADO

À medida que as atividades ao ar livre se desenvolvem, a alta sociedade adota o tweed, robusto e isolante, favorável à caça e à pesca. Como uma forma de distinção, muitos proprietários de terra usam um tweed específico, como um tartan. O tweed se torna um tecido de camuflagem quando adota tons terrosos e verdes.

NO SELIM

Ele sai do campo para adentrar as atividades esportivas, como o golfe e o tênis. Assim, estende-se também para a classe burguesa e abandona as condições exíguas do mundo aristocrático. De modo ainda mais revolucionário, os ingleses o adotam para praticar ciclismo.

FAMÍLIAS DE TWEEDS

Donegal tweed: fabricado na Irlanda, rústico e esportivo.

Saxony tweed: mais macio e leve.

Cheviot tweed: assim chamado por conta da lã da ovelha de mesmo nome, mais grosso.

Tweed Shetland: muito fino e macio.

Tweed esportivo: usado em camuflagem para a caça.

AGRICULTOR CAVALHEIRO

Na virada para o século XX, o charme rústico da jaqueta de tweed atrai as classes altas e médias. Torna-se então um item obrigatório no vestuário masculino, mesmo que raramente usado na cidade, e o rei Eduardo VII o transforma em uma peça verdadeiramente chique.

↑ Prince of Wales Check Tweed Blazer, Drake's

ALFAIATARIA FEMININA

Gabrielle Chanel o introduz na alta-costura. Nos anos 1920, a amante do duque de Westminster pega emprestado seus casacos de tweed para acompanhá-lo em suas caçadas pelas terras escocesas. Fiel a seus hábitos, a estilista se inspira nessa peça masculina para criar seu mítico tailleur dos anos 1950 (p. 203).

NEM TÃO SOFISTICADO ASSIM

O tweed se torna algo mais rebelde nos anos 1960, e nos anos 1980 a estilista punk Vivienne Westwood o homenageia (p. 294). Mas será preciso esperar até os anos 2010, com séries de televisão como *Downtown Abbey* e *Peaky Blinders* para que ele seduza mais uma vez uma geração apaixonada pela cultura pop.

TOPO DO TOPO

O Harris Tweed é o Rolls-Royce dos tweeds. Fabricado em uma pequena ilha rochosa na Escócia, ele tem proteção legal contra qualquer tipo de imitação e está sujeito a regras de fabricação extremamente rigorosas. É reconhecível pelo seu logotipo em forma de globo. Em 1987, Vivienne Westwood cria uma coleção Harris Tweed para homenagear a marca.

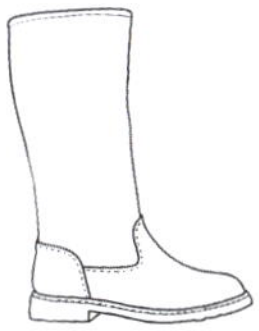

BOTA

SETE LÉGUAS

CELEBRIDADES .... JULIA ROBERTS, BEYONCÉ, MICK JAGGER

PASSARELAS .... BALENCIAGA, CHANEL, BALMAIN

As primeiras botas de couro flexível surgem na Antiguidade, nos climas rigorosos do continente asiático. Na Idade Média, sapatos semelhantes a botas ganham popularidade. Para os homens, são úteis para a caça, para o trabalho no campo e para a vida militar. Para as mulheres, os modelos de veludo são um símbolo de prestígio.

↑ Botas altas Ella, La Botte Gardiane

ESTILO MOSQUETEIRO

O século XVI populariza as botas, sobretudo entre os homens; chegando a ter o cano bem alto. Protetoras e imponentes, conferem uma atmosfera viril e poderosa a quem as usa. O homem é um guerreiro mesmo na vida civil. A aparência do século XVII é equestre, cavaleira. Os homens usam calça por dentro de suas botas de couro.

BOTAS DE CAUBÓI

A Guerra Civil Americana populariza as botas e, no final do século XIX, as empresas desenvolvem seus primeiros modelos. Nasce a bota Santiago, com salto grosso chanfrado, bico pontiagudo e, às vezes, decorações gravadas no couro. Com os faroestes e shows de rodeio nas décadas de 1930 e 1940, ela é incorporada ao vestuário do dia a dia.

ACESSÓRIO MILITAR

Enquanto Luís XIV dita o estilo aristocrático francês, a bota é abandonada em favor dos sapatos de salto. Agora, é reservada apenas à guerra ou à equitação. Essa identidade militar, no entanto, marca a hora de sua glória. A bota é hussarda, prussiana ou equestre. Diferenciamos seu formato para distinguir as graduações. Trata-se do sapato da conquista: Napoleão faz dela seu uniforme.

DO LADO DAS MULHERES

A revolução industrial marca outra vitória, a do dinheiro. Trocamos as botas pelos sapatos, para combiná-los com o terno escuro que caracteriza a estética da burguesia urbana. Na segunda metade do século XIX, as mulheres se apropriam da bota. Fatal, sensual e fascinante, com saltos e um laço que remete a um espartilho.

"PREFIRO UM BOM PAR DE BOTAS A SHAKESPEARE."

LIEV TOLSTÓI

ERA DE OURO

Os anos 1960 reavivam a bota como objeto da moda. Ela se torna uma botina para os homens, especialmente na Inglaterra, em que as botas Chelsea são muito usadas pelos mods, e botas baixas para mulheres com visual andrógino. Nos anos 1970, ela sinaliza uma época de libertação dos comportamentos e dos corpos. Aos microshorts e minissaias associam-se as botas altas, por vezes de plataforma.

DO PASTO AO ASFALTO

Se a bota é apreciada por cavaleiros e soldados desde a Idade Média é porque protege a roupa e a panturrilha de atritos. O século XIX padroniza as botas de montaria em couro, na maioria das vezes pretas, reconhecíveis pelo corte reto e pela parte superior assimétrica. Assim, elas se distinguem e marcam o entretenimento da elite. No início dos anos 1970, a grife Hermès, em uma homenagem a seu vínculo único com o mundo equestre, faz das botas um objeto de moda reconhecível pelos seus fechos que evocam a bolsa Kelly.

NO SMOKING FASTEN SEAT BELTS
EXIT

← **George Bush**, Air Force Two, 1985

↑ **Botas Santiago vintage**

CAFTAN

VESTIDO PARA GRANDES OCASIÕES

CELEBRIDADES ···· **ELIZABETH TAYLOR, LEILA SHENNA, TALITHA GETTY**

PASSARELAS ······················ **ELIE SAAB, VALENTINO, NAEEM KHAN**

O caftan tem suas raízes nos persas do século VIII, provavelmente influenciados pelos mantos do extremo oriente na pré-história. Se hoje conhecemos sua versão feminina marroquina, originalmente, tratava-se de uma bata masculina.

↑ **Caftan Hepburn longo,** Norya Ayron

GRANDES HOMENS

Presente diplomático no Império Otomano, ele viaja de corte em corte, adotado com frequência pelos aristocratas venezianos que apreciam seus bordados e sedas cintilantes. Essa túnica longa sem gola e com amplas mangas compridas (às vezes sem mangas) é aberta na frente e decorada com trançados e passamanaria que estabelecem o status de quem a usa. Alguns modelos são ligeiramente cruzados na altura dos quadris, lembrando o visual dos cavaleiros da Ásia Menor.

FETICHE ORIENTAL

Paul Poiret, influenciado pelo balé russo e seu espetáculo *Sherazade*, introduz na década de 1910 uma moda de viés oriental, ligada mais ao figurino teatral do que ao vestuário. As suas controversas criações se opõem às convenções do vestuário feminino e demonstram a tendência europeia da apropriação de roupas "exóticas".

ORIENTALISMO

No século XVIII, os aristocratas franceses desenvolvem, sob o reinado de Luís XV, um gosto fantasiado pelo exotismo, por lugares distantes da Europa e pelo folclore. No vestuário íntimo, as mulheres usam reinterpretações de caftans, sublinhando um orientalismo nascente que o século XIX não negará.

AMULETO DA SORTE

O caftan cerimonial marroquino é usado com uma espécie de cinturão chamado *mdama*, em forma de tartaruga, que supostamente protege aquele que o usa do olhar dos invejosos (*aïn*) e traz felicidade.

CONQUISTA DAS MULHERES

A expansão do Império Otomano e do Islã democratizou o caftan no Magrebe. O caftan marroquino nasce com os artesãos mouros que migram para o Marrocos com sua experiência em arte têxtil e bordado. Inserido no vestuário feminino no século XVIII, ele ganha popularidade no século XIX como roupa de usar em casa para os moradores ricos da cidade, que optam por um veludo finamente decorado.

ALTA-CULTURA

Com seu uso cotidiano abandonado por uma nova geração, ele se torna uma vestimenta cerimonial, sendo constantemente revisitado. Na verdade, com o fim do protetorado francês em 1956, muitas estilistas marroquinas, como Zhor Sebti ou Tamy Tazi, estabeleceram uma alta-costura local que atualiza a herança marroquina e seu artesanato, modernizando-os.

A VIDA BOÊMIA... CHIQUE

Na década de 1960, com a cultura hippie, desenvolve-se uma estética boêmia e exótica, que pega emprestado elementos das diversas culturas. Celebridades europeias e moças descoladas vestem túnicas e caftans advindos do mundo árabe. Estilistas ocidentais como Ossie Clark, Yves Saint Laurent e Halston se apropriam disso, propondo versões luxuosas fluidas, opulentas e coloridas.

JARDINEIRA

TRABALHO ÁRDUO

CELEBRIDADES ········ **KATHARINE HEPBURN, COLUCHE, WILL SMITH**

PASSARELAS ·········· **VETEMENTS, JEREMY SCOTT, ISABEL MARANT**

Embora comumente associada à infância e à sua despreocupação, a jardineira, também conhecida como macacão e salopete, tem origens mais trabalhadoras. Vestimenta confortável, ela se integra tanto às brincadeiras da juventude quanto ao trabalho na linha de montagem industrial, ou mesmo à exploração humana. Inusitada confusão!

DE CALÇA A MACACÃO OPERÁRIO

Em 1844, Louis Lafont desenha para seu sogro carpinteiro calças largas levemente apertadas nos tornozelos, em cujo cinto foi costurado um bolso que permitia manter as ferramentas ao alcance da mão. Em 1896, seu neto Adolphe cria a marca de roupas profissionais Lafont. Ele revisita o modelo de seu antepassado depois de embelezá-lo com uma espécie de babador preso por suspensórios (*bretelles*), dando origem à jardineira de algodão, chamada em francês de *cotte à bretelles*.

LIMPEZA

Esse traje, na origem, é usado por cima das roupas dos operários, evitando que fiquem sujas. A palavra "salopete" entra no vocabulário fazendo referência ao termo *salope*, que significa imundo, impuro.

TEMPOS MODERNOS

Do outro lado do Atlântico, Levi Strauss (p. 136) cria sua primeira jardineira em denim. Ela é a roupa dos operários, dos mineiros e, sobretudo, dos meeiros (escravos negros libertos). É a personificação do trabalho, mecânico ou manual. Acompanha imagens da Grande Depressão e simboliza o trabalho na linha de montagem, como Charlie Chaplin em *Tempos modernos*.

ESPAÇO PARA AS MULHERES

Nos anos 1930, ela é revisitada como objeto de moda, enquanto a Segunda Guerra Mundial, período em que as mulheres substituem os homens nas fábricas, faz dela um uniforme. Depois da guerra, os modelos se multiplicam e, em 1960, as crianças se apropriam da jardineira, companheira ideal de brincadeiras agitadas e em ritmo acelerado.

↑ **Lady Diana Spencer**, Cowdray Park Polo Club, Midhurst, 1981

"SCOUT É A RESISTÊNCIA, CONTINUA A USAR JARDINEIRA E A BRIGAR NO PÁTIO DA ESCOLA, RECUSANDO AO MÁXIMO VIRAR 'UMA DAMA'."

HARPER LEE, *O SOL É PARA TODOS*

NINGUÉM ESCAPA DELA

Ela é puro glamour nos clubes noturnos, impertinente nas revistas, esportiva, mista... e radical quando exprime a contestação social. Múltipla e versátil, ela permanece um partido tomado e assumido.

REBATIZADA

Quando as jardineiras de Lafont chegam aos Estados Unidos, elas são chamadas de *elephant*, em razão da maneira como os norte-americanos pronunciam o nome na etiqueta: A. Lafont.

RECONHECÍVEL

Em 1974, o comediante Coluche faz da jardineira seu figurino de palco. O aceno ao mundo operário é inegável. Ele escolhe um modelo Lafont azul com listras brancas que encarna tanto sua personagem que, na escultura criada por Guillaume Werle e erguida em Montrouge em sua homenagem em 2011, somente a jardineira é representada.

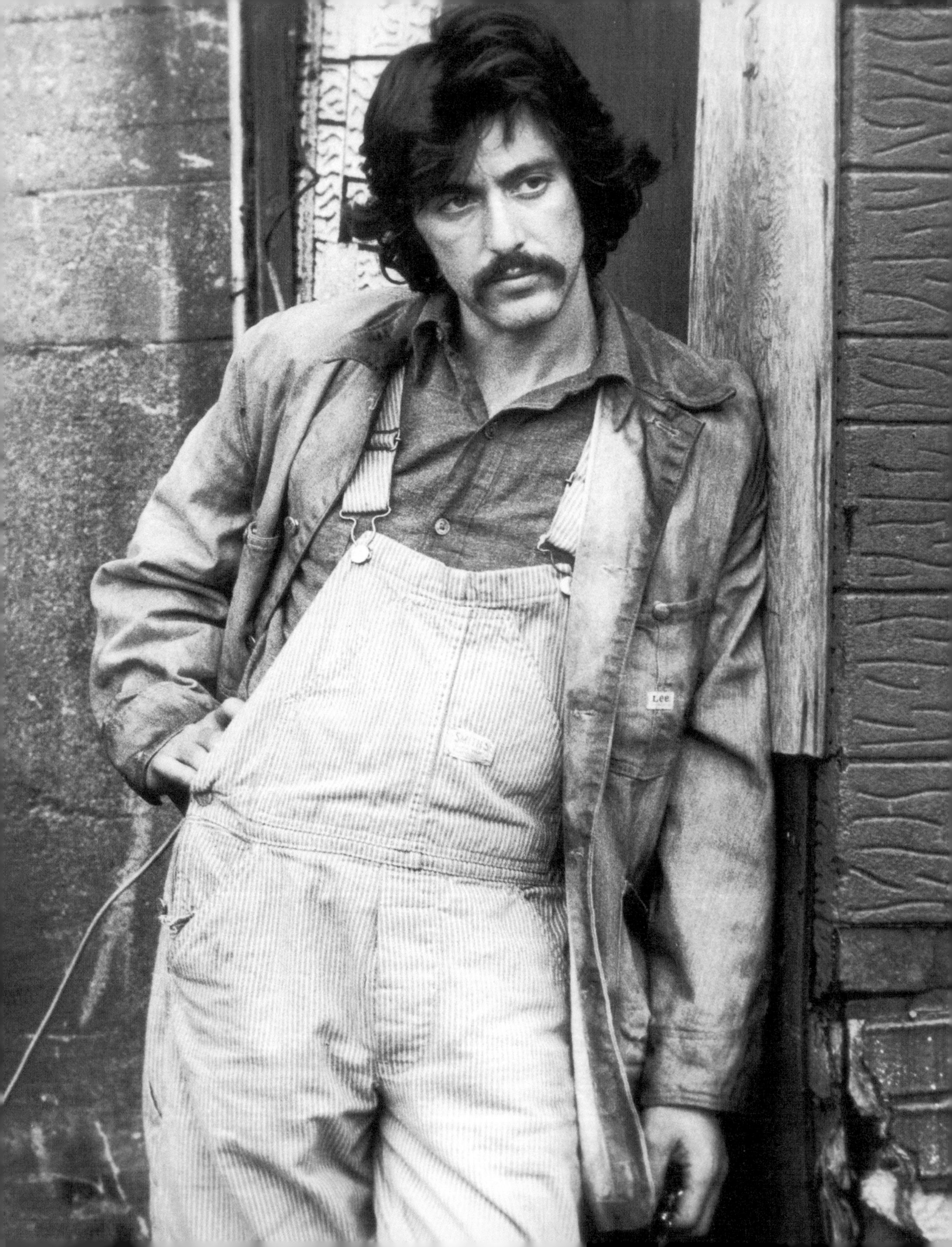
Lee

← **Al Pacino** no set de filmagem de *Serpico*, 1973

↑ **Macacão Classic Duck Canvas,** Dickies

BIRKENSTOCK

GOSTO PELO FEIO

CELEBRIDADES ········ **KATE MOSS, GRACE CODDINGTON, RICK OWENS**

PASSARELAS ························ **NARCISO RODRIGUEZ, CELINE, DIOR**

No final do século XIX, Konrad Birkenstock desenvolve palmilhas ortopédicas contrariando a tendência dos calçados industrializados e simétricos da época. Em 1963, o seu neto lança a primeira sandália de uma tira, o modelo Madrid. As primeiras criações são comercializadas sob um contexto médico.

FLOWER POWER

As circunstâncias são propícias para o sucesso dessas sandálias: elas seduzem os hippies (p. 326) que viajam pelo mundo e buscam sapatos confortáveis e duráveis. Especialmente porque a Birkenstock aposta em uma abordagem ecológica e local na fabricação de seus modelos.

ELEGÂNCIA OBSOLETA

Como o próprio símbolo da recusa ao conformismo, elas seduzem os manifestantes europeus, principalmente os revolucionários de Maio de 1968, que as usam como forma de desprezo pela elegância da qual a França tanto se orgulha. Ao mesmo tempo, elas se estabelecem nos Estados Unidos e atraem igualmente aqueles que estão à margem. De simples palmilhas ortopédicas, elas se transformam em um sinal de rejeição às normas sociais e estilísticas.

COLLAB CHIQUE

2003: Robin Williams, Cindy Crawford e Whoopi Goldberg.

2018: Rick Owens.

2019: Valentino.

2019: Il Pellicano (mítico hotel de luxo italiano).

2020: Proenza Schouler.

2021: Jil Sander.

RENASCIMENTO

Essa popularidade boêmia não impede que as Birkenstock sofram com a reputação de sapatos feios e deselegantes. Mas, na década de 1990, o gosto pelo minimalismo e pelas formas emprestadas da vestimenta esportiva as leva às passarelas. Elas estão nos desfiles e Kate Moss as usa em *The Face*. A Birkenstock se torna descolada e a marca vem expandindo os modelos disponíveis.

↑ **Boston Suede**, Birkenstock

"AS BIRKENSTOCK SÃO COMO O JEANS, FUNCIONAIS E SEXY. AS BIRKENSTOCK SÃO, TALVEZ, O CALÇADO MAIS SEXY QUE EXISTE."

RICK OWENS

REDENÇÃO

Prova de que o feio se tornou sedutor, o grupo de luxo LVMH compra a marca Birkenstock em fevereiro de 2021. Desde as coleções masculinas de outono-inverno de 2022, a Dior, carro-chefe do grupo, apresenta modelos inéditos.

REDEFINIR O BELO

Uma clientela inédita se deixa seduzir enquanto a grife navega por esse novo interesse, multiplicando as colaborações de vanguarda. Os anos 2010 primam pelo conforto e a juventude dá o tom (p. 312). A Balenciaga reinterpreta os Crocs em versão de luxo e a Celine cria sandálias forradas de pele. Usar Birkenstocks se tornou o cúmulo do mau gosto, elevado ao nível de transgressão final e, portanto, altamente desejável.

MOCHILA

LEVAR A BAGAGEM

CELEBRIDADES .... ANDY WARHOL, MARIAH CAREY

PASSARELAS .... RICK OWENS, GUCCI, PRADA

Desde a Pré-História, o homem transporta coisas. Para além dos animais domesticados, é em suas costas que ele coloca os objetos, suprimentos e crianças, utilizando tecidos para embrulhar, cestos de vime ou estruturas de madeira. A partir do século XIX, soldados e trabalhadores compartilham uma solução inteligente: a mochila.

A MOCHILA DE CADA UM

Desde então, diversas marcas desenvolvem e tornam as mochilas cada vez mais leves e práticas. De utilitárias, elas se transformam em um acessório social. Nas décadas de 1980 e 1990, estudantes usam mochilas coloridas para se identificar com um grupo: uma única alça para os rebeldes, alta nas costas para os estudiosos, bem baixa para os mais audaciosos.

DO PÁTIO DA ESCOLA À PASSARELA

De funcional e juvenil, a mochila vira um item de luxo. A primeira a captar esse interesse foi Miuccia Prada (p. 208). Depois de ingressar no grupo familiar de mesmo nome em 1977, ela revitaliza a marca, criando em 1984 uma mochila de nylon durável, com seu logotipo, que atrai os jovens. Um best-seller.

A AVENTURA, A AVENTURA

No século XX, uma sociedade do lazer se desenvolve e muita gente passa a improvisar trilhas e alpinismo, entre outras aventuras. Em 1909, o norueguês Ole Ferdinan Bergan registra a patente de uma mochila com estrutura metálica curva, lona e alças de couro. Na França dos anos 1930, a Lafuma desenvolve os modelos mais modernos.

ANDARILHO

Em 1991, arqueólogos descobrem a múmia de um homem pré-histórico que viveu nos Alpes, em algum lugar entre a Áustria e a Itália, entre 3.400 e 3.100 a.C. Perto dele, subsistem os restos de uma espécie de bolsa feita de material orgânico, pele de animal ou tecido, ligada a uma moldura de madeira. Essa seria a primeira mochila de que se tem registro.

↑ **Contrabandista passando pelo porto de Oô nos Pireneus**, litografia, 1834

ALUNOS-MODELO

Em 1967, o americano Asher “Dick” Kelty inventa a primeira mochila de nylon com fecho de zíper, com moldura interna em vez de externa. Assim, ele atrai estudantes universitários americanos, cansados de carregar os seus livros em bolsas de uma alça só. A marca de equipamentos outdoor JanSport foi a primeira a abarcar essa nova clientela, instalando seu ponto de venda na biblioteca da Universidade de Washington.

DO UTILITARISMO AO LUXO

Em 1935, Wallace Hume Carothers inventa o nylon, que se torna o substituto sintético e industrial da seda, principalmente na fabricação de meias. Quando a grife Prada lança sua mochila em 1984, suas coleções masculinas por volta de 1990 e sua linha Prada Sport em 1998, ela torna o nylon uma de suas assinaturas e o material passa a ser o carro-chefe de uma estética de roupas esportivas de luxo.

↑ **Mochila Little America Backpack,** Herschel

→ **Escalada,** Baff National Park, Alberta, Canadá, 1952

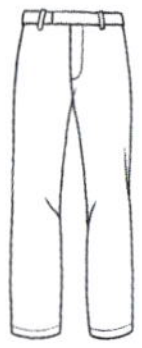

CALÇA CÁQUI

CORINGA

CELEBRIDADES ··· **PAUL NEWMAN, JOHN KENNEDY, DUSTIN HOFFMAN**

PASSARELAS ··· **NARCISO RODRIGUEZ, CELINE, DIOR**

As calças *khaki* surgem nos anos 1840. O tenente-general sir Harry Burnett Lumsden, baseado na região do Punjab, durante a expansão do Império Britânico pela Índia, Paquistão e Bangladesh, observa que o uniforme de seu exército não está adaptado a essas regiões.

PIJAMA INDIANO

A jaqueta britânica de lã vermelha foi abandonada por ser muito quente e facilmente reconhecível durante missões confidenciais. O oficial se inspira em um conjunto de algodão ocre usado no Punjab, tingido a partir de palmeiras. Chamado de *khaki* – "poeirento", "terroso" em urdu, língua falada no Paquistão e no norte da Índia –, ele veio a se tornar o uniforme oficial do exército britânico em 1885.

DO *KHAKI* AO CHINO

A cáqui se torna uma nuance militar e o *khaki* se transforma em chino por conta da Guerra Hispano-Americana de 1898. Os soldados americanos baseados nas Filipinas substituem a lã dos uniformes por algodão. As calças retas e leves que eles levam do país são produzidas na China, por isso são pejorativamente chamadas de chinos: "chinês" na gíria espanhola.

EXPLORADORES

A cáqui se consolida na virada do século XX, no contexto da exploração, ainda em situação colonialista. Principalmente na África, ela é a companheira dos ocidentais em viagens de caça. Constitui o uniforme que compõe o estereótipo do viajante aventureiro, como no caso dos personagens do romance *A fazenda africana*, de Karen Blixen, publicado em 1937.

IVY LEAGUE

A Segunda Guerra faz da cáqui a calça favorita dos militares. Ampla e leve, ela entra na vida civil na década de 1950 entre jovens rebeldes, a exemplo da geração beat de Jack Kerouac. Seu rigor também a leva para as universidades, seguindo o G.I. Bill, uma lei de 1944 que propõe o financiamento dos estudos de soldados desmobilizados. A cáqui não passará batida pelos adeptos do elegante e descontraído estilo Ivy (p. 334).

↑ **Calça cáqui**, uniforme militar Doursoux

"KEROUAC USAVA CÁQUI."

GAP, 1993

ROUPA DE SEXTA-FEIRA

O estilo Ivy fica mais formal na década de 1970. Ralph Lauren transita por essa estética americana elegante e despojada. Ao longo dos anos 1990, a cáqui substitui os rígidos ternos nos escritórios americanos. Confortável e versátil, é lançada por marcas como Gap ou Dockers como símbolo do minimalismo da época.

NO TOPO DA LISTA

Em 1986, a Levi Strauss & Co. lança a marca Dockers. Em uma década materialista e conservadora, o homem americano usa calças cáqui, uma roupa sofisticada para os dias de descanso. A Dockers se impõe como a vanguarda da "sexta-feira casual" na década de 1990, incentivando os trabalhadores do escritório a abandonar os ternos às sextas, ou mesmo todos os dias da semana. A marca está tão associada às calças cáqui que às vezes elas são chamadas simplesmente de "dockers".

MOLETOM

SUAR A CAMISA

CELEBRIDADES ··· JENNIFER BEALE, SYLVESTER STALLONE, LADY DI

PASSARELAS ··· ASHISH, VETEMENTS, ANTONIO MARRAS

Os círculos esportivos e militares americanos compartilham a gênese de peças lendárias do vestuário contemporâneo – ambas combinando conforto e praticidade. Na década de 1920, as práticas esportivas crescem e o moletom, herdeiro do formato T das camisetas, se desenvolve.

CHEGA DE LÃ

É um estudante americano, Benjamin Russell Jr., que percebe que jogar futebol com um suéter de lã (p. 156) quente e áspero não é nada fácil. Junto com o pai, que encabeça uma empresa fabricante de roupas íntimas de algodão, ele inventa um suéter solto e sem gola feito do mesmo material. Em 1930, nasce o moletom e, com ele, a fábrica da família: Russell Athletic.

SUOR DO ROSTO

O nome do moletom em inglês, *sweatshirt*, faz referência à capacidade do tecido de algodão de absorver o suor. É por isso que o modelo histórico apresenta uma costura em V na parte frontal da gola: esse triângulo deve absorver a transpiração do pescoço e evitar que a gola deforme caso seja puxada por outro jogador durante uma partida.

REIVINDICAR SEU AMOR

O moletom se estabelece no cerne das universidades e do exército americano. A Champion Athletic Apparel o arrebanha e o transforma em um sinal de pertencimento. Ele sai do campo esportivo depois da guerra, quando, no ensino médio ou na universidade, os atletas decidem confiá-lo às suas namoradas: uma prova de amor narcisista. O moletom se torna, assim, objeto de ostentação.

MOLETOM COM CAPUZ

A cultura pop faz a fama dos atletas crescer, e também a do moletom, a partir da década de 1960, principalmente a versão com capuz criada pela Champion em 1934. Originalmente usado por grafiteiros para se esconder da polícia, na década de 1970, ele se inscreve em um movimento identitário com o surgimento do hip-hop (p. 316), tornando-se um objeto de culto em 1976, com o lançamento do filme *Rocky*.

↑ Moletom Varsity

"CHEGUEI COM UM TERNO E TODO MUNDO DIZIA QUE EU PARECIA UM VAGABUNDO. VINTE ANOS DEPOIS, MARLON BRANDO APARECE SÓ COM UM MOLETOM E A CIDADE INTEIRA FICA COM ÁGUA NA BOCA. ISSO MOSTRA O QUANTO HOLLYWOOD EVOLUIU."

HUMPHREY BOGART

GRANDE PÚBLICO

Quando o hip-hop sai da marginalidade para se tornar um fenômeno cultural e econômico importante, marcas como Calvin Klein, Ralph Lauren e Tommy Hilfiger se apropriam do moletom. Os anos 1990 fazem dele um item obrigatório para o vestuário adolescente, e o normcore (p. 312) o transforma em arquétipo de um estilo comedido.

O CAPUZ DA DISCÓRDIA

Nos países anglo-saxões, os moletons com capuz não são bem-vistos. Em 2005, um centro comercial inglês proíbe seu uso. Em 2012, ele domina as manchetes, quando George Zimmerman assassina o afro-americano Trayvon Benjamin Martin: um crime de cunho racial que provoca a Million Hoodie March, em Nova York, manifestação em nome dos jovens estigmatizados pela cor da pele e pelo moletom.

SÁRI

ENTRE ALEGORIA E COTIDIANO

CELEBRIDADES .... **DEEPIKA PADUKONE, PRIYANKA CHOPRA**

PASSARELAS .... **MALINI RAMANI, YSL, MANISH ARORA**

Vestimenta drapeada presente na civilização indiana desde a Antiguidade, sári vem do sânscrito *sattika*, que significa "roupa da mulher". Foram o Império Mogol e, mais tarde, a modéstia britânica que estabeleceram a aparência do sári tal como a conhecemos hoje.

CORPOS ENROLADOS

Na Antiguidade, as roupas se drapeiam. É possível observar esse fenômeno em todas as civilizações, desde a toga romana até os *kalarisis* egípcios usados pelas mulheres. O continente asiático não foge à regra: o sári é uma faixa de tecido de 5 a 9 metros de comprimento que as mulheres enrolam em torno do próprio corpo. Existem mais de cem maneiras de drapeá-lo – a mais tradicional é o estilo Nivi –, na maioria das vezes sem alfinetes ou fechos. Pelas suas formas, cores e estampas, ele fala sobre a origem geográfica, social e cultural daquelas que o usam.

ESCONDA ESSA PELE...

Originalmente, ele revela a pele da parte superior do corpo e dos tornozelos, mas sob o domínio do moralizante e pudico Império Britânico da era vitoriana, impõe-se o complemento de um corpete e anágua, e o sári é alongado.

ROUPA DE TODOS OS DIAS

Mesmo que hoje, no subcontinente indiano, como também em muitos outros países, a cultura ocidental do vestuário norteie os trajes das gerações mais jovens, o sári não se restringe a ser emblema da tradição ou do folclore, ele é polivalente. Tradicionalmente feito de seda, linho ou algodão, ele se adapta incorporando também tecidos sintéticos.

↑ **A atriz Vyjayanthimala**, Festival Internacional de Cinema, Delhi, 1952

DA MODÉSTIA À LIBERDADE

O drapeado chamado Nivi foi desenvolvido por Jnanadanandini Devi, uma reformista social bengali que considerou o sári tradicional imodesto. Em 1864, ela se inspira nas hóspedes parses que usavam seus sáris com corpete e anágua. À medida que se espalham imagens de mulheres usando esse tipo de drapeado durante as manifestações a favor da independência da Índia, o sári se populariza no início do século XX.

PATRIMÔNIO ÍNTIMO E PÚBLICO

Ele é revisitado pelos estilistas, mas, transmitido de mulher para mulher, é sobretudo o repositório de uma memória ancestral. Funcional, sentimental, deslumbrante quando usado em ocasiões especiais, ele contribui para a construção de uma identidade pessoal e de um orgulho coletivo.

A GUERRA DAS ROSAS

Em 2006, Sambat Pal funda a organização feminista indiana Pink Saris Gang, que defende a causa das mulheres vítimas de abuso. Seus membros, exclusivamente mulheres, usam um sári rosa característico e empunham o *lathi*, um tradicional bastão de luta indiano.

DRAPEADO FLEXÍVEL

UMA HISTÓRIA DE GESTOS

①

Certifique-se de que os bordados do sári estao para o lado de fora.

②

Dobre um lado do sári sobre a anágua e prenda-o dentro dela.

③

Enrole o sári sobre a parte inferior do corpo, deixando à vista os pés e tornozelos.

④

O mais difícil é fazer as pregas do sári.

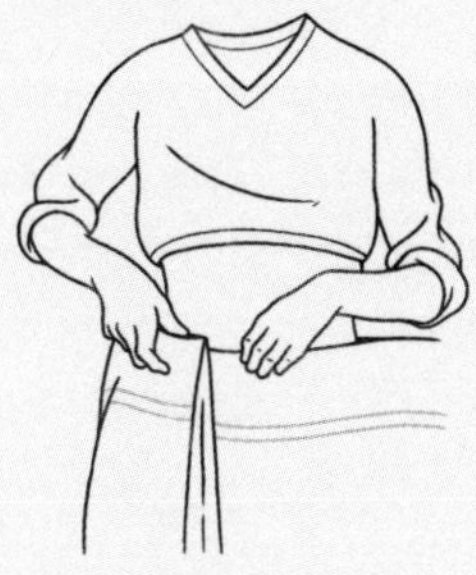

⑤

Aperte o tecido entre o polegar e o indicador para criar de cinco a sete pregas iguais.

⑥

As pregas devem se ajustar confortavelmente e se manterem presas à anágua. Use um alfinete de segurança.

⑦

Junte o tecido restante e posicione-o em volta dos quadris, segurando firmemente com uma mão.

⑧

Coloque o tecido sobre o ombro. Essa parte é chamada de pallu. O estilo é pessoal.

⑨

O pallu pode ser discretamente preso ao corpete para ficar no lugar ou ser pregueado em sete ou oito dobras verticais apertadas.

↑ **Sári tradicional indiano**, India Silk

→ **Sári Arshi**, Row Mango

JAQUETA MILITAR

A FAVOR OU CONTRA A GUERRA

CELEBRIDADES .... **JIMI HENDRIX, ROBERT DE NIRO, JOHN LENNON**

PASSARELAS .... **MAISON MARGIELA, SACAI, BALMAIN**

Moda e guerra têm uma relação entre si e seu diálogo é surpreendentemente persistente. No século XX, os exércitos se profissionalizam e seu vestuário adentra o mundo civil, às vezes no contrafluxo. Após a Segunda Guerra Mundial, os uniformes se disseminam e uma nova moda se esboça.

JUNGLE JACKETS

As jaquetas de algodão cáqui estão entre as mais populares. Desenvolvidas durante a Segunda Guerra Mundial, quando o conflito de 1914 revela o desconforto das roupas militares herdadas do século XIX, elas sustentam a identidade do exército americano. As jaquetas M43, M51, M65 e outras *jungle jackets* se estabelecem no universo militar.

ESTRELA DE CINEMA

1970: *MASH.*
1976: *Taxi Driver.*
1977: *Noivo neurótico, noiva nervosa.*
1979: *Apocalypse Now.*
1986: *Platoon.*
1987: *Nascido para matar.*
2021: *Não olhe para cima.*

APOCALYPSE NOW

Enquanto a Swinging London revive os casacos militares com alamares costurados, inspirados nos hussardos húngaros do século XVIII, como evidenciado pela capa do álbum dos Beatles, *Sgt. Pepper's Lonely Hearts Club Band*; nos Estados Unidos, são as *jungle jackets* que proliferam. Recuperadas pelos hippies (p. 326) em sinal de protesto contra a guerra, elas também marcam a cultura pop de Hollywood ao aparecer em filmes lendários que tratam do conflito no Vietnã, como *Apocalypse Now* ou *MASH*.

PROIBIDO PROIBIR

Integrando o vestuário civil, a jaqueta militar se torna um símbolo dos rebeldes e manifestantes, tomando inclusive um lugar nos cortejos das manifestações de Maio de 1968. Desvinculada de sua função bélica, ela exibe, apesar de tudo, um espírito combativo – e as feministas também se apropriam disso. Algumas personalidades mais clássicas, a exemplo dos estudantes da Ivy League (p. 334) ou mesmo de Woody Allen, experimentam essa jaqueta para um visual descontraído e chique.

↑ **Casaco M-65 Field Jacket,** Alpha Industries

"VOCÊ ESTÁ FALANDO COMIGO? VOCÊ ESTÁ FALANDO COMIGO? VOCÊ ESTÁ FALANDO COMIGO?"

ROBERT DE NIRO EM *TAXI DRIVER*

TEEN SPIRIT

No entanto, é preciso aguardar os anos 1990 para que ela adote um caráter mais banal. Passa a ser usada pelos grunges (p. 338), sobretudo os adolescentes, antes de ser revivida pela moda dos anos 2000.

DESVIO

A boutique vintage londrina I Was Lord Kitchener's Valet, fundada em Portobello Road, em 1965, vendeu os primeiros uniformes do exército inglês. Os músicos passam a frequentá-la: Eric Clapton, Mick Jagger, Beatles e até Jimi Hendrix, que se arma de uma jaqueta militar com alamares dourados para zombar da masculinidade belicista, rejeitada pela nova geração.

DESERT BOOT

VOLTA AO MUNDO

CELEBRIDADES ········ WU-TANG CLAN, STEVE MCQUEEN, NAS

PASSARELAS ···· PAUL SMITH, ALEXANDER WANG, BOTTEGA VENETA

A partir de 1828, Cyrus Clark diversifica a produção de sua fábrica de couro e confecciona modelos de calçados a partir de restos de pele de carneiro. Um século mais tarde, seu sucessor inventa uma bota flexível, inspirada nos sapatos tradicionais sul-africanos, que consolidaria a reputação e a identidade da empresa familiar inglesa.

CRIADOR DE TENDÊNCIA

A história conta que o duque de Windsor teria popularizado o uso das botas *chukka* nos Estados Unidos, depois de uma visita aos país em 1924.

SAPATO DO DESERTO

Na África Subsaariana, os primeiros colonizadores descobriram no século XVIII botinas confortáveis, feitas de pele e solado de borracha, crepe ou couro. Perfeitas para caminhar no deserto, são adotadas por visitantes estrangeiros. Durante a Segunda Guerra Mundial, enquanto Nathan Clark presta serviço militar no norte da África, ele descobre esses sapatos semialtos adaptados das *vellies*, um tradicional modelo sul-africano.

CHUKKAS

Esse modelo de sapato faz sucesso e, em 1950, surge uma bota de couro com bico arredondado e sola de crepe em uma feira de calçados de Chicago: a desert boot. Na Europa, ela atrai a juventude do pós-guerra e, no Canadá, o próprio exército. É uma variação das botas chukka, com sola de couro mais robusta, inspirada nas botas dos jogadores de polo e popularizada em 1920 pelo duque de Windsor.

CULTO

Na capa do álbum *Abbey Road*, dos Beatles, George Harrison usa um par de desert boots.

↑ Desert boots, Clarks

DESCOLADA OU GROSSEIRA?

A geração beat americana assume a desert boot, principalmente o modelo cor de areia, combinada com jeans e camisa xadrez. É o uniforme da casualidade. A bota é usada por Steve McQueen, pelos mods (p. 304) na Inglaterra ou pelos rude boys dos guetos da Jamaica – comumente repreendidos pela polícia jamaicana por conta de suas botas nos *dance halls*.

ALTERNATIVA

Em 1967, Clark projeta a Wallabee, mais robusta e geométrica. É sobretudo esse modelo que faz sucesso na Jamaica. À medida que a influência cultural do país aumenta na década de 1990 em todo o mundo, o hip-hop americano se apropria de seus emblemas. A Wallabee é usada pelo grupo Wu-Tang Clan. No Reino Unido, Richard Ashcroft usa o modelo no videoclipe de "Bitter Sweet Symphony".

MARCA INGLESA

Como herdeiros do pop dos anos 1960, cantores e grupos ingleses dos anos 1990, como o Oasis, reconfiguram a nobreza das desert boots e de sua história – uma história de colonialismo e adaptação.

↑ **Jaqueta denim clássica**, Wrangler

→ **Marilyn Monroe** em um set de filmagem, Nevada, Estados Unidos, 196

JAQUETA JEANS

CADA UM COM A SUA

CELEBRIDADES .... **MARILYN MONROE, JOHN LENNON**

PASSARELAS .... **CELINE, BALMAIN, BALENCIAGA**

Recompor a história da jaqueta jeans significa observar a aplicação do pigmento índigo. Ora, na origem do jeans está a cor azul, um azul que, associado a materiais robustos, se impõe no mundo do trabalho nos quatro cantos do mundo. Uma peça de roupa azul que se tornou, no século XX, um item essencial da moda.

ROUPA DE TRABALHO

No século XIX, os bombeiros japoneses usavam um tradicional casaco curto de lã, às vezes tingido de azul índigo, que surgiu no período Edo: o hanten. Ao mesmo tempo, na França, desenvolve-se a jaqueta utilitária (p. 85), uma jaqueta índigo de algodão ou linho. A Levi's cria a Triple Pleat Blouse Jacket em 1880, uma jaqueta destinada aos mineiros e ferroviários americanos. Feita em denim grosso, sua estética se aproxima do jeans Levi's (p. 136).

BEM AQUECIDA

Por volta de 1943, a Levi's lança seus primeiros modelos forrados antes de popularizar, a partir da década de 1960, os forros de pele de carneiro, comumente chamados de "sherpas" e destinados a regiões frias e remotas dos Estados Unidos.

JAQUETA TRUCKER

A marca diversifica suas opções de jaquetas em denim na primeira metade do século XX, mas foi em 1967, com o modelo Type III, apelidado de Trucker Jacket, que ela define o estilo que hoje associamos às jaquetas jeans: ajustadas, com dois bolsos altos. A jaqueta é encontrada no cinema com os caubóis da década de 1930, ou nos rebeldes da década de 1950, ou mesmo em Marilyn Monroe, mas é somente com o advento do movimento hippie (p. 326) que ela se dissemina massivamente nas ruas.

"MAKE LOVE, NOT WAR"

Ao adotar a jaqueta jeans, os hippies deslocam seu significado. Ela se torna o padrão da cultura americana, dos seus estereótipos e protestos, tornando-se a base para slogans e mensagens.

↑ Serge Gainsbourg, Jane Birkin e Kate Barry, Paris, 1969

"O PLANETA É AZUL E ESSA SEMPRE SERÁ A COR DA SEGUNDA METADE DESTE SÉCULO, AQUELA QUE RECOBRE TODAS E TODOS COM UMA NUANCE ÚNICA."

CHRISTIAN LACROIX

TODOS REBELDES

Ela é então característica à contracultura social, cinematográfica, mas também musical, com os punks da década de 1970, os roqueiros típicos franceses, os ídolos adolescentes da década de 1980 e até mesmo o hip-hop, o grunge e o techno (ver Estilos, p. 301 e seguintes). Revolucionária, elementar e camaleoa, ela não escolhe um lado: ela se une a todos.

MODA DE RUA

A democratização passa por roupas mais acessíveis e dá maior visibilidade às tendências. Muitas vezes esquecido, o inventor do streetwear é um estilista afro-americano: Willi Smith, que fundou a WilliWear em 1976. Como pioneiro, ele estabelece uma marca composta por itens essenciais confortáveis, práticos e acessíveis. Fascinado pelo mito do caubói, Willi Smith é um dos primeiros estilistas a fazer do denim um material incontornável e a antecipar o estilo hip-hop (p. 316).

JAQUETA TANG

NOME QUE ENGANA

CELEBRIDADES .... **YOHJI YAMAMOTO, JACK LANG, BEATLES**

PASSARELAS **HUISHAN ZGHANG, GIORGIO ARMANI, YVES SAINT LAURENT**

A jaqueta Tang, ou *Tangzhuang*, nasce com os Manchus. Inicialmente uma jaqueta de montaria (a magua), ela é usada sobre um vestido longo. De traje cultural emblemático, torna-se um distintivo de classe quando os Manchus invadem a China e fundam a dinastia Qing no século XVII.

↑ Tang Denim KF Jacket, Neighborhood

BOTÕES DE ALAMARES

Sem qualquer ligação com a dinastia Tang, o traje manchu se espalha pela sociedade chinesa no século XIX, primeiro entre os militares. Seu fecho com alamares é inspirado nos povos caucasianos e desenvolvido desde a dinastia Jin no século XII. É um distintivo da estética indumentária chinesa.

EXPRESSÕES ALEGÓRICAS

Preta: associada à água, é adequada ao uso cotidiano.

Vermelha: ligada ao fogo, símbolo de sorte e alegria, é usada em grandes ocasiões, como o Ano Novo.

Amarela: associada à terra, por muito tempo reservada ao imperador, tornou-se a alegoria da sabedoria.

Branca: ligada ao metal, representa a pureza e o luto.

POR QUE TANG?

O nome talvez provenha da origem dos bairros chineses nas grandes metrópoles estrangeiras, que levam esse nome em referência à dinastia mais próspera e conhecida da China. A roupa tradicional teria sido designada dessa forma pela mesma razão.

GOLA MANDARIM

O casaco, caracterizado pela gola alta reta aberta no centro (gola mandarim), pelos botões (*pan*), pelos bolsos de aplicação e pelas mangas largas, é um dos elementos essenciais do vestuário chinês dos anos 1900. Mas, depois da guerra, foi suplantado pelo casaco chamado de mao, imposto pelo regime comunista: o *zhongshan*. É um derivado de uniforme militar, unissex, abotoado e com gola virada. O traje tang, exibido nos filmes de kung-fu hollywoodianos dos anos 1970 e 1980, consegue, no entanto, se impor novamente no vestuário chinês.

"MAO POSA PARA A *ELLE*. E A JAQUETA CHINESA, ENTRE A ROUPA DE TRABALHO E O UNIFORME ANTIBURGUÊS, SE TORNA O TRAJE CHIQUE DOS CONTESTADORES."

ELLE, 1975

TRAJE TANG OU HANFU?

Os chineses se dividem: entre os defensores de um traje popular e prático, de um lado, e os adeptos do vestuário iniciado pela dinastia Han, tipicamente chinês, do outro. A própria moda escolhe a jaqueta tang, que é reinterpretada nas passarelas, sobretudo pelo estilista japonês Yohji Yamamoto (p. 308).

OBJETO POLÍTICO

Em 1929, o Partido Nacionalista Chinês adota o *zhongshan*. Até meados da década de 1970, ele se torna o uniforme da nação, apagando as diferenças e as peculiaridades. Na década de 1960, os intelectuais, especialmente franceses, fizeram dele um objeto de moda antiburguês, revolucionário. Revisitado pelo estilista Gilbert Feruch com leveza, ele perde seu significado militar e totalitário.

← **Casal na Metropolitan Opera**, Nova York, 1943

↑ **Gravata-borboleta Satin Classic,** Tom Ford

GRAVATA-BORBOLETA

CAUSA E EFEITO

CELEBRIDADES ··· **FRED ASTAIRE, MARLENE DIETRICH, ALBER ELBAZ**

PASSARELAS ······· **SAINT LAURENT, RALPH LAUREN, THOM BROWNE**

A história da gravata-borboleta se confunde com a da gravata comum, e a origem de ambas é similar: o gosto dos homens por lenços amarrados em volta do pescoço. Jabôs e gravatas adornam os aristocratas dos séculos XVII e XVIII. Alguns acreditam que a gravata-borboleta nasce da fusão de ambos no século XIX.

DRESS CODE BLACK TIE

Popularizada pelos dândis (p. 324), ela se estabelece na segunda metade do século XIX, acompanhando os burgueses da revolução industrial e os homens de poder. Com o desenvolvimento do smoking, ela se torna imprescindível no vestuário de festa masculino. Diz-se que Pierre Lorillard inventou a forma moderna do smoking e da gravata-borboleta para James Potter, para um baile no Tuxedo Club, no estado de Nova York. O sucesso de sua figura teria lançado o conceito do black tie.

DIA E NOITE

Ainda em Nova York, a história continua quando o designer de gravatas Jesse Langsdorf cria em 1924 um modelo de gravata que se diferencia da gravata-borboleta. Esta última um acessório que se torna comum tanto em festas elegantes quanto no pescoço dos funcionários de escritório.

HUMOR E SEDUÇÃO

O cinema a leva para o mundo do entretenimento com figuras cômicas importantes como Charlie Chaplin ou O Gordo e o Magro. As atrizes também a usam, como Marlene Dietrich ou Katharine Hepburn, levando a uma confusão entre os gêneros. Inversamente, ela joga o jogo de uma masculinidade sedutora na dança de Fred Astaire, nos trejeitos insolentes do grupo Rat Pack ou no visual distinto de James Bond.

CADA UM COM SEU NÓ

- James Bond
- Charlie Chaplin
- Pato Donald
- Drácula
- Chippendales
- O Gordo e o Magro
- Doctor Who
- Winston Churchill
- Coelhinhas da Playboy
- Hercule Poirot

↑ Andy Warhol, revista *Time Life*

"A GRAVATA-BORBOLETA É COOL."

DOCTOR WHO

NERD NA MODA

No entanto, na década de 1960, ela perde espaço. Convencional demais, conservadora demais, masculina demais. Usada por personagens cômicas, geeks meio perdidos, ela é ridicularizada e marginalizada. Mas ela volta nos anos 2000, sobretudo graças ao estilista Tom Ford, adepto de uma virilidade nostálgica.

MITO CANTANTE

Diz a lenda que foi a primeira apresentação da ópera *Madame Butterfly*, em 1904, que confirmou a popularidade da gravata-borboleta. A gravatinha preta dos espectadores ou o laço curto do cantor de ópera, associados ao sucesso do espetáculo, teriam feito dela um acessório fundamental. A "borboleta" de seu nome faria referência ao termo *butterfly* da ópera.

SHORTS

MAIS ALTO, MAIS CURTO

CELEBRIDADES .... JANE BIRKIN, MR T., GEORGE MICHAEL

PASSARELAS .... JACQUEMUS, GUCCI, DOLCE & GABBANA

Para os homens, as pernas podem ficar à mostra desde o fim da Idade Média, quando os gibões eram combinados com calças culote, uma vestimenta curta bufante. O homem adulto abandona gradualmente esses calções em favor das calças, mas, no século XIX, o objetivo da peça é distinguir os jovens garotos.

INICIAÇÃO

Em meados do século XIX, em um contexto de industrialização e aburguesamento da sociedade, se esboça a moda destinada ao público infantil. Os calções curtos se popularizam para os garotos de famílias nobres e abastadas. A transição para a calça marca a passagem simbólica para a idade adulta.

DISPARO

Durante a colonização britânica, vários militares ingleses se encontram em regiões pouco adaptadas a seu uniforme. Nas Bermudas, em 1914, eles imitam Nathaniel Coxon, empresário de loja que encurta as roupas de seus funcionários. Depois da Segunda Guerra Mundial, o público viaja cada vez mais e as bermudas se popularizam.

SHORT TROUSERS

À medida que as práticas esportivas se desenvolvem, seus adeptos também vão transformando seus trajes. As calças curtas aparecem entre os praticantes de golfe, bicicleta ou patinação. Mas é preciso esperar o século XX, sobretudo os anos 1920, para que os shorts, denominados dessa forma pelo inglês *short trousers* ("calças curtas"), sejam adotados, primeiramente pelas elites. Trajes de banho mais leves (p. 72) certamente acompanham a evolução do formato dos shorts, que encontram seus adeptos na praia ou nas quadras de tênis.

SHORTS DE PRAIA

O homem tem, assim, o direito de recuperar suas calças curtas. Com a democratização da licença remunerada na década de 1930, esse modelo de roupa se torna indicativo de descontração. As mulheres também passam a adotá-lo, mas somente na praia.

↑ **Harrison Ford**, Festival de Cannes, 1982

"UM HOMEM JAMAIS DEVERIA USAR SHORTS NA CIDADE."

TOM FORD

Elas imitam as atrizes hollywoodianas que revelam suas pernas com shorts atraentes, contornando a censura que proíbe decotes.

CORPOS LIBERADOS

Nas décadas de 1960 e 1970, tudo foi encurtado para as mulheres, e os homens flertam com uma androginia assertiva. Os shorts e às vezes os microshorts se popularizam, até mesmo na cidade. Dos clubes noturnos ao sportswear, eles estão no coração da revolução dos comportamentos, da libertação dos corpos.

FUNDO DA PISCINA

Embora o uso dos shorts se democratize nas cidades a partir dos anos 1960, eles permanecem vinculados ao lazer e ao verão. Em 1967, Rosita e Tai Missoni criam um desfile de moda na instalação original da piscina Solari, em Milão. O designer Quasar Khanh cria uma coleção de móveis infláveis, incluindo uma espécie de cabana. No final do desfile, ela desaba e as modelos, com vestidos arejados, conjuntos florais e shorts de malha, assinaturas da marca, vão parar na água. O desfile vira festa e espetáculo, uma ideia que se estabelece de forma duradoura na moda.

← **Em volta da piscina**, fotografia de Egidio Scaioni, 1934-1937

↑ **Shorts Pavel Amazone**, Balibaris

MAIÔ

QUEM TE ENSINOU A NADAR?

CELEBRIDADES ········ **PAMELA ANDERSON, ROMY SCHNEIDER**

PASSARELAS ········ **MOSCHINO, SAINT LAURENT, CHANEL**

A sociedade do lazer do século XIX se entrega a um prazer até então proibido: o banho de mar. Os primeiros trajes de banho têm bastante cobertura: um macacão de comprimento médio para os homens e um conjunto composto por vestido com espartilho e calça para as mulheres. A prática da natação ajudará esse formato a evoluir.

↑ Maiô Aquarelle, Eres

SEM BRONZE

Até a década de 1910, as pessoas não passam muito tempo na praia e o banho de mar é um mergulho rápido, porque a maioria delas não sabe nadar. O pudor exige que as mulheres se troquem em cabines, e algumas delas são puxadas por cavalos até o mar para evitar que sejam observadas com roupas tão "leves".

NADO LIVRE

Uma australiana, no entanto, contesta essa prática: a nadadora profissional Annette Kellerman. Ela precisa de conforto para praticar o esporte e, em 1907, veste um maiô justo com mangas e pernas encurtadas. Ela é presa por indecência, mas mesmo assim lança a tendência de roupas de praia que cubram menos o corpo.

OLHAR DE MULHER

Pioneira na fotografia de moda, Louise Dahl-Wolfe captura mulheres usando maiôs na praia. Entre as décadas de 1930 e 1960, ela colabora com a revista americana *Harper's Bazaar* e tira suas modelos do estúdio para que elas posem na natureza, à luz do dia. Os corpos das mulheres combinam com o ambiente, sensual, autêntico, vivo.

VIVA AS FÉRIAS

A partir de meados da década de 1910, homens e mulheres usam maiôs semelhantes, cujo comprimento lembra o de shorts. A praia está na moda na década de 1920: a elite se apaixona pela Riviera e pela costa da Normandia, libertando-se, assim, das convenções. Na década de 1930, as classes populares também passam a aproveitá-la, usufruindo de suas folgas remuneradas.

SEXY APESAR DELE

O surgimento do biquíni (p. 73) não determina o fim do maiô, garantia de elegância e de modéstia. Na década de 1980, a peça fica mais aberta e toma de empréstimo as tonalidades neon da aeróbica. O maiô expõe corpos atléticos em uma era obcecada pelas aparências e, na televisão, maiôs vermelhos passeiam pelas praias de Malibu. Hoje, ele emancipa as mulheres, dando-lhes essa escolha. Ele não simboliza o pudor, mas a liberdade.

A DANÇA NO CORPO

Collant dos ginastas: primo próximo do maiô, feito em malha, ele é criado em meados do século XIX pelo ginasta Jules Léotard, que deseja ter mais facilidade e segurança em seus números de trapézio.

Collant dos dançarinos: a dançarina e coreógrafa Martha Graham o populariza na dança contemporânea no século XX.

Objeto de moda: o collant justo e sensual se estabelece na moda dos anos 1970 e a estilista americana Donna Karan torna o body um paradigma do estilo dos anos 1980.

BIQUÍNI

"ERA UM BIQUÍNI DE BOLINHA AMARELINHA"

CELEBRIDADES .... URSULA ANDRESS, BRIGITTE BARDOT

PASSARELAS .... CHANEL, THOM BROWNE, COPERNI

Com o advento das atividades de lazer à beira-mar, surgem os trajes de banho. Oferecendo bastante cobertura, designam um certo pudor, mas, na década de 1920, mulheres afrontosas passam a usar um modelo com duas peças. Com a Segunda Guerra, a bomba nuclear vem à tona e, singularmente, dá origem ao biquíni.

ANTES DO BIQUÍNI: O ÁTOMO

Em 1932, Jacques Heim cria seu modelo de duas peças, chamado de Átomo por seu tamanho pequeno. Ele mostra a barriga, mas não o umbigo, e destaca os quadris com uma faixa horizontal de tecido. Poucas mulheres usam esse modelo, mas, depois da guerra, os costumes se flexibilizam e ele encontra sucesso nas praias francesas.

BOMBA ATÔMICA

Seu concorrente, o engenheiro Louis Réard, cria em 1946 um modelo de duas peças com menos cobertura para favorecer o bronzeamento, composto por dois triângulos que escondem os seios e outros dois na parte inferior, conectados por cordões. Em 1º de julho de 1946, um teste atômico atinge o Atol de Bikini, no oceano Pacífico, enquanto a expressão "bomba atômica" designa a atriz Rita Hayworth: o maiô ganha o nome de biquíni.

ANATOMIA DE UM ESCÂNDALO

O biquíni é apresentado na piscina Molitor em 5 de julho de 1946 durante um concurso de beleza, mas nenhuma modelo se atreve a usá-lo. Micheline Bernardini, dançarina do Cassino de Paris, aceita vesti-lo. Julgado como indecente, ele é banido das revistas femininas, rejeitado pelo Vaticano e proibido por lei em muitos países. Os comunistas veem nele um símbolo de classe e as feministas o acusam de objetificar o corpo.

GINASTAS

As mulheres não esperaram até o século XX para revelar seus corpos. Desde a Antiguidade romana, ginastas e atletas usam faixas cobrindo o peito e meias que lembram calças. Os mosaicos da Villa Romana del Casale, na Sicília, atestam isso. Obviamente não se trata de maiôs ou biquínis, mas a silhueta dessas mulheres é familiar.

↑ Ursula Andress, *007 contra o satânico Dr. No*, 1962

"BIQUÍNI, UM MAIÔ MENOR QUE O MENOR MAIÔ DO MUNDO."

LOUIS RÉARD

DITADURA DO CORPO

A década de 1960, com seu cinema e sua música, finalmente liberta o biquíni. Ele se torna característico de uma juventude indignada e emblema de libertação política, reivindicando a liberdade de cada um de se apropriar de seu corpo. No entanto, ele passa de símbolo impudico a déspota, impondo aos corpos revelados uma nova autoridade estética.

BOND... JAMES BOND

O filme que marca uma virada na aceitação do biquíni é *007 contra o satânico Dr. No*, de 1962. A atriz Ursula Andress emerge do mar em uma praia paradisíaca, semelhante à Vênus de Botticelli, usando um biquíni marfim ao qual está presa uma adaga – nada objetificante. A cena vira um mito e o biquíni é vendido por 60 mil libras em 2001 na Christie's.

↑ **Biquíni St Barth**, Carioca

→ **A atriz Charley Weaver**, Acapulco, 1972

Winston

JAQUETA PUFFER

ESQUENTA DE VERDADE

CELEBRIDADES ········ **RIHANNA, DRAKE, BILLIE EILISH**

PASSARELAS ········ **BALENCIAGA, JUNYA WATANABE, MARC JACOBS**

O homem sempre se valeu de animais para se alimentar e se vestir. Os vikings e inuítes compreenderam rapidamente os benefícios da penugem como forro. No século XX, os aventureiros definem a forma moderna de um casaco forrado com plumagem, capaz de mantê-los aquecidos em condições extremas.

↑ Jaqueta puffer Silent Down, Patagonia

INSTINTO DE SOBREVIVÊNCIA

Em 1935, Eddie Bauer, que quase morre de hipotermia pescando sob o gelo, cria um casaco acolchoado preenchido com penugem de ganso. Patenteado em 1936, ele se torna um aliado para atividades esportivas ao ar livre em climas frios. Na França, um alpinista chamado Pierre Allain também tem a ideia de usar um casaco forrado, que ele comercializa para a prática do esqui. O casaco também chama a atenção do exército. Esquiar se torna a atividade favorita do jet set depois da guerra e as jaquetas doudoune, também conhecidas como puffer, se multiplicam.

DOUDONE CHIQUE

O estilista americano Charles James cria a primeira jaqueta puffer de "alta-costura" em 1938. Ele produz uma jaqueta de festa marfim, feita com a mesma técnica de fabricação de um edredom. Ele apelida sua criação de "jaqueta pneumática".

NA MODA

Estilistas de marcas de luxo, como Emilio Pucci, André Courrèges ou Christian Dior, integram a jaqueta às suas coleções. A marca francesa Moncler cria suas primeiras puffer em 1954, e depois ganha as atenções ao vestir a equipe francesa de esqui alpino nos Jogos Olímpicos de Grenoble em 1968. O evento democratiza a jaqueta puffer, ao mesmo tempo que se multiplicam os esquiadores.

NO PÁTIO DA ESCOLA

Com a década de 1980, a jaqueta puffer fica mais urbana. As suas cores variadas e intensas agradam uma jovem geração e a cultura pop, mas também o hip-hop (p. 316): ela acentua o corpo, o impõe. Também é possível encontrar uma versão mais leve na saída das escolas. Marcas como a Chevignon atraem os adolescentes, enquanto nas passarelas das maiores grifes a jaqueta transcende as fronteiras da elegância.

FOFINHA

Versátil, ela é simultaneamente objeto de luxo e acessório reconfortante dos jovens em busca de calor e anonimato. Ela aparece com frequência em videoclipes de rap e dá voltas nas pistas de esqui.

NA CAMA

Em 2005, para a sua coleção outono-inverno, os estilistas holandeses Viktor & Rolf propõem silhuetas inspiradas em camas. Algumas modelos têm a cabeça apoiada em um travesseiro, o corpo envolto em um edredom e lençóis que evocam as golas da moda holandesa do século XVII. Esses edredons, assim como as jaquetas puffer enormes, oferecem a versão definitiva do conforto e da preguiça.

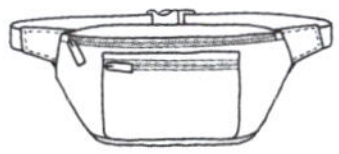

POCHETE

EM VOLTA DA CINTURA

CELEBRIDADES .... **BEYONCÉ, THE ROCK**

PASSARELAS .... **STELLA MCCARTNEY, KENZO, RICK OWENS**

Transportar seus pertences: eis aí uma das necessidades mais primitivas. Bolsas penduradas na cintura podem ser encontradas em todas as culturas. Na Idade Média, homens e mulheres usam bolsas de couro. No Renascimento, penduram *châtelaines* de ouro ou prata na cintura.

BOLSOS NA FRENTE E ATRÁS

A pochete deriva dos bolsos do vestuário feminino do século XVII: bolsinhos de tecido amarrados na cintura por baixo do vestido, acessíveis por aberturas discretas. Em meados do século XX, ela passa a se destacar, sobretudo entre os esquiadores e caminhantes que a colocam nas costas, na altura do quadril (chamada de *bum bag* ou *fanny pack*, gíria em inglês para designar as nádegas).

COM AS MÃOS NO BOLSO

As roupas dos homens possuem bolsos costurados desde o século XVI, mas as mulheres tiveram que esperar até meados do século XIX para poder ter acesso ao mesmo acessório. Até então, elas usavam acessórios independentes, semelhantes a duas pequenas bolsas planas, unidas por um elo ou tira de tecido, amarradas na cintura entre a anágua e a camisa.

TURISTAS E ESPORTISTAS

A pochete se populariza na década de 1980 graças à tendência fitness, ao desenvolvimento de atividades físicas em espaços urbanos e ao turismo em massa. Essa década vê a cultura jovem se afirmar: adolescentes de classe média usam pochetes inspiradas nos looks chamativos dos videoclipes transmitidos pela MTV, entre nylon, tons fluorescentes e, às vezes, estampas gráficas coloridas.

O LUXO OBSERVA A RUA

Confortável e colorida pelas ruas, a pochete se torna refinada e célebre nas passarelas no início dos anos 1990, com estilistas como Karl Lagerfeld. Enquanto isso, a cultura da rave (p. 342) do final da década de 1990 também a adota e o hip-hop (p. 316) abarca seus modelos com logotipos chamativos.

↑ **Pochete**, Barbour X Supreme

"A POCHETE É ÚTIL PARA OS CICLISTAS, CAMINHANTES E HIPISTAS."

SPORTS ILLUSTRATED, 1954

NEM TÃO CAFONA ASSIM

Com a obsessão pelo luxo dos anos 2000, ela é relegada a segundo plano. Os anos de 2010 e 2020 voltam a enaltecê-la, renovando-a. Ela se torna um acessório estético, com modelos geométricos, minimalismo e alguns formatos inovadores. Adotada tanto por clubbers quanto por fãs de rap, ela integra o vocabulário do streetwear. O cafona se torna o ápice do estilo.

FAROESTE

Desde a Idade Média, os homens encontram nas bolsas de couro ou pele de animal uma forma de guardar as armas na cintura. Mas é em meados do século XIX, nos Estados Unidos, com a conquista do Oeste, que se desenvolvem os coldres presos à cintura: estojos de couro, como pochetes de guerra, que permitem aos caubóis sacarem suas armas com extrema rapidez.

← Ava Amande, Londres, 2021

↑ Vestido com estampa floral Warverly X Laura Ashley, Batsheva

VESTIDO CAMPONESA

JOVENS EM FLOR

CELEBRIDADES LADY DI, FLORENCE WELCH, LOULOU DE LA FALAISE

PASSARELAS .... JOHN GALLIANO, LOUIS VUITTON, GUCCI

Com o movimento hippie, surge o gosto por lugares para além da metrópole. Além disso, uma forma de historicismo se propaga, nostalgia revelada pelos modos de consumo populares: roupas de segunda mão e brechós em que se encontram formas da belle époque que influenciam um estilo romântico antigo.

O GOSTO PELO PASSADO

O apreço pelas formas do passado se dissemina especialmente na Inglaterra e nos Estados Unidos, revivendo visuais evocativos das eras vitoriana e eduardiana: golas altas, saias longas, rendas, babados, anáguas floridas... Os hippies (p. 326), propensos ao anticonsumismo, encontram esses itens nos mercados de pulgas, enquanto certas marcas como a Gunne Sax, em São Francisco, reinterpretam essas peças em suas lojas.

MODA DO CAMPO

A década de 1970, após uma época mais plástica como os anos 1960, defende o retorno à natureza. O vestido camponesa convida a essa existência longe da cidade e da modernidade. A estilista inglesa Laura Ashley propõe essa peça em um estilo diferente das silhuetas sensuais e boêmias da Swinging London. Ela se dirige a uma clientela até então esquecida: a mulher comum, que almeja estética e delicadeza.

APRESENTAÇÃO OFICIAL

Em 1981, Diana Spencer, a futura princesa, participa de uma sessão de fotos no jardim de infância em que trabalha. Ela usa um vestido Laura Ashley leve, que, contra a luz, revela as pernas com sua transparência, enquanto o vento pressiona o tecido contra o corpo. Um escândalo, além de um extraordinário golpe publicitário para a marca.

MÃES E FILHAS

Um espírito bucólico sutilmente conservador emana de Laura Ashley. Seus anúncios exibem representações pastorais, românticas e idílicas. Principalmente mães com suas crianças: ela se dirige à perfeita e tradicional dona de casa.

↑ Atores de *Os pioneiros*

SUCESSO COMERCIAL

A marca vira uma rede e Laura Ashley, um império. Na década de 1980, o sucesso se mantém, especialmente porque a Princesa Diana usa esses vestidos delicados, convencionais e distintos. E, na década de 1990, a juventude grunge (p. 338) se apropria deles, deslocando o seu significado.

DE VOLTA PARA O FUTURO

Nos dias atuais, enquanto a problemática ambiental causa impacto em alguns consumidores, esses vestidos voltam à ordem do dia.

FAMÍLIA CULTA

Em 1974, a família Ingalls aparece pela primeira vez nas telas americanas: é o nascimento de *Os pioneiros*. A série, com seus valores familiares e paisagens bucólicas, também demonstra o forte gosto pelo vestido de camponesa.

HIPPIE CHIC

Ao casar-se com Bill Clinton em 1975, Hillary Rodham usa um vestido Gunne Sax encontrado em uma boutique. A marca, então, se populariza entre as noivas.

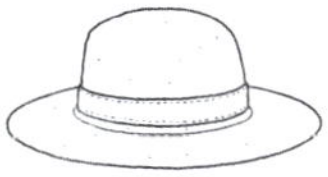

CHAPÉU DE PALHA

FÉRIAS MERECIDAS

CELEBRIDADES .... **MAURICE CHEVALIER, AUDREY HEPBURN**

PASSARELAS .... **JACQUEMUS, JOHN GALLIANO, SCHIAPARELLI**

O hábito de cobrir a cabeça existe desde a Pré-História. A Antiguidade abre caminho para chapéus feitos de material vegetal, do continente africano à Ásia, passando pela Europa, tendo como motivação o conforto, a proteção e, por vezes, os rituais sagrados.

CHAPÉU DE CAMPO

Ráfia, juta, junco ou cânhamo são materiais comumente usados para produzir chapéus. Acessíveis, maleáveis e baratos, esses vegetais permitem a democratização dos chapéus de palha, usados principalmente pelos trabalhadores do campo. Os nobres optam por materiais mais luxuosos. Apenas a principesca Toscana gosta de chapéus trançados.

UM PANAMÁ EQUATORIANO

Já no século XV, os equatorianos fabricam e usam um chapéu tecido de toquilla, uma fibra de folha de palmeira. Exportado para o continente sul-americano, é apelidado de "panamá" pelos garimpeiros do país no século XIX, depois é adotado pelos trabalhadores do canal de mesmo nome, entre 1904 e 1914. É popularizado nos Estados Unidos e em Hollywood.

CHAPÉU DE FOLHA

No Vietnã, o *nón lá* ("chapéu de folha") usado pelos agricultores, especialmente nos campos de arroz, reconhecível pela sua forma cônica, remontaria à Pré-História. Feito com folhas de latânia, desenvolve-se particularmente no século XIII em uma forma volumosa muito maior, antes de assumir sua aparência cônica moderna nos anos 1930.

FANTASMA PASTORAL

Embora o estilo tenha se disseminado da aristocracia para as classes trabalhadoras desde a Idade Média, ele é cada vez mais usado pelo povo à medida que a Revolução Francesa se aproxima. No final do século XVIII, as elegantes mulheres de Versalhes exibem silhuetas ornadas por chapéus de palha, imitando a rainha Maria Antonieta, que sonha ser uma elegante pastora. Os aristocratas das colônias são precursores em seu uso, com o objetivo de se proteger do sol escaldante.

↑ **Estudantes do Winchester College**, Reino Unido, 1960

"COM MEU CANOTIER AO LADO, AO LADO FIZ O MUNDO TODO DANÇAR O TWIST."

MAURICE CHEVALIER, *LE TWIST DU CANOTIER*

ERA DE OURO

O século XIX é o século dos chapéus. A moda rivaliza com a imaginação para propor penteados originais, extravagantes ou graciosos. O chapéu de palha acompanha os grandes movimentos artísticos. Ele fala sobre a miséria do realismo e sobre a vida ao ar livre do impressionismo; transformando-se no modelo canotier em uma sociedade que prioriza o lazer.

SOB O SOL

No cinema ou na rua, o chapéu de palha é lúdico. Usado por Maurice Chevalier na década de 1930 e, na década de 1970, vira um chapéu de sol boêmio e despojado. Do trabalho à ociosidade, o chapéu de palha encontra seu lugar ao sol.

← **Audrey Hepburn** nos arredores de Brighton, Inglaterra, 1951

↑ **Chapéu** tradicional provençal

QIPAO

FEMINISMO E CLICHÊS

CELEBRIDADES ··· **ANNA MAY WONG, NANCY KWAN, MAGGIE CHEUNG**

PASSARELAS ········ **ALTUZARRA, SHIATZY CHEN, MARQUES ALMEIDA**

Quando a República da China é fundada em 1912, as feministas clamam por uma sociedade mais igualitária. Para expor seu postulado, essas mulheres adotam roupas inspiradas em uma longa túnica manchu andrógina. Elas usam o que hoje é chamado de "qipao" em mandarim.

SÍMBOLO NACIONAL

É essencialmente em Xangai, um porto cosmopolita e dinâmico, que a moda do qipao se desenvolve e se dissemina tanto que, em 1929, a República da China proclama a sua versão longa um símbolo da cultura nacional. Desde então, tem evoluindo cada vez mais, até integrar elementos estilísticos da moda ocidental. Acima de tudo, o qipao é encurtado, ajusta-se bem ao corpo e tem duas ousadas fendas que podem subir até a coxa, perpetuando uma ideologia feminista que afirma a emancipação dos corpos.

FANTASMA HOLLYWOODIANO

A partir de 1949, o qipao é substituído por um conjunto misto padronizado. No entanto, seu uso sobrevive em Hong Kong, onde se torna uma peça de roupa do dia a dia, notada pelos visitantes internacionais. De fato, desde os anos 1920, o qipao não deixa o Ocidente indiferente, e o cinema hollywoodiano contribui para uma fantasia orientalista que sexualiza a figura feminina asiática.

VOCABULÁRIO

O termo "cheongsam" vem do cantonês *chèuhngsàam*, enquanto "qipao" é usado em mandarim. "Cheongsam", nome estabelecido pelos ingleses de Xangai, aplica-se tanto à versão masculina original dessa vestimenta quanto à sua evolução feminina, enquanto "qipao" é utilizado apenas para a versão feminina do vestido.

↑ **Vestido qipao,** Huishan Zhang

PERSONAGEM DE FILME

Mas, em 2000, o cinema chinês se reapropria dele, quando o diretor honconguês Wong Kar-Wai dirige o filme *Amor à flor da pele*, uma ode ao amor, ao desejo e ao qipao. Usado pela atriz Maggie Cheung, em figurinos sedutores e indolentes da década de 1960, o modelo participa da narração, rompendo estereótipos para sustentar a emoção da história.

NOVA GERAÇÃO

Hoje, o qipao é revisitado por uma juventude de origem chinesa interessada em reconquistar a sua herança cultural, sobretudo com a rede social TikTok, usada para denunciar a exploração erótica ocidental.

FEMME FATALE

O cinema dos anos 1930 perpetua a imagem estereotipada de uma mulher asiática venenosa e predadora. Um clichê com o qual a atriz Anna May Wong particularmente sofre. Isso não melhora depois da guerra, quando o cheongsam vira objeto de fantasia, especialmente como declara a queridinha de Hollywood nascida em Hong Kong, Nancy Kwan, na década de 1960. Ela diz que, se o cheongsam tem fendas, é porque "as garotas chinesas têm pernas bonitas".

JAQUETA UTILITÁRIA

"TRABALHADORES DO MUNDO, UNI-VOS!"

CELEBRIDADES .... **BILL CUNNINGHAM**

PASSARELAS **YOHJI YAMAMOTO, ALEXANDER MCQUEEN, KRIS VAN ASSCHE**

A revolução industrial desenvolve máquinas automatizadas e o uso de roupas de proteção. Conhecida na França como *bleu de travail* ("azul de trabalho"), a peça tingida com um índigo barato substitui o jaleco. Mesmo que o termo também se refira a macacões e conjuntos, é o casaco com bolsos que continua a ser o seu modelo mais comum.

↑ **Jaqueta utilitária**, Lafont

AZUL, MAS NEM SEMPRE

A cor da roupa de trabalho varia a depender da atividade. Na maioria das vezes feita de uma lona grossa de algodão, ela oferece proteção reforçada. Nos Estados Unidos, a jaqueta jeans (p. 64) cumpre o mesmo papel. Robusta e prática, a jaqueta utilitária atende ao operário e permite sua identificação.

UM SÍMBOLO SOCIAL

A roupa quase apaga o indivíduo para encarnar uma classe, ou mesmo uma luta. Ela se torna o emblema dos trabalhadores em oposição à burguesia, especialmente durante o período entreguerras: os operários de colarinho azul se erguem contra os empregadores de colarinho branco. A jaqueta de lona azul personifica o trabalhador, seja ele comerciante, artesão ou agricultor. É sobre trabalho manual e o povo.

DAS FÁBRICAS À RUA

Os artistas retiram a jaqueta utilitária da sua exclusiva função profissional. Reformada no início do século XX, ela se inscreve na modernidade, que repensa o lugar da estética e do conforto no cotidiano. Sua funcionalidade inspira visuais mais práticos e universais.

CAÇADOR DE IMAGENS

As fotografias de Bill Cunningham e sua lendária roupa de trabalho assombram o cenário da moda americana: ele é o inventor do street style. Apaixonado pelos estilos pessoais, capturou os visuais de transeuntes e celebridades nas ruas de Nova York, publicando-os na coluna "On the Street" do *New York Times* a partir de 1978.

"A CULTURA DO COLARINHO AZUL NÃO É UMA ESTÉTICA. É A EXPRESSÃO DO TRABALHO DURO, DO SUOR."

VIRGIL ABLOH

FRENESI DA MODA

A rua se vincula à fábrica em Maio de 1968: operários e estudantes se encontram no asfalto. A bleu de travail, com seu tom azul, passa a ser o símbolo da luta. Depois da revolução, ela permanece nas ruas, condizente com um espírito boêmio e livre. Estilistas como Marithé + François Girbaud ou agnès b. a transformam em um item de moda. Desde 2010, ela vem experimentando uma popularidade notável, impulsionada pela juventude japonesa.

AZUL DA CHINA

No período entreguerras, os trabalhadores portuários argelinos descobrem o traje azul índigo dos marinheiros chineses, composto por um casaco abotoado semelhante à jaqueta tang e uma calça. Outras cidades portuárias, como Bastia ou Marselha, se deixam seduzir por essa roupa de trabalho funcional e leve. Depois da guerra, a "azul de Xangai" só é fabricada em Argel ou Marselha.

SAMUÊ

ZEN

CELEBRIDADES ··· YOHJI YAMAMOTO, HAIDER ACKERMANN

PASSARELAS ··· DAMIR DOMA, CRAIG GREEN, BALENCIAGA

A espiritualidade zen, sóbria e meditativa, se desenvolve no Japão no século XII. A contemplação também faz parte das tarefas utilitárias, chamadas de samu, realizadas diariamente nos mosteiros e conventos. Para exercitá-las, monges e monjas usam um conjunto de trabalho funcional: o samuê.

SEM DISTRAÇÕES

O samuê primitivo é pensado para a prática da meditação: uma túnica de comprimento médio, encurtada ao longo dos séculos, depois acompanhada de calças. Com seu casaco de mangas levemente encurtadas para liberar as mãos e suas amarras em cordões, o conjunto é fácil de ser usado em qualquer ocasião.

VESTUÁRIO HETEROGÊNEO

Roupa de trabalho, ele é adotado por artesãos, artistas e médicos. No século XX, esse aliado do conforto auxilia no lazer e no sono, como o pijama. É mais fácil de vestir e menos codificado que o quimono (p. 148). Sobretudo, ele uniformiza uma sociedade bastante hierárquica ao exaltar a sobriedade com seus tons monocromáticos apurados, seu algodão robusto e estilo unissex.

A MODÉSTIA DO BELO

Com a ascensão do estilo desconstrutivista japonês (p. 308) na década de 1980, estilistas como Rei Kawakubo e Yohji Yamamoto reinterpretam essas roupas tradicionais com formas fluidas, balançando a moda ocidental com novas estéticas. A plenitude da calça de samuê envolve o corpo com uma leveza refinada, enquanto o casaco cruzado com cordões no busto sugere um caimento elegante e esguio. Na maioria das vezes escuro ou tingido de índigo, esse conjunto, modesto e bonito, não precisa de babados nem qualquer adorno chamativo para ser imponente.

↑ Samuê, Indigo Union

"A MODA SÓ É COMPLETA QUANDO ELA É USADA POR PESSOAS COMUNS."

YOHJI YAMAMOTO

PRIMO POR ALIANÇA

O samuê, robusto e grosso, pode ser usado o ano todo. No entanto, alguns preferem o jinbei, mais indicado para o verão com suas mangas curtas e calças parecidas com shorts. A conjunção entre esses diferentes elementos é menos restrita: sua escolha é favorecida em espaços íntimos, mas raramente em passeios, exceto para saídas rápidas e próximas de casa.

RENASCIMENTO DO ESTILO JAPONÊS

Uma nova geração criativa mistura tendências europeias e modelos atemporais. Yohji Yamamoto faz do samuê o paradigma do sportswear despretensiosamente chique e se inscreve em uma renovação global do vestuário do trabalhador.

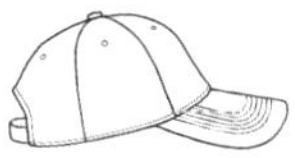

BONÉ

NAS RUAS E NAS QUADRAS

CELEBRIDADES .... **SPIKE LEE, LADY DI, RIHANNA**

PASSARELAS .... **BURBERRY, CHANEL, LACOSTE**

A fim de reaquecer a produção de lã inglesa e irlandesa, o Parlamento Britânico impõe, em 1571, o uso de uma cobertura de lã na cabeça a todos os homens nao nobres e rapazes com mais de 6 anos de idade, aos domingos e feriados. Desenvolve-se, então, um boné achatado, símbolo da classe trabalhadora.

GAVROCHE

No século XIX, o boné achatado, mais parecido com uma boina, é mais redondo e tem uma viseira. É usado por crianças em idade escolar e meninos da classe trabalhadora, principalmente por vendedores ambulantes de jornais. Na França, a peça recebe um nome graças a Gavroche, a criança imaginada por Victor Hugo em *Os miseráveis*. Ele encarna o travesso moleque parisiense por excelência. As crianças pobres da cidade se tornam gavroches, ao passo que seus bonés também são chamados assim.

SONHO AMERICANO

Nos Estados Unidos, os imigrantes irlandeses trazem consigo os seus bonés. Ao passo que a revolução industrial democratiza o gavroche: ele passa a ser usado pelos adeptos de atividades de entretenimento elitistas, como a caça ou o golfe, e é o aliado ideal para os primeiros passeios de automóvel.

PESO PESADO

Nos Estados Unidos, os bonés destinados aos caminhoneiros são desenvolvidos na década de 1970. Reconhecíveis pela rede na parte posterior da cabeça, que permite a respiração do crânio, eles possuem uma face larga onde é possível exibir a publicidade de empresas. Esse tipo de boné se torna a encarnação de um estilo que será popularizado pela televisão e pelo cinema americanos.

NA QUADRA

O boné atual vem do beisebol. À medida que o esporte se desenvolve na segunda metade do século XIX, seus jogadores usam modelos diferentes. Em 1901, o Detroit Tigers é o primeiro time a imprimir seu logotipo no boné: nasce então o boné moderno.

↑ Elton John, 1970

"SEMPRE AMEI USAR BONÉS. TIVE MEU PRIMEIRO COM SEIS OU SETE ANOS. TODOS OS GAROTOS TINHAM UM. NA ÉPOCA, NÃO TINHA NADA A VER COM MODA."

SPIKE LEE

OBJETO DE MODA

A New Era padroniza o modelo de boné na década de 1930 e define, em 1954, a versão atual, que abastece quase todos os times de beisebol americanos. Nos anos 1970, ele era usado por fãs do esporte, pela comunidade hip-hop (p. 316) e por adeptos de outras atividades esportivas que necessitavam de proteção solar. Nos anos 1990, as celebridades, como Spike Lee, fazem dele um acessório de moda muito mais cool.

CONTRA A CORRENTE

Em meados do século XX, certos atletas, principalmente jogadores de beisebol, e atiradores de elite do exército americano viram seus bonés para trás. Alguns para examinar a bola sem dificuldade, outros para evitar que a viseira atinja a mira telescópica. Nos anos 1980, o mundo do hip-hop se apropria desse gesto, que passa a significar uma certa insubmissão.

B
Dodgers

← **Jogador de beisebol Clem Labine**, Brooklyn Dodgers, 1955

↑ **Boné 9FORTY New York Yankees**, New Era

G&S

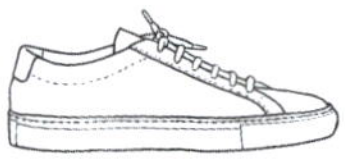

TÊNIS

A ESSÊNCIA DE UM LOOK DESCOLADO

CELEBRIDADES ··· **MICHAEL JORDAN, KURT COBAIN, FARAH FAWCETT**

PASSARELAS ··· **COMME DES GARÇONS, GUCCI, CHRISTOPHER KANE**

A invenção, em 1839, da vulcanização – adição de enxofre à borracha para torná-la flexível e resistente à água – leva ao nascimento do tênis. Na Grã-Bretanha e nos Estados Unidos, os fabricantes de borracha integram esse processo em calçados usados na praia ou em esportes.

SAPATOS DE LONA

Dessa técnica nascem os tênis, em meados do século XIX. Compostos por um sapato de lona e solado de borracha, são mais adaptados à grama que o couro. Reservados então aos atletas experientes, espalham-se na década de 1910 com os Keds e os All Star da Converse.

ESPORTISTAS DE DOMINGO

Com a cobertura midiática dos Jogos Olímpicos e o crescente fascínio pelas façanhas dos atletas, os tênis encontram seu caminho até os pés dos amadores. Depois da guerra, são usados fora dos campos esportivos por jovens insubmissos, que usam orgulhosamente a combinação de jeans (p. 136), camiseta (p. 10) e tênis. Eles se tornam o emblema da juventude e da renovação dos códigos de vestimenta.

CADA UM POR SI

Em 1924, os irmãos alemães Adolf e Rudolf Dassler fundam sua empresa de tênis. Eles brigam em 1947. O primeiro funda a Adidas, e o segundo, a Puma.

ESPÍRITO DE GRUPO

A cultura esportiva se mistura com a cultura popular. Enquanto os fãs se entusiasmam com Bruce Lee ou *As Panteras* e os tênis desses ídolos se popularizam, marcas como Nike, New Balance, Reebok ou Adidas diversificam seus modelos. Cada um escolhe o seu estilo de acordo com a moda e as celebridades na tela.

TODOS DE TÊNIS

O sportswear, disseminado pelo hip-hop (p. 316) e popularizado pelo nascimento do canal de música MTV em 1981, influencia uma série de visuais que os adolescentes imitam.

↑ **Air Jordan 1 High Dior**, Nike

"UMA MULHER PODE USAR UM PAR DE SALTOS EXTRAVAGANTES EM UMA NOITE E UM PAR DE TÊNIS DISCRETOS E LEVES NO DIA SEGUINTE. A BELEZA DO LUXO MODERNO É QUE NÃO HÁ REGRAS."

GIUSEPPE ZANOTTI

Os tênis são o ápice do que é considerado cool. Então, em 2010, o luxo também se apropria deles. Eles se tornam objeto de desejo, às vezes provocando uma histeria coletiva. Integrando agora costumes culturais, os tênis se banalizam, combinam com tudo, são descontraídos e cobiçados. E não se trata mais de um item exclusivamente esportivo.

VENDEDOR DO ANO

Em 1921, a Converse contrata Chuck Taylor para aumentar suas vendas. Técnico e fã de basquete, ele promove a marca como ninguém, vendendo milhões de pares. Intimamente vinculado à Converse, seu nome aparece no All Star desde 1932.

Página anterior:
Time Line-up, fotografia de Hugh Holland, Califórnia, 1976

PARA TODO TIPO DE TERRENO

1839

PROCEDIMENTO INOVADOR
Invenção da vulcanização por Charles Goodyear.

1906

FABRICANTE PIONEIRO
Fundação da fábrica da New Balance.

1916

CALÇADOS ESPORTIVOS
Lançamento dos Keds pela US Rubber Company.

1917

MODELO ICÔNICO
Criação pela Converse do tênis All Star de cano alto, destinado aos jogadores de basquete.

1936

EMBLEMA ESPORTIVO
O modelo All Star é o calçado oficial do time de basquete dos Estados Unidos nos Jogos Olímpicos.

1948

NOVA MARCA
Fundação da Puma por Rudolf Dassler.

1949

CONCORRÊNCIA
Criação da Adidas por Adolf Dassler.

1964

FUTURO GIGANTE
Fundação da Blue Ribbon Sports, que vai se tornar a Nike em 1971.

1966

ADOTADO PELOS SKATISTAS
Criação da Vans, popularizada pelos skatistas nos anos 1970.

1969

MODELO ICÔNICO
Adidas lança seu modelo Superstar, louvado pelo movimento hip-hop e o primeiro sapato de basquete de cano baixo.

1976

LOGOTIPO LENDÁRIO
New Balance lança seu primeiro modelo de tênis com o logo "N".

1978

TÊNIS DE QUADRA
Adidas homenageia o jogador de tênis Stan Smith.

1982

PROMOÇÃO ESPORTIVA
Nike lança seus Air Force 1, cultuados graças aos jogadores da NBA.

1985

COLLAB GENIAL
O jogador de basquete Michael Jordan se associa à Nike com os míticos Air Jordan.

1986

MÚSICA
Run-DMC lança o hit "My Adidas".

1989

NAS TELAS
Marty McFly usa um par de tênis futuristas da Nike em *De volta para o futuro II*.

2003

NAS PASSARELAS
Yohji Yamamoto colabora com a Adidas e introduz os tênis no mundo da moda.

2004

CONSCIÊNCIA VERDE
A marca Veja cria os primeiros tênis sustentáveis e ecológicos.

↑ Reebok Glide, Converse Chuck Taylor All Star, New Balance 530, Vans Old Skool, Nike Air Force 1, Adidas Stan Smith

→ Partida de basquete universitário, Estados Unidos, 1969

44
45
23
33
12

SCARPIN

SALTO AGULHA

CELEBRIDADES DITA VON TEESE, MARILYN MONROE, SARAH JESSICA PARKER

PASSARELAS ···· SAINT LAURENT, BOTTEGA VENETA, PRADA CRUISE

Além dos sapatos de plataforma, conhecidos desde a Antiguidade, os primeiros sapatos de salto surgem na Pérsia por volta do século X. Os homens calçam esses sapatos para estabilizar melhor os pés nos estribos ao andar a cavalo. As trocas diplomáticas introduzem esses sapatos na Europa no século XVII.

UM ASSUNTO DE HOMENS

Os sapatos de salto se tornam uma característica elegante, poderosa e masculina. As mulheres que os adotam, a partir de meados do século XVII, são mal-vistas e acusadas de virilidade.

OS SAPATOS E OS CORPOS

Por volta do fim do século XX, a marca de calçados Charles Jourdan recorre ao fotógrafo de moda Guy Bourdin para a sua nova publicidade. Ele recorta o corpo feminino para mostrar apenas fragmentos, principalmente as pernas e os pés. Nessas imagens sensuais, com estética surrealista, o scarpin toma conta da mulher e a submete aos desejos dos homens.

DO LADO DAS MULHERES

Após a Revolução Francesa, o salto perde sua influência em favor de sapatos baixos, uma vez que os homens passaram a usar roupas mais modestas. Em meados do século XIX, no vestuário feminino, o scarpin retorna sob a forma de botas durante o dia e sapatos graciosos para a noite.

FEMINILIDADE E FANTASIAS

Com o surgimento da fotografia e de sua tendência erótica, o scarpin toma um rumo fetichista nos pés de modelos nuas. Enquanto a moda esconde o corpo das mulheres, a visão de um par de saltos desperta a fantasia e se torna imoral. Somente nos anos 1920 é que eles viram algo trivial. Depois da guerra, acompanhando o new look de Christian Dior (p. 213), Roger Vivier desenha o formato do scarpin tal como o conhecemos hoje: salto fino e sola arqueada.

↑ **Scarpin Boucle Flower,** Roger Vivier

"VOCÊ PÕE UM SALTO ALTO E SE TRANSFORMA."

MANOLO BLAHNIK

CUIDADO COM O SALTO

O scarpin fala de uma feminilidade exacerbada, entre a domesticação e a sensualidade. Na década de 1950, as donas de casa usam scarpins no lar e as pin-ups exibem saltos vertiginosos. Ainda que os homens dos anos 1970 se empoleirem em plataformas (p. 131), o scarpin, dali em diante, pertence apenas às mulheres. Seu salto agulha as torna intimidadoras, senão perigosas. Entre erotismo e violência, ele vira um fetiche. E quando um homem se apropria dele, trata-se do ápice da transgressão dos códigos de vestuário.

TRADUÇÃO

O termo scarpin vem do italiano *scarpino*, que significa "pequeno sapato". Sua utilização é atestada desde o século XIV e diz respeito a pequenos sapatos descobertos.

SÉCULO X

NA SELA

Os cavaleiros persas usam pequenas botinas com salto.

SÉCULO XVII

MODA REAL E COQUETISMO

Os nobres das cortes europeias adotam sapatos de salto.

REV. FRANCESA

SÍMBOLO ARISTOCRÁTICO

Rejeição aos sapatos de salto.

ANOS 1850

ETIQUETA VITORIANA

Os sapatos de salto são exigidos na corte britânica.

FIM DO SÉCULO XIX

DEMOCRATIZAÇÃO

Fabricação industrial de saltos.

ANOS 1910

DA DANÇA À RUA

Moda de sapatos de tango.

ANOS 1920

TOC-TOC

Salvatore Ferragamo é o primeiro a utilizar metal para reforçar seus saltos.

1940

NOVA SILHUETA

O designer de calçados André Perugia afina o salto dos scarpins.

1947

INDISPENSÁVEL

O new look de Christian Dior introduz o scarpin como ápice da feminilidade.

1954

PICO

Roger Vivier cria o salto agulha.

1959

NAS TELAS

Salvatore Ferragamo cria os scarpins de bico pontiagudo usados por Marilyn Monroe em *Quanto mais quente melhor*. Eles virão a se tornar sua assinatura.

1993

MODELO MÍTICO

Christian Louboutin pinta as solas de seus sapatos de vermelho. Nasce um ícone.

ANOS 2000

PAIXÃO POR SCARPINS

A série *Sex and the City* populariza a marca de sapatos Manolo Blahnik. Os scarpins calçados por Carrie Bradshaw se tornam personagens por si próprios.

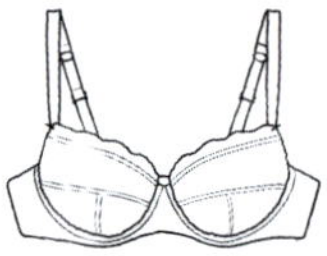

SUTIÃ

LUTA DOS CORPOS

CELEBRIDADES ·········· EVA HERZIGOVÁ, MADONNA, RAQUEL WELCH

PASSARELAS ·················· ALEXANDER MCQUEEN, GUCCI, MUGLER

O corpo das mulheres é protegido desde a Antiguidade, mas, em vez das tiras de tecido cobrindo o busto, opta-se pelos espartilhos esculpidos, impostos pela moda até o fim do século XIX. O sutiã nasce como reação, usado inicialmente com timidez, por questões de higiene.

↑ Sutiã Jeanne, Yasmine Eslami

"HELLO BOYS"

O Wonderbra, que realça os seios, é comercializado no início dos anos 1960. Mas ele só encontra o sucesso nos anos 1990, impulsionado por uma campanha cultuada, liderada pela modelo Eva Herzigová, que pede aos curiosos que olhem em seus olhos. Em 1992, são produzidas 20 mil peças por semana. E até mesmo as Spice Girls o celebram no filme *Spice World*.

UM ESPARTILHO DIVIDIDO EM DOIS

Desde o século XIX, os médicos alertam sobre os efeitos nocivos do espartilho. As feministas apoiam então a criação dos primeiros modelos de sutiã. Na França, Herminie Cadolle apresenta na Exposição Universal de 1889 um espartilho cortado em dois, fazendo aparecer assim um sutiã. Mas é preciso esperar a passagem da silhueta S da belle époque aos vestidos da década de 1920 para que o sutiã encontre seu lugar.

PRODUÇÃO INDUSTRIAL

Em 1920, é usado pelas jovens dos Anos Loucos (p. 320) e, na década de 1930, se populariza ao diversificar os cortes, materiais, caimentos e tamanhos. Democratizado e usado por ícones de Hollywood, ele se transforma em um item industrializado. A invenção de armações e sutiãs para adolescentes os torna comuns na década de 1950, enquanto as copas cônicas, para seios em formato de concha (p. 263), se propagam.

QUEIMAR O SUTIÃ?

O visual andrógino dos anos 1960 traz de volta o formato cônico e as feministas dos anos 1970 questionam o uso do sutiã em favor do conforto. Mas ele volta a ganhar destaque na década de 1980, com uma lingerie exposta e adornada com babados, que marca uma estética extravagante, entre o erotismo e o materialismo.

"ME OLHE NOS OLHOS"

Na década de 1990, o minimalismo discreto convive com uma sensualidade chamativa. Os seios XXG são exaltados nas séries, como em *S.O.S. Malibu*, e na publicidade, como nos anúncios da Wonderbra, com Eva Herzigová, ou da Aubade em Paris. A lingerie deixa o campo da intimidade; o sexo vende.

FUMAÇA SEM FOGO

Diz a lenda que as feministas queimaram sutiãs em protesto pela primeira vez durante o concurso Miss América de 1968. Mas, se de fato denunciaram a competição, foi jogando roupas íntimas em uma lata de lixo. Uma jornalista comparou o gesto dessas mulheres ao dos homens que queimavam suas cartas de recrutamento em protesto contra a guerra. Seus comentários geraram confusão e, no dia seguinte, o *Times* afirmava que as mulheres haviam queimado seus sutiãs.

CALCINHA

CONFUSÃO DOS GÊNEROS

CELEBRIDADES .... **SCARLETT JOHANSSON, KATE MOSS**

PASSARELAS .... **GUCCI, CHANEL, SONIA RYKIEL**

Evocar a calcinha é pensar na roupa íntima feminina. Porém, ela é, em sua origem, uma peça de roupa próxima a uma calça, que é usada por homens. O termo calcinha já aparece no diminutivo, como que para enfatizar seu tamanho pequeno, remetendo assim a um estilo íntimo e erótico: um fragmento tão pequeno de tecido.

↑ **Calcinha Culotte de l'amoureuse,** Henriette H

CALÇA OU CALCINHA

Entre os aristocratas do final do século XVII, popularizaram-se as *culottes* (mesmo termo em francês que designa a calcinha), que consistiam em calças curtas do traje masculino até a Revolução Francesa. Elegantes e práticas, elas encarnam os costumes franceses soberanos e determinantes de Luís XIV. O fim do século XVIII impõe calças aos manifestantes denominados *sans-culottes*, que rejeitam a vestimenta dos nobres em favor de roupas inspiradas no mundo militar. A *culotte* deixa pouco a pouco o corpo dos homens e sua sociedade.

MENOS TECIDO

Com a comercialização da lycra em 1960, as calcinhas ficaram mais finas, mais maleáveis, mais elásticas. Depois, com o advento da revolução sexual, a lingerie se simplifica. Meias, suspensórios e sutiãs cheios de adornos e acessórios dão lugar a collants coloridos e calcinhas estampadas. O modelo fio dental se populariza na década de 1970. O corpo se liberta e se revela.

ROUPA DE BAIXO

Ironicamente, é a calça que primeiramente adentra a intimidade das mulheres. Apesar do Renascimento e da tentativa de Catarina de Médicis de introduzir uma espécie de calção largo no guarda-roupa feminino, a roupa íntima básica é a camisa. Os calções se tornam símbolo de mulheres pouco virtuosas, trabalhadoras domésticas ou crianças.

NOVO PUDOR

É preciso esperar até o século XIX, com os seus discursos higienistas e a moral vitoriana exacerbada, para encorajar as mulheres a dissimularem suas partes íntimas com calças de lingerie. O entretenimento, tal como os balés da ópera e as danças de cabaré, também usa essas novas roupas íntimas que favorecem o movimento e o conforto.

CALCINHA OU CALÇA

A moda muda e a silhueta evolui. Na França, calças compridas e bufantes são cada vez menos convenientes, de modo que são encurtadas e reduzidas, influenciadas pelas calças do Antigo Regime. Nova inversão: as calças passam a ser símbolo masculino, e as calcinhas (*culottes*) tornam-se um item do vestuário feminino.

MULHER LIVRE

A calcinha, semelhante a um caleçon de lã, é metamorfoseada por Étienne Valton em 1918: ele cria uma calcinha em malha de algodão ou lã, sem pernas nem fendas, e com cós de elástico. Suas peças, nos arredores de Troyes, batizadas de Petit Bateau em 1920, se inscrevem na história da emancipação feminina, porque as calcinhas modificam a relação da mulher com seu corpo.

← **Freddie Mercury,** National Exhibition Centre, Birmingham, 1984

↑ **Regata DB,** Omear

REGATA

A CONFUSÃO DOS CORPOS

CELEBRIDADES ··· **FREDDIE MERCURY, BRUCE WILLIS, RENÉE PERLE**

PASSARELAS ········ **PRADA, ANN DEMEULEMEESTER, HELMUT LANG**

A regata é uma dessas peças ambivalentes, roupa íntima que se transformou em um traje por si só. Sua história é a história do tricô e da malharia, tanto artesanal quanto industrial, um processo que contribuiu para a formação de um vestuário de roupas íntimas.

LIMPEZA

De início, ela é associada à higiene, pois sua anatomia é desenhada a partir de uma camisola de lã ou algodão usada junto à pele. Ela também se associa à atividade física, uma vez que sua forma se aproxima do collant de ginastas e de lutadores, assim como os maiôs de banho sem mangas do começo do século XX.

MASCULINIDADE TÓXICA

Quando, em 1947, um homem é preso por espancar a esposa até a morte, os jornais publicam sua foto na primeira página: vestindo uma regata manchada de sangue, ele é apelidado de "espancador de esposa". A expressão permaneceu na língua inglesa para descrever a regata masculina e erotizar sua aparência, em um paradoxo doentio e viril.

ELA E ELE

Na década de 1990, a Calvin Klein faz da regata um símbolo andrógino por excelência. Quando seu primeiro perfume unissex, o CK One, é lançado em 1994, a regata aparece em todas as campanhas publicitárias.

A ORIGEM EM PARIS

Mas o mundo do trabalho é aquele que mais se alia à regata. O próprio termo em francês, *débardeur*, se refere ao comércio homônimo dos carregadores de madeira e de mercadorias. Nos anos 1860, um armazenista corta as mangas de seu suéter de lã para ter mais liberdade nos movimentos, inspirando o costureiro Marcel Eisenberg a montar uma produção em massa de tricôs sem mangas. As peças levam seu nome, *marcel*, outro termo em francês pelo qual a regata é conhecida.

↑ **Operário têxtil**, High Point, Carolina do Norte, 1937

"QUANDO EU RETIRAR MINHA MÃO DESSA COBERTURA, MINHAS UNHAS TERÃO CRESCIDO, MINHAS MÃOS ESTARÃO LIMPAS. MEU CORPO ESTARÁ LIMPO. USAREI UMA CALÇA LIMPA, UMA REGATA LIMPA, UMA CAMISA BRANCA."

J.D. SALINGER

VIRIL...

Emblema social, a regata também acompanha o corpo masculino, musculoso e trabalhador. Hollywood entende isso muito bem quando, em *Uma rua chamada pecado*, Marlon Brando veste uma regata que sexualiza a fantasia de uma virilidade proletária.

... OU ANDRÓGINA?

Andrógina e audaciosa, ela é também uma personagem do carnaval de Paris, homem ou mulher, que usa uma blusa e uma calça, popularizada pelo ilustrador Gavarni no século XIX. Nos anos 1930, ela é usada pelas mulheres emancipadas, depois pela comunidade gay nos anos 1970. Posteriormente, ela continua essa confusão, ao designar a animalidade bruta do corpo do homem e a insubmissão da mulher que se apropria, potente, dos padrões da masculinidade.

CUECA

O CORPO DOS HOMENS

CELEBRIDADES .... **MARK WAHLBERG, DAVID BECKHAM**

PASSARELAS ... **JOHN GALLIANO, JEREMY SCOTT, WILLY CHAVARRIA**

As roupas íntimas primitivas são híbridas. Os homens vestem uma tanga como roupa de baixo, mas por vezes ela pode ser sua única vestimenta. A tanga usada como peça única é um sinal de pobreza. No Egito, por exemplo, ela caracterizava trabalhadores e servos. A nudez, por sua vez, era atribuída aos escravos.

CAMISA DE BAIXO

O fim da Antiguidade revela uma confusão entre silhuetas. A camisa se impõe como a única roupa íntima. O homem adota calções curtos com suas roupas de estilo francês, mas a Revolução varre esses vestígios aristocráticos e impõe o terno de três peças.

DE CALEÇON LONGO A CURTO

Seguindo os novos princípios racionais e higienistas, esse traje sóbrio é usado sobre um caleçon longo, que é encurtado no século XX. As primeiras cuecas são usadas pelos atletas, enquanto, em 1918, Pierre Valton, o futuro fundador da Petit Bateau, se desfaz das pernas do caleçon e adiciona um cós elástico. Foi dada a largada: as cuecas boxers são criadas em 1925 pelo norte-americano Jacob Golomb, fabricante de equipamentos de boxe com sua marca Everlast.

CUECA MODERNA

Em 1935, a cueca nasce na fábrica Coopers. Anúncios equivocados a promovem, com ilustrações de silhuetas nuas. Até então, apenas os corpos das mulheres eram expostos dessa forma. Uma nova era se abre para os homens. O sexo ajuda a vender. Os corpos masculinos agora também obedecem a essa mesma regra.

O FEMININO

Nos anos 1990, a Calvin Klein veste corpos de mulheres com cuecas. O erotismo é redefinido. Essas mulheres usando roupas de baixo masculinas sugerem a intimidade no que ela tem de mais sexual. Elas são também sugestivas de noites em claro e essas roupas roubadas se impõem como um totem.

↑ Michael Keaton em *Birdman*, 2014

"É DIVERTIDO VER SUA MARCA NA BUNDA DE ALGUÉM. ME AGRADA."

CALVIN KLEIN

SEDUZIR OS HOMENS... E AS MULHERES

Depois da guerra, as mulheres que vão às compras têm dificuldade de se acostumar com esses homens ao mesmo tempo viris e tímidos. Nas décadas de 1960 e 1970, mesmo que esses anúncios se multipliquem e se banalizem, eles ainda surpreendem. A Calvin Klein vira o jogo. Na década de 1980, sua publicidade leva o erotismo ao limite de forma explícita. Quanto mais explícito, mais aceitável.

STAR SYSTEM

No início da década de 1980, a Calvin Klein colabora com o fotógrafo Bruce Weber em seus anúncios. Guiados por uma estética erótica, até mesmo homoerótica, eles colocam em cena jovens bonitos e musculosos que lembram o cânone da escultura greco-romana da Antiguidade. Nos anos 1990, eles entram na cultura pop ao colocar ídolos juvenis para posar, como Mark Wahlberg.

↑ **Cueca boxer,** Ron Dorff

→ **Cueca Calvin Klein,** Tom Hintnaus fotografado por Bruce Weber, 1984

Calvin Klein
Calvin Klein
Calvin Klein

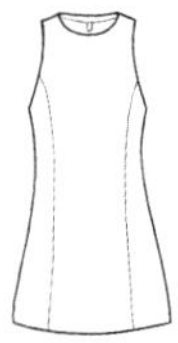

VESTIDINHO PRETO

A MODÉSTIA CHIQUE

CELEBRIDADES .... **LADY DI, AUDREY HEPBURN, LIZ HURLEY**

PASSARELAS .... **SAINT LAURENT, CHANEL, VERSACE**

O advento do vestidinho preto é mitificado. Nada muito surpreendente, uma vez que a moda está repleta de boatos e lendas. Aqui, a história nos conta como Gabrielle Chanel deu à luz um vestido que se tornaria essencial no guarda-roupa feminino. Chanel, arquiteta da elegância em preto? Na verdade, não...

↑ Catherine Deneuve, fotografia de Walter Carone, 1963

O CUSTO DA COR PRETA

A moda é também uma história de pigmentos. No final do século XV, o preto é uma tendência. Ele indica status social: a produção do tecido preto é longa e cara, realizada a partir da noz-de-galha. É o padrão do luxo.

PRÍNCIPES, NÃO REIS

Mas ele também possui valores moralizantes, de integridade e dignidade. Filipe, o Bom, serve-se dele para se destacar da opulenta púrpura da monarquia, lançando uma moda entre os príncipes e a alta burguesia.

PROSPERIDADE MODESTA

Seja nos países da Reforma Protestante ou na poderosa Espanha da Contrarreforma, o preto mostra a posição e as virtudes dos aristocratas, que evitam a extravagância sem negar a distinção.

PRETO TRIVIAL

No século XIX, ele é democratizado graças aos pigmentos sintéticos, que são mais baratos. Ele se torna característico do vestuário masculino, mais sóbrio do que o das mulheres: os homens têm o poder. Apenas algumas mulheres da alta sociedade usam vestidos pretos, passando pelas emancipadas e pelas fatais. As outras exibem cores e babados.

ESTÉTICA DA POBREZA

O surgimento do vestidinho preto também tem relação com a classe trabalhadora. No século XIX, ele é usado por trabalhadoras domésticas, cujo uniforme simplificado leva um avental branco. Após a revolução industrial e com o surgimento de novas profissões, vendedoras de lojas de departamentos e trabalhadoras da alta-costura parisiense o utilizam para não ofuscar suas clientes.

"VOCÊ PODE USAR PRETO A QUALQUER MOMENTO, EM QUALQUER IDADE, EM QUALQUER OCASIÃO. UM VESTIDO PRETO É UM ELEMENTO ESSENCIAL DO GUARDA-ROUPA DE UMA MULHER."

CHRISTIAN DIOR

VIÚVAS E MODERNIDADE

A partir de 1914, ele passa a ser usado pelas viúvas. Depois, por Gabrielle Chanel, que simplifica a silhueta feminina com um vestido preto versátil, confortável e prático. Em 1926, a *Vogue* americana o compara a um carro da Ford e o mito está criado: um novo sentido para a elegância se estabelece.

MÚLTIPLO E ÚNICO

Depois, o vestido preto se impõe. Ele combina com tudo e é atemporal, participando de todas as tendências.

TELA PRETA

O cinema em preto e branco levou Hollywood a definir dois tipos de feminilidade: a loira doce e romântica de branco e a vilã de preto. Estereótipos mais modestos também são criados, como o da vendedora ou o da secretária. Com seu vestido preto, elas personificam a modernidade e a independência.

OURO PRETO

SÉCULO XV

COR RESERVADA

O preto se torna característica dos príncipes.

SÉCULO XVI

MODOS E CÓDIGOS RELIGIOSOS

Vestidos pretos virtuosos e luxuosos, entre Reforma e Contrarreforma.

1883

RETRATO DE UM VESTIDO

Retrato de Madame X, por John Singer Sargent.

1926

EM CADEIA

O vestido preto de Chanel é comparado a um "Ford da moda" pela revista *Vogue* americana.

1946

NAS TELAS

Rita Hayworth usa seu cativante vestido de gala de Jean-Louis Berthault em *Gilda*.

1960

FONTANA DI TREVI

Anita Ekberg mergulha na fonte à meia-noite com um vestido preto em *La dolce vita*.

1961

IMAGEM MÍTICA

Em *Bonequinha de luxo*, Audrey Hepburn passeia pelas vitrines da Tiffany em um vestido preto da Givenchy.

1967

NAS TELAS

Catherine Deneuve encarna, em *A bela da tarde*, uma burguesa supostamente ingênua, com um vestido preto de gola boneca desenhado por Yves Saint Laurent.

1972

VERSO AUDACIOSO

Mireille Darc aparece deslumbrante em um vestido com decote nas costas em *Loiro alto do sapato preto*.

1994

VESTIDO DA VINGANÇA

O príncipe Charles reconhece seu adultério e, na mesma noite, Lady Diana usa um vestido preto, que até então ela considerava ousado demais. As mídias inglesas o apelidam de "vestido da vingança".

2018

RECURSO DE LUTA

O vestido preto das mulheres que participam do Globo de Ouro se torna um símbolo de reivindicação. Tem início o movimento Time's Up.

↑ **Vestido** Givenchy

→ **Jane Birkin**, Paris, 1968

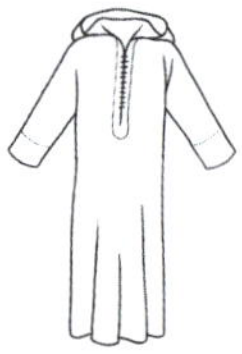

DJELABA

O CONFORTO DA TRADIÇÃO

CELEBRIDADES ········ **LL COOL J**

PASSARELAS ········ **CHRISTIAN DIOR, MISSONI, VERSACE**

De origem marroquina, a djelaba está ancorada na cultura berbere, reconhecida desde a Antiguidade pelos seus variados contatos com a região mediterrânea. Ela também deve sua estética às influências do Império Otomano, ainda que o Marrocos seja um dos poucos países do Magrebe que resistiu à sua dominação.

UMA TRADIÇÃO MARROQUINA

Popular no Magrebe, e especialmente na Argélia, este vestido longo e solto com um capuz pontudo (*kobb*) protege do sol e do vento. Sua origem é imprecisa: para alguns, é a vestimenta do *djellab*, o traficante de escravos, enquanto outros veem em seu nome uma variação de *djilbab*, que significa "vestimenta drapeada", mesmo que ela não seja de fato drapeada.

MODELO ÚNICO?

Originalmente, ela é usada pelos homens e é feita de lã, com frequência na cor branca. Mas, adotada na cidade, ela passa a incorporar materiais macios, de cores variadas e com ornamentos de tranças, bordados e pompons.

ENTRE MATURIDADE E EMANCIPAÇÃO

Modelo de virilidade, ela participa de rituais de passagem para rapazes por volta dos 13 ou 14 anos que afirmam a sua maturidade ao vestir a peça. Por outro lado, ela também acompanha a emancipação das mulheres. A partir dos anos 1940, sobretudo com a proclamação da independência do Marrocos em 1956, as mulheres se apropriam da vestimenta masculina, em geral mais prática que seu tradicional *haik*, tecido pesado que envolve todo o corpo.

OS HOMENS E AS CORES

Djelabas brancas: habitualmente reservadas aos homens de classe alta.

Djelabas em tons terrosos: habitualmente reservadas aos camponeses.

↑ **Djelaba** tradicional com capuz

ROUPA DE TODOS OS DIAS

A djelaba é um item funcional. Basta colocá-la sobre as roupas do dia a dia, como um casaco. As mulheres, menos confinadas no ambiente doméstico, se apropriam da djelaba e promovem algumas evoluções estilísticas, que a orientam para a modernidade sem ignorar a tradição.

EM CONTRACORRENTE

Fascinante a despeito de sua simplicidade, a djelaba define um ideal de neutralidade de gênero, longe dos estereótipos rigorosos da vestimenta árabe.

NA GUERRA COMO NA GUERRA

O Marrocos, sob o protetorado francês, se envolve na Primeira Guerra Mundial. A sua brigada de caçadores a pé se protege do frio com a ajuda da djelaba. Ela se torna um símbolo. Os marroquinos se autodenominam Djelabas, enquanto os alemães os chamam de Andorinhas da Morte porque as laterais de suas vestes se agitam com o vento durante os ataques.

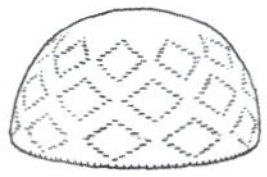

KUFI

EXPRESSÃO INDIVIDUAL

CELEBRIDADES ········ **MARVIN GAYE, QUEEN LATIFAH, SALT-N-PEPA**

PASSARELAS ····· **WALES BONNER, DURO OLUWU, RICHARD MALONE**

Os primeiros chapéus sem abas podem ser encontrados na Grécia e no Egito. Adotados pelo Império Otomano, esses chapéus se disseminam pela África e pelo Sudeste Asiático, com a expansão do Islã. O kufi é ao mesmo tempo o símbolo de uma religião e de uma identidade cultural.

INFLUÊNCIA MERCANTIL

O kufi não se limita à religião muçulmana. Ele é usado por muitos homens africanos, independentemente da religião. Semelhante a uma touca, ele é, desde o século VII, um empréstimo da vestimenta dos comerciantes muçulmanos. É assim que distinguimos variações dentro de diversas culturas, como a taqiyah destinada aos ritos islâmicos, a doppa na Ásia Central, a chéchia tunisiana ou o fez turco.

PIEDADE E TRADIÇÃO

A quipá tem características semelhantes ao kufi. Cultural e religiosa, é uma espécie de touca. Embora cobrir a cabeça seja uma tradição enraizada na Idade Média, é no século XIX que ela se torna a regra para os judeus. Feita à mão ou fabricada para celebrar eventos especiais, a quipá se funde à cultura popular na década de 1970.

MATERIAL E ESPIRITUAL

Se ele está tão intimamente ligado à religião muçulmana na Europa é porque tem sido usado por homens no momento da oração. Em outros lugares é mais trivial, um acessório do cotidiano, principalmente na África Ocidental, onde é atributo de homens sábios e idosos. Os modelos apresentam malha de crochê ou estampas coloridas.

↑ Spinall, *MTV Europe Music Awards,* Düsseldorf, 2022

TERRAS AMERICANAS

O kufi se torna popular na década de 1960 nos Estados Unidos, com a expansão dos movimentos pelos direitos civis. Associado ao dashiki, serve para afirmar a identidade negra. Ao introduzir, assim, o vestuário tradicional africano no continente americano, a população afro-americana recupera uma identidade negada, associando-a à cultura popular local. Vemos então o kufi em filmes do movimento blaxploitation ou em Marvin Gaye, que também expressa a sua crença muçulmana.

EM TODA PARTE

Desde então, ele vai e vem de acordo com a moda, na confluência trivial das tendências, da disciplina religiosa e da tradição da indumentária. Um terreno bem vasto.

MÚLTIPLOS

Kufi é um termo genérico que descreve chapéus em formato de touca, em geral sem abas, nas culturas africanas e muçulmanas. No Paquistão, é chamado de topi; na Turquia, encontramos o fez, chamado de tarbouche no Marrocos. Podemos citar também o songkok malaio ou o pakol afegão, enquanto os tunisianos usam a chéchia e os africanos orientais preferem a kofia.

Fotógrafo Norman Parkinson, 1984

↑ **Kufi Original Kente**, Afrohemien

DASHIKI

RETORNO ÀS ORIGENS

CELEBRIDADES ··· **LUPITA NYONG'O, BEYONCÉ, CHADWICK BOSEMAN**

PASSARELAS ······ **MAXHOSA BY LADUMA**

O dashiki tem suas origens na África Ocidental. Seu nome advém da cultura iorubá e do termo *danshiki*, que se refere a uma túnica solta e funcional adaptada ao calor, ela própria derivada do hauçá *dan ciki*, que designa uma vestimenta usada pelos homens sob grandes mantos.

↑ Dashiki tradicional

EMBLEMA

Trata-se de uma peça tradicional africana, mas seu significado simbólico é construído fora do continente. Na América dos anos 1960, o movimento pelos direitos civis lhe dá todo seu poder político e social. Usar essa roupa ou penteados afro permite que muitos afro-americanos manifestem sua rejeição aos padrões estéticos e culturais ocidentais e também que afirmem o orgulho negro.

COMÉRCIO AMERICANO

Usá-lo é ir para a África através da alegoria. Os ativistas dos anos 1960 reivindicam uma identidade arrancada de seus antepassados. A marca New Breed, de Nova York, produz dashikis em grande escala, com distribuição por todo o país para celebrar a herança da comunidade negra e promover sua independência econômica.

EM CERA E EM CORES

Na maioria das vezes, a peça apresenta uma estampa colorida com padrões geométricos, segundo a técnica indonésia do batik. Ela consiste em proteger certas áreas do tecido com cera quente antes de aplicar as cores para criar padrões coloridos e contrastantes. É do batik que nasce o wax, tecido africano popularizado pela empresa holandesa Vlisco no século XIX.

CULTURA POP

Na década de 1960, a Vlisco cria um padrão floral de batik inspirado nos caftans etíopes do século XIX. O tecido se populariza e ganha apelidos ligados à cultura popular: Angelina, após uma canção do grupo ganês Sweet Talks & A. B. Crentsil; Ya Mado, segundo uma dança congolesa; ou, ainda, Miriam Makeba, em homenagem à cantora sul-africana.

"O PODER NÃO NASCE DA MANGA DE UM DASHIKI... O PODER NASCE DO CANO DE UMA ARMA."

BOBBY SEALE (PANTERA NEGRA)

CONTRA-EMPREGO

Dos Panteras Negras (p. 340) aos personagens dos filmes da blaxploitation, o dashiki se impõe no contexto do movimento Black is Beautiful. Mas, no final da década de 1960, a comunidade hippie (p. 326) se apropria dele. A contracultura branca aspira à solidariedade e à diversidade, mas a comunidade negra alerta para o perigo de banalizar a vestimenta tradicional, com o risco de torná-la um acessório que apagará a verdadeira luta.

IDENTIDADE NEGRA

No continente africano, ele continua a ser redescoberto pelos jovens, garantindo a continuidade de seu uso. As mulheres também se apropriam dele em forma de vestido. Fora da África, ele serve para transmitir e honrar as raízes negras sem ignorar a herança nostálgica da experiência afro-americana dos anos 1960.

JAQUETA PERFECTO

FUROR DE VIDA

CELEBRIDADES ··· **MARLON BRANDO, JOHNNY HALLYDAY, RAMONES**

PASSARELAS ··· **CELINE, BALMAIN, VERSACE**

Em inglês, a jaqueta perfecto se chama jaqueta biker, a "jaqueta de motoqueiro". Eis tudo. A história conta que se trata de uma jaqueta originalmente destinada a quem percorre quilômetros em cima de uma motocicleta. Associada à imagem do motociclista, a jaqueta perfecto absorve suas características: rebelde e até mesmo um pouco malandra.

↑ **Jaqueta Perfecto,** Schott

MOTO: UM NOVO LAZER

Desde o final do século XIX, a máquina atrai os amantes de sensações intensas e as competições se multiplicam. Os trabalhadores a consideram um meio de transporte funcional, enquanto as duas guerras mundiais a classificam como veículo militar. Na despreocupada década de 1920, ela se populariza: é preciso encontrar roupas adequadas.

MALDITA

Ironicamente, a popularidade da jaqueta perfecto na cultura musical e cinematográfica dos anos 1950 leva a um declínio em suas vendas. Associada a bandidos, muitas escolas americanas proíbem o seu uso aos alunos. Infelizmente, é a morte acidental de James Dean em 1955 que reanima o seu comércio. O ator se torna um mito, assim como seu guarda-roupa subversivo.

DO AR À TERRA

As jaquetas de aviador são as mais adaptadas, mas não protegem o suficiente do vento. Em 1928, a Schott Bros., empresa dos nova-iorquinos Irving e Jack Schott, cria uma jaqueta biker de couro com zíper: a "perfecto". Ela desenvolve seus modelos ao longo dos anos 1930 até 1941.

SELVAGEM

A jaqueta perfecto ocupa o espaço público com os Boozefighters, uma gangue de motociclistas. Depois de uma briga em 1947, ela se torna característica de dissidentes e de clubes de motoqueiros, uma espécie de canalização que encarna as tensões do pós-guerra. Hollywood lança *O selvagem* em 1953, inspirado na gangue, que apresenta Marlon Brando, o herói rebelde da juventude.

"NÃO PRECISO DE NINGUÉM NA HARLEY-DAVIDSON."

SERGE GAINSBOURG E BRIGITTE BARDOT

PÚBLICO FORMADO: OS REBELDES

Nos anos 1970, surgem as jaquetas pretas francesas, os roqueiros, os estudantes rebeldes e depois os punks (p. 328). A jaqueta perfecto pode ser cravejada com broches e aplicações, esgarçada, a exemplo dos Sex Pistols, ou usada mais justa ao corpo e de forma lúdica, como no caso dos Ramones. Uma provocação dirigida a uma virilidade estereotipada. Caricaturada à exaustão, o impacto da jaqueta perfecto se suaviza. Ela é, hoje, comum no vestuário feminino e masculino.

LUXUOSA

Nos anos 1990, ela é santificada e revisitada pela alta-costura, com Gianni Versace e Karl Lagerfeld. A ela, associa-se o ouro das correntes e das tachas. Ele se torna insolente e ostensiva. Peter Lindbergh imortaliza top models em motos, e estrelas como Winona Ryder ou Johnny Depp a levam para o tapete vermelho.

Página seguinte:
Grupo de punks, 1989

EXPLOITED
RAUL

AIDS
ÄIVANHO
RAKVE
RES

GUAYABERA

O TRIUNFO DO CONFORTO

CELEBRIDADES .... **ERNEST HEMINGWAY, FIDEL CASTRO**

PASSARELAS .... **BODE, LOEWE, ISSEY MIYAKE**

A origem da camisa guayabera é indefinida. Mas com certeza nós a associamos principalmente à América Latina, e mais particularmente a Cuba, ainda que existam variações no Sudeste Asiático. A ligação entre os dois continentes? É uma camisa adequada para climas quentes e úmidos.

↑ Camisa guayabera em linho, Mirto

LENDAS CUBANAS

As lendas em torno do aparecimento da guayabera são variadas. Há quem conte que ela nasceu no início do século XVIII, quando um rico proprietário cubano pede à sua esposa que confeccione uma camisa leve com vários bolsos para guardar os seus pertences. Seus funcionários o imitam porque a camisa é eficiente no calor e para o trabalho árduo. É então apelidada de *yayabera*, em homenagem ao rio vizinho, Yayabo. Diz-se também que ela leva o nome de uma vestimenta com bolsos grandes para carregar goiabas (*guayabas*). A essas narrativas se une o fato de que existe, no século XIX, um uniforme militar chamado *guayabera*. O ponto em comum? Cuba.

INTERNACIONAL

A camisa é usada hoje na Indonésia, no México, especialmente na região de Yucatán, na República Dominicana e até no Zimbábue, sob influência de missionários cubanos. Na Jamaica, ela é o emblema da luta anticolonial.

UMA LONGA VIAGEM

Porém, alguns defendem que é preciso olhar para as Filipinas, onde se vê o barong, uma camisa tradicional leve e bordada. Os colonos espanhóis teriam se inspirado nela no século XV, antes de o modelo chegar a Cuba, passando pelo México por intermédio de traficantes de escravos.

LEMBRANÇA DE FÉRIAS

Se o enfoque recair, porém, na história social e cultural, é Cuba quem sai na frente, porque, de traje de trabalho, a guayabera se torna, no século XX, uma roupa do dia a dia. Alguns cubanos, no final dos anos 1940, também lamentam essa popularidade que denota um gosto pela descontração, sublinhando estereótipos inflados pelo turismo americano, que então se desenvolve intensamente na ilha. Usar a guayabera é dar a impressão de estar sempre de férias. É o souvenir e o folclore.

VIVA CUBA

Mas ela é também um emblema identitário para os imigrantes cubanos em Miami, que a usam com nostalgia e orgulho. Desde 2010, é também o uniforme dos diplomatas e políticos cubanos, que devem vesti-la durante suas saídas oficiais. Nos anos 1980, o primeiro-ministro jamaicano alçou a guayabera a símbolo anticolonialista. Prova de que as formalidades também podem passar pela comodidade.

A GUAYABERA ORIGINAL

4 bolsos frontais costurados com botões.

2 fileiras de pregas verticais (*alforzas*) na frente e três na parte de trás.

2 fendas laterais com botões na parte inferior da camisa.

2 possibilidades: linho ou algodão.

Poucas cores: branco e raros tons pastéis.

BOINA

PASTOS VERDES E DISSIDÊNCIA

CELEBRIDADES ······ MICHÈLE MORGAN, FAYE DUNAWAY, CHE GUEVARA

PASSARELAS ··· MARINE SERRE, JEAN-PAUL GAULTIER, CHRISTIAN DIOR

Os chapéus de feltro existem desde a Antiguidade. Utilitários, servem para se proteger do sol e da chuva. Maleáveis e práticos, esses chapéus oferecem grande adaptabilidade. Entre eles, a boina passa dos pastos verdejantes para a cidade, mais heterogênea que estereotipada.

ENTRE BÉRET E BOINA

É da boina bearnesa, originalmente chamada béret, que nasce a boina de lã macia, tingida de preto para uso diário ou vermelha para as festividades. É então usada pelos pastores dos Pireneus. Foi assim que, no século XV, os bascos a adotam na forma de boina. No século XIX, a boemia parisiense lhe confere um ar romântico e pastoral, depois, no início do século XX, a vanguarda artística destaca seu visual original e emancipatório, quando ela é usada, no cinema, por mulheres como Michèle Morgan e Marlene Dietrich.

EM LUTA

Ao mesmo tempo, torna-se um acessório militar em todo o mundo (conhecida também como *tarte* – "torta") ou assume uma substância bélica, de insurreição: é aliada da Resistência durante a Segunda Guerra Mundial, dos revolucionários cubanos nos anos 1950 e dos Panteras Negras (p. 340) lutando pelos direitos dos negros nos Estados Unidos.

DANÇA SELVAGEM

Muito usada em razão dessa identidade insubmissa, ela agrada à juventude nada dócil do pós-guerra. Ela cobre o cabelo dos existencialistas boêmios de Saint-Germain-des-Prés, dos amantes do jazz, mas também dos nômades da geração beat americana. Ela sai de seu ambiente bucólico rumo à modernidade urbana.

↑ Ernesto "Che" Guevara, Cuba, 1964

CORES MILITARES

Azul marinho: a mais popular na França. Usada pela infantaria, artilharia, caçadores, oficiais especializados, fuzileiros do comando aéreo, etc.

Azul turquesa: militares da ONU.

Vermelho: paraquedistas do exército francês.

Coral: a mais comum na Alemanha.

Marrom: infantaria belga.

Verde: legião estrangeira.

Preta: cor de base para o exército americano.

UMA BOINA NÃO TÃO PACATA

Estranhamente, ela se tornou parte do arquétipo de uma fantasia francesa, complementada pela baguete, pelo vinho tinto e pela bicicleta, ao mesmo tempo que se inscreve de forma tão potente em uma vida não muito pacata. Talvez esteja aí o segredo da boina: misturar-se à massa para nos surpreender mais e mais.

VOLTA AO MUNDO

Por volta de 2019, a empresa francesa Laulhère descobre, graças a uma fotografia da agência Magnum e a pesquisas em seus arquivos, que a boina usada por Che Guevara era da sua marca. Resta saber como a boina bearnesa foi parar em Cuba.

Brigitte Bardot, Paris, 1962

↑ **Boinas** Laulhère

JAQUETA AVIADOR

PELOS ARES

CELEBRIDADES ····· **STEVE MCQUEEN, TOM CRUISE, HARRISON FORD**

PASSARELAS ····· **BURBERRY, LOEWE, HERMÈS**

Como o próprio nome sugere, a jaqueta aviador, também chamada de bomber, aparece com a ascensão da aviação. Convém, de fato, proteger os pilotos, que são submetidos às intempéries. O exército e as duas guerras mundiais aceleram o desenvolvimento de uma peça de vestuário ao mesmo tempo técnica e prática: o casaco com forro de pele.

↑ Jaqueta vintage US Navy'80s G1 Flight, Alpha Industries

VOAR NO CALOR

Nos primeiros tempos da aviação civil e militar, os pilotos usam jaquetas grossas de tweed ou couro. Mas nunca foram o suficiente para enfrentar as temperaturas extremas encontradas na altitude. Durante a Primeira Guerra Mundial, nasce um traje impermeável com gola grossa de pele, chamado de Sidcot. Ele anuncia a jaqueta aviador que aparece entre as duas guerras.

CORTE DE TESOURA

Diz a lenda que Manfred von Richthofen, aviador alemão da Primeira Guerra Mundial apelidado de Barão Vermelho, cansado de seu longo e pesado traje de couro, decide um dia cortá-lo e encurtá-lo, como uma espécie de presságio do nascimento da jaqueta aviador.

PILOTO CRIADOR

Leslie Leroy Irvin, piloto americano, converte-se à indústria militar no final dos anos 1910. Ele funda uma fábrica de paraquedas na Inglaterra em 1926 e, a partir de 1931, produz suas primeiras jaquetas com forro de pele de carneiro. A lã da parte interior mantém o corpo aquecido, enquanto a flexibilidade do couro permite aos pilotos movimentar-se com agilidade e praticidade nas cabines estreitas.

UNIFORME DE GUERRA

Com a gola grossa até o queixo e o cinto que isola correntes de ar, ela se torna o uniforme dos aviadores do exército inglês durante a Segunda Guerra Mundial. Nos Estados Unidos, o exército americano propõe aos pilotos sua versão da jaqueta em 1934: um modelo nomeado B3.

O GOSTO DOS HERÓIS

Depois da guerra, os filmes de Hollywood, como *Fugindo do inferno* com Steve McQueen, e as séries de televisão que retratam o conflito inserem a jaqueta na cultura pop, representando os aviadores como heróis descolados e corajosos. Em 1986, *Top Gun* é lançado nos cinemas e os homens passam a sonhar em ser pilotos.

JAQUETA MÍTICA

Jaqueta com gola de pele removível, a G1 se torna indispensável quando Tom Cruise, pilotando sua moto, a veste em *Top Gun*, em 1986.

MODELOS MILITARES

A: jaquetas aviador.

B: jaquetas bomber.

A1: couro de cordeiro, usado por Charles Lindbergh durante sua travessia do Atlântico (1927).

A2: jaqueta mítica de Hollywood, mais moderna e acessível que a A1.

B3: variação americana da jaqueta criada por Irvin na Inglaterra.

B6: mais simples que a B3.

D1: variação refinada da B6, adotada pelos pilotos de caça.

JAQUETA BOMBER

HERÓI RELUTANTE

CELEBRIDADES RYAN GOSLING, STEVE MCQUEEN, EWAN MCGREGOR

PASSARELAS .... RICK OWENS, SACAI, RAF SIMONS

A ascensão da aviação contribui para o desenvolvimento das jaquetas aviador, que alçam voo fora das cabines de comando. À medida que os uniformes dos soldados precisam ficar mais leves e os aviões são aperfeiçoados, nasce uma jaqueta de nylon. Sua versão com gola pequena de tricô, o modelo MA-1 do exército americano, se estabelece em 1949.

↑ **Jaqueta Bomber NASA**, Alpha Industries

MEMÓRIA DE GUERRA

Ao final da Segunda Guerra Mundial, os soldados americanos radicados no Japão mandam bordar seus *sukajan*, "jaquetas souvenir", misturando motivos tradicionais e ocidentais. Sendo jaquetas dupla face, o lado interno muitas vezes apresenta padrões controversos. Ela passa a ser, em seguida, característica de jovens rebeldes, gangues e delinquentes japoneses, antes de se transformar em um fenômeno global da moda.

REVERSÃO

Em 1984, o cantor britânico Jimmy Sommerville lança o hit "Smalltown Boy" com seu grupo Bronski Beat. Ativista homossexual, ele canta a perseguição sofrida por um jovem gay em uma cidade pequena. No clipe, o cantor aparece vestindo uma jaqueta bomber, e assim reverte publicamente a conotação negativa da peça, atribuída a ela pelos skinheads homofóbicos, tornando-a um item universal.

IDENTIDADE AMERICANA

Apelidada de bomber, ela é então produzida nas cores verde sálvia ou azul-marinho, com um forro laranja para facilitar que o serviço de emergência encontre vítimas de um eventual acidente. A partir da década de 1950, ela inaugura um diálogo entre o mundo militar e o mundo civil, e aparece nas grandes telas de Hollywood. Até mesmo Marilyn Monroe experimenta usá-la! Na década de 1960, retornando à ordem do dia por conta da Guerra do Vietnã, ela é comercializada e serve tanto aos Estados Unidos, para marcar seu patriotismo, quanto para nutrir a rebelião da contracultura. Na Europa, as lojas de itens militares a tornam acessível aos jovens.

CONTRACULTURA INGLESA

O movimento skinhead, surgido no final da década de 1960 na Inglaterra, se apropria dela para seu vestuário identitário ao longo de 1970. Popularizada, a jaqueta bomber consegue se esquivar de uma cumplicidade exclusiva com esse movimento violento em favor da moda e, mais uma vez, da cultura pop.

PEÇA VIRIL

Nos anos 1980, Jean-Paul Gaultier a transforma em um objeto de estilo, ao mesmo tempo que os heróis da televisão, como MacGyver, associam a ela uma masculinidade combativa e sedutora.

VISUAL ATEMPORAL

O filme *Drive*, de 2011, chama a atenção pelo seu teor violento e por um elemento de vestimenta de estética refinada, que se torna cult: uma jaqueta bomber de cetim branco, com um escorpião amarelo bordado nas costas. O protagonista Ryan Gosling, junto com a figurinista Erin Benach e o diretor Nicolas Winding Refn são os responsáveis por sua criação. A jaqueta é inspirada no glam rock dos anos 1970 e nos *sukajan*.

MODA URBANA

Nos anos 1990, a jaqueta bomber é onipresente. Grunge, hip-hop e techno (ver Estilos, p. 301 e seguintes) se encontram todos em torno da jaqueta "alternativa" que se impõe na paisagem urbana. Estilistas como Raf Simons ou Helmut Lang fazem dela a marca registrada de um estilo insubordinado. Ela vai do luxo ao streetwear encarnado por Demna na Balenciaga e Virgil Abloh na Louis Vuitton (p. 283).

Página seguinte:
Em um vagão do metrô de Nova York, 1989

other sticky fingers.
I love my job!
Ad Council
Write: "CAREERS"
Only 3 mg. tar
TRIUMPH
hands

one hour ahead of the pack
WNEW-TV
Metromedia
That's choice
5
WCBS ALL
ff the door.
2
New Buy 'N Fly

DUFFLE COAT

INGLÊS, MAS NÃO SÓ

CELEBRIDADES NOEL GALLAGHER, JEAN-PAUL SARTRE, JEAN COCTEAU

PASSARELAS .... LOEWE, MARGARET HOWELL, BALENCIAGA

Associado à cultura inglesa, o modelo de sobretudo chamado duffle coat conta com inspirações belgas e polonesas que sugerem a silhueta que lhe é característica. Popular entre a marinha real inglesa, ele só toma sua forma definitiva no período entreguerras, antes de se estabelecer entre a juventude da década de 1950.

HISTÓRIA BELGA

A lã *duffel* se desenvolve na Bélgica no final da Idade Média. Essa lã grossa, proveniente da cidade de mesmo nome, é resistente à água. Ela serve para produzir sobretudos decorados com amarração de corda e botões feitos de pequenos cilindros de madeira. Nos anos 1820, o casaco com capuz do exército polonês apresenta o mesmo fecho. Ele inspira John Partridge, industrial têxtil inglês, que cria uma primeira versão do duffle coat em meados de 1850, largo e curto.

RETORNO À INFÂNCIA

Em 1958, é publicado o primeiro volume de uma célebre série inglesa: *Um urso chamado Paddington*. É a história de um urso encontrado por uma família londrina, os Brown, em uma plataforma da estação Paddington. A família adotiva presenteia o urso, nomeado como a estação, com um duffle coat infantil azul, do qual ele jamais vai se separar e que vira sua assinatura visual.

TECIDO DOS MARINHEIROS

Prático por seu capuz, pelos botões e pela robustez, ele chama a atenção da marinha britânica que, a partir dos anos 1880, faz dele o casaco padrão de seu uniforme.
É alongado e afinado conforme os padrões militares. Símbolo de bravura e comprometimento durante a Segunda Guerra Mundial, todos os soldados o usam na versão azul-marinho ou camelo.

CARTAS DE NOBREZA

Depois da guerra, as lojas popularizam o vestuário militar, enquanto em 1953 a marca Gloverall lança o primeiro modelo de duffle coat civil, mais leve e elegante. O forro de cetim, as cordas de algodão e a marca bordada em letras douradas na etiqueta fazem dele um objeto de moda.

↑ **Duffle coat Original Monty**, Gloverall

"EU ME LEMBRO DA MODA DOS DUFFLE COATS."

GEORGES PEREC

JOVEM REBELDE

Como acontece com muitas peças marciais, a ironia transforma esse modelo de casaco em um símbolo de protesto, ícone da contracultura antiguerra.
Ele passa a ser muito encontrado em estudantes, rebeldes e intelectuais.
A cultura popular lhe confere ao mesmo tempo um visual rebelde e juvenil – entre Noel Gallagher e o urso Paddington.

DE MADEIRA OU OSSO, DUAS OPÇÕES

Botões alongados de madeira: eles deslizam nas cordas de juta, popularizadas pela marinha britânica durante a Segunda Guerra Mundial – desde então, o algodão substituiu a corda.

Botões de chifre de búfalo: apelidados de presas de morsa, prendem-se em cordas de couro.

CABAN

MARINHEIRO DE ÁGUA DOCE

CELEBRIDADES ···· JACQUES BREL, ROBERT REDFORD, ALI MACGRAW

PASSARELAS ················ YVES SAINT LAURENT, RAF SIMONS, COACH

Os marinheiros precisam de roupas quentes como proteção contra o frio e as intempéries. Eles usam sobretudos grossos de tecido azul escuro com lapelas largas que podem ser dobradas sobre o peito. O casaco caban é uma daquelas peças utilitárias e militares que viraram aliadas do cotidiano.

↑ Robert Redford em *Três dias do condor*, 1975

DE PIRATA A MARINHEIRO

No século XV, os navegadores europeus teriam criado o caban com inspiração na *qaba*, a capa de lã dos piratas bárbaros do Magrebe. Ele é adaptado pela marinha real inglesa a partir do início do século XIX, mas é a versão estabelecida pela marinha francesa em 1845 que conhecemos hoje. Herdeiro do sobretudo, ele substitui o paletó.

CARTEIRA DE IDENTIDADE

Azul-marinho, estendendo-se até o meio da coxa, ele traz uma dupla fileira de botões decorados com uma âncora, como nas pontas da gola larga, e informações que permitem identificar o marinheiro nas mangas: as marcas de sua patente e as insígnias de sua especialidade.

GEOGRAFIA

Diz-se que o Gabão tem esse nome por conta do caban. Quando, em 1472, navegadores portugueses se aproximam da costa da atual Libreville, eles percebem que a região se assemelha ao formato do caban, *gabão* em português europeu. O nome Gabão ficará para a história.

MARINHEIRO EM TERRA

O caban entra no mundo civil graças a ex-marinheiros. Eles têm o direito de mantê-lo, com a condição de que retirem os botões marcados com a âncora, símbolos da marinha nacional francesa. A mudança de uniforme dos exércitos também permite a sua democratização. Graças a seus grandes bolsos verticais, ele reafirma sua utilidade.

EM ALTO-MAR

De lobo marinho a intelectual elegante, o seu simbolismo evoluiu na década de 1950 e a contracultura o adota para personificar uma masculinidade altiva e modesta. A Rive Gauche de Boris Vian ou de Jacques Brel, o prestígio hollywoodiano de Robert Redford e a juventude impetuosa dos Rolling Stones fazem dele um clássico.

MARINHEIRA

Em 1962, em sua primeira coleção, Yves Saint Laurent o transpõe para o universo feminino: um caban azul sobre uma calça branca. Uma roupa de marinheiro que deixa as mulheres confiantes. Elas posam com as mãos nos bolsos, orgulhosas e desafiadoras.

VENTANIA

A dupla abotoadura do caban permite que ele seja fechado de um lado ou de outro, a depender da direção do vento.

CABAN DESENHADO

O caban de marinheiro aparece nos quadrinhos com o Capitão Haddock, que acompanha Tintim em suas aventuras desde 1941. Mas é o personagem Corto Maltese, criado por Hugo Pratt em 1967, que estabelece o caban como arquétipo de uma elegância masculina cheia de vigor.

↑ **Caban Peacok Island,** Camplin

→ **Winston Churchill** e sua esposa saindo do Queen Mary, 23 de setembro de 194

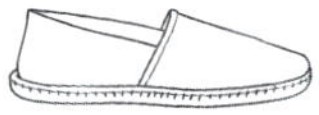

ALPARGATA

TELAS SOLARES

CELEBRIDADES ···· GABRIELLE CHANEL, SALVADOR DALÍ, GRACE KELLY

PASSARELAS ··················· VALENTINO, LANVIN, DOLCE & GABBANA

Os solados vegetais trançados são documentados desde a Antiguidade em todo o mundo, mas a alpargata, tal como a conhecemos, foi criada na Idade Média para trabalhos agrícolas. No entanto, ela ficou famosa bem longe dos campos e do trabalho árduo.

↑ Alpargatas Jean/053, Castaner

"COMO É BELA A SARDANA QUE DANÇAMOS DE MÃOS DADAS NA TERRA DAS TRAMONTANAS."

CHARLES TRENET

SOLA VEGETAL

A alpargata tem um solado de corda, em cânhamo ou juta, com faixa de algodão ou linho. Na versão catalã, longas fitas se enrolam no tornozelo ou na perna. A versão basca opta pelo minimalismo. Esse tipo de calçado é também conhecido como espadrille.

ESPORTIVAS...

Não é incomum descobrir fotos da tenista Suzanne Lenglen usando alpargatas durante suas partidas. Leves e firmemente presas ao pé, elas agradam os esportistas nos anos 1920.

RITOS POPULARES

Testemunha de uma história cultural composta por folclore e tradições, ela acompanha a dança sardana e as procissões, mas também a representação do trabalho manual e artesanal. Quando os colonos espanhóis se estabelecem na América do Sul, ela é encontrada nos pés de caubóis e gaúchos, atestando o orgulho nacional, o trabalho e o patrimônio.

MARISCOS E CRUSTÁCEOS

Com o advento do lazer no final do século XIX, ela enche as praias. A classe alta se apodera de um acessório modesto. Nos anos 1920 e 1930, ela embeleza a silhueta dos veranistas refinados do sul da França. Coco Chanel, Le Corbusier, Salvador Dalí e Pablo Picasso calçam alpargatas com elegância. Ela remete também ao exercício físico, ao ar livre, aos corpos esculpidos.

NAS TELAS

Com a escassez da Segunda Guerra Mundial, ela passa a ser produzida em sola de ráfia ou cânhamo. Depois, Salvatore Ferragamo a introduz no universo do luxo. Em Hollywood, depois da guerra, ela aparece no cinema com Grace Kelly ou Cary Grant.

ALPARGATA ALTA

Na década de 1970, o movimento hippie (p. 326) e seu espírito boêmio invadem a moda. Yves Saint Laurent colabora com as oficinas de Castañer; ele deixa a sola das alpargatas mais alta, combinando a plataforma (p. 131) com a descontração veranil.

... OU NÃO

Personagem preguiçoso e marginal dos quadrinhos, Gaston Lagaffe calça um par de alpargatas. O seu criador, Franquin, sublinha assim a preguiça despreocupada do protagonista com sapatos que são sinônimos de férias e de sol.

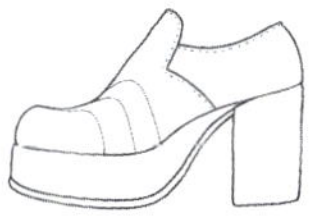

PLATAFORMA

GANHANDO ALTURA

CELEBRIDADES ········ **LADY GAGA, CARMEN MIRANDA, SPICE GIRLS**

PASSARELAS ················· **SIES MARJAN, DRIES VAN NOTEN, ERDEM**

Os primeiros sapatos com sola alta aparecem na Antiguidade Grega. Na Idade Média, é no Império Otomano que surgem os kabkabs, sandálias altas de madeira usadas no hammam, os banhos turcos, por razões de higiene. Mas à funcionalidade se une sobretudo uma expressão de classe.

↑ **Paul Stanley**, guitarrista e cantor do Kiss, 1980

OBRA DE ARTE PARA USAR

Para sua coleção primavera-verão de 2010, Alexander McQueen cria um modelo de plataformas exageradamente altas (30 centímetros de altura), futuristas e orgânicas, quase fantásticas: as Armadillo. Os 21 modelos criados para o desfile, nunca comercializados, são religiosamente colecionados por Daphne Guinness ou, ainda, Lady Gaga. Mais que um sapato, uma obra de arte.

VISTA DO ALTO

Quanto mais alto, mais proeminente. Mesmo os *kabkabs* têm uma altura relativa à posição social. Na Espanha e em Veneza, as plataformas dos aristocratas demonstram status e riqueza: a altura possibilita o uso de vestidos longos com tecidos caros.

"SAPATOS DE VASO DE FLOR"

No Japão do século XVII, os geta (p. 32) altos são adotados pelas cortesãs da nobreza, enquanto na China do século XIX a cultura manchu favorece as plataformas, apelidadas de "sapatos de vaso de flor". As plataformas só serão democratizadas no século XX.

GIRL POWER

Em 1995, a fabricante alemã de calçados Buffalo lança dois novos modelos: o Classic e o Rising Tower. Com um visual imponente de tênis, esses sapatos têm uma sola alta de 5 centímetros – no mínimo – e rapidamente se consolidam na cena techno. Mas são as Spice Girls as responsáveis por transformar as plataformas em um item incontornável da década ao usá-las em seus videoclipes, no palco e nas mídias. Os sapatos de plataforma se tornam o símbolo de uma feminilidade livre, poderosa e lúdica.

SONHO HOLLYWOODIANO

Moshe Kimel cria os primeiros modelos contemporâneos e vira fornecedor das atrizes americanas da década de 1930, mas é Elsa Schiaparelli, em colaboração com Roger Vivier, que introduz as plataformas em uma coleção de moda. Em 1938, Salvatore Ferragamo cria uma sandália com uma plataforma escultural multicolorida.

SENSO PRÁTICO

Durante a Segunda Guerra Mundial, o couro é racionado. Somente madeira, corda e cortiça são utilizadas. Robustas e práticas, as plataformas constituem o vestuário feminino da década de 1940, antes de serem substituídas pelo salto agulha (p. 96) ao longo de 1950.

VISUAL ANDRÓGINO

Reintroduzidas pela cultura hippie, as plataformas se tornam unissex. O glam rock, os cantores de funk de 1970 e os pavões londrinos (ver Estilos, p. 301 e seguintes) ousam calçar modelos extravagantes, enquanto no dia a dia os homens usam plataformas não tão altas. A contracultura continua a exibi-las, antes que os anos de 1990 as tornem um elemento substancial da cultura pop e da juventude.

← **Set de filmagem**, programa *American Brandstand*, 29 de maio de 1973

↑ **Bulla Babies 90**, Nodaleto

BOUBOU

O GRANDE TRAJE

CELEBRIDADES ········ **ANDRÉ LEON TALLEY**

PASSARELAS ······ **BADGLEY MISCHKA, ROKSANDA, CHRISTIAN DIOR**

Uma túnica larga teria aparecido no século VIII na África Ocidental, sob a influência de mercadores berberes. Com a expansão do Islã no século XI, os caftans se popularizam. Amplos e coloridos, caracterizam os mais abastados. Como um híbrido dessas influências, o boubou mantém o uso tradicional e inspira uma nova geração de estilistas.

SIGNO DE RIQUEZA

Com mangas amplas e corte longo e volumoso, o boubou apresenta um caráter eletivo, pois necessita de muitos tecidos – na maioria das vezes, materiais importados e caros, como seda ou algodão – e do trabalho diligente de artesãos para bordar signos e padrões com o simbolismo tribal ou espiritual. O boubou, cujo nome vem do uólofe *mbubb*, significando uma vestimenta larga, também é composto de diversas tangas (*kitenge*).

MODO DE USAR

Para os homens, é um conjunto de três peças: uma camisa de manga comprida, uma calça e uma túnica ampla sem mangas parecida com um casaco, acompanhadas de uma chéchia. Pela praticidade, um homem pode também usar apenas uma túnica ampla e uma calça. Já o boubou feminino é constituído de um tecido amarrado na cintura como uma saia, uma túnica longa e um turbante. Tudo isso é composto do mesmo tecido.

RUMO À RENOVAÇÃO

Portador de significados sociais, culturais, políticos e por vezes religiosos, ao acompanhar os homens no culto muçulmano, ele continua a se reinventar, atraindo estilistas africanos e a juventude interessada em unir tradição e inovação.

TÉCNICAS

O bazin é um algodão damasco tingido à mão em um processo que se assemelha ao tie dye.

A adinkra é uma técnica de impressão em carimbo.

↑ **Boubou mirabo**, Maison Beaurepaire

"HOMENS E MULHERES VESTEM SEUS BELOS BOUBOUS."

AMADOU & MARIAM, EM *DIMANCHE À BAMAKO*

CENÁRIO ALEGÓRICO

Cores e padrões adornam o boubou com símbolos. Ele é composto por técnicas tradicionais, a adinkra ou o bazin, mas também existe em wax, tecido com acabamento em cera, desde o final do século XIX. Com a importação de tecidos manufaturados europeus imitando o batik indonésio, o wax se estabeleceu na cultura da África Ocidental.

CÓDIGO DE CORES

Vermelho: paixão, sol, fecundidade, poder, luto.

Azul: frio, paz, pureza.

Amarelo: fortuna, esperança, declínio.

Verde: crescimento, cura, virilidade.

Laranja: realeza, vitalidade.

Violeta: prosperidade, Mãe Terra.

Branco com bordados em ouro: para os homens que fazem a peregrinação a Meca.

QAMIS

UM MUNDO EM UMA CAMISA

CELEBRIDADES .... **DEEPIKA PADUKONE, HASSAN II**

PASSARELAS .... **ANTONIO MARRAS, HERMÈS, DEREK LAM**

Quando pensa em uma camisa, a mente ocidental imagina uma gola, punhos, botões, etc. Mas a camisa, repositório das túnicas antigas, se traduz no resto do mundo por formas variadas que narram a diversidade de seu vocabulário estilístico, e também uma herança comum.

↑ Qamis Signature Kurta, Next

ORIGEM SEMELHANTE

Antes da camisa: a camisia, roupa de baixo da época medieval. Deste termo surgem, entre outros, a camicia italiana, a chemise francesa (p. 166) e o qamis árabe. Com a evolução da moda ocidental, a camisa assume a forma como a conhecemos, mas esta é uma visão reducionista, pois, nas culturas árabes e no sul da Ásia ela é totalmente diferente.

TÚNICA DOS HOMENS

O qamis é semelhante a uma túnica. Trata-se de uma camisa usada pelos homens, ainda que algumas de suas variações, como o boubou africano (p. 134) ou o kameez usado na Índia e no Paquistão, sejam adotadas pelas mulheres. Na maior parte das vezes de manga comprida e de comprimento longo, ele pode ser ornado com enfeites, botões ou até uma gola, a critério do alfaiate.

ATRIBUTO RELIGIOSO

O qamis é disseminado com a expansão islâmica na Idade Média e continua sendo hoje a vestimenta preferida para a oração. Está, assim, intimamente ligado à tradição muçulmana, sobretudo porque se aproxima dos preceitos da religião: vestir-se sem ostentação e não revelar a forma do corpo. Mas o qamis não é exclusividade do islã, ele acompanha o dia a dia dos homens da Arábia e do sul da Ásia.

CADA UM COM SUA CAMISA

Há por certo tantas camisas quanto há povos. Do qamis vem a djelaba e a gandoura do Magrebe, o dishdasha ou thobe da Arábia, a kurta indiana, o boubou africano. Túnicas usadas das formas mais variadas possíveis ao longo dos séculos.

CAMISA UNIVERSAL

Ao longo dos anos 1960 e 1970, os ocidentais usam variações do qamis. O movimento hippie (p. 326) privilegiou especialmente a kurta indiana (camisa longa sem gola), apreciada por seus bordados e sua praticidade. Ainda hoje, não é raro ver turistas usando essas túnicas leves durante o verão. Voltamos à nossa história ancestral: a camisa casual, que cobre o corpo sem sufocá-lo. Assim, o qamis é um ponto comum, um fundamento universal. É fonte de adaptações, evoluções e modificações. Uma camisa que sublinha uma unidade.

VIDA MODERNA

Na Índia e no Paquistão, o qamis dá origem a um conjunto, o shalwar kameez, composto por uma túnica com fenda nas coxas e uma calça que se fecha no tornozelo (saruel). É usado tanto por homens quanto por mulheres, mesmo que sua variante feminina faça mais sucesso no dia a dia. As mulheres indianas muitas vezes preferem-no em vez do sari, menos prático, e é o uniforme escolar de muitas garotas.

JEANS

UM NOME QUE ENGANA

CELEBRIDADES ····· JAMES DEAN, BROOKE SHIELDS, ELVIS PRESLEY

PASSARELAS ······· CELINE, TOMMY HILFIGER, JEAN-PAUL GAULTIER

De roupa utilitária a emblema da poluição têxtil, o jeans reflete a nossa evolução cultural, acompanhando as convulsões sociais. O jeans é o ícone e a banalidade. Mas antes de ser uma história da moda, é uma história do tecido...

↑ Mineiros vestindo jeans Levi's, Califórnia, Estados Unidos, 1882

"SÓ TENHO UM ARREPENDIMENTO: O DE NÃO TER INVENTADO O JEANS."

YVES SAINT LAURENT

DE FUSTÃO A *JEANES*

Na Idade Média, o norte da Itália produz um tecido liso, feito de lã, linho ou algodão: o fustão. Exportado para a Europa, ele é utilizado na confecção de calças de marinheiro e de velas de barco. Os ingleses então o chamam de *jeanes*, em referência ao seu porto de embarque original: Gênova (Gênes, em francês).

FRANCÊS OU INGLÊS?

Depois, no século XVIII, os franceses desenvolvem a sarja de Nimes: uma mistura de lã e seda, consistindo muitas vezes em um entrelaçamento entre tecido cru e tecido tingido com índigo. Os ingleses, que também passam a produzir o fustão, teriam se inspirado nessa técnica de tecelagem para criar um tecido de algodão mais flexível: o denim. Nessa época, a fabricação de tecidos de algodão, que agora são privilegiados em relação à lã, está em plena expansão na Inglaterra.

ARREMATE

Em 2000, em uma antiga mina de prata, estudantes californianos descobrem uma calça original da Levi's, datada da década de 1880. Leiloada no eBay, essa calça, antes vendida a 0,99 dólares, atinge a soma de 46.532 dólares!

TRAVESSIA DO ATLÂNTICO

Os ingleses produzem então dois tecidos: o jeans (robusto, de cor sólida) e o denim (menos rígido, azul e cru). Um sucesso. Distribuídos até nos Estados Unidos, onde são copiados, passam a integrar o cerne da indústria de algodão americana, ligada à escravidão. Esses tecidos são utilizados para uniformes de trabalho dos agricultores, mineiros e garimpeiros do país.

JEANS DE TRABALHO

Em 20 de maio de 1873, Jacob Davis, especializado em roupas de trabalho, e Levi Strauss, cuja empresa comercializa tecidos, registram a patente de calças jeans com bolsos reforçados com rebites de cobre: nasce o jeans atual. Em 1890, a patente expira e outros fabricantes se estabelecem nos Estados Unidos, como H.D. Lee Mercantile, voltada para o operário, e a The Blue Bell Global Company (que se tornou a Wrangler), voltada para o caubói.

JEAN? QUE JEAN?

O nome "jean", que designa esse tipo de calça em inglês, é comercial. Ele só aparece na década de 1930, nos Estados Unidos. O jeans, feito do próprio jeans (o material) ou denim (como as calças patenteadas em 1873) desde o século XIX, era até então chamado de "overall" pelos profissionais. Até mesmo a Levi's só começa a usar o nome "jeans" em 1959.

"QUERO MORRER USANDO MEU JEANS AZUL."

ANDY WARHOL

HERÓI HOLLYWOODIANO

Hollywood faz a ligação entre o mundo rural e a cultura pop. Nos anos 1920 e 1930, a figura do caubói participa da mitificação do jeans, encarnada por atores dos filmes de faroeste, como Gary Cooper ou John Wayne. São heróis sedutores, solitários, viris e justos.

À CONQUISTA DAS MULHERES

A Grande Depressão dos anos 1930 contribui para a ascensão do jeans. As roupas de trabalho, usadas por aqueles que procuram desesperadamente um emprego, integram a paisagem urbana. A Levi's comercializa suas primeiras calças femininas e a *Vogue* lhes dedica um editorial. Em 1942, a estilista americana Claire McCardell cria seu vestido Popover, a primeira peça de moda em denim voltada para as donas de casa. Os jeans passam a ser exportados, como um emblema mundial da juventude e da modernidade.

UMA JUVENTUDE REBELDE

A década de 1950 muda essa situação. Nas telas, a figura do jovem rebelde surge com um James Dean e um Marlon Brando insolentes, usando jaquetas de couro (p. 115) e jeans justo. Nas estradas, gangues de motociclistas atravessam o país e, na televisão, Elvis Presley toca rock dançando de forma insinuante. O jeans é a revolta, a contracultura, a sensualidade e a delinquência. Algumas escolas proíbem seu uso, uma vez que ele está no centro de todas as controvérsias.

EM NÚMEROS

1 fardo de algodão para **225** pares de jeans.

Em média, **7** jeans por pessoa.

7.500 litros de água para fabricar **1** jeans.

2,3 bilhões de jeans vendidos por ano.

O jeans percorre em média **65.000** quilômetros desde sua fabricação até sua venda.

45.000 toneladas de índigo por ano.

27.000 dólares: o preço do jeans mais caro do mundo, de uma colaboração entre a Levi's e o artista Damien Hirst.

UM NOVO MUNDO

A contracultura também são os hippies (p. 326). Eles usam o jeans para denunciar o materialismo da sociedade capitalista e para homenagear uma peça de roupa popular, associada à classe trabalhadora. No início dos anos 1970, a contracultura se normaliza e o jeans se estabelece na sociedade, manifestando-se pelos direitos das mulheres e dos homossexuais.

↑ **Jovens engraxates e caubóis urbanos, todos usando jeans,** Estados Unidos, cerca de 1975

"TEM CALÇA DJINS NOS UNIFORMES AMERICANOS?"

RAYMOND QUENEAU, *ZAZIE NO METRÔ*

UMA INFLUÊNCIA TENTACULAR

Ele entra na moda com Calvin Klein, Willi Smith ou Yves Saint Laurent. Absorvendo todos os estilos e fenômenos culturais, ele liga o rock, o punk, o hip-hop e o grunge (ver Estilos, p. 301 e seguintes). Ele é sofisticado e básico. Universal e individual. Hoje, a cada 73 segundos uma calça jeans é vendida. Sua história se liga às falhas da moda: o consumo excessivo e a poluição.

CHAUVINISMO

Em 1944, os soldados americanos levam seus jeans, rígidos e crus, para a França. No final da década de 1960, Marithé + François Girbaud amolecem e lavam a peça utilizando pedra-pomes: é o stone washing. Urbano e moderno, esse jeans simula um desgaste. Em seguida, as técnicas de tratamento se diversificam, mas elas provocam danos ambientais e humanos.

↑ **Jeans 501**, Levi's

→ **James Dean** em *Juventude transviada*, 195

PLANETA AZUL

IDADE MÉDIA

CONTRA VENTOS E MARÉS

Tecidos lisos de algodão, lã e linho (ou seda), apelidados de *jeane* pelos ingleses, são produzidos na Itália.

SÉCULO XVI

ITALIANOS E BRITÂNICOS

Seguindo a Itália, a Inglaterra produz seus próprios tecidos de algodão e lã.

SÉCULO XVIII

VERSÃO FRANCESA

Desenvolvimento de uma sarja de lã e seda na região de Nimes.

SÉCULO XIX

JEANS E DENIM AMERICANOS

Jeans (liso) e denim (azul e cru) são dois tecidos distintos fabricados nos Estados Unidos.

ANOS 1860

RUMO AO BLUE JEANS

A Levi Strauss substitui o tecido das roupas de trabalho produzidas por denim de algodão tingido de índigo.

20 DE MAIO DE 1873

PATENTE

Jacob Davis e Levi Strauss registram a patente para o jeans tingido de índigo e incrementado com bolsos e rebites.

1890

NASCIMENTO DE UM MODELO ATEMPORAL

Criação do modelo 501 por Strauss e Davis.

1904

RECÉM-CHEGADOS

Fundação da marca Blue Bell (que se torna a Wrangler).

1912

PARA OS OPERÁRIOS

A Lee Mercantile (que se torna a Lee), fundada em 1889, produz suas primeiras roupas de trabalho.

1934

VERSÃO FEMININA

Primeiro jeans para mulheres da Levi Strauss & Co.

1939

EMBAIXADOR CULTUADO

John Wayne veste o modelo 501 em *No tempo das diligências*.

1955

ÍCONE MUNDIAL

James Dean usa jeans em *Juventude transviada*.

1960

O DENIM JAPONÊS

A fábrica Kuroki Mills produz denim no Japão.

ANOS 1970

DENIM DE ALTA-COSTURA

Crescem os jeans de grifes (Gloria Vanderbilt, Calvin Klein, etc.)

2020

GUERRA COMERCIAL

Mais de 2 bilhões de jeans vendidos em todo o mundo.

→ Farrah Fawcett em *As Panteras*, 19

CORTES

UMA HISTÓRIA DE MODELOS

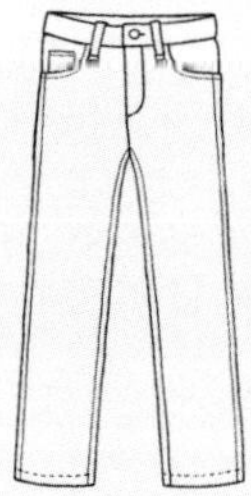

CORTE RETO

Como o próprio nome diz

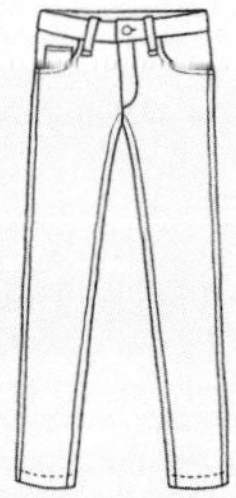

SKINNY

Corte justo

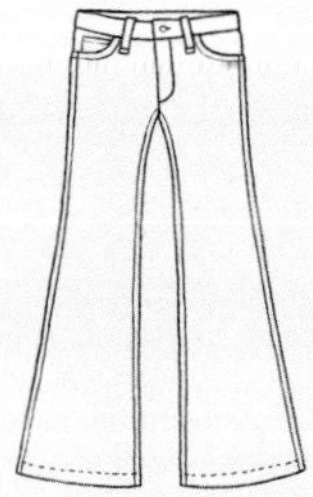

FLARE

Calça boca de sino
com cintura alta

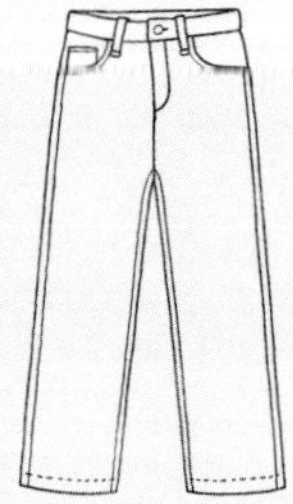

BAGGY

Corte largo

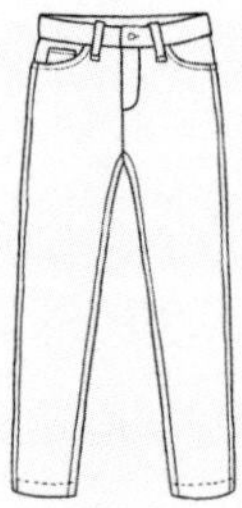

TAPERED

Corte afunilado
nos tornozelos

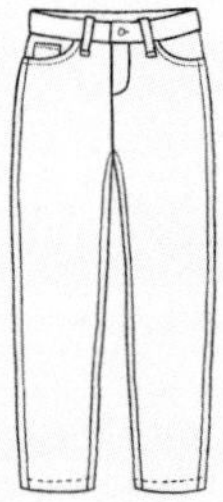

MOM

Cintura alta,
larga nos quadris

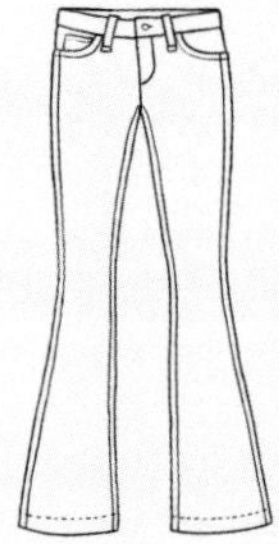

BOOTCUT

Levemente alargada
na parte inferior

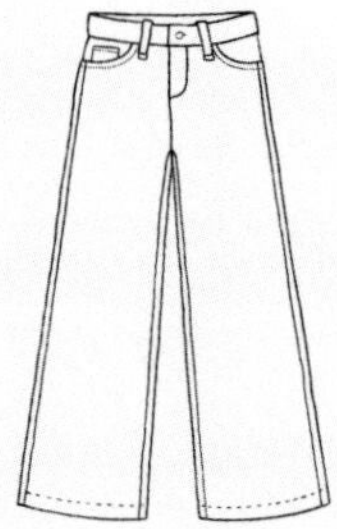

WIDE

Corte largo

UMA HISTÓRIA DE TAMANHOS E COMPRIMENTOS

REGULAR

Cintura natural

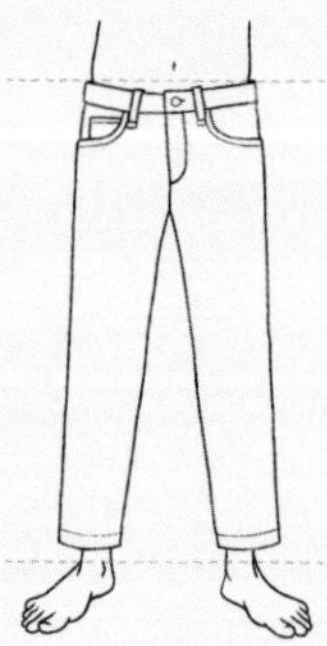

① CROPPED

Três quartos acima dos tornozelos

CINTURA BAIXA

Cós baixo

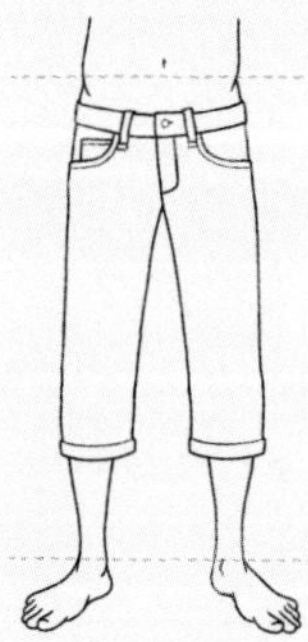

② CAPRI

Pantacourt

CINTURA ALTA

Cós acima do umbigo

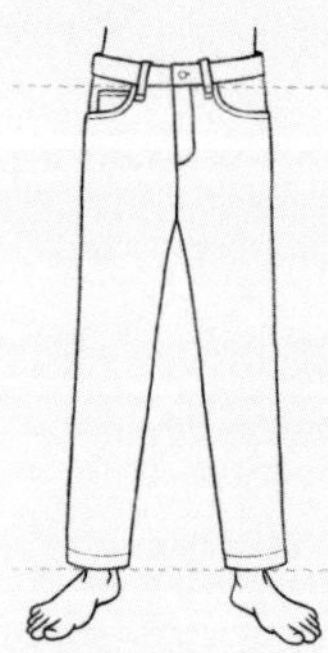

③ ANKLE

Nos tornozelos

MID WAIST

Logo abaixo do umbigo

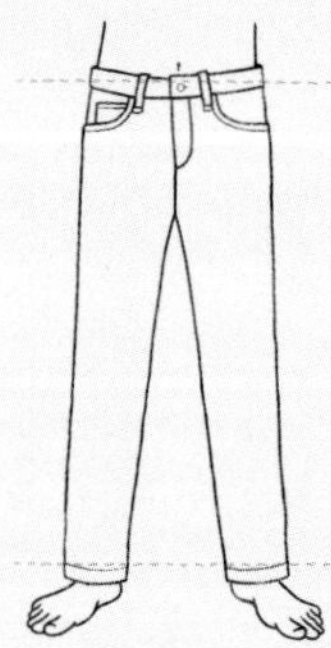

④ TALL

Abaixo dos tornozelos

DROP CROTCH

Virilha baixa

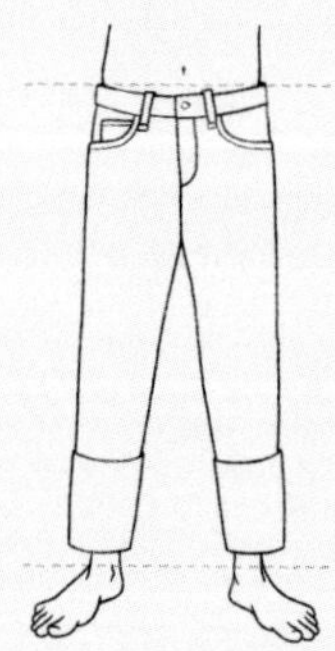

⑤ FOLDED

Com a barra dobrada

ACABAMENTOS

UMA HISTÓRIA DE DETALHES

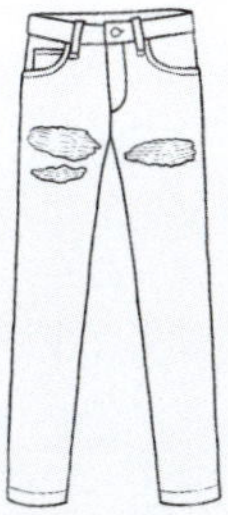

DESTROYED

Rasgada, surrada, desgastada

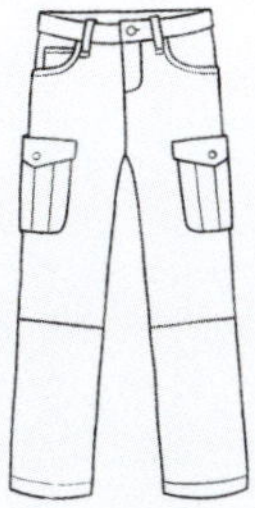

CARGO

Vários bolsos

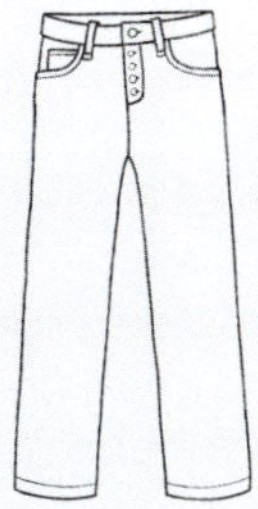

BUTTON FLY

Abotoamento até o alto na braguilha

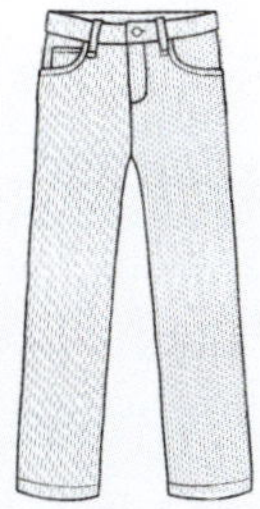

COTELÊ

Tecido grosso e aveludado

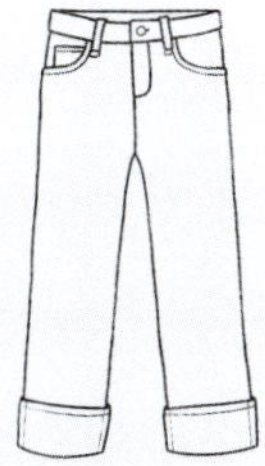

CUFFED

Barras dobradas

UMA HISTÓRIA DE CORES

DENIM CRU

ESTONADO

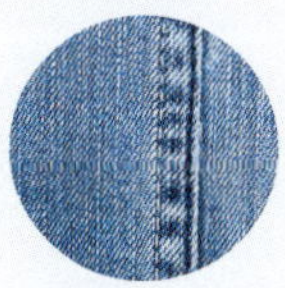

ALVEJADO

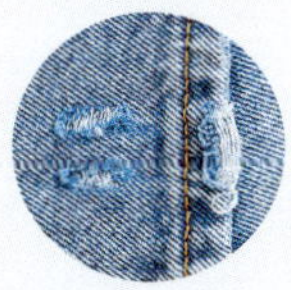

USADO

SUJO

UMA HISTÓRIA DE TRAMAS

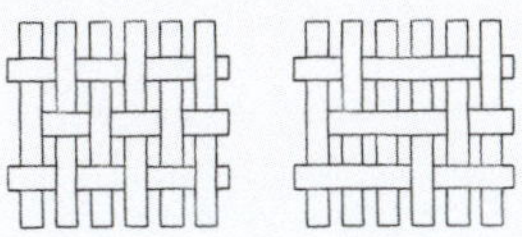

SARJA

Tecido denim original composto de lã e seda, cuja técnica de tecelagem cruzada se chama sarja e resulta em um tecido que alterna uma trama índigo a uma trama cru na diagonal.

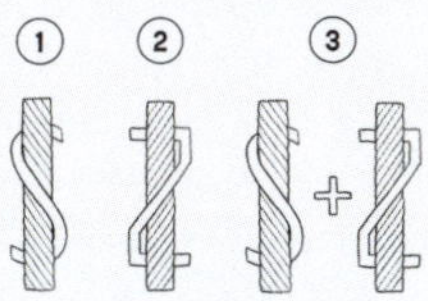

TIPOS

1 - À direita (*right hand twill*): A diagonal da tecelagem vai da esquerda para a direita.

2 - À esquerda (*left hand twill*): A diagonal vai da direita para a esquerda. O tecido fica mais macio ao toque. Esse é o método adotado pela Lee.

3 - Quebrada (*broken twill*): Tecelagem em zigue-zague, como a da Wrangler.

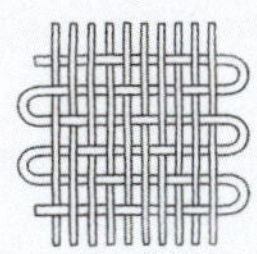

SELVEDGE

Desenvolvida pelos americanos no século XIX para tornar o tecido mais resistente, essa técnica favorece uma trama mais justa. Pode ser reconhecida pelo acabamento reforçado na extremidade do tecido: uma borda colorida (*self-finished edge*) que evita o desfiamento. No século XIX, as marcas se diferenciam da seguinte maneira: acabamento vermelho para a Levi's, amarelo para a Lee e verde para a Wrangler.

JOGGING

ROUPA DE DOMINGO

CELEBRIDADES .... BOB MARLEY, MELANIE C

PASSARELAS .... BALENCIAGA RESORT, GUCCI, BURBERRY

Uma veia higienista toma conta do final do século XIX, reformulando as roupas de baixo, principalmente as dos homens. Uma espécie de ceroula comprida de lã que absorve a transpiração e aquece no inverno se torna popular. É assim que se desenham os primórdios da jogging, que sai do âmbito exclusivo da roupa íntima.

ESTUDANTES ESPORTIVOS

Inspirada nos calções, a jogging é destinada à prática de esportes: o próprio termo que a nomeia vem do inglês *to jog*, uma referência à corrida. Desenvolve-se no final do século XIX, especialmente nas universidades anglo-saxãs, estampada pelas iniciais e pelos logotipos das instituições escolares.

ROUPAS DO PODER

A partir de 1970, os políticos encenam a sua prática desportiva. O esporte lhes possibilita demonstrar seu dinamismo, a combatividade e a boa forma física. Ele os aproxima do povo e dos jovens. E, por vezes, o agasalho esportivo se torna uma ferramenta política identitária, como no caso de Fidel Castro que o usa, no fim da sua vida, para impactar o povo.

MÚSCULOS AQUECIDOS

O conjunto composto por um suéter ou jaqueta e por uma calça macia com cintura elástica é chamado de agasalho: os atletas o usam por cima do traje de competição. Com a cobertura midiática dos Jogos Olímpicos no século XX, ele passa a ser usado também por atletas amadores.

CORRER PELAS RUAS

À medida que a sociedade do lazer se expande, a classe média adota o agasalho esportivo e a elite usa calças macias que ecoam esse estilo. Em 1939, a marca Le Coq Sportif passa a comercializá-lo visando ao grande público.

NASCIMENTO DE UM MITO

Por volta de 1939, a moda americana se volta para o sportswear. Em 1967, a Adidas cria seu primeiro *tracksuit*, sintético e colorido: calça larga, jaqueta com gola alta e fecho de zíper. Suas três listras nos braços e nas pernas se torna mítica.

↑ Run-DMC, 1985

"RAY-BAN NA CABEÇA, AGASALHO TACCHINI / PARA OS MAIS ELEGANTES, MOCASSIM NEBULONI."

IAM, "JE DANSE LE MIA"

ARTES MARCIAIS E HIP-HOP

O agasalho esportivo invade a cultura pop e a contracultura, inclusive o hip-hop (p. 316). A juventude imita o visual de Bruce Lee, dos rappers e dos dançarinos de break.

PERIFERIA CHIQUE

O conjunto se generaliza na Europa entre os jovens das periferias, os rappers e a classe trabalhadora inglesa. Mas também ganha espaço no materialismo espalhafatoso dos anos 1980, normalizado pelo culto ao corpo e infiltrado no luxo, especialmente pela Chanel.

À VONTADE NAS TELAS

1976: Sylvester Stallone em *Rocky*.

1978: Bruce Lee em *Jogo da morte*.

1995: Vincent Cassel, Hubert Koundé e Saïd Taghmaoui em *O ódio*.

1999: James Gandolfini na série *Família Soprano*.

2001: Ben Stiller em *Os excêntricos Tenenbaums*.

2003: Uma Thurman em *Kill Bill*.

2013: Leonardo DiCaprio em *O Lobo de Wall Street*.

BLOCOS DE PARTIDA

1921

DESEJO DE CONFORTO

O velocista inglês Oliver Johnson Schofield veste um agasalho de veludo.

1939

CONCEITO PUBLICITÁRIO

Lançamento da "roupa de domingo", da Le Coq Sportif.

1967

PEÇA MÍTICA

Adidas se lança no setor têxtil com seu primeiro agasalho esportivo.

1968

VISUAL MILITANTE

Os atletas afro-americanos John Carlos e Tommie Smith, vestidos com seus agasalhos esportivos, erguem os punhos durante a cerimônia de premiação dos 200 metros nos Jogos Olímpicos da Cidade do México. O esporte se torna político.

1986

MÚSICA

Run-DMC lança a faixa "My Adidas".

1992

UNIFORME PATRIOTA

Os Estados Unidos enviam seu primeiro time de basquete formado por jogadores lendários da NBA aos Jogos Olímpicos de Barcelona. Todos eles ostentam um agasalho chamativo, estampado com uma bandeira americana XXG.

1994

MÚSICA

Lançamento de "Je danse le mia", de IAM.

2001

BLING-BLING

Juicy Couture lança sua jogging de veludo e a torna o arquétipo da cultura turbulenta das celebridades nos anos 2000.

2003

ESPORTE E MODA

Yohji Yamamoto colabora com a Adidas. A moda se liga ao esporte.

2016

PRESIDENTE DESCOLADO

Memes que se apropriam de uma fotografia de 2009 do presidente Barack Obama em um agasalho preto viralizam nas redes sociais.

2020

EFEITO COVID

O grupo de vendas on-line Asos anuncia a escassez de roupas esportivas em razão da alta procura desses itens durante a pandemia de covid-19.

Quante

A atleta **Paola Pigni-Cacchi**, Munique, 1972

↑ **Jogging Rochester 1919**, Champion

QUIMONO

"COISA DE VESTIR"

CELEBRIDADES .... TILDA SWINTON, SUSIE BUBBLE, DAVID BOWIE

PASSARELAS .... CHRISTIAN DIOR, YUMI KATSURA, YAMAMOTO

No século V, a influência chinesa orienta o surgimento das primeiras peças de vestuário próximas ao quimono. No entanto, é somente no período Edo (1603-1868) que ele se torna um símbolo social, seu nome é oficializado e sua forma moderna se estabelece.

↑ **Madame Nagomi,** Japão, 1926, coleção do museu Albert-Kahn

TEATRO DA MODA

A classe mercantil, os atores do teatro kabuki e as cortesãs iniciam a moda ao propor novos estilos, com o objetivo de se distinguir em uma sociedade bastante hierárquica. A elite do poder, irritada com essa rivalidade estilística, impõe leis suntuárias que, embora não preocupem a burguesia, incentivam-na a ter mais criatividade. Essa inventividade é expressa em uma elegância comedida.

RESISTÊNCIA IDENTITÁRIA

Com o estabelecimento da era Meiji a partir de 1868, o Japão se abre ao Ocidente e começa a adotar suas inclinações. O quimono é menos usado, mas seu simbolismo só se torna mais poderoso: ele é o emblema de uma cultura nacional resistente.

COMPLETO

Além de uma peça de roupa, o quimono é uma silhueta. Uma visão geral de seus elementos indispensáveis.

Nagajuban: a roupa de baixo.

Koshihimo: os cordões de seda ou lã que servem para segurar o quimono (invisíveis sob o obi).

Obi: o cinto decorativo.

Musubi: o nó do obi.

Obijime: o cordão colorido que segura o musubi.

Tabi: as meias com o dedão do pé separado dos demais.

Zori: as sandálias (por vezes geta, que são geralmente usadas com o yukata) com tiras feitas de seda ou lã na parte posterior.

ORIENTE *VERSUS* OCIDENTE

No século XX, ele se ergue como garantia de valores morais, especialmente para a mulher, e as japonesas que ousam se apropriar das tendências advindas da Europa são vistas como depravadas. Com essa filosofia moralizante que formaliza cada vez mais o quimono, agora reservado à geração mais velha ou a grandes ocasiões, os estereótipos criados pelo olhar ocidental só se acentuam: fantasias que sexualizam a gueixa, clichês folclóricos, etc.

RETORNO À SIMPLICIDADE

Mas enquanto os estilistas japoneses chamam a atenção das mídias a partir dos anos 1980, toda uma nova geração observa sua herança de um ponto de vista novo e desinibido: os jovens japoneses voltam a usar o quimono, despojando-o da sua solenidade. O quimono é liberto. Ele não é mais um símbolo cultural, mas uma peça de roupa... simples assim.

DIFERENÇAS

Yukata:

- De algodão.
- Meias não obrigatórias.
- Usado principalmente no verão ou dentro de casa.
- Usado sem roupa de baixo.

Quimono:

- De seda.
- Usado com meias tabi.
- Usado tanto fora como dentro de casa.
- Usado com um nagajuban por baixo.

KITSUKE OU A ARTE DE USAR O QUIMONO

①

Vista o quimono e se certifique de que cada lado esteja alinhado em relação ao outro.

②

Pegue o lado direito com a mão direita e leve o tecido para o lado esquerdo da cintura.

③

Pegue o lado esquerdo com a mão esquerda e leve o tecido para o lado direito da cintura.

④

O quimono deve ficar solto na altura do quadril e da cintura.

⑤

Passe uma corda na altura da cintura a fim de ajustar o quimono.

⑥

Esconda a corda com o tecido que ficou mais solto. Nas costas, puxe o tecido de modo que ele revele bem a nuca.

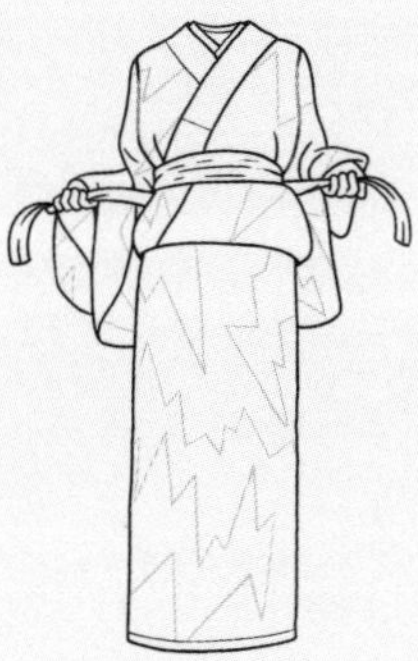

⑦

Destaque o busto com uma faixa.

⑧

Esconda-a com o obi, com duas voltas em torno do corpo.

⑨

Prenda o obi na parte da frente, escondendo suas pontas.

↑ **Quimono,** coleção do Museum of Applied Arts and Sciences, Sydney

→ **Exposição universal de Osaka,** Japão, 197

SOBRETUDO

SAIA PROTEGIDO

CELEBRIDADES .... CARY GRANT, JAMES DEAN, KIM NOVAC

PASSARELAS .... FENDI, CHALAYAN, GARETH PUGH

Se vestimos casacos para nos proteger do frio, o seu uso está impregnado com fortes conotações sociais desde a Antiguidade. Em Roma, por exemplo, ele assume a forma de uma enorme toga e distingue os cidadãos romanos das mulheres e dos escravos. O sobretudo marca e demarca.

↑ Sobretudo emblemático 101801, Max Mara

CAPAS E HOUPPELANDES

Na Idade Média, a moda é a sobreposição. Acumulam-se túnicas para proteger o corpo, e o que chamamos de casaco assume a forma de uma capa, às vezes chamada de "manto". Com o surgimento do houppelande no século XIV, sua silhueta se aproxima dos nossos modelos modernos: longo e solto, com uma gola alta, mangas largas e abertura central em todo o comprimento. Ele é reservado à nobreza.

ABERTURA AO MUNDO

O modelo de sobretudo mais famoso é o Crombie, nascido na Escócia com a empresa têxtil de mesmo nome nos anos 1860. A Crombie abastece o exército inglês e faz muito sucesso no Japão. Depois da Segunda Guerra Mundial, o modelo passa a ser usado pelos mods londrinos, depois pelos skinheads: torna-se um dos atributos de seu uniforme subversivo.

VESTIDO OU CASACO?

O termo "manteau" se populariza no século XVII. Ele se refere principalmente às capas, com ou sem capuz, que são colocadas sobre a vestimenta da aristocracia. Usa-se também manteau para descrever os vestidos abertos sobre uma anágua das mulheres da corte francesa. Mesmo com uma certa confusão no nome, o desenho desses vestidos se aproxima de certo modo da forma dos casacos atuais.

HOMENS DAS CIDADES

Com a sobrecasaca vinda da Inglaterra e usada para equitação, um novo modelo de casaco se revela, mais justo e mais desenhado. Ele é introduzido, de forma audaciosa, no guarda-roupa feminino no final do século XVIII e adorna os dândis (p. 324) do século XIX. O século da revolução industrial marca a idade de ouro do casaco.

> **"OS HOMENS COMPRARAM MEUS CASACOS FEMININOS POR ANOS."**
>
> ISSEY MIYAKE

A burguesia se funde à paisagem urbana com suas roupas escuras e graves. O sobretudo de lã nasce na Inglaterra.

ESPÍRITO CANALHA

Cruzado ou reto, ele se torna um item essencial. À medida que se multiplicam os diálogos entre o mundo militar, esportivo e civil, os modelos de sobretudo se diversificam e se disseminam ao longo dos anos 1930, antes que os Teddy Boys (p. 346) ingleses da década de 1950 lhes transmitam um certo ar infame.

CASACO DO TRABALHO

Fundada em 1951 na Itália, a marca Max Mara constrói sua reputação sobre seus elegantes sobretudos femininos de lã, caxemira ou pelo de camelo. Em 1981, a marca cria o modelo 101801, seu best-seller: um sobretudo camelo minimalista, com mangas de quimono, dupla abotoadura cruzada e cinto amarrado na frente. É um dos símbolos do *power dressing* dos anos 1980.

FEDORA

UMA HISTÓRIA SUBJACENTE

CELEBRIDADES FRANK SINATRA, HUMPHREY BOGART, MARLENE DIETRICH

PASSARELAS .... GUCCI, SAINT LAURENT, TEMPERLEY

No século XIX, os chapéus se popularizam entre todas as classes sociais. Cartolas, chapéus coco, chapéus americanos, bonés ou boinas valorizam as diferentes faces da sociedade, pois, até os anos 1950, é costume que o homem use chapéu nos espaços públicos.

GUARDIÕES DE VACAS

Chapéus de feltro com abas largas são populares no trabalho ao ar livre: o chapéu stetson dos caubóis no Velho Oeste americano, o chapéu de pastor na Camarga, o sombrero no México... Mas apenas um deles conseguirá escapar das planícies para adentrar as paisagens urbanas e brilhar sob os holofotes.

PEQUENA PINÇADA

O chapéu fedora está intimamente associado à virilidade dos heróis ou dos bandidos. Sua forma teria sido inspirada na repressão policial durante a unificação italiana: em 1857, Giuseppe Borsalino, observando os chapéus-coco deformados dos manifestantes, teria tido a ideia de apertar o alto dos chapéus que produzia para formar duas cavidades, como covinhas, facilitando a pegada da mão.

UMA HISTÓRIA DE NOMES

A história da moda mantém o nome "fedora" para denominar o chapéu produzido pela Borsalino. Este é o termo usado principalmente em inglês e em português. Em francês, a designação "borsalino", sendo sobretudo o próprio nome da marca, é frequentemente favorecida – por certo, um legado do filme homônimo de 1970, que reúne Alain Delon e Jean-Paul Belmondo.

DESTAQUE DO ESPETÁCULO

No entanto, é uma grande mulher que contribui para sua fama e até mesmo para sua denominação. Em 1882, Victorien Sardou apresenta sua peça *Fedora*, em homenagem à personagem principal interpretada por Sarah Bernhardt. A atriz, verdadeira criadora de tendências, usa um chapéu de feltro macio. O fedora nasce e é rapidamente adotado pelo movimento feminista.

↑ Sylvester Stallone em *Rocky V*, 1990

"INCLINE SEU CHAPÉU, OS ÂNGULOS FAZEM A APARÊNCIA."

FRANK SINATRA

SEMENTE DO BANDIDO

O príncipe inglês Eduardo VIII restaura o lado masculino do fedora ao popularizá-lo nos anos 1920. Nos Estados Unidos, o chapéu aperfeiçoa o traje dos gângsteres dos anos 1930, cuja aparência fascina a população. Essa herança se instala no cinema com o film noir. Humphrey Bogart faz desse chapéu sua assinatura no filme *Casablanca*, de 1942. É uma marca de mistério e elegância.

PRIMO MENOR

Nos anos 1890, surge o chapéu trilby, próximo do fedora, mas que se diferencia dele pelo tamanho reduzido e abas mais estreitas. Ele também deve seu nome à cultura, pois é chamado assim em referência ao romance *Trilby*, de George Du Maurier. É o chapéu usado pelo famoso duo cinematográfico The Blues Brothers, da comédia musical *Os irmãos cara-de-pau*.

← Tina Turner, 1977

↑ **Chapéu Fedora**, Brioni

SUÉTER

CORAÇÃO AQUECIDO

CELEBRIDADES NASTASSJA KINSKI, MARILYN MONROE, ROBERT REDFORD

PASSARELAS DIOR, ISSEY MIYAKE, THE ROW

Confortável, resistente à água quente e de fácil acesso graças à domesticação dos animais, a lã está presente em todas as civilizações primitivas. Ela serve para fabricar uma variedade de roupas, de peças íntimas a trajes destinados a atividades ao ar livre, mas é sobretudo valiosa para confeccionar um item essencial para o inverno: o suéter.

TERRAS HOSTIS

O suéter, uma peça de tricô de lã grossa, nasce na Idade Média. Dedicado aos pescadores e a quem enfrenta a aspereza do sal marinho e outros elementos, é a roupa do labor, da vida dura ao ar livre. Também as ilhas, as terras costeiras e as regiões hostis se especializam na técnica do tricô.

UM TRICÔ CHAMADO SUÉTER

Mas a sociedade do lazer do século XIX muda essa situação. O suéter é usado por quem pratica esportes ao ar livre. A marinha francesa, por sua vez, adota o suéter azul-marinho, enquanto os comerciantes dos mercados de Paris apelidam o tricô que usam de "chandail".

NEM TÃO BONITO ASSIM

É na década de 1950 que o suéter de Natal se populariza nos Estados Unidos graças a programas especiais que comemoram as festas de fim de ano, nos quais cantores e atores usam tricôs festivos. Em 2001, o suéter de Natal explode devido ao filme o *Diário de Bridget Jones*. Desde então, são organizados concursos de suéteres de Natal, vencendo o mais feio ou o mais absurdo. A partir de 2011, a terceira sexta-feira de dezembro é celebrada como o Dia Internacional do Suéter Feio!

NA MODA

É a cor que o conduz ao caminho da moda. Em 1921, o Príncipe de Gales usa em público um suéter característico da Ilha de Fair, reconhecível por suas listras coloridas. Ele se torna então o emblema do gosto inglês. Gabrielle Chanel lança suas peças em jérsei, enquanto

↑ Suéter misto de lã merino e caxemira, &Daughter

"MEU ESTILO PREFERIDO É UM SUÉTER PRETO E UMA SAIA, QUE VOCÊ PODE USAR SEMPRE, TROCANDO OS ACESSÓRIOS."

YVES SAINT LAURENT

Elsa Schiaparelli faz do suéter uma ilusão de ótica, com base em seu estilo surrealista. O suéter está na moda.

SUÉTER, SUÉTERES

Qual modelo adotar? O autor inglês Noël Coward populariza a gola alta (p. 21) ao longo dos anos 1930, enquanto as *sweater girls* de Hollywood enlouquecem o público. Depois da guerra, o tradicional suéter irlandês, o suéter Aran, conquista o gosto das pessoas, influenciadas por estrelas de cinema como Steve McQueen, que o torna uma peça de roupa exclusiva. Os beatniks e estudantes da Ivy League (p. 334) compartilham suéteres elegantes com decote redondo antes que os punks (p. 328) os degradem com cortes de tesoura. Dessa forma, o suéter se dissemina, torna-se um item múltiplo e essencial.

PREPARADO PARA O INVERNO

UMA HISTÓRIA DE FORMAS

SUÉTER COM DECOTE EM V

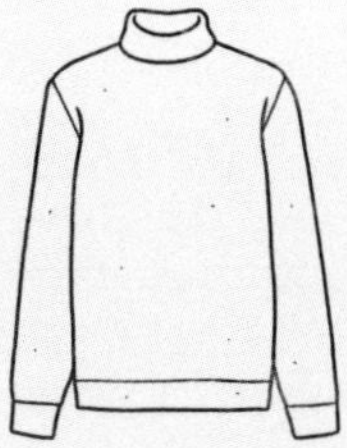

SUÉTER GOLA ROLÊ

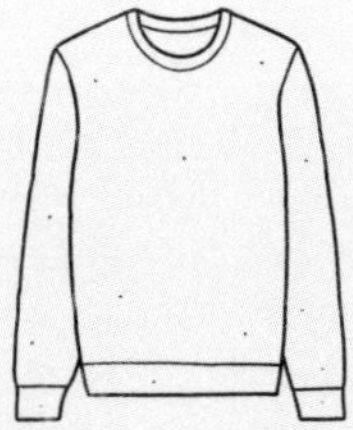

SUÉTER COM DECOTE REDONDO
(também chamado de gola careca)

SUÉTER ARAN
(suéter irlandês)

PONCHO

SUÉTER SEM MANGAS

UMA HISTÓRIA DE MALHAS

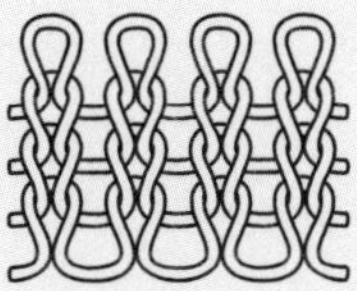

JÉRSEI
A malha é toda tecida da mesma maneira.

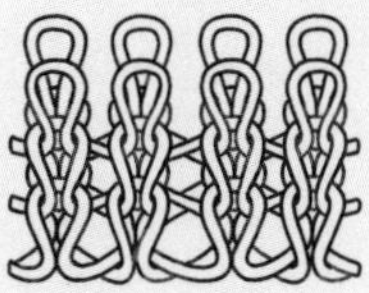

INTERLOQUE
Ambos os lados são idênticos, é mais grosso e resistente que o jérsei.

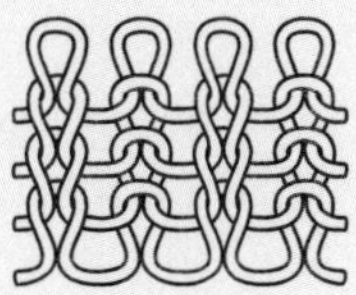

RIBANA
É uma malha canelada.

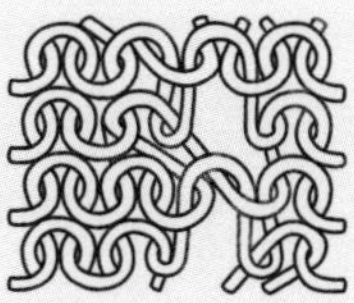

ABERTA
A malha é perfurada.

PONTO JARRETEIRA OU MOUSSE
Os pontos formam fileiras regulares com pequenas protuberâncias onduladas.

TRANÇA
Várias camadas de lã são cruzadas umas sobre as outras.

↑ **Minissaia,** Miu Miu

→ **Manifestação em favor da minissaia,** Londres, 196

MINI SKIRTS
FOREVER
DIOR
UNFAIR
TO
MINI SKIRTS

MINISSAIA

CHAMADO À SIMPLICIDADE E À DESENVOLTURA

CELEBRIDADES ···· TWIGGY, CLAUDIA SCHIFFER, FRANÇOISE HARDY

PASSARELAS ···· MIU MIU, CHANEL, VERSACE

Nos anos 1960, tal como um terremoto, a juventude toma o poder. Os ingleses chamam esse fenômeno de Youthquake. Os jovens querem apagar os vestígios do passado e reconstruir tudo. Essa revolução social passa também pela moda. E, para as mulheres, a grande novidade é a minissaia.

↑ **Mary Quant**, Londres, 1967

OBJETO DE ESCÂNDALO

Revelam-se as pernas como nunca. Parando acima do joelho ou no meio da coxa, os vestidos e saias curtos da década dão um salto à frente. Mas há uma pessoa que não gosta dessa mudança: Gabrielle Chanel, que detesta joelhos.

LONDRES *VERSUS* PARIS

A guerra continua entre a capital francesa e a Swinging London. Os franceses atribuem a invenção da minissaia a André Courrèges; os ingleses, a Mary Quant. Na verdade, ambos os estilistas criam minissaias ao mesmo tempo, mas as verdadeiras iniciadoras dessa tendência são as próprias mulheres. Está à frente do seu tempo desde o final da década de 1950.

O PODER DA RUA

Trata-se de uma provocação que marca um ponto de virada na história da moda, a modernidade é erigida como um totem e um futuro fantasiado é antecipado (p. 266). A minissaia incorpora todos os terremotos da moda dos anos 1960: o desenvolvimento do prêt-à-porter, novas formas de vender e consumir e, acima de tudo, a influência da rua. Chega da ditadura dos estilistas! Mas a minissaia é também a personificação global da cultura pop, do feminismo, do rock, das revoltas, do modernismo, de uma libertação de corpos e mentes...

FEMININA, MAS NÃO TANTO

Poderíamos imaginar que a minissaia evoca também uma visão loucamente erótica do corpo das mulheres. É verdade, mas não é apenas isso, pois a moda dos anos 1960, por trás da aparente sexualização das silhuetas, é acima de tudo um convite à androginia, até mesmo a uma forma de ingenuidade quase infantil encarnada por modelos com olhar jovem, cândido e travesso, collants coloridos... Onde a década de 1950 acentuou a feminilidade, a década de 1960 preferiu apagá-la.

"É UMA PIADA RUIM QUE NÃO VAI DURAR. NÃO COM O INVERNO QUE VAI CHEGAR."

GABRIELLE CHANEL

LONGA HISTÓRIA CURTA

O uso do termo "mini" se dissemina ao longo dos anos 1960, após o lançamento, em 1959, de um carro pequeno com esse nome. Os anglo-saxões usam pela primeira vez essa redução da palavra "miniatura" no final da década de 1930 para descrever um pequeno dispositivo fotográfico. Em 1966, ele entra no cenário cultural francês: Jacques Dutronc canta "Mini, mini, mini", e as jovens dançam o twist.

TURBANTE

EM VOLTA DA CABEÇA

CELEBRIDADES ········ ERYKAH BADU, ALICIA KEYS, BIANCA JAGGER

PASSARELAS ············ LABRUM LONDON, ELIE SAAB, MARC JACOBS

O turbante, ou melhor, os turbantes, tamanha sua variedade de expressões, estão presentes desde a Antiguidade. Portador de um simbolismo cultural inegável, ele pode ser tanto um marcador social ou de status quanto um atributo espiritual. Cobrir a cabeça é uma empreitada universal.

EM TODOS OS CONTINENTES

Os sacerdotes mesopotâmicos e os antigos faraós egípcios cobriam a cabeça durante as cerimônias. Na Idade Média, as mulheres escondem os cabelos para sublinhar sua posição e sua modéstia cristã. No Renascimento, artistas e intelectuais o fazem pela ostentação. Enquanto isso, o continente africano e os muçulmanos mouros usam turbantes, enquanto os sikhs indianos usam o *dastaar*.

IMPERIALISTA CHIQUE

O turbante distingue a elite no contexto dos povos indígenas, mas pode criar estigmas religiosos, além de ser apropriado pelos imperialistas para ser despojado de seus significados: ele se torna o acessório feminino da moda na Europa do século XVIII.

TIGNON CRIOULO

Essa circulação ambígua continua, como instrumento de diferenciação social e racial: é usado pelos ocidentais e imposto aos escravos nas colônias. Em 1786, o tignon foi proibido na Louisiana para mulheres de ascendência africana e, mais colorido, se torna um instrumento de rebelião.

OBJETO DE ALIENAÇÃO OU APARATO LIBERTADOR?

Sempre ambos. Enquanto os servos e escravizados do século XIX são caracterizados pelo turbante, que também lhes serve de identidade cultural, os ocidentais continuam a se apropriar dele no início do século XX.

↑ Fotógrafo indiano Umrao Singh Sher-Gil, 1926

"QUANDO ELAS TOCAVAM O CHÃO COM AS PLUMAS DE SEUS TURBANTES."

JEAN GENET

ESTILO DISTINTO

Ele ainda é um acessório de moda na Europa, mas também é usado para fins espirituais, como no continente africano, por razões funcionais, como entre os beduínos ou os tuaregues, ou para afirmar uma posição, como a dos sheiks árabes.

DICAS E TRUQUES

Durante a Segunda Guerra Mundial, ele se torna o acessório essencial das mulheres. Esconde os cabelos de quem não pode mais exibi-los e protege os daquelas que substituem os homens na fábrica. Nos Estados Unidos, ele é recomendado para evitar que os cabelos fiquem presos nas máquinas. Bonito, funcional e barato, também substitui o chapéu.

↑ **Turbante Cubaine macadâmia,** Indira de Paris

→ **Modelos** fotografadas por Geneviève Taylor, 194

BARBOUR

O GOSTO INGLÊS

CELEBRIDADES ······ ELIZABETH II, ALEXA CHUNG, KATE MIDDLETON

PASSARELAS ······ DIOR, CARVEN, ARMY OF ME

Irrevogavelmente britânico, o casaco Barbour evoca a chuva, as baías e a vida ao ar livre. Barbour é uma marca e uma empresa com raízes operárias que soube fazer de seu nome um fetiche, combinando o sportswear e o clássico, um toque de rebelião e a elite. Uma infusão ao modo inglês!

↑ Casaco Beaufort® Waxed Cotton Jacket, Barbour

"É ALTAMENTE DESEJÁVEL POSSUIR UM BARBOUR BEM USADO."

MARGARET BARBOUR

AD VITAM

A Barbour consolida continuamente sua identidade perene. Quem tem um casaco Barbour conta com uma garantia vitalícia que possibilita enviar suas peças ao fabricante britânico para eventuais consertos. Esse ponto insere a marca na tradição artesanal e também em uma empreitada ecológica que faz da durabilidade um argumento central.

GOLPE PUBLICITÁRIO

A Barbour é a única empresa têxtil que recebeu três certificados que a caracterizam como fornecedora da corte britânica: os Royal Warrants of Appointment. É um sistema de reconhecimento vigente desde o século XVIII por empresas com fins comerciais. Essas emissões garantem à marca uma imagem de prestígio e são, portanto, uma forma significativa de publicidade.

REVOLUÇÃO INDUSTRIAL

A inovação está na origem dessas peças projetadas para serem usadas ao ar livre. J. Barbour and Sons é um fabricante estabelecido no norte da Inglaterra em 1894 que, para se distinguir dos seus concorrentes especializados em tecido encerado, confecciona algodão revestido. Ele não é o primeiro a aplicar esse processo, mas consegue melhor do que ninguém divulgar suas criações, graças a seu senso de marketing e a seu catálogo, enviado a trabalhadores do mundo todo.

NERVO DA GUERRA

Ao focar nos motociclistas dos anos 1930, a Barbour se desfaz da exclusividade das roupas profissionais. Na década de 1940, também produz o uniforme dos submarinistas britânicos. Depois da guerra, as suas peças entram no mundo civil e, nos anos 1970, uma mulher, Margaret Barbour, dá à empresa uma nova direção.

TERRENO DE CAÇA

Em 1974, a marca lança o modelo Bedale, uma jaqueta de equitação com gola de veludo cotelê, perfeita para a caça. As campanhas publicitárias apresentam um homem elegante acompanhado por seu cachorro. A Barbour agora encarna a elite, os *gentlemen* aristocratas e a tradição inglesa.

ESSÊNCIA DE UM VISUAL DESCOLADO

Apesar de tudo, sua imagem não é obsoleta: os ingleses sabem colocar os gêneros mais improváveis para conversar. Dos hooligans aos roqueiros do Festival de Glastonbury, passando pela Fashion Week de Londres e até mesmo por James Bond, a Barbour manifesta suas conotações monárquicas sem jamais renunciar à herança operária.

GORRO

COM POMPOM

CELEBRIDADES ········ **COMANDANTE COUSTEAU, MACAULAY CULKIN**

PASSARELAS ········· **MISSONI, BRANDON MAXWELL, MICHAEL KORS**

Gorros e toucas feitos de couro ou fibras vegetais existem desde a Pré-História. Durante a Antiguidade, sua presença é atestada nas civilizações orientais. Os gregos e romanos introduziram o barrete frígio na Europa, onde é usado pelos escravos libertos: a peça se torna um marcador identitário.

↑ **Gorro Ribbed em caxemira**, Johnstons of Elgin

SINAL DE CORTESIA

É costume na Idade Média, por questões de conforto, modéstia e status social, cobrir a cabeça e os cabelos. Os homens usam uma espécie de lona crua, muitas vezes sob outro adereço (principalmente o chaperon). Os nobres se permitem usar chapéus muito altos. Durante o Renascimento, em particular na Itália, a touca estava na moda. Usada diretamente na cabeça, ela se mantém erguida graças a uma moldura interna.

TOUCA OU CHAPÉU?

No século XVI, a touca se apresenta, reconhecível pela borda dobrada para cima. O seu topo é mais ou menos largo ou inflado, às vezes mais próximo do chapéu atual, mas continua sendo uma touca porque seu material é flexível. Durante esse período, os marinheiros e pescadores adotam chapéus de lã resistentes à água.

O SENSO DO SACRIFÍCIO

O comandante francês Jacques-Yves Cousteau usa um gorro de lã vermelha como uma homenagem aos prisioneiros de Toulon do século XIX, que o usavam para se distinguir dos marinheiros de gorro azul. Eles serviram de cobaia aos primeiros escafandros e de escravos para trabalhos subaquáticos, correndo o risco de afogamento.

GOSTO RÚSTICO

Embora a era clássica o tenha abandonado, o gorro permanece sendo usado entre os camponeses e os marinheiros do exército. Ele se torna, então, um emblema tradicional e folclórico. Mas, nos Estados Unidos, na virada do século XX, torna-se característico dos estudantes. Um primeiro passo tímido no mundo civil e urbano.

VESTUÁRIO URBANO

Acessório do mundo operário e militar, o gorro se impõe, depois da guerra, no vestuário daqueles que se rebelam contra a sociedade: beatniks, adolescentes rebeldes, hippies (p. 326) estão em consonância em torno dessa peça, que se torna simbólica da contracultura. Hoje, ela se ergue como alegoria da gentrificação das áreas urbanas. Entre nostalgia, busca por autenticidade e apropriação, quando não para se aquecer, o gorro povoa o imaginário do que é considerado descolado.

TOUCA DOMÉSTICA

Nos séculos XVII e XVIII, os aristocratas usam uma touca "noturna" no espaço íntimo. Raramente utilizada para dormir, é um acessório para ser usado dentro de casa, que acompanha o roupão. A rigidez, a seda e os bordados atestam esse fato. No século XIX, as mulheres se apropriam dela para proteger os cabelos durante o sono. A seda é substituída pelo algodão ou o linho.

CAMISA BRANCA

TORNAR VISÍVEL O INVISÍVEL

CELEBRIDADES JULIA ROBERTS, CAROLYN BESSETT KENNEDY, TOM CRUISE

PASSARELAS GIANFRANCO FERRÉ, CELINE, GIVENCHY

É no início da Idade Média que a camisa faz sua aparição; trata-se então de uma simples roupa de baixo, de linho ou de lã, usada por todos. A partir do Renascimento, ela passa a ser discretamente exibida e participa do jogo da pompa por meio de efeitos decorativos de enganosa sutileza.

VOCÊ ME VIU?

O Renascimento inverte essa situação. Os aristocratas investem em uma camisa refinada e de qualidade, com tecidos requintados, que não se destina, contudo, a ser vista. Eles encontram assim uma solução: cortam a roupa para que se possa vê-la.

DE DENTRO PARA FORA

A partir de meados do século XVII, ela se torna cada vez mais exposta no guarda-roupa masculino. Híbrida, ela é ao mesmo tempo uma peça visível sob o colete do smoking francês do século XVIII e uma roupa de baixo, pois é longa o suficiente para cobrir as partes íntimas, sob os calções (os primórdios da calça). É adornada com golas de lapela extravagantes e punhos removíveis.

BEM ABOTOADA

Ao padronizar a silhueta masculina, o século XIX dá um lugar de destaque à camisa, mesmo que o colete ainda esteja na moda. Sua produção se industrializa, as golas removíveis se popularizam e são criadas as primeiras camisas abotoadas até a cintura.

FUNCIONÁRIO MODELO

No século XX, ao libertar o traje masculino do colete, a moda expõe mais do que nunca a camisa branca e, depois da guerra, quando a cultura jovem emerge, ela faz dessa peça o modelo de um mundo conservador e capitalista.

COLARINHO BRANCO

É uma dona de casa nova-iorquina que inventa as golas removíveis, em 1827, para facilitar suas tarefas domésticas.

↑ **Camisa branca**, Jil Sander

"DESLIZANDO DO OMBRO AO QUADRIL, A CAMISA COM DOBRAS NEGLIGENTES, COMO UMA POMBINHA BRANCA, VEIO RECAIR SOBRE SEUS PÉS BRANCOS."

YVES SAINT LAURENT

Principalmente porque variações de forma (camiseta), cor e estampa competem com ela.

MASCULINO-FEMININO

A mulher também se deixa seduzir pela camisa branca. No entanto, ela continua a ser, no inconsciente, uma peça masculina, e a mulher, sua ousada sequestradora.

CAMISA COM BOTÕES

A empresa londrina Brown, Davis & Co de Aldermanbury cria a primeira camisa com abotoaduras em todo o seu comprimento. Destinada à produção em massa, foi patenteada em 1871, mas só vai se tornar uma peça comum no final da Primeira Guerra Mundial.

EM MANGAS DE CAMISA

UMA HISTÓRIA DE CORTES

LARGA

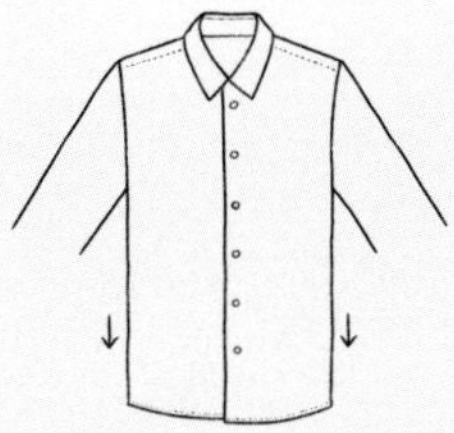
RETA

AJUSTADA

ACINTURADA

UMA HISTÓRIA DE GOLAS E COLARINHOS

ESTILO FRANCÊS
Clássico.

ESTILO AMERICANO
Botões prendem as pontas da gola.

ESTILO ITALIANO
Abertura da gola é mais espaçada.

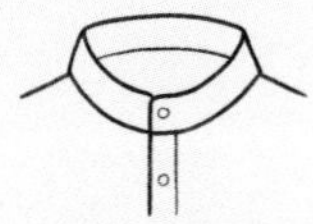
ESTILO OFICIAL
Gola alta e reta.

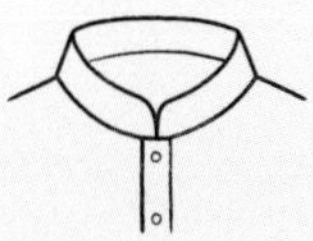
ESTILO MANDARIM
Gola reta com pequenas abas.

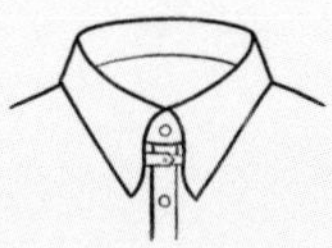
ESTILO INGLÊS
Uma aba conecta os dois lados da gola.

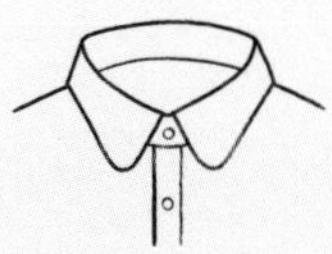
ESTILO CLUB
As pontas são arredondadas.

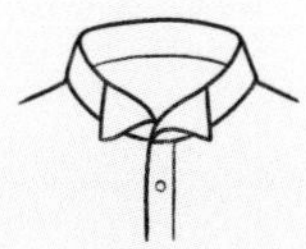
ESTILO QUEBRADO
As pontas da gola aparecem como se estivessem viradas do avesso.

UMA HISTÓRIA DE PUNHOS

RETOS

CORTADOS
Bordas chanfradas.

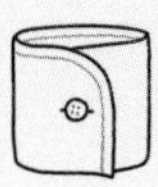
REDONDOS
Bordas levemente arredondadas.

NAPOLITANOS
Punhos abotoados com abas.

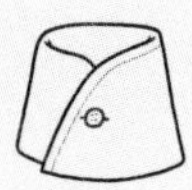
CONE

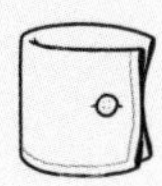
MOSQUETEIROS
Punhos longos, usados apenas com abotoaduras.

↑ **Camisa denim,** Ralph Lauren

→ **Sade,** fotografia de David Montgomery, 198

CAMISA JEANS

SONHO AMERICANO

CELEBRIDADES .... SERGE GAINSBOURG, SADE, PAUL NEWMAN

PASSARELAS ...... MM6 MAISON MARGIELA, CELINE, LOUIS VUITTON

Com a criação do jeans de trabalho pela Levi's nos Estados Unidos no século XIX, desenvolve-se uma variedade de peças, como a jaqueta ou a camisa em denim. Essa última, costurada com bolsos no torso, facilita o transporte de ferramentas. Mas é sobretudo o universo do rodeio que a generaliza.

SAÍDA DE FÁBRICA

As primeiras camisas de algodão ou chambray aparecem em 1910 entre caubóis e operários, mas entram progressivamente no mundo civil com a criação de fábricas especializadas a partir dos anos 1930 pela Levi's, Blue Bell (que se torna a Wrangler em 1947) e Rockmount Ranch Wear.

SOLTANDO OS CAVALOS

Nos anos 1940, os espetáculos de rodeio são abundantes e os competidores são celebridades aduladas e imitadas. Um estilo western se instala, também popularizado por Hollywood e suas representações fantasiadas do Velho Oeste, encarnadas por John Wayne ou Montgomery Clift. A Wrangler, que domina o mercado, lança uma linha exclusiva em 1947 em colaboração com profissionais de rodeio. A Rockmount cria em 1946 a camisa decorada com botões de pressão perolados, que se tornou a encarnação da camisa western.

ESTILO CAUBÓI

A camisa em denim western é o modelo mais popular. Ele pode ser reconhecido pelos seus botões de pressão e seus bolsos. Eles podem ter variações, incluindo o *sawtooth* ("dente de serra"), mas também bolsos com botões deslocados, que permitem aos caubóis pegar um cigarro do maço sem precisar tirá-lo do bolso.

GARIMPAR É CHIQUE

Com a contracultura da década de 1960, a camisa passa de arquétipo da América tradicional à rebelião: os hippies (p. 326) subvertem o vestuário convencional adquirindo suas roupas em brechós. A camisa jeans usada e desbotada encarna então, simbolicamente, o desmoronamento de uma sociedade impelida à renovação.

↑ Yves Saint Laurent, Marrakech, 1972

ESTÍMULO DE HOLLYWOOD

De Steve McQueen a Robert Redford, a camisa jeans veste uma masculinidade sedutora e rebelde. Mesmo James Bond se envolve nisso em *007 contra o Satânico Dr. No*, em 1962. Ralph Lauren, revelado no final da década de 1960, também participa do renascimento desse gosto americano ao fazer da camisa jeans um uniforme misto, clássico e descolado.

DA FRANÇA AOS ESTADOS UNIDOS

O chambray é um tecido de linho criado no século XIV perto de Cambrai. Entre os séculos XVIII e XIX, é substituído pelo algodão e tingido de azul índigo: muitas vezes, ele é confundido com o jeans. Ele faz muito sucesso nos Estados Unidos, onde é usado na fabricação de roupas de trabalho, e em 1901 se torna o tecido oficial das camisas da marinha americana.

TRENCH COAT

QUANDO VEM A CHUVA

CELEBRIDADES .... **MERYL STREEP, HUMPHREY BOGART**

PASSARELAS .... **VUITTON, FENDI, BALENCIAGA**

Em 1823, o escocês Charles Macintosh cria um algodão impermeabilizado com o auxílio da borracha. Os casacos feitos desse material são chamados de "mackintosh" (na maioria das vezes, simplesmente "mack") na Grã-Bretanha. Destinados aos homens da elite, eles também são populares entre os membros de alto escalão do exército.

↑ **Pharell Williams**, Champs-Élysées, Paris, 2006

"QUE ME DEEM MEU BURBERRY!"

EDUARDO VII

INVENÇÃO DA GABARDINA

O alfaiate inglês John Emary, proprietário da Aquascutum, define em 1853 a estética de uma elegante capa de chuva. No entanto, Thomas Burberry, fundador da grife de mesmo nome, é quem ficará para a posteridade. Em 1880, ele cria um novo material, mais resistente e leve: a gabardina. Patenteada em 1888, ela é de uso exclusivo da Burberry até 1917.

INVENTÁRIO MILITAR

Fivela de metal: com um formato em D, serve para pendurar armas e outros acessórios.

Abas: com caimento nos ombros, protegem contra o impacto de armas de fogo.

Comprimento encurtado: para não se arrastar na lama.

Ombreiras: podem ser usadas para pendurar máscaras de gás.

Capa impermeável: para manter a água longe do corpo.

TRENCH WARM

No início da Primeira Guerra Mundial, a Burberry e a Aquascutum travam uma guerra comercial. Essas marcas vestem os oficiais da alta sociedade, que as associam às suas atividades de lazer e a seu dever patriótico. Em 1916, a Burberry comercializa sua capa de chuva militar "adaptada às trincheiras", chamando-a de "trench warm".

SÍMBOLO DE SOLIDARIEDADE

Nasce o trench coat. Suas características são reconhecíveis: abotoamento trespassado, ombreiras, corte médio, cinto e cor cáqui. Trata-se primeiramente de um símbolo de classe, mesmo nas trincheiras; depois, ele é democratizado. Oficiais subalternos do exército britânico ostentam cópias mais baratas e civis se apropriam dessas peças, como uma piscadela de solidariedade para aqueles que lutam na linha de frente.

ATOR CARISMÁTICO

Hollywood se apropria dessa capa de chuva militar e andrógina: mulheres fatais, gângsteres e inspetores melancólicos a usam. Ela guarda os mistérios do film noir ou abriga os beijos apaixonados e os corações partidos. Os anos 1970 a transformam em um item utilitário para todas as finalidades, conservando, contudo, sua elegância e sua aura distinta.

VERSÃO PARA O CINEMA

1942: Humphrey Bogart em *Casablanca*.

1948: Marlene Dietrich em *A mundana*.

1958: Jacques Tati em *Meu tio*.

1961: Audrey Hepburn em *Bonequinha de luxo*.

1963: Peter Sellers em *A Pantera Cor-de-rosa*.

1964: Catherine Deneuve em *Os guarda-chuvas do amor*.

1973: Robert Redford em *Nosso amor de ontem*.

1979: Meryl Streep em *Kramer vs. Kramer*.

Meryl Streep em *Kramer vs. Kramer*, 1979

↑ Trench coat Héritage médio Kensington, Burberry

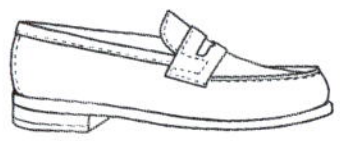

MOCASSIM

AR DE PAISAGEM CHIQUE

CELEBRIDADES .... **GENE KELLY, MICHAEL JACKSON**

PASSARELAS .... **GUCCI, PACO RABANNE, CELINE**

O que chamamos mocassim tem origem em uma espécie de sapatos macios feitos de pele dupla face, que observamos em diversas regiões do mundo. É de se perguntar se ele não remonta à Pré-História, pois é dessa maneira que homens e mulheres protegem os pés há milênios.

MOCASSIM DOS MARES

O outro sapato de verão que entrou no vestuário tradicional é o sapato náutico. Ele é usado por marinheiros americanos. Criado por Paul Sperry em 1935, sua sola de borracha é branca para não marcar o convés dos barcos, e com ranhuras para não escorregar. O modelo Docksides, lançado em 1970 pela marca americana Sebago, torna-se seu símbolo.

PESCADORES DE DOMINGO

Esses sapatos feitos de pele podem ser encontrados nos pés dos indígenas americanos desde o século XVII. A palavra "mocassim" vem dos dialetos dos nativos canadenses. Na Noruega, no século XIX, os agricultores usam sapatos macios que atraem os turistas de pesca. Na virada do século XX, esses calçados se tornam o ápice da elegância para uma elite atraída pelos esportes e pelo lazer.

ESTILO IVY

A marca americana G.H. Bass & Co decide, em 1936, lançar a sua versão desses sapatos noruegueses, que ela nomeia como Weejuns. Esse modelo mais massivo de pele marrom ou preta se torna o arquétipo dos mocassins por excelência. Após a guerra, os estudantes das universidades americanas fazem dele um padrão para seu visual Ivy League (p. 334). Elegantes e confortáveis, esses sapatos têm um apelo dirigido a essa juventude que se emancipa.

LA DOLCE VITA

Em 1953, o italiano Gucci propõe um mocassim luxuoso, decorado com uma ferradura, usado pelo jet set europeu, enquanto a Car Shoe inova em 1963 com os primeiros mocassins macios com gomos. O mocassim vira o símbolo de uma ociosidade explícita e da despretensão, mas nunca da negligência.

↑ Mocassins Weejuns Larson Penny Loafers, G. H. Bass

> **"NOS ANOS 1930, NO CINEMA, TODO MUNDO PARECIA RICO. É POR ISSO QUE DECIDI USAR SAPATOS BRANCOS, MOCASSINS E UM JEANS. EU ERA UMA CRIANÇA DA GRANDE DEPRESSÃO."**
>
> GENE KELLY

O REI DO POP

No início da década de 1980, o hip-hop (p. 316) se apropria dos mocassins. Mas é sobretudo Michael Jackson que os conduz à cultura pop, impulsionando-os como um protagonista de seus videoclipes. O mocassim conservador e distinto virou um item descolado. Desde então, atemporal, deliciosamente burguês e obsoleto, ele se adapta a todas as modas sem nunca estar na moda.

GOLPE PUBLICITÁRIO

Em 1978, Diego Della Valle funda a marca Tod's e cria um modelo de mocassim macio costurado à mão com sola de borracha composta por 133 gomos: o Gommino. Ele envia imediatamente um par ao carismático industrial e chefe do grupo Fiat, Giovanni Agnelli, que usa esses sapatos em uma entrevista na televisão. O mocassim Tod's torna-se sinônimo de elegância à moda italiana.

SAPATO NO PÉ

UMA HISTÓRIA DE FORMATOS

MOCASSIM

BROGUE
(Decorado com muitas perfurações)

DERBY

RICHELIEU

SAPATO NÁUTICO

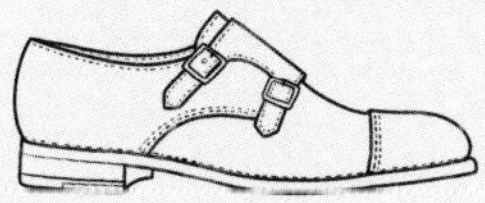

MONK

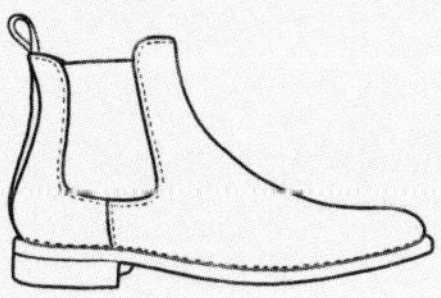

BOTA CHELSEA
(Botina com elásticos nas laterais)

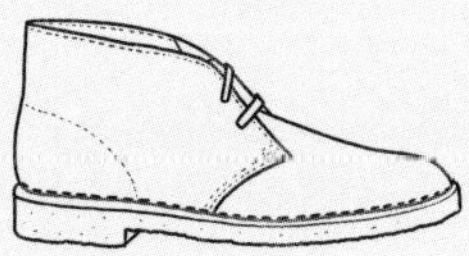

DESERT BOOT
(Clarks)

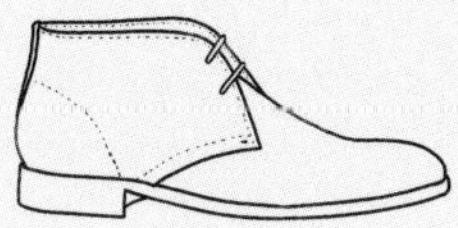

CHUKKA BOOT
(Clarks)

UMA HISTÓRIA DE MATERIAIS

1. Flor
2. Raspa
3. Crosta do couro

Lixamento

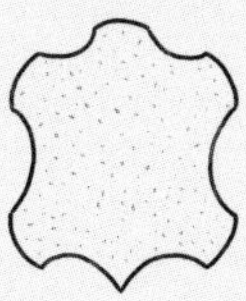

Escovação

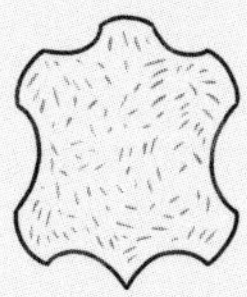

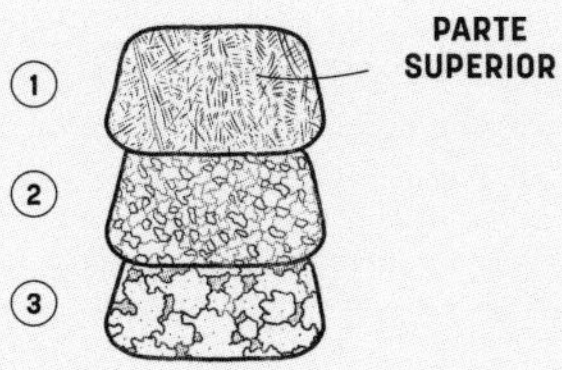

COURO

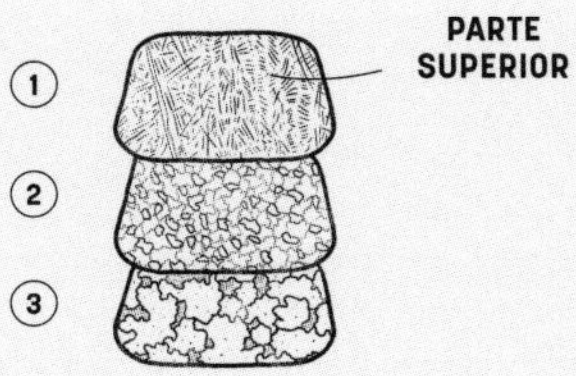

NOBUCK

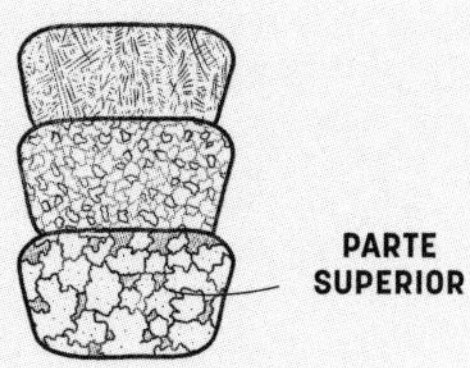

CAMURÇA
DE VITELO

9

Andy Gray, jogador de futebol escocês, por volta de 1978

↑ Kilt tradicional escocês em tartan

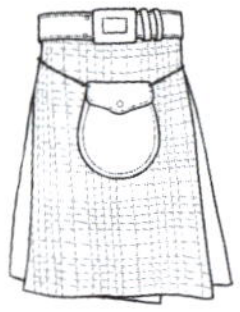

KILT

SOB A SAIA DOS HOMENS

CELEBRIDADES JEAN-PAUL GAULTIER, SEAN CONNERY, EWAN MCGREGOR

PASSARELAS .... CHANEL, VIVIENNE WESTWOOD, VERSACE

É impossível falar do kilt sem falar do tartan, lã tecida em xadrez que existe entre os povos celtas desde a Pré-História. Objeto social e político, ele se torna, no século XX, um elemento essencial da cultura pop e de uma moda cheia de contradições.

CELTAS E XADREZ

O tartan, em sua origem, é um tecido de lã com padrão xadrez colorido. Ele é encontrado em tumbas pré-históricas e celtas. Entre os celtas, os subordinados têm direito a uma cor; duas para os camponeses, três para os oficiais, seis para os artistas e druidas e sete para os reis. As cores também têm um significado geográfico. No século XIX, o tartan identifica seu clã.

E POR BAIXO?

Conta-se que a tradição determina que um escocês não deve usar nada sob o kilt. Parece que esse costume remonta ao século XVIII, quando os regimentos escoceses recebiam instruções sobre o seu uniforme sem jamais mencionar a questão da roupa de baixo. Fica a questão se hoje os homens optam por perpetuar ou não esse rito.

DO LONGO AO CURTO

Originalmente, trata-se de um tartan longo com cinto, advindo das Terras Altas. Ele envolve a parte inferior do corpo e sobe por cima do ombro. A partir do final do século XVII aparecem versões encurtadas, semelhantes a uma saia. Graças aos tartans variados, os clãs se identificam e se distinguem entre si. Porém, durante os conflitos entre a Inglaterra e a Escócia no século XVIII, eles são censurados e desaparecem.

NATURALIZAÇÃO INGLESA

No século XIX, o kilt renasce... na Inglaterra. O país promove uma visão fantasiada da sua história nacional e o folclore se transforma em um elemento identitário. O kilt vira um fetiche nacionalista: a família real se apropria dele e os militares o vestem até meados do século XX.

↑ Mini kilts, Vivienne Westwood

YEAH YEAH YEAH E PUNK

Na década de 1960, ele é usado nas escolas particulares e nas ruas alegres da Swinging London. Até as cantoras de rock'n'roll o usam, aproveitando seu falso ar ingênuo quando ele se torna uma minissaia (p. 160). Mas, no final dos anos 1970, ele ganha um espaço subversivo com os punks (p. 328) que, passando pelo tartan, se apropriam dos códigos da elite do país para os ridicularizar.

KILT EM NÚMEROS

8 jardas (aproximadamente 7,3 m) de tartan para o kilt tradicional.

5 jardas (aproximadamente 4,5 m) de tartan para o kilt do dia a dia.

OBJETO DE FANTASIA

Vivienne Westwood, mentora do estilo punk, insere o kilt em um desfile de 1993, enquanto Alexander McQueen denuncia as atrocidades cometidas pelos ingleses na Escócia com sua coleção Highland Rape, em 1995. O kilt prossegue com seu vaivém entre a tradição e a cultura pop, sem ignorar suas conotações eróticas. Ele é o uniforme de garotas pretensamente ingênuas do cinema e do mangá. Representa também a fantasia de uma masculinidade que usa saia.

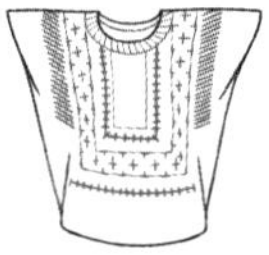

HUIPIL

HISTÓRIAS DE MULHERES

CELEBRIDADES ········ **FRIDA KAHLO, SALMA HAYEK**

PASSARELAS ······· **MOSCHINO, ALBERTA FERRETTI, ISABEL MARANT**

O huipil existe na cultura da América Central desde a era pré-colombiana. Seu nome vem dos astecas em referência ao huipilli, uma túnica feminina semelhante a uma casula, que reúne duas ou três peças de tecido. Suas estampas e cores refletem simbolismos culturais e sociais.

MARCADOR DE IDENTIDADE

Com a colonização espanhola, decorações florais e figurativas são adicionadas às túnicas. O huipil, com ou sem mangas, pode ser confeccionado em uma versão curta semelhante a uma blusa, mas também em um modelo mais longo, prolongando-se até os joelhos ou até os tornozelos. Ele ainda é usado por mulheres no sudeste do México e na Guatemala: varia de acordo com a região e a cultura, como um marcador de identidade. No dia a dia, ele se apresenta em uma versão simplificada e, para cerimônias mais formais, em uma versão ricamente ornamentada.

ÍCONE ARTÍSTICO

Para além de sua função utilitária, ele apresenta um simbolismo espiritual e patrimonial eloquente, como no caso da artista Frida Kahlo. Ela usa o traje tradicional tehuano da região de origem de sua mãe, Tehuantepec (México), para celebrar a cultura matriarcal da região, mas também sua identidade mexicana em oposição à estética ocidental dominante. Trata-se de mostrar que a feminilidade é contada de diversas maneiras. Uma saia rodada, um huipil curto e um adorno de cabeça elaborado rapidamente se tornam seu uniforme predileto.

↑ Tehuanas, México, 1921

"AS GRINGAS AQUI ME ADORAM E SÃO FASCINADAS POR TODOS OS VESTIDOS E REBOZOS QUE EU USEI, ELAS FICAM DE QUEIXO CAÍDO AO VER MINHAS JOIAS DE JADE."

FRIDA KAHLO PARA SUA MÃE, SÃO FRANCISCO, 1930

A SERVIÇO DAS MULHERES

Mesmo que o renome de Frida Kahlo e a exploração do seu estilo tenham minimizado o huipil a uma interpretação reduzida e fantasiada da sua estética, ele se beneficia de sua notoriedade para emergir no imaginário ocidental. Hoje, ele permite a manutenção de uma economia favorável às mulheres, especialmente para os amuzgos do sudoeste do México. É a força da identidade e da maestria feminina.

ÍCONE

Filha de pai alemão e de mãe tehuana, Frida Kahlo, orgulhosa de sua origem híbrida, combina tendências ocidentais e peças tradicionais. Ela adota a vestimenta tehuana, ampla e longa. É fácil de colocar, esconde seu espartilho e cobre as pernas.

↑ **Huipil**, coleção do Musée du Quai Branly, Paris

→ **Frida Kahlo**, fotografia de Nickolas Muray, Nova York, 19

GRAVATA

EM VOLTA DO PESCOÇO

CELEBRIDADES ·········· **DIANE KEATON, ANDY WARHOL, MALCOLM X**

PASSARELAS ·················· **LOUIS VUITTON, VALENTINO, RAF SIMONS**

O pescoço das mulheres fica com frequência descoberto, sujeito às expectativas eróticas de uma sociedade masculina. Já o pescoço dos homens, inversamente, se cobre para denotar melhor o seu status social. O pescoço ornamentado e envolvido por um tecido é característico de uma elite que manifesta uma atitude superior. E a história começa com um lenço militar.

INFLUÊNCIA CROATA

Os soldados do exército imperial chinês são os primeiros a usar um tecido em volta do pescoço para se distinguir. Depois, no século XVII, são os soldados croatas que usam um acessório semelhante durante a Guerra dos Trinta Anos. A peça chama a atenção da corte de Luís XIV, que a extrai do mundo militar. "Gravata" seria um derivado de *croate*, "croata" em francês.

NÓ REAL

De acordo com matemáticos suecos, existem centenas de milhares de formas diferentes de se amarrar uma gravata. Os mais famosos são o nó simples, o nó duplo e o nó Windsor. Esse último teria nascido nas mãos do duque de Windsor, que usa nós de gravata maiores por causa dos tecidos mais grossos. Trata-se também do nó oficial da Royal Air Force.

ESCOLHA DA SOBRIEDADE

Desde o Renascimento, os rufos e os jabôs tomam conta do vestuário masculino. A gravata oferece uma solução mais sóbria, favorecendo simultaneamente uma aparência de superioridade. No início do século XIX, os dândis (p. 324) passam a adotá-la e se singularizam por meio de nós complexos. É aí que reside sua ambivalência: o guarda-roupa masculino deve ser mais comedido, mas os homens acentuam os detalhes estilísticos.

FUNCIONÁRIO DE ESCRITÓRIO

Na revolução industrial, que impõe uma infinidade de profissões administrativas, a gravata com nó simples serve aos funcionários de escritório. No fim do século XIX, a gravata moderna chega à Inglaterra, depois a Nova York, com o fabricante de gravatas Jesse Langsdorf, que lhe confere sua forma definitiva em 1923.

↑ Warren Beatty, 1970

"UMA GRAVATA COM O NÓ BEM-FEITO É O PRIMEIRO PASSO SÉRIO NA VIDA."

OSCAR WILDE

Ela adentra o universo do cotidiano.

GRAVATA CODIFICADA

No entanto, ela segue a moda, extravagante durante os Anos Loucos, minimalista entre os mods londrinos (p. 304) ou exuberante nos anos 1970. Associada às convenções sociais, ela justapõe os imperativos profissionais à distinção. Alguns a usam por obrigação no trabalho, outros por opção, pela sua forma, pelo seu material e pelos seus padrões, que lembram o refinamento das suas origens.

GRAVATA DE MEMBRO

Os *club ties* surgem no final do século XIX para significar o pertencimento a um grupo ou a um clube. Foi o clube náutico da Universidade de Oxford que criou o primeiro clube de gravata quando um de seus membros decidiu retirar as faixas de seu canotier e amarrá-las em volta do pescoço.

A ARTE E A MATÉRIA

UMA HISTÓRIA DE NÓS

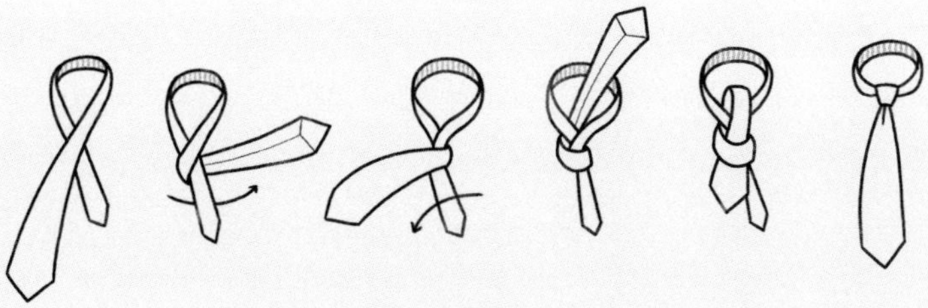

NÓ SIMPLES

Truques para nós de gravata simples.

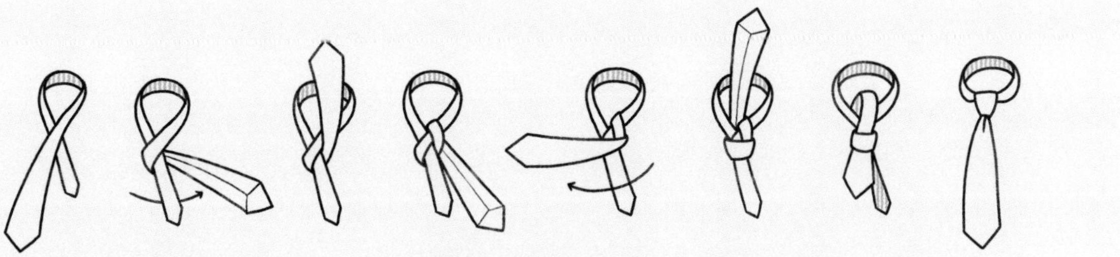

NÓ MEIO-WINDSOR

Perfeito para gravatas finas.

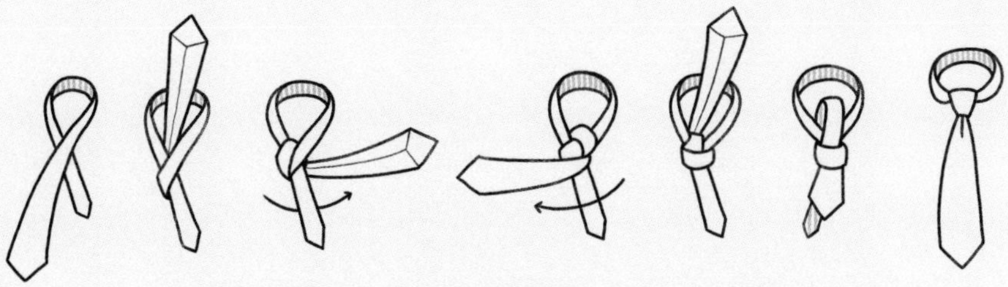

NÓ WINDSOR

Popularizado pelo duque de Windsor, o nó que leva seu nome é reservado a grandes ocasiões.

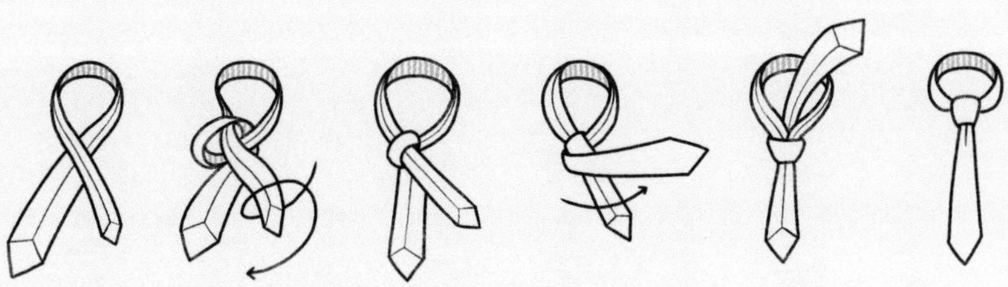

NÓ PRATT

Famoso nos Estados Unidos nos anos 1980, para fazer este nó é preciso começar com a gravata do avesso!

→ **Lily Rose Depp**, festa de lançamento *Révelations des Césars*, janeiro de 2017

↑ **Gravatas**, The Nines

TERNO MODERNO

O CHEFE DO TRABALHO

CELEBRIDADES .... **RICHARD GERE, HARRY STYLES, DAVID BOWIE**

PASSARELAS .... **GUCCI, VICTORIA BECKHAM, AMI**

Pouco diferenciadas até o final da Idade Média, as silhuetas femininas e masculinas evoluem: para as primeiras, vestidos, para as segundas, uma parte superior e uma parte inferior. A moda instaura para os homens um conjunto composto por um paletó, uma camisa e uma culote ou um calção – substituídos pela calça no final do século XVIII.

↑ The Kinks, 1964

"EU NÃO DIRIA QUE O *POWER SUIT* FOI UM REFLEXO DO FEMINISMO."

GIORGIO ARMANI

TRAJE À FRANCESA

O homem rico adota um uniforme confortável o suficiente para praticar equitação e distinto o suficiente para participar do jogo das aparências na corte. Luís XIV compreendeu isso muito bem com seu traje à francesa. Usado então pelos homens, este último passará em seguida a ser usado por todos, em qualquer lugar.

TERNO BURGUÊS

No século XIX, o terno, tal como o conhecemos hoje, enraíza-se na sociedade ocidental impulsionada pela revolução industrial. Graças à padronização dos métodos de fabricação, mas também às exigências de vestuário que levam o homem a usar trajes escuros com o objetivo de consolidar melhor sua posição como indivíduo trabalhador e de bom senso. O terno de três peças se torna o modelo de uma sociedade burguesa.

MULHERES NO PODER

Na década de 1980, as mulheres alcançam cargos mais importantes, e essas novas responsabilidades são acompanhadas de um vestuário que destaca paletós com ombros estruturados. Esse estilo tem um nome: *power dressing*. Mas longe de significar o poder em si, ele diz que para uma mulher ser respeitada como superiora hierárquica, ela deve adotar os códigos da masculinidade.

VISUAL MÚLTIPLO

Traje habitual do domingo ou ornamento cotidiano, o terno se banaliza. No século XX, ele passa a vir em cores claras por volta dos anos 1920, com ombreiras na década de 1930, tornando-se mais justo ao corpo em torno de 1970. Seu estilo evoluiu de acordo com as tendências.

AMIGO OU INIMIGO?

Nos anos 1980, o terno é rei. Giorgio Armani (p. 290) faz dele um clássico, uma segunda pele sensual com seus materiais fluidos e ombros com bom caimento. As mulheres o adotam, poderosas, e Richard Gere o torna erótico em *Gigolô americano*. Proclama-se, com frequência, a morte do terno, considerado obsoleto e conservador. Contudo, ele é constantemente reinterpretado (p. 242) e desconstruído. Usado todas as manhãs com irritação para ir ao trabalho ou exibido com orgulho em ocasiões especiais, ele permanecerá enquanto houver homens... e mulheres.

TRAJE DE FUMANTES

No final do século XIX, o rei Eduardo VII pede que seu alfaiate crie um paletó híbrido, entre o fraque necessário para os jantares e o seu terno leve, para fumar, a fim de poupá-lo das trocas de roupa, que leva o nome de *smoking jacket*. Nasce assim o smoking. Nos anos 1930, ele assume o aspecto definitivo que conhecemos hoje e se torna um modelo para ocasiões especiais.

NA ESTICA

ANOS 1670

ETIQUETA REAL

Luís XIV impõe o traje à francesa.

SÉCULO XVII

AMAZONAS MODERNAS

As mulheres adotam sobrecasacas inspiradas na moda masculina para a equitação.

REV. FRANCESA

SANS-CULOTTES

A calça substitui pouco a pouco a culote ou os calções.

ANOS 1810

ELEGÂNCIA VANGUARDISTA

O dândi inglês George Brummell estabelece as bases do terno escuro moderno.

ANOS 1850

TERNO MENOS FORMAL

Desenvolvimento do *smoking jacket*.

SÉCULO XIX

CODIFICAÇÃO DO TERNO

A revolução industrial prescreve o terno de três peças escuro.

1860

NASCIMENTO DE UM ITEM ATEMPORAL

Surge o smoking.

ANOS 1930

RUMO A MAIS FANTASIA

O casaco trespassado se impõe nos conjuntos de terno.

ANOS 1940

DESVIO E PROVOCAÇÃO

O terno zoot desafia as regras nas comunidades latinas e afro-americanas nos Estados Unidos (ver p. 322).

1966

PRIMEIRO TERNO FEMININO

Yves Saint Laurent cria o primeiro smoking feminino.

1975

CRIADOR DE REFERÊNCIA

Giorgio Armani funda sua marca.

1980

NAS TELAS

Lançamento de *Gigolô americano* com Richard Gere.

ANOS 1980

MESTRE DA DESCONSTRUÇÃO

Yohji Yamamoto desconstrói o terno ocidental.

ANOS 2000

SEXY DE TERNO

Hedi Slimane transforma o terno em um objeto de desejo da juventude, em versão minimalista e rock.

↑ **Terno Lancej Wool and Linen Blazer,** Ted Baker

→ **Homem com terno,** fotografia de Stephen Shore, Estados Unidos, 197

PARTE 2

CRIAÇÕES

60 ÍCONES

Camisa florida – Paul Smith .... p. 194
Estampa de lua – Marine Serre .... p. 195
Homem barroco – Versace .... p. 198
Estampa psicodélica – Pucci .... p. 199
Bolsa 2.55 – Chanel .... p. 202
Tailleur Chanel – Chanel .... p. 203
"Clochards" – Dior .... p. 206
Cultura pop – Moschino .... p. 207
Athleisure – Prada .... p. 208
Scarpin Pigalle – Louboutin .... p. 209
Smoking feminino – Yves Saint Laurent .... p. 212
Tailleur Bar – Dior .... p. 213
Moda italiana – Dolce & Gabbana .... p. 216
Slip dress – Calvin Klein .... p. 217
Neoclassicismo – Alix Grès .... p. 218
Moda disco – Halston .... p. 219
Vestido esculpido – Balenciaga .... p. 222
Crinolina – Balenciaga .... p. 223
Casaco de pelúcia – J.-C. de Castelbajac .... p. 226
Saia-mesa – Hussein Chalayan .... p. 227
Vestido Delphos – Mariano Fortuny .... p. 228
Vestido meme – Viktor & Rolf .... p. 229
Vestido bandagem – Azzedine Alaïa .... p. 232
Nascimento de Vênus – Thierry Mugler .... p. 233
Chapéu trompe-l'œil – Elsa Schiaparelli .... p. 236
Botões e corações – Patrick Kelly .... p. 237
Moda feliz – Kenzo Takada .... p. 238
Saharienne – Yves Saint Laurent .... p. 239
Silhueta slim – Hedi Slimane .... p. 242
Pornô chique – Gucci .... p. 243
Bordados e pedrarias – Balmain .... p. 246
Vestido Angkor – Chloé .... p. 247
Bolsa Kelly – Hermès .... p. 248
Lenço – Hermès .... p. 249
Santon – Jacquemus .... p. 252
Saia balonê – Christian Lacroix .... p. 253
Dress Meets Body – Rei Kawakubo .... p. 256
Jaqueta Stockman – Margiela .... p. 257
Listras – Sonia Rykiel .... p. 260
Saia masculina – Jean-Paul Gaultier .... p. 261
Corpete – Issey Miyake .... p. 262
Seios cônicos – Jean-Paul Gaultier .... p. 263
Space Age – Pierre Cardin .... p. 266
Jaqueta de vinil – Courrèges .... p. 267
Vestido de metal – Paco Rabanne .... p. 270
Vestido Mondrian – Yves Saint Laurent .... p. 271
Clair de fesses – Guy Laroche .... p. 274
Bumster – Alexander McQueen .... p. 275
Vestido trespassado – Diane von Fürstenberg .. p. 278
Speedy – Louis Vuitton .... p. 279
Tecido antibacteriano – Coperni .... p. 282
Luxo urbano – Virgil Abloh .... p. 283
Vermelho de alta-costura – Valentino .... p. 286
Robe de style – Jeanne Lanvin .... p. 287
Terno Armani – Giorgio Armani .... p. 290
Monoquíni – Rudi Gernreich .... p. 291
Mini-crini – Vivienne Westwood .... p. 294
Sapato Ghillie – Vivienne Westwood .... p. 295
Sexo sem pudor – Rick Owens .... p. 296
Tecnologia aerodinâmica – Iris Van Herpen .. p. 297

1858

Charles Frederick Worth funda seu ateliê de costura com Otto Bobergh. Ele inventa a figura do *grand couturier* (grande costureiro) e da alta-costura.

1868

Charles Frederick Worth funda a Câmara Sindical da Costura, Fabricantes de Roupas e Alfaiates para Mulheres.

1900

A indústria da alta-costura é representada na Exposição Universal de Paris.

1945

Com suas bonecas, o Théâtre de la Mode é exibido em vários países do mundo, difundindo a moda parisiense.

1945

Um decreto protege a denominação "alta-costura".

1947

O new look de Christian Dior relança a alta-costura.

1954

Gabrielle Chanel faz um retorno impactante.

1968

Cristóbal Balenciaga se aposenta da moda.

1973

Criação da Federação Francesa de Costura, Prêt-à-Porter e Estilistas de Moda.

2017

A Federação é renomeada como Federação da Alta-Costura e Moda.

2021

Demna relança a alta-costura na Balenciaga.

2021

Kerby Jean-Raymond, fundador da Pyer Moss, é o primeiro estilista afro-americano convidado a apresentar uma coleção de moda em Paris.

1905

Lady Duff-Gordon, com sua grife Lucile, organiza os primeiros desfiles semelhantes a espetáculos.

1911

A Câmara se torna a Câmara Sindical de Costura Parisiense.

1917

Grande greve das jovens costureiras e operários das casas de moda.

1919

Gabrielle Chanel se estabelece na rua Cambon.

1933

Paul Poiret cria o primeiro perfume de grife.

1942

Lucien Lelong incentiva a realização de um desfile coletivo de alta-costura na Zona Livre.

1977

Hanae Mori é a primeira estilista japonesa a integrar a Câmara Sindical de Costura Parisiense.

1983

Yves Saint Laurent é o primeiro estilista a ter uma exposição ainda em vida no Metropolitan Museum of Art de Nova York.

1985

Primeiros "Oscars da moda" consagram os estilistas.

1997

A Federação cria o nome "membros correspondentes", propondo aos estilistas estrangeiros que apresentem coleções consideradas de "alta-costura".

1998

A Federação passa a ter "convidados" que podem desfilar paralelamente aos desfiles de alta-costura.

2002

Yves Saint Laurent se aposenta e sua grife abandona a alta-costura.

CAMISA FLORIDA

CLÁSSICOS COM UM TWIST

CRIAÇÃO .... **PAUL SMITH** *(p.361)*

DATA .... **CERCA DE 1980**

Difícil ser mais inglês que isso. Paul Smith destaca o espírito ambivalente de seu país com silhuetas clássicas e extravagantes. Mesmo que, ao ouvi-lo, ele possa parecer apenas um esquisitão apaixonado por ciclismo e colecionador compulsivo, ele conseguiu fazer de seu nome uma marca reconhecida.

↑ **Camisa floral Liberty em algodão,** Paul Smith

"PEGO ELEMENTOS DA MODA DA ELITE, DO SOB MEDIDA DA ALTA SOCIEDADE, E ENTÃO EU COMBINO ISSO COM ALGUMA COISA RIDÍCULA."

PAUL SMITH

O GOSTO INGLÊS

Tudo começou com uma minúscula loja, em 1970, em um beco escuro em Nottingham, na região norte de Londres. Dedicada aos estilistas inovadores de seu tempo, como Kenzo ou Margaret Howell, a Paul Smith Vêtement Pour Homme integra rapidamente criações pessoais. Passando a trabalhar com moda um tanto por acaso, Paul Smith faz sua reputação com suas silhuetas clássicas que homenageiam o gosto inglês, e apresenta sua primeira coleção em Paris em 1976.

COMEBACK

Movido pelas memórias de infância, ele reinterpreta as camisas de trabalho de seu irmão carteiro, os tradicionais tweeds (p. 42) de sua terra natal e os jeans (p. 136) importados dos Estados Unidos. Acima de tudo, é influenciado pelo artesanato inglês, apoiado por alfaiates londrinos que exaltam as roupas sob medida, que ele traduz em cores fortes. Ele adora surpreender com forros decorados ou estampas multicoloridas.

DO PASSADO AO PRESENTE

Paul Smith aprecia particularmente as estampas florais e listras nas cores do arco-íris. Elas estão em suas camisas, dando um toque exuberante à silhueta do terno sóbrio. Paul Smith deve ter visto essas camisas singulares na Inglaterra dos anos 1960. Ele tira sua inspiração dos homens com estilo andrógino, os peacocks (p. 344), que redefinem uma masculinidade aprisionada e petrificada desde a revolução industrial.

MASCULINIDADE FELIZ

Paul Smith também quer homens-pavões. Homens que pensam na sua aparência sem maneirismos, mas são livres para ousar com humor e alegria. Talvez nisso resida o sucesso do estilista, porque a felicidade é atemporal, não está sujeita às tendências.

TEMPLO DO TÊXTIL

Em 1875, Arthur Lasenby Liberty funda a loja de departamentos Liberty of London, especializada em têxteis e objetos de arte importados da Ásia e do Oriente Médio. A partir dos anos 1900, a loja oferece tecidos de confecção própria, às vezes em colaboração com artistas ingleses como William Morris. Seu tecido icônico é o algodão Liberty Tana Lawn, em homenagem ao lago Tana na Etiópia, com padrões florais, criado no início dos anos 1930 e adotado pelos peacocks londrinos dos anos 1960.

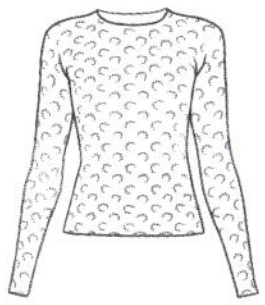

ESTAMPA DE LUA

UM MUNDO MELHOR

CRIAÇÃO .... **MARINE SERRE** *(p.361)*

DATA **2017**

Em 2017, Marine Serre, recém-formada pela La Cambre, ganha o prêmio LVMH antes de apresentar a sua primeira coleção em 2018. Tudo acontece muito rápido para a jovem estilista que reivindica uma moda híbrida entre alta-costura e sportswear. Trata-se de uma nova moda, o futurewear, pela sua forma e pela sua produção.

NOVA VIDA

Nada se perde, tudo se transforma. Essa poderia ser a máxima de Marine Serre, que ajuda o upcycling a entrar na indústria do luxo. A prática, que consiste em revitalizar tecidos e peças usadas, recolhendo-os e transformando-os, exige processos técnicos e artesanais que levam o *modus operandi* da moda sempre um pouco mais além. Com Marine Serre, a restauração não é uma conveniência, é um engajamento visceral e um desafio. A estilista testemunha novos comportamentos e um novo vocabulário de moda que não significam qualquer empecilho para seu sucesso comercial.

ESTAMPA MÍSTICA

Criar o belo com o antigo. Mas, acima de tudo, criar o desejável é o verdadeiro sucesso de Marine Serre. Porém, na era das redes sociais, os consumidores procuram sinais de pertencimento e motivos identificáveis. A estilista encontrou uma estampa perfeita para isso: uma lua crescente criada para sua coleção de 2018. Esta lua evoca o feminino original e místico. É também um símbolo ancestral, a marca de certas religiões, como o Islã. Não é uma coincidência. Marine Serre conscientemente faz dessa lua crescente um símbolo de comunhão que apaga as fronteiras e o ódio.

DISTOPIA

Além de suas posições criativas e estéticas, Marine Serre também chama a atenção por seus desfiles de moda engajados, muitas vezes antecipando fenômenos sociais. É o caso do seu desfile outono-inverno de 2019, no qual as modelos estão encapuzadas e mascaradas em um ambiente apocalíptico. As máscaras que ela imagina na época são antipoluição. Poucos meses depois, o mundo inteiro usa máscaras em razão da covid-19.

↑ **Second Skin Turtleneck Moon Top,** Marine Serre

"AMO PROTEGER O CORPO."

MARINE SERRE

SOCIEDADE DE CONSUMO

A estampa se torna um logotipo. Ela é disputada e ostentada, de celebridades americanas, a exemplo de Beyoncé, a influenciadoras do Instagram. Ela se mostra em macacões, da cabeça aos pés, que cobrem o corpo com sua marca. Marine Serre denuncia a devastação causada pela indústria da moda, mas não pode controlar as distorções consumistas. Aí está todo o paradoxo que a marca testemunha. Marine Serre resgata o sentido em um mundo da moda que o banaliza constantemente.

ASSINATURA

Em 2019, Marine Serre deseja registrar sua estampa de lua crescente no Instituto de Propriedade Intelectual da União Europeia. A organização rejeita o pedido, vendo a estampa como uma mera decoração e não como o elemento distintivo de uma marca. A lua crescente é da estilista, sem realmente ser.

SOB MEDIDA

Em 2020, Beyoncé lança seu longa-metragem musical *Black is King*. A cantora e suas dançarinas usam macacões confeccionados excepcionalmente na cor marrom por Marine Serre.

IMAGENS DE MARCA

UMA HISTÓRIA DE ESTAMPAS

Estampar as roupas com uma marca é uma prática histórica. Alguns reis bordavam suas camisas com seus monogramas, rainhas os colocavam nas roupas de baixo e librés exibiam as cores de suas cortes. Em 1896, a Louis Vuitton foi a primeira grife de luxo a usar suas iniciais como a estampa de uma marca. Outros, posteriormente, vão brincar com cores, motivos ou estampas exclusivas.

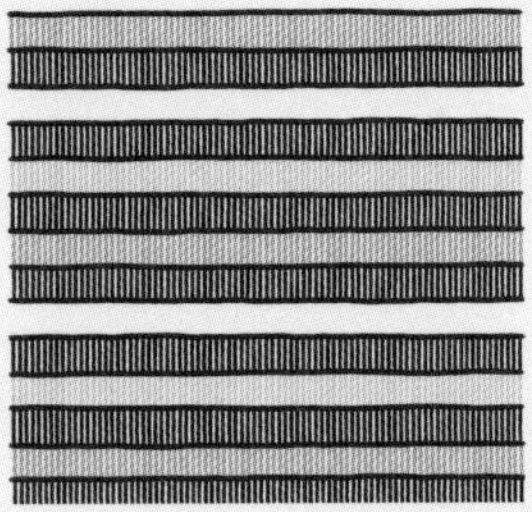

SONIA RYKIEL

MARINE SERRE

MISSONI

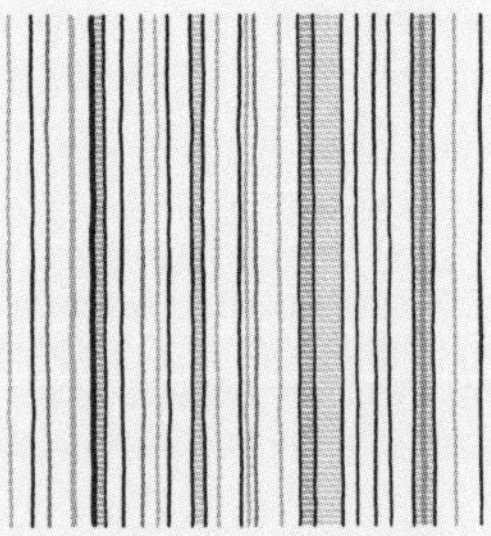

PAUL SMITH

ALEXANDER MCQUEEN

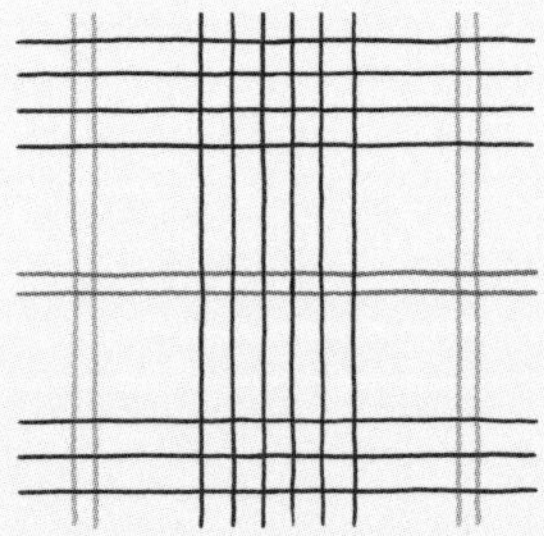

BURBERRY

PUCCI

VERSACE

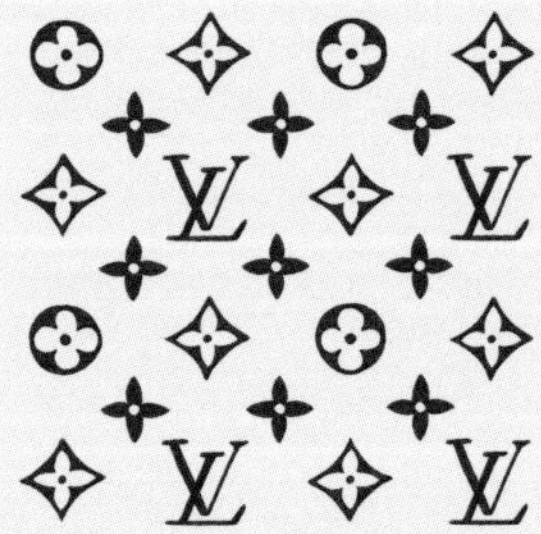

VUITTON

→ **Bolsa Louis Vuitton**, convidada da Fashion Week outono-inverno 2023-2024, Pa

BUTTER
LOVE&
HARDWORK

HOMEM BARROCO

OBJETO DE DECORAÇÃO

CRIAÇÃO .... **GIANNI VERSACE** *(p.362)*

DATA .... **ANOS 1990**

Em 1978, Gianni Versace funda sua marca e se destaca por suas silhuetas que ousam com estampas cintilantes, motivos barrocos e materiais sensuais – códigos estéticos que acompanham o materialismo dos anos 1980 e predileções que ele aplica às suas coleções masculinas.

↑ **Camisa Versace**, anos 1990

"EU AMO O CORPO. EU AMO CRIAR TUDO AQUILO QUE TOCA O CORPO."

GIANNI VERSACE

PLAYBACK

Em 1990, o cantor George Michael reúne as top models mais famosas de sua época para o videoclipe de "Freedom! '90". Poucos meses depois, Gianni Versace convida Linda Evangelista, Naomi Campbell, Christy Turlington e Cindy Crawford para encerrar seu show cantando o hit que as imortalizou nas telas. Um momento verdadeiramente viral muito antes das redes sociais.

MODA FETICHISTA

Para sua coleção outono--inverno de 1992, Gianni Versace apresenta um desfile intitulado Miss S&M. O título explícito diz tudo sobre as referências fetichistas de uma coleção que será um marco. Ousando expor couro, coleiras, tachas e corpos amarrados, envolvidos por espartilhos, Versace celebra uma feminilidade sexual que divide opiniões. Alguns críticos veem nisso uma degradação dos corpos, outros percebem uma celebração da sexualidade feminina, que quase sempre é relegada à vergonha.

LUXO, SEMPRE

Os anos 1990 marcam a era de ouro da Versace. Talvez porque ela se oponha aos estilos que dominaram a década: o minimalismo, o desconstrutivismo (p. 308) e o grunge (p. 338). Gianni Versace não renuncia às suas criações glamorosas e teatrais, que sugerem sexo, poder, subversão e luxo. Seus desfiles e campanhas publicitárias são míticos e seu trabalho exalta a onipotência das top models que reinam na moda da época.

NUTRIR A INSPIRAÇÃO

Apaixonado por arte, teatro e história, principalmente italiana, Versace destila suas referências culturais em criações sempre luxuosas, mesmo para o dia. Em 1992, ele compra uma grandiosa mansão em Miami, nos Estados Unidos, e a cidade americana, ao mesmo tempo pop e hispânica, aumenta suas inspirações, que se tornam ainda mais coloridas e mais extravagantes.

HOMENS ECLÉTICOS

Dessa forma, o estilista liberta o homem das convenções e das restrições de sua indumentária. Ele redefine o volume de suas silhuetas e principalmente os padrões que as enfeitam. Defendendo um estilo decorativo exuberante, ele adorna os homens com cores e elementos artísticos emprestados da arte americana dos anos 1960, da Antiguidade e do barroco italiano. Um ecletismo ao qual se somam estampas animais, florais e marinhas, que falam sobre a abundância de sua vida em Miami.

OBJETO SEXUAL

Enquanto Calvin Klein libertou a sexualidade do homem ao erotizar as suas representações na publicidade (p. 105), Gianni Versace a libera por meio do vestuário. Ele não hesita em transformar esse homem em objeto sexual, algo que beira um homoerotismo assumido e mesmo reivindicado. Um homem adornado para se fundir em uma decoração voluptuosa, alegre e provocante.

ESTAMPA PSICODÉLICA

DA CABEÇA AOS PÉS

CRIAÇÃO .... **EMILIO PUCCI** *(p.359)*

DATA .... **ANOS 1960**

Há, por vezes, na tranquilidade de quem nasceu em um berço de ouro, uma propensão para apresentar ideias que respondam a necessidades das quais só essa pessoa tem consciência, porque são apenas suas. É o caso de Emilio Pucci, marquês italiano, exímio esquiador, que desejava praticar esportes de inverno com elegância.

COINCIDÊNCIA FELIZ

Em 1948, Emilio Pucci chama a atenção em Zermatt, uma estação de esqui suíça frequentada pela alta sociedade. Ele havia desenhado um conjunto para uma de suas amigas com tudo o que há de mais chique. Toni Frissell, então fotógrafa da *Harper's Bazaar*, avista-a e a fotografa, e Diana Vreeland, sua editora de moda, decide publicar essas imagens. Essa é a primeira aparição pública da qual o aristocrata italiano se beneficia. Sua carreira está lançada.

DEPOIS DA MONTANHA, O MAR

Em 1949, Emilio Pucci decide estabelecer sua marca em Capri e abre uma boutique nesse local. De Jackie Kennedy a Sophia Loren, muitas são as pessoas que adoram suas criações, que respondem tão bem às exigências de uma vida mundana repleta de viagens, como as calças com corte um pouco mais curto para os dias de verão, as calças capri, que Pucci inventa.

SEDA ARTIFICIAL

Do esqui, o estilista conserva o gosto pelo material e pela tecnicidade. Ele trabalha melhor que ninguém com materiais elásticos para criar roupas de banho (p. 73) com estampas coloridas. Suas estampas se tornam a quintessência de uma *dolce vita* chique, mas impertinente. A cor extravagante se torna característica de desenvoltura. Em 1960, Pucci colabora com Guido Ravasi, especialista na fabricação de seda artificial. Ambos criam o Emilioform, um material revolucionário, um jérsei de seda que não amassa, tanto para quem faz as malas para atravessar o mundo todo como para quem vai ao trabalho.

↑ Camisa Pucci

"A ALEGRIA É UM DOS ELEMENTOS MAIS IMPORTANTES QUE EU TROUXE PARA A MODA. EU A TROUXE POR MEIO DA COR."

EMILIO PUCCI

O PSICODÉLICO É CHIQUE

O estilo Pucci se funde à década de 1960. Evoca-se até mesmo uma Puccimania. O visual hippie (p. 326) sai das ruas de São Francisco para vestir os ricos de todo o mundo. Os caftans (p. 46) e os vestidos longos revisitados pelo estilista se inscrevem em uma empreitada boêmia e refinada. Mas a fantasia tem hora para acabar e a Pucci passa a ser negligenciada a partir da década de 1970. Os anos 1990 reabilitam a marca. A Pucci deixa sua época para trás.

IMORTAL

Marilyn Monroe é uma cliente fiel da Pucci. A tal ponto que reza a lenda que ela manifesta o desejo de ser enterrada usando roupas da marca. Aparentemente, a mítica atriz foi enterrada com um vestido verde da Pucci.

Página seguinte:
Esquiadora vestindo Pucci, 1969

M
LINDA

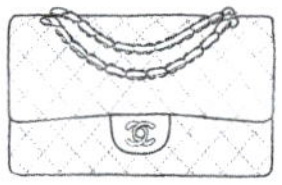

BOLSA 2.55

BOLSA PARA TUDO

CRIAÇÃO .... **COCO CHANEL** *(p.351)*

DATA **1955**

Tendo fechado seu ateliê em 1939, Gabrielle Chanel regressa em 1954. Um ano mais tarde, ela cria uma bolsa de mão que integra sua abordagem de um guarda-roupa elegante e prático. Com o seu vocabulário identificável, a bolsa se torna uma peça-chave da marca de luxo, para muito além do desaparecimento de sua criadora.

O GOSTO DOS HOMENS

A posteridade da Chanel se deve à perenidade das estampas inovadoras imaginadas pela estilista. A estética da bolsa 2.55 se baseia em histórias que são como lendas. Ela tem esse formato retangular e essa alça que lembram as bolsas militares que Gabrielle Chanel teria observado. Fiel aos seus princípios, a estilista quer tomar de empréstimo dos homens aquilo que poderia facilitar a vida das mulheres.

2.55 SE TORNA 2.88

Um tanto negligenciada desde a década de 1960, a 2.55 é ressuscitada por Karl Lagerfeld ao longo dos anos 1980, decorada não mais com um fecho retangular, mas um duplo C chamativo: é a 2.88. Ao entrar na Chanel em 1983, Lagerfeld tira a poeira e exacerba o vocabulário definido por Gabrielle Chanel. Ele estabelece a 2.55, então subversiva, como um ícone eternamente adaptável.

O GOSTO PELAS LEMBRANÇAS

Há também o preenchimento de diamantes que ecoa as jaquetas dos rapazes do estábulo com os quais ela conviveu quando praticava equitação e acompanhava corridas de cavalos. O padrão de costura gráfica, originalmente feito sobre couro, jérsei ou cetim de seda, garante a solidez de uma bolsa feita para ser útil e não um objeto precioso.

O GOSTO PELOS DETALHES

Para a alça, a estilista se inspira nos elos que revestem os paletós de seus tailleurs (p. 203). Ela possibilita liberar as mãos e os movimentos, apoiando-se no ombro. Sobretudo, ao unir a corrente ao couro, ela se torna flexível e não machuca a pele. Por fim, há um forro de gorgurão vermelho que facilita a identificação do conteúdo da bolsa, um pequeno bolso destinado ao batom e outro, mais secreto, destinado às cartas de amor.

↑ Bolsa 2.55, Chanel

"NÃO HÁ MODA SE ELA NÃO DESCE À RUA."

GABRIELLE CHANEL

O GOSTO PELA LIBERDADE

A 2.55 fala da descontração de uma época que não é tão descontraída assim. A moda dos anos 1950 aprisiona as mulheres a estereótipos de feminilidade restrita. Chanel quer compartilhar seu gosto pela facilidade e faz de sua bolsa uma pequena revolução.

NOME CODIFICADO

O nome da bolsa vem simplesmente de sua data de nascimento: fevereiro de 1955.

OBJETO DE ARTE

Em 2008, a arquiteta Zaha Hadid imagina um espaço de exposição desmontável e transportável, o Mobile Art. Destinado a abrigar uma exposição em homenagem à 2.55, ele apresenta interpretações da bolsa por artistas contemporâneos como Sophie Calle, Daniel Buren e Subodh Gupta.

Página anterior:
Brigitte Bardot, set de filmagem de *As malícias do amor*, 1963

TAILLEUR CHANEL

O UNIFORME DE UM ESTILO

CRIAÇÃO .... **COCO CHANEL** *(p.351)*

DATA **1954**

Em 1947, Christian Dior impõe o gosto da década ao apresentar um estilo de vocabulário arcaico que dá um lugar de destaque a espartilhos e saias rodadas. Gabrielle Chanel, cujo ateliê se encontra fechado desde 1939, não testemunha essa regressão. Em 1954 ela retorna, propondo uma alternativa.

VALORES CERTOS

Desde 1913, as silhuetas confortáveis de Gabrielle Chanel se impõem na alta-costura. O jérsei, o tweed (p. 42) e peças tomadas de empréstimo do vestuário masculino alimentam seu vocabulário de indumentária. Em 1954, sua estética não muda: ela está decidida a impor seu gosto em uma década que havia deixado de lado a própria ideia de praticidade no vestuário feminino.

TAILLEUR DA RENOVAÇÃO

Em relação aos babados e adornos excessivos da década de 1950, Gabrielle Chanel responde com um tailleur. O primeiro desfile que sinaliza seu retorno em 5 de fevereiro de 1954 não faz muito sucesso. Mas seus conjuntos de saias e casacos sem gola chamam a atenção, sobretudo da clientela americana. Sua elegância despreocupada conta um novo modo de vida, o das mulheres em movimento que, mesmo ricas, querem poder se vestir sozinhas.

MODA SIMPLIFICADA

O tailleur personifica o estilo Chanel: comedido, prático e refinado. A aristocracia e a nouvelle vague o adotam. Críticos afirmam sua versatilidade. Incontornável, ele anuncia a simplificação das silhuetas dos anos 1960.

HISTÓRIA AMERICANA

Em 22 de novembro de 1963, o presidente americano John Kennedy é assassinado ao lado de sua esposa, Jackie, cujo tailleur rosa fica manchado de sangue – e essa imagem roda o mundo. Pensa-se em um conjunto Chanel. No entanto, trata-se de uma cópia executada pela marca americana Chez Ninon, baseada em um padrão validado pela Chanel. Uma cópia que comprova o alcance da marca.

SEGREDO

A parte inferior do paletó do tailleur tem um forro de corrente dourada que funciona como peso e mantém sua estrutura.

↑ **Tailleur**, Chanel

> **"O LUXO DEVE SER CONFORTÁVEL, SENÃO NÃO É LUXO."**
>
> GABRIELLE CHANEL

RENASCIMENTO LÚDICO

Karl Lagerfeld se torna diretor artístico da marca em 1983 e presta uma homenagem a Gabrielle Chanel, reinterpretando os arquivos da casa. O tailleur não fica de fora e, embora tenha testemunhado a distinção dos anos 1950, ele se torna, nos anos 1980, característico de uma geração mais chamativa. Com o passar dos anos, ele incorpora uma minissaia (p. 160) rosa, em tom de algodão-doce, se envolve com impactantes correntes de ouro ou adota o espírito hip-hop (p. 316). Ele transcende as épocas.

TAILLEUR CAMALEÃO

1991: modo roupa de surf.
1994: estilo hip-hop.
1995: *itsy bitsy mini.*
2011: aracnídeo.
2013: à la século XVIII.
2016: versão jeans.
2017: futurista.

Página seguinte:
Inès de La Fressange, coleção primavera-verão Chanel, 1984

"CLOCHARDS"

POBREZA E ALTA-COSTURA

CRIAÇÃO .... **JOHN GALLIANO PARA CHRISTIAN DIOR** *(p.353)*

DATA **2000**

Em 1996, John Galliano assume a direção da Christian Dior. A nomeação de um jovem estilista inglês à frente da mais prestigiada grife francesa é considerada uma afronta. No entanto, ele propõe alguns dos desfiles mais extravagantes e lendários da moda contemporânea.

PATCHWORK DE INFLUÊNCIAS

A marca de Galliano está em seu gosto pela citação e por misturas culturais e históricas improváveis. Na passarela se encontram, com uma naturalidade incomparável, mulheres maasai, cortesãs francesas da belle époque, estrelas de Hollywood e gueixas. Quanto menos as referências fizerem sentido, mais teatrais serão os desfiles. Contemplar uma coleção de Galliano para a Dior é como ir ao desfile com os olhos de uma criança. É preciso dizer que o período é propício a loucuras: o mercado de luxo está em franca expansão e os desfiles exuberantes servem para empurrar os consumidores para a compra de acessórios e perfumes.

IMPERTINÊNCIA EXACERBADA

Para a coleção primavera-verão dos anos 2000 da grife, John Galliano toma como inspiração pessoas em situação de rua que ele encontrava nas margens do rio Sena enquanto corria. As modelos desfilam com roupas rasgadas, objetos do cotidiano e garrafas de álcool penduradas na cintura, o rosto manchado e os cabelos desgrenhados. Os materiais são por vezes grosseiros, a exemplo dos panos de juta que são transformados em calças. E tudo isso em uma coleção de alta-costura.

IT BAG

Em 1999, John Galliano cria para a Dior uma das bolsas mais emblemáticas dos anos 2000. Inspirada em uma sela de cavalo, é decorada com um estribo no formato da letra D e é usada no ombro, encostada no corpo. Seu traço distintivo é a tela em monograma desenhada por Marc Bohan em 1967, que a insere na logomania da época. Ela é adotada por celebridades, e a série *Sex and the City* é a responsável por fazer dela um item absoluto da moda. Em 2018, a Dior relança a bolsa.

↑ **Bolsa Christian Dior** por John Galliano

"EU PREFIRO O MAU GOSTO À AUSÊNCIA TOTAL DE GOSTO."

JOHN GALLIANO

GRANDEZA E DECADÊNCIA

A marca é acusada de banalizar a pobreza. Pior ainda, de estetizá-la, como se a forma que as pessoas em situação de rua encontram para se vestir e se esquentar pudesse servir de pretexto criativo. Além disso, é difícil imaginar uma clientela rica gastando valores altos para adotar a aparência de andarilhos (*clochards*). Os manifestantes se aglomeram inconformados ao lado de fora do desfile e a imprensa política fica indignada: as pessoas berram com esse escândalo. Inspiração tem limites!

JORNAL DE VESTIR

Durante o desfile de alta-costura primavera-verão 2000 da Dior, John Galliano apresenta pela primeira vez sua estampa de jornal (o *Christian Dior Daily*, aplicada a vestidos) para evocar os jornais onde dormem as pessoas em situação de rua. A ideia foi inspirada em um tecido da década de 1930 de Elsa Schiaparelli. A estampa é um verdadeiro sucesso e continua retornando às coleções da Dior, além das da própria marca John Galliano.

Página anterior:
Desfile primavera-verão 2000, Dior

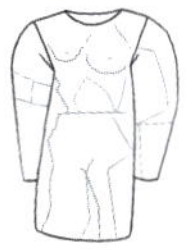

CULTURA POP

BARATO & CHIQUE

CRIAÇÃO ········ **JEREMY SCOTT PARA MOSCHINO** *(p.361)*

DATA ········ **ANOS 2010-2020**

Desde a sua fundação em 1983, a Moschino se diferencia por sua estética excêntrica, por vezes maluca, o que é raro na indústria do luxo. Quando o estilista americano Jeremy Scott se torna diretor artístico em 2013, a sua singularidade se adequa à fantasia da grife. Ele a leva ainda mais longe.

CULTURA POP

Seu primeiro desfile anuncia o tom: em 2013, Jeremy Scott mistura McDonald's, o tailleur Chanel, Bob Esponja e pacotes de batatas fritas e de cereais. Uma articulação de elementos explosiva que fala de consumo, de cultura, de *junk food* e de entretenimento. O estilista se serve da moda para emanar suas inspirações, sem jamais hierarquizar a cultura, interrogando nossa sociedade, sem nunca a julgar.

QUESTIONAR O MUNDO

Nas coleções seguintes, aparecem Barbie, Looney Tunes ou Meu Querido Pônei, mas também bonecas de recortar que questionam nossa propensão a consumir moda em duas dimensões, silhuetas semelhantes a caixas de papelão que evocam nosso consumo excessivo de embalagens ligadas ao *e-commerce* e looks incríveis como que coloridos rapidamente, criativos e divertidos.

PADRÃO ARTÍSTICO

Para sua coleção primavera-verão de 2020, Jeremy Scott traz as belas artes, em que brinca com a cultura pop. Em homenagem a Picasso e suas musas, o estilista se diverte com a expressão literal do gesto artístico. Às vezes, o tema cubista se impõe como uma verdadeira obra de vestir. E, ocasionalmente, um personagem ganha vida, como uma Demoiselle d'Avignon ou um Arlequim.

CRIAR SEU MERCADO

Para seu desfile outono-inverno de 2014, Karl Lagerfeld também leva a Chanel ao cerne da cultura do consumo. Sob a cobertura de vidro do Grand Palais, a marca recria corredores de um supermercado com barracas repletas de produtos rebatizados com jogos de palavras fazendo referência à Chanel. Certamente, uma digressão sobre a mutação contemporânea do mundo do luxo, do artesanato virtuoso ao supermercado da moda.

↑ **Bolsa caixa de leite**, Moschino

"A MODA DEVERIA SER DIVERTIDA, DEVERÍAMOS NOS DIVERTIR COM ELA. A MODA DEVERIA SER... FRÍVOLA."

JEREMY SCOTT

ARTE PARA TODOS

Além do gesto criativo, Jeremy Scott trata Picasso como um enésimo ícone pop. Não para desvalorizá-lo, mas para inscrevê-lo numa sociedade que consome arte como consome moda: pela imagem que é varrida, substituída por outra, depois outra, em um gesto infinito. Ele dessacraliza a arte ao mesmo tempo que sublima seu lugar na nossa banalidade.

INSPIRAÇÕES PLURAIS

Outono-inverno 2014: McDonald's.

Primavera-verão 2015: Barbie.

Outono-inverno 2017: embalagem de papelão.

Outono-inverno 2018: Jackie Kennedy.

Outono-inverno 2019: o game show *The Price is Right*.

Primavera-verão 2020: Picasso.

Outono-inverno 2020: Maria Antonieta.

Outono-inverno 2021: Hollywood.

ATHLEISURE

ESTENDER-SE PARA A PRORROGAÇÃO

CRIAÇÃO .... **PRADA** *(p.359)*

DATA **1999**

No início do novo milênio, predomina o gosto por silhuetas minimalistas tingidas por um futurismo que se manifesta no aspecto técnico das roupas. Esse estilo está impregnado de sportswear. Desde que passou a integrar a empresa familiar, Miuccia Prada não parou de reinventar sua identidade.

↑ Corta-vento em nylon ativo, Prada

"O FEIO É BONITO, O FEIO É EXCITANTE. TALVEZ PORQUE SEJA MAIS INÉDITO. INVESTIR NO FEIO É PARA MIM MAIS INTERESSANTE QUE A IDEIA BURGUESA DO BELO. E POR QUÊ? PORQUE O FEIO É HUMANO."

GIANNI VERSACE

LINEA ROSSA

Em 1984, Miuccia Prada cria bolsas de nylon que fazem um sucesso devastador. Lançando-se no prêt-à-porter feminino, ela mistura inspirações artísticas e referências aos anos 1960 ao inconformismo, reinventando o luxo. Em 1995, a Prada cria os uniformes da seleção italiana que participaria da America's Cup. A estilista então absorve as técnicas e materiais utilizados. Ela lança a Prada Sport, Linea Rossa, em 1997: uma linha de sportswear masculina, reconhecível por seus conjuntos de nylon monocromáticos, marcados com um logotipo retangular vermelho, às vezes de plástico.

MODA CLUBBER

A Prada Sport avança em outros territórios. Desde 1999, Miuccia Prada mistura peças-chave do sportswear com silhuetas minimalistas, que ela propõe para as coleções femininas. A Linea Rossa faz a alegria da cena de música eletrônica (p. 342), mas também encontra o seu lugar no guarda-roupa diário de quem se inclina, desde então, para um visual utilitário e high-tech.

INSPIRAÇÕES ECLÉTICAS

Primavera-verão 2005: reggae.

Primavera-verão 2007: desfile de 1971 da Yves Saint Laurent.

Outono-inverno 2010: Anos Loucos.

Primavera-verão 2013: Alfred Hitchcock.

Primavera-verão 2017: Club Kids dos anos 1980.

Outono-inverno 2020: secessão de Viena.

TENDÊNCIA ESPORTIVA

A aventura Prada Sport acaba em 2001, mas o entrelaçamento entre luxo e sportswear se inscreve em uma tendência de que todas as marcas se apropriam agora. Ela tem um nome: Athleisure, termo que surgiu na língua inglesa na década de 1970. A expressão, que define uma moda adaptada tanto ao esporte como à vida cotidiana, ganha novo fôlego na década de 2010.

FEIO CHIQUE

Em 2018, Miuccia Prada dá uma segunda chance à sua linha esportiva. Ela dilui os variados códigos em suas coleções, como o nylon, os velcros, os tênis (p. 92) e meias esportivas, às vezes ousando criar misturas explosivas: afinal, seu estilo não é o "feio chique"?

SCARPIN PIGALLE

SIGA-ME...

CRIAÇÃO .... **CHRISTIAN LOUBOUTIN** *(p.357)*

DATA **2004**

Christian Louboutin conta que, quando criança, no Palais de la Porte Dorée, ele vê uma placa de sinalização proibindo o salto agulha no chão frágil: o desenho de um scarpin riscado por uma linha vermelha. Uma proibição que, quando adulto, ele transgride, incorporando-a como o símbolo da sua criatividade.

↑ **Scarpin Pigalle Follies 100**, Christian Louboutin

"UM BOM SAPATO É NÃO AQUELE QUE TE VESTE, MAS AQUELE QUE TE DESNUDA."

CHRISTIAN LOUBOUTIN

DO INTERDITO AO SEGREDO

Quando adolescente, Louboutin observa escondido as dançarinas dos cabarés parisienses. Ele admira o arco de seus pés. Em 1991, ele lança sua própria marca. Sua assinatura? Feminilidade exacerbada e erotismo sem inibições. O conforto não é uma meta. Usar saltos vertiginosos exige uma forma de domínio corporal que beira a instabilidade a cada passo, provocando assim uma marcha oscilante buscada pelo estilista.

MARCA REGISTRADA: VERMELHO

Apenas um ano depois de fundar a sua marca, Christian Louboutin tem a ideia de colorir as suas solas de um vermelho intenso que estabelece a identidade da sua marca. Enquanto ele trabalha em protótipos que pouco lhe agradam, ele pega o esmalte de sua assistente, que faz as unhas, e pincela a sola, estabelecendo seu próprio mito.

NOVO CALÇADO

Em 2004, ele cria o scarpin Pigalle, uma referência ao bairro parisiense. Pelo seu nome, a obsessão de Louboutin fica clara: valorizando uma feminilidade rejeitada. Com insolência, ele exalta a sensualidade, daquelas que sabem como jogar para provocar o desejo. Para o estilista, trata-se de devolver às mulheres o seu poder sexual. Deixá-las conduzir a dança, rebeldes e tentadoras.

SEDUZIR

Com sua sola vermelha, característica da marca, o scarpin Pigalle assume o polêmico *male gaze*. Enquanto as mulheres desejam se livrar da servidão aos homens, de sua identidade transformada em objeto de fantasia, Christian Louboutin propõe que isso se torne motivo de diversão. A sola escarlate é um convite... pelo menos à contemplação. O bico na ponta dos pés traz um decote inusitado, que se vale dos códigos da sedução aplicando-os em partes inéditas do corpo.

HISTÓRIA ANTIGA

Já no Antigo Regime o salto vermelho é uma tendência. Conta-se que o irmão de Luís XIV, Filipe I, duque de Orleães, lançou essa moda em Versalhes, um pouco sem querer. Depois de uma noitada no bairro dos açougues parisienses, ele mancha os sapatos de salto com sangue de boi. Luís XIV aprecia o contraste de cores e o vermelho, símbolo de poder. Ele manda recobrir os saltos de todos os seus sapatos com couro vermelho, e seus cortesãos fazem o mesmo. O salto vermelho se torna característico de uma nobreza privilegiada até a Revolução Francesa.

JOGO DE SEDUÇÃO

O scarpin Pigalle é uma distração. Dos pés, vem um apelo quase fetichista para romper com os jogos de sedução obsoletos e criar novos, mais ousados, trazendo à luz a sensualidade clandestina, subversiva, exibicionista.

Página seguinte:
Emma Stone, *Review Awards Gala*, Nova York, 2012

SAINT

SMOKING FEMININO

NA CORTE DOS HOMENS

CRIAÇÃO .... **YVES SAINT LAURENT** *(p.360)*

DATA **1966**

Desde a sua primeira coleção de alta-costura, em 1962, Yves Saint Laurent sugere que as mulheres devam se apropriar da calça, peça emblemática do guarda-roupa masculino. O estilista não é o primeiro a fazer com que as mulheres a usem, mas é quem a integra sem pretensão ao vestuário feminino.

SAÍDA DA ÁREA DE FUMANTES

Em 1966, ele se apropria do smoking. Para sua apresentação de outono-inverno, Saint Laurent propõe às mulheres a audácia de tomar emprestado o traje cerimonial mais sofisticado do guarda-roupa masculino. Inicialmente reservado para áreas de fumantes, o smoking é, na sua essência, o arquétipo da virilidade (p. 186) e de um espaço recusado às mulheres.

JOGO DE PODER

Yves Saint Laurent desdenha das convenções. Elas ficaram obsoletas nesses meados da década de 1960, que redefine as regras sociais. Se uma mulher quiser usar smoking, é direito dela! O estilista, no entanto, rejeita uma abordagem reivindicadora. A calça que andava junto da contestação se torna, em suas mãos, aliada a novos códigos de sedução. Ele nega que o smoking seja uma ferramenta de reversão ostensiva; ele propõe um olhar e um status: a mulher se torna igual ao homem quando joga livremente com sua linguagem estilística. É um jogo de poder que se delineia, não uma guerra entre os sexos.

MUSAS

Yves Saint Laurent observa a impertinência da personagem interpretada por Marlene Dietrich no filme *Marrocos*, de 1930. Um de seus looks é um terno de três peças que ela usa com gravata-borboleta e cartola. Seu comportamento transmite segurança, ambivalência e desafio, dessa forma, ela seduz. Ele quer recriá-la. Conta-se também que ele se inspirou no look da artista Niki de Saint Phalle, adepta às calças de terno usadas com salto alto.

SEGUNDA VERSÃO

Françoise Hardy encomenda o primeiro smoking da coleção. As clientes seguintes não aparecem. As clientes da alta-costura ainda não estão dispostas a usar calça de forma tão espontânea. É preciso aguardar o nascimento da linha prêt-à-porter da Saint Laurent Rive Gauche, em 1966, para que o sucesso seja alcançado. É no mesmo ano, mas a marca não se dirige à mesma clientela. Mais jovens e mais independentes, essas mulheres usam um smoking acessível.

NOVA FEMINILIDADE

Revisitado para acompanhar melhor a morfologia do corpo feminino, o smoking de Yves Saint Laurent, estreito e esguio, perturba continuamente as expectativas da moda. Ele permite que uma feminilidade mais andrógina se expresse, sem sufocar sua sensualidade. As mulheres precisam tomar emprestado dos homens para se sentirem potentes? Não. Mas elas podem se apropriar de seus terrenos de ação.

↑ **Paletó de smoking feminino,** Yves Saint Laurent

"CHANEL LIBERTOU A MULHER, SAINT LAURENT LHE DEU O PODER."

PIERRE BERGÉ

SMOKING EM NÚMEROS

230 versões do smoking criado por Saint Laurent.

36 anos de smoking, de 1966 a 2002.

Página anterior:
Charlotte Rampling, 1974

TAILLEUR BAR

UM NEW LOOK NÃO TÃO NOVO

CRIAÇÃO .... **CHRISTIAN DIOR** *(p.352)*

DATA **1947**

Em 12 de fevereiro de 1947, Christian Dior apresenta seu primeiro desfile de alta-costura: foi lançada a moda dos anos 1950. Tudo na coleção do estilista, que acaba de fundar sua marca, delineia as tendências de uma década que quer acabar com as restrições e a austeridade da Segunda Guerra Mundial.

MODELO A SEGUIR

Na Dior, a modelagem é tudo. A integralidade das técnicas beneficia o design da roupa perfeita. O costureiro pede à sua equipe: é preciso "afinar o corpo sem quebrar a cintura". É o primeiro da casa a dar vida ao tailleur (ou terno) Bar, imaginado por Dior. E não é qualquer um... Trata-se de Pierre Cardin.

HORA DO COQUETEL

E por que Bar? Porque Christian Dior se inspira no bar do hotel Plaza Athénée, em Paris, na avenida Montaigne, que se situa bem em frente à sua boutique e do qual ele é um frequentador regular. Isso também permite que ele identifique o momento ideal para usar este tailleur, uma vez que o estilista revive uma etiqueta social segundo a qual é de bom tom trocar de roupa ao longo do dia. Disseminam-se, assim, vestidos de coquetel, conjuntos de festa, conjuntos para o dia, vestidos de tarde, vestidos de baile... Nada falta nesse guarda-roupa.

LINHA COROLLE

Entre as peças do desfile, uma se destaca: o Tailleur Bar. O conjunto é composto por um paletó cru e uma saia preta ampla. Ele ilustra perfeitamente a linha Corolle, criada por Christian Dior. O objetivo do estilista é lançar ao esquecimento o estilo iniciado pela guerra: aos ombros quadrados, ele responde com ombros caídos; às saias curtas, ele prefere o comprimento; em resumo, ele oferece o luxo. Com ele, encontramos "mulheres flores" que trazem luz à penumbra. Espaço para a novidade; isso se torna inclusive a crença dessa coleção, depois que a editora-chefe da *Harper's Bazaar* americana, Carmel Snow, a qualifica como um "new look", isto é, um novo visual.

↑ **Tailleur Bar**, Christian Dior, 1947

"DESCONHECIDO EM 12 DE FEVEREIRO DE 1947, CHRISTIAN DIOR ERA FAMOSO NO DIA 13."

FRANÇOISE GIROUD

FORA DE CONTEXTO

Mas estamos em 1947, ou seja, apenas dois anos após o fim da guerra. Seu estigma continua muito presente na sociedade, muitos ainda precisam recorrer a uma espécie de vale-racionamento para comer. Christian Dior é criticado pela opulência de suas criações.

FEMINILIDADE ARCAICA

Há também, nesta "nova" silhueta, uma visão nostálgica da feminilidade. Desde os anos 1920, a mulher se liberta das obsoletas restrições de vestimenta (p. 320), e a guerra oferece uma fachada de emancipação. Porém, eis que um estilista chega com a demanda de modelar o corpo, apertar a cintura e usar uma saia pesada – como uma volta ao século XVIII, na era dos espartilhos e das anáguas. Mais uma vez, as mulheres são aprisionadas em um molde arcaico, como nos anos 1950, com o seu ideal de dona de casa concretizado pela modernidade dos eletrodomésticos.

Páginas seguintes:
Desfile primavera-verão 2018, Dior.
Christian Dior, prova de vestido em uma modelo, anos 1950

EST TOUJOURS DEVANT VOUS

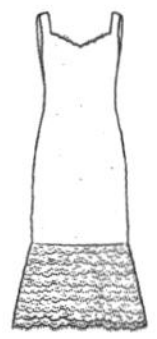

MODA ITALIANA

LA DOLCE VITA

CRIAÇÃO .... **DOLCE & GABBANA** *(p.352)*

DATA .... **ANOS 1980**

A moda italiana foi escrita no pós-guerra, entre desfiles de alta-costura e filmes de Fellini. Sua identidade fala sobre uma poderosa indústria têxtil, que oferece às pessoas o gosto por belos materiais e caimentos perfeitos. Quando Domenico Dolce e Stefano Gabbana fundam a sua marca em 1985, a Itália está no centro da sua estética.

↑ **Vestido midi de renda com festão duplo,** Dolce & Gabbana

"ESPERO QUE AS PESSOAS SE LEMBREM DA DOLCE & GABBANA PELA SENSUALIDADE, O MEDITERRÂNEO E NOSSA AUTENTICIDADE."

DOMENICO DOLCE

SICÍLIA NO CORAÇÃO

Nessa história à italiana, a Sicília domina. Domenico Dolce nasceu nessa região e a homenageia continuamente. Arquitetura barroca, mosaicos bizantinos, cerâmicas coloridas e sítios arqueológicos alimentam as criações do duo na Dolce & Gabbana. Mas o que predomina é o gosto pela cor preta e um visual ancestral e atemporal (p. 106).

INSPIRAÇÕES ECLÉTICAS

Para seu desfile outono-inverno 2015, a dupla de estilistas propõe uma coleção intitulada Viva la mamma!. O título está longe de ser anedótico, pois as modelos, que são mães, desfilam com suas crianças e bebês, e uma delas inclusive desfila grávida, enquanto as estampas das criações são inspiradas nos desenhos dos sobrinhos e sobrinhas de Domenico Dolce e Stefano Gabbana.

HISTÓRIAS DE MULHERES

Os estilistas revivem continuamente essas silhuetas que nos são tão familiares quanto estranhas, inscritas, muitas vezes a despeito delas próprias, em nossa memória coletiva. Pode-se muito bem imaginá-las, essas mulheres idosas, vestidas de preto de luto, que falam, por vezes discutem, durante as horas mais frescas do dia nos vilarejos italianos. Algumas são até adornadas com rendas bordadas, tradição artesanal desde o século XVI na Sicília.

DA RUA ÀS PASSARELAS

Obviamente, a Dolce & Gabbana as inscreve nos cânones de beleza pertencentes à indústria da moda. De mulheres idosas, tornam-se musas juvenis. No entanto, conservam em sua aparência esses traços de feminilidade que falam sobre uma vida boa tingida de religiosidade. Contraditório? Não, deliciosamente italiano.

A ITÁLIA INTEIRA

Totalmente preto? Nem sempre. Aqui e ali, uma nota de leopardo ou um toque de ouro vêm realçar as silhuetas austeras. Porque a Itália também é a ostentação, a fantasia e a sensualidade. A cada coleção, o duo de estilistas escreve um manifesto em homenagem a seu país. A sua força reside no gosto pelo arquétipo desinibido e pelo folclore não cafona. Dolce & Gabbana é tanto uma *mamma* quanto Sophia Loren.

REALISMO À ITALIANA

Muito cedo, a Dolce & Gabbana se serve de suas campanhas publicitárias para inscrever a sua estética totalmente italiana. Um apanhado de fotografias marcantes de procissões religiosas, grandes mesas alegres ou famílias animadas. Às vezes, ousam confrontar suas modelos e a realidade do seu país. Em 1987, Ferdinando Scianna cria imagens tiradas da vida nas ruas da Sicília. Em 2016, é a vez de o fotojornalista Franco Pagetti colocar as modelos entre os transeuntes napolitanos.

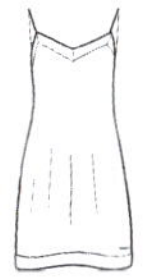

SLIP DRESS

SEGUNDA PELE

CRIAÇÃO .... **CALVIN KLEIN** *(p.356)*

DATA .... **ANOS 1990**

O minimalismo está na própria essência da moda americana. Ele se delineia desde o final do século XIX, mas é sobretudo nos anos 1940 que se estabelece, com estilistas como Claire McCardell e seu estilo elegante, muito mais confortável do que a moda parisiense. Uma herança que Calvin Klein absorve.

MODA PRÁTICA

Calvin Klein sabe que a moda americana é prática. O estilo parisiense é refinado, mas às vezes muito distante do estilo de vida americano. Tal como outros estilistas que são seus precursores, ele defende uma estética mais fácil de usar no dia a dia, baseada no sportswear e no espírito urbano.

GRUNGE, MAS NEM TANTO

Na década de 1990, o grunge (p. 338) é atrativo para a juventude. Calvin Klein compartilha com o movimento o gosto pela fluidez, a praticidade e a sensualidade que o estilo finge não ter. Mas ele adota uma versão suavizada desse grunge: o minimalismo. Ele retoma então o slip dress, usado pelas jovens grunges com uma camiseta e botas agressivas, e cria modelos em seda ou cetim, em tonalidades neutras.

CORPO A CORPO

Esse vestido de caimento informal não modela o corpo, mas também não ignora suas formas. Sua incontestável sensualidade vem de sua origem: antigamente, ele servia como camisola. O vestido ainda carrega consigo o impudor da intimidade. No entanto, aquele vestido da década de 1990 não tem nada da extravagância sexual das silhuetas da década de 1980. Muitas vezes, ele é revelado com indiferença e indolência.

HORA DE DORMIR

A camisola, roupa íntima com alças finas semelhante a um vestido, nasce no fim do século XIX. Ela se populariza e fica mais curta na década de 1920. Depois, ao longo dos anos 1940, a americana Sylvia Pedlar dá a sua forma final: um vestido de dormir sem mangas que vai até os joelhos. Ela se difunde na década de 1950 com o filme *Boneca de carne* e a moda das pin-ups.

↑ **Slip Dress Slim Midi,** Calvin Klein

DESFAZER-SE DOS CLICHÊS

Seus aliados são os coturnos, as sandálias de salto ou até mesmo os tênis. É isso que posiciona o slip dress na década de 1990. Ele é ostentado de forma desafiadora – como quando Kate Moss usa uma versão transparente da estilista Liza Bruce –, pode ser sutil no tapete vermelho de Hollywood, modesto em um vestido de noiva ou exótico e vintage em Courtney Love. Ele é sensual, mas não submisso. As mulheres que o escolhem o fazem de acordo com suas próprias regras.

ROUPA DE BAIXO DE DIA

Esta não é a primeira roupa íntima que vira vestido. Nos anos 1780, Maria Antonieta e seus comparsas aristocratas incomodam com seus vestidos-camisa de musselina de algodão. A "camisa da rainha", chamada de *gaulle*, causa escândalo em 1783. Uma rainha representada sem emblema real, com um vestido que evoca uma intimidade indecente, não pode ser tolerada.

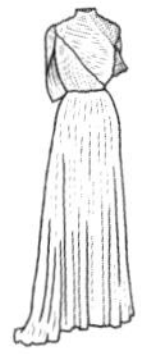

NEOCLASSICISMO

DEUSAS GREGAS

CRIAÇÃO .... ALIX GRÈS *(p.354)*

DATA .... ANOS 1930

Os Anos Loucos terminam no mesmo tumulto que eles próprios causaram, com a quebra da bolsa de 1929. O que vem a seguir é a Grande Depressão e uma crise econômica mundial. É nesse terreno escorregadio que transcorre a década de 1930. Em vez do frenesi, ela prefere a contenção e o glamour que mantêm o povo à distância.

LUXO TRANQUILO

A suntuosidade não se expressa mais por meio de babados e brilho, mas pela sofisticação de cortes e de materiais. O cinema em preto e branco de Hollywood se torna a referência para monocromatismos refinados e as silhuetas se tornam esculturais. É preciso dizer que a prática esportiva se desenvolve, os corpos estão bronzeados, esculpidos e afinados. Desenha-se um ideal sinuoso que se escreve longamente, noite e dia.

FORÇA TRANQUILA

Tranquilidade, hieratismo e elegância também podem ser lidos nas fotografias de moda dos anos 1930. Graças ao preto e branco, os fotógrafos executam efeitos hábeis de geometria e luz. Entre eles, George Hoyningen-Huene, que define um estilo sofisticado e artístico, mas também Horst P. Horst, com um caráter rigoroso e experimental.

APOLO E VÊNUS

Corpos perfeitos como os das esculturas antigas. A moda então retoma os códigos da arquitetura grega e esculpe formas que se envolvem, se drapejam ou se plissam sobre as mulheres. Alix Grès é uma daquelas costureiras que fazem referência à Antiguidade. Ela encontra inspiração nesse período para os vestidos que cria nos corpos de suas modelos, essas silhuetas fluidas que ela doma, tal qual uma escultora.

ESCULPIR O TECIDO

Já não conseguimos distinguir a musselina da pedra, uma vez que o caimento é perfeito e o plissado é bastante preciso. Alix Grès recusa a ostentação em favor do despojamento. Ela busca a perfeição, mas não a complicação. Ao defender o ascetismo, suas modelos encarnam uma notável sensualidade. Contraditório? Não, pois, ao exaltar dessa maneira a simplicidade das formas, é o corpo que a conduz.

↑ Vestido Madame Grès, 1971

"EU QUERIA SER ESCULTORA. PARA MIM, É A MESMA COISA TRABALHAR COM O TECIDO OU COM A PEDRA."

ALIX GRÈS

AO TRABALHO

Não surpreende que a década de 1930 reviva o ideal da Antiguidade. O contexto econômico exige uma forma de sobriedade. Acima de tudo, os movimentos totalitários que se impõem na Europa encorajam um regresso à ordem, digna, imponente, insensível. Estamos promovendo um Olimpo que é tudo, menos paradisíaco.

VAIVÉM

O gosto neoclássico também está em Madeleine Vionnet, que desenha silhuetas aéreas. Ela exalta a técnica do corte diagonal, que particularmente possibilita que o material tenha melhor caimento sobre o corpo, criando movimentos e jogos de volume. A estilista é valorizada pelos figurinistas de Hollywood, que a contratam para criar vestidos nos quais as atrizes podem executar números de dança frenéticos nas comédias musicais que causavam furor nessa época.

MODA DISCO

OS EMBALOS DE SÁBADO À NOITE

CRIAÇÃO .... **ROY HALSTON** *(p.355)*

(p.355)

DATA .... **ANOS 1970**

Estilista, Roy Halston ganha reconhecimento ao criar o chapéu usado por Jackie Kennedy no dia da posse de seu marido, John Kennedy, em 1961. À medida que os chapéus caem em desuso, ele se volta para a moda em Nova York onde, inspirado pela fauna noturna, desenha o estilo de uma época.

ATMOSFERA DA ÉPOCA

Halston sabe que as mulheres trabalhadoras querem brincar com os códigos da moda masculina. Para o dia, ele imagina silhuetas minimalistas compostas por golas altas elegantes, casacos refinados e calças com um corte perfeito. Ele se inspira pelo que conhece melhor, ele próprio, oferecendo às mulheres um visual pessoal que ele construiu com todo o cuidado do mundo.

À PROVA D'ÁGUA... OU NÃO

Em 1971, Roy Halston encontra Issey Miyake em Paris. O estilista japonês usa uma camisa em ultrasuede, comparável à imitação de camurça. Halston o admira e não compreende como pode ser à prova d'água. Ele cria então um trench coat, mas o tecido absorve a água. Em 1972, ele confecciona um vestido-camisa, chamado Ultrasuede Shirt Dress. Imediatamente a peça se torna um de seus best-sellers.

HISTÓRIAS DE UMA NOITE

A década de 1970 mergulha na disco music. Esse estilo musical, nascido nas boates gays clandestinas, difunde uma atmosfera festiva, sensual, glamorosa e com um toque decadente. Halston cria então vestidos feitos para dançar: elegantes, sensuais e que não atrapalham os movimentos.

VESTIDOS PARA DANÇAR

Ele se volta para os musicais de Hollywood dos anos 1930, revivendo as silhuetas plissadas e drapeadas das atrizes. Se elas podem executar seus números usando esses vestidos arejados com corte diagonal, suas clientes vão arrasar com eles nas casas noturnas. Ele mesmo as acompanha ao Studio 54, o principal clube onde se reúnem todos os nova-iorquinos modernos, artistas, famosos ou não, livres e despreocupados.

↑ **Vestido Ombrée,** Halston Heritage

"ELE CRIAVA UM LOOK QUE DANÇAVA COM VOCÊ. SUAS ROUPAS DANÇAVAM SOBRE VOCÊ."

LIZA MINNELLI

NA CIDADE E NO PALCO

Rodeado pelas suas "halstonettes", apelido dado às modelos que ele transformava em suas musas, ele cai de cabeça na vida noturna, por vezes em excesso. Essa vida é feita de volúpia, nessa década ainda frívola, antes de a epidemia de aids a interromper. Halston corta um pouco suas asas, mas segue acompanhando a mulher moderna e lhe oferece o vestuário da sua emancipação.

GUERRA DOS ESTILOS

Em 28 de novembro de 1973, Halston participa do desfile organizado no Palácio de Versalhes, que confronta cinco casas de moda francesas a cinco estilistas americanos. Os franceses impressionam pela cenografia extravagante, enquanto os americanos optam pelo minimalismo e pelo conforto: trajes e modelos casuais, alegres e dinâmicos. Eles se impõem em um sistema dominado pela Europa.

Página seguinte:
Beverly Johnson em um Halston, 1975

VESTIDO ESCULPIDO

ARQUITETO DA ALTA-COSTURA

CRIAÇÃO .... CRISTÓBAL BALENCIAGA *(p.350)*

DATA .... ANOS 1950-1960

Quando Cristóbal Balenciaga abre sua loja em Paris em 1937, ele conta com um histórico de vinte anos de trabalho como estilista. O costureiro vincula seu trabalho a um *leitmotiv*: a pureza. Mas a simplicidade, nesse caso, não limita a criatividade. Pelo contrário, ela a exalta, com confiança e rigor.

NA CONTRACORRENTE

Concentrar-se em uma peça emblemática seria vago, uma vez que a criação de Balenciaga é bastante prolífica. Desde o início, ele imprime em seu estilo referências à história e à sua Espanha natal, enquanto estrutura as silhuetas. Somente depois da guerra é que ele passa a se destacar: confrontado ao new look de Christian Dior (p. 213), seu estilo abstrato, que desconcerta os cânones do corpo feminino dos anos 1950, explode.

CORPOS ABSTRATOS

Enquanto Dior dirige seu foco à cintura e ao quadril, Balenciaga trabalha as costas. Ele reinventa os volumes, mas jamais confina o corpo. Oferece-lhe um abrigo seguro e soberano, sem deixar de experimentar com o corte e com o material, como o gazar criado com a Abraham: um tecido forte e resistente, mas que não permite refações. O estilista é exigente, principalmente consigo mesmo.

ESPANHA NO CORAÇÃO

Da Espanha, Balenciaga conserva a cor preta. Também os boleros, as mantilhas de renda e as ondulações das saias de flamenco compõem referências para o estilista. Ele se inspira em Velázquez como que para lembrar constantemente de onde vem. E sua origem também está no século XIX, pois ele nasceu em 1895. Ele evoca as reviravoltas dos anos 1880 em suas criações historicizantes.

ESTILISTA VISIONÁRIO

Quanto mais o estilista evolui, mais tende ao minimalismo e à abstração. Entramos nos anos 1960 e sua visão fica mais radical. Parece que ele antecipou as novas necessidades da década. Seus vestidos baby doll ou o robe-sac do final dos anos 1950 anunciam claramente os cortes em trapézio dos anos 1960. É irônico observar como Balenciaga antecipa uma era que o fará desistir de sua carreira.

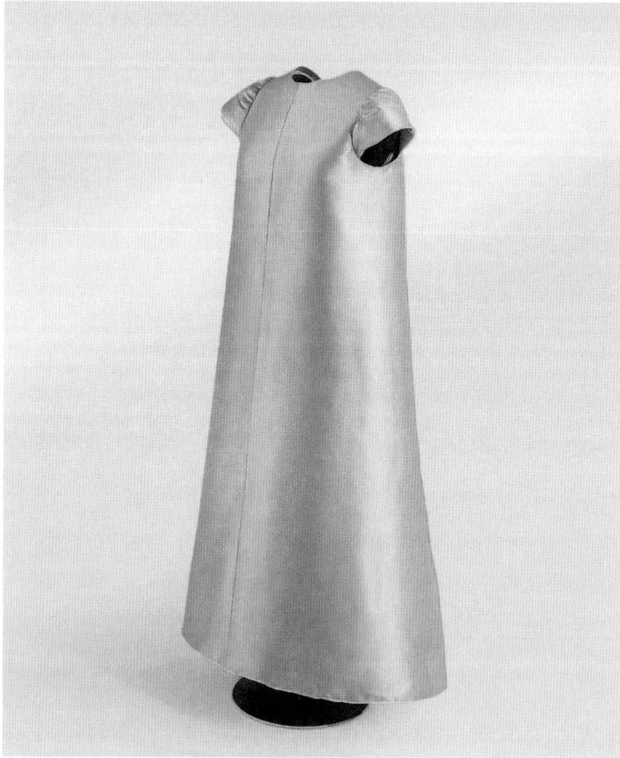

↑ Vestido de festa Balenciaga, 1967

"UM BOM ESTILISTA DEVE SER ARQUITETO PARA OS PLANOS, ESCULTOR PARA A FORMA, PINTOR PARA A COR, MÚSICO PARA A HARMONIA E FILÓSOFO PARA A MEDIDA."

CRISTÓBAL BALENCIAGA

VIRANDO A PÁGINA

De fato, em 1968, Cristóbal Balenciaga toma a decisão de interromper suas atividades. Dizem que se sente amargurado, ultrapassado e desolado pela perspectiva que o mundo da moda está tomando na época. E se o estilista tivesse simplesmente entendido que já propôs tudo o que tinha dentro de si? E se, em vez de se obstinar em reinvenções, ou, pior, em repetições, até à exaustão, Cristóbal Balenciaga tivesse simplesmente aceitado parar na grandeza da sua arte?

BINÔMIO

Em 1954, Hubert de Givenchy cria um vestido-camisa que evolui para um robe-sac em 1957, assim como Cristóbal. Ambos inauguram o corte que definirá as silhuetas dos anos 1960. Não surpreende: Givenchy tem uma admiração notável pelo estilista espanhol, o qual considera um mentor e o apelida de "o arquiteto da alta-costura".

Página anterior:
Alberta Tiburzi em um Balenciaga, fotografia de Hiro, 1967

CRINOLINA

SÁTIRA POLÍTICA

CRIAÇÃO .... **DEMNA GVASALIA PARA BALENCIAGA** *(p.355)*

DATA **2020**

Em 2016, Demna Gvasalia se torna diretor artístico da Balenciaga. Ele havia fundado a marca Vetements, muito popular entre os jovens, mas a escolha surpreende. Será que seu estilo desconstruído e sportswear, herdado de Martin Margiela, terá espaço em uma casa de prestígio, sinônimo de refinamento e virtuosismo?

HOMENAGEM PATRIMONIAL

Para a coleção primavera-verão 2020 que ele executa para a Balenciaga, Demna persegue uma reflexão que é sua assinatura: explorar os arquivos da marca e desconstruí-los para homenagear seu fundador, Cristóbal Balenciaga. Da Vetements, ele conserva o gosto pela provocação. Não aquela que se pratica por desafio, mas aquela que questiona o mundo e sua evolução.

MECÂNICA DA MODA

Em 1858, o americano Thomson patenteia a crinolina: uma gaiola circular de metal posicionada sob os vestidos femininos, substituindo as pesadas anáguas, usadas para dar volume às saias. O termo também designa a silhueta criada, ampla e redonda, que nega as formas naturais. Revolucionária, ela se inscreve nos avanços industriais do século, mas ainda é incômoda.

ALIENÍGENA OU ANÔNIMA?

Diferenciar-se ao se camuflar: eis o questionamento de Demna. Ele, que não tem medo de introduzir o sportswear e o streetwear no luxo, se defende lembrando que a moda evoluiu. Tendo crescido na antiga União Soviética, adota uma visão de vestuário alimentada pela desenvoltura e pela uniformidade. E, quando cria sua coleção quase distópica de 2020, ele destaca a monotonia dos trajes políticos, as roupas modernas do poder.

UM SÉCULO XIX INSPIRADOR

Ele exacerba ferozmente o power dressing, essas silhuetas marcadas fortemente pelas ombreiras da década de 1980, herdadas dos soberanos do Renascimento, e retoma os vestidos de crinolina das mulheres da segunda metade do século XIX. A piscadela ao passado age como uma boneca russa. É a homenagem a Cristóbal Balenciaga que motiva esse olhar para trás: ele aprecia esse século que modificava os corpos e suas posturas.

↑ Desfile prêt-à-porter primavera-verão 2020 Balenciaga, Paris

"DESTRUIR PARA CRIAR. PENSO QUE É NECESSÁRIO."

DEMNA GVASALIA

PODER PARA TODOS

A crinolina de 2020 fala, assim, de autoridade, mas também de entretenimento. Os vestidos parecem flutuar sobre a passarela, arejados e esculpidos. Demna profana o poder. Ele faz disso um ato pessoal soberano, escolhido e não mais imposto.

BUSCA TRIVIAL

A arte do deslocamento é um dos *leitmotivs* de Demna Gvasalia.

2015: suéter de bombeiro.
2016: camiseta DHL.
2017: echarpe política.
2018: sacola de mercado.
2019: tatuagem falsa.
2020: camisa de policial.
2021: conjunto de dólares.
2022: moletom dos Simpsons.

Página seguinte:
Desfile prêt-à-porter primavera-verão 2020 Balenciaga, Paris

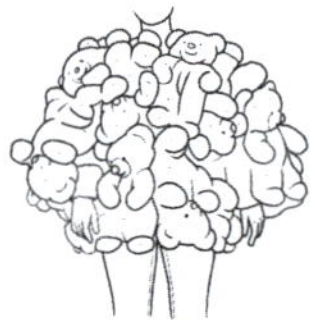

CASACO DE PELÚCIA

URSÕES

CRIAÇÃO .... JEAN-CHARLES DE CASTELBAJAC (p.351)

DATA 1988

Desde os seus primeiros passos na moda, Jean-Charles de Castelbajac manifesta o seu gosto pelo desvio, pelo humor e pelo surrealismo. Adorador da arte, ele aplica incessantemente ao vestuário princípios decorativos ou conceitos ligados aos maiores movimentos modernos e contemporâneos.

HOMENAGENS LÚDICAS

Jean-Charles de Castelbajac presta regularmente homenagem aos artistas que admira, chegando mesmo a colaborar com alguns deles em vestidos-quadros surpreendentes. Ele saúda, sem nunca se restringir a uma hierarquia, algumas figuras da moda, como Coco Chanel, ícones do cinema e da história, mas também os elementos da cultura pop. Ele é capaz de colocar lado a lado Robert Combas, Jackie Kennedy e Mickey Mouse.

MELHOR AMIGO DO HOMEM

Em 1989, Castelbajac colabora com a Snoopy Incorporated, que detém os direitos dos produtos derivados do desenho animado. Ele cria diversas peças compostas por dezenas de bichinhos de pelúcia do Snoopy, incluindo um casaco usado por Vanessa Paradis. Ídola dos jovens, ela cria um elo entre o mundo da infância e dos adultos.

ERA DE IMAGENS

A exemplo da pop art, ele absorve e explora a iconografia abundante que nos rodeia, da publicidade à arte, passando pela música, pelos desenhos animados e pelo cinema. Suas coleções são patchworks de tudo o que ele vê, lê ou ouve. Acima de tudo, não é alguém que se leva a sério. Ele sabe que a moda é o lugar da fantasia (p. 207).

SÍNDROME DE PETER PAN

Se existe um mundo que não rejeita a fantasia, é o da infância. É por isso que ela nunca se distancia do trabalho do estilista. Assim, quando, em 1988, ele cria um casaco feito com mais de quarenta ursinhos de pelúcia, ele combina de forma fluida o legado do novo realismo e a candura de sua juventude.

↑ **"Arca de Noé", Teddy Bear Coat,** Jean-Charles de Castelbajac, 1988

"TENHO UMA IMENSA PINACOTECA DO BELO-BIZARRO EM MIM!"

JEAN-CHARLES DE CASTELBAJAC

VESTIR-SE DE OUTRA FORMA

Ele protesta à sua maneira contra o uso de pele animal. Com seus bichinhos de pelúcia infantis, ele concebe uma moda que não se vale da violência, que a anula, impondo uma carapaça fofinha e reconfortante. A uma década que faz da ostentação um modelo, Jean-Charles de Castelbajac responde com o despojamento. Com certeza, chama a atenção, mas pela alegria.

COSTURA POP

1982: vestido Babar.

1982: vestido-quadro Robert Combas.

1983: vestido Coco Chanel.

1984: vestido Lucky Strike.

1997: casula do papa João Paulo II.

2000: suéter Jimi Hendrix.

2002: vestido Keith Haring.

2008: boné do Lego.

2012: vestido Mickey Mouse.

Página anterior:
Vanessa Paradis, desfile outono-inverno Jean-Charles de Castelbajac, 1989

SAIA-MESA

UMA MODA POLÍTICA

CRIAÇÃO .... **HUSSEIN CHALAYAN** *(p.351)*

DATA **2000**

Desde os anos 1990, Hussein Chalayan impõe uma estética singular, aproximando-se mais da performance artística do que da moda. O estilista de origem cipriota se vale da passarela como local de experimentação, de questionamentos e de reivindicações. Ele ultrapassa as fronteiras da criação de roupas.

↑ Saia-mesa, Hussein Chalayan

"MEU INTERESSE PELA MODA VEIO DE MEU INTERESSE PELO CORPO ENQUANTO FIGURA CULTURAL ESSENCIAL."

HUSSEIN CHALAYAN

FAZENDO SALA

Em fevereiro de 2000, Hussein Chalayan concebe um desfile espetacular. Mais que um desfile, uma performance. Quatro modelos entram no que parece ser uma sala de estar, representada por uma mesa de centro, quatro cadeiras e uma televisão. Elas usam vestidos de cor cinza sem adornos. Aproximando-se das cadeiras, retiram suas capas e, por meio de um hábil jogo de encaixes, posicionam os móveis sobre suas silhuetas para transformá-los em um elaborado traje geométrico.

CURTA-METRAGEM

Em 2005, Hussein Chalayan representa a Turquia na Bienal de Veneza. Ele cria para a ocasião um vídeo que coloca em cena a atriz Tilda Swinton interpretando uma cientista que coleta amostras de DNA das roupas das pessoas, a fim de decifrar suas vidas e atividades. O vínculo sagrado entre nossas roupas e nós mesmos.

AO AR LIVRE

Chalayan é conhecido por seus desfiles únicos.

1998: seis mulheres em xador com diferentes comprimentos, indo até a nudez total.

2000: um memorável vestido motorizado se transforma em cabine de avião.

2007: vestidos se transformam e contam a história da moda de forma acelerada.

2009: vestidos de látex, como que congelados em movimentos aerodinâmicos.

2011: um vestido robótico solta pequenos cristais que evocam o pólen.

2016: vestidos que, na passarela, se dissolvem dentro da água.

JOGO DE TRANSFORMAÇÃO

O exercício, até então fascinante e lúdico, toma outro rumo: uma mensagem se esboça. Assistentes dobram as cadeiras e as transformam em malas que entregam a cada uma das modelos. Depois, uma última mulher, que aparece com um vestido minimalista, caminha em direção à mesa e se esgueira até o seu centro, antes de levantá-la e espalhar a madeira em espiral. A mesa virou saia.

MODA METAFÓRICA

Essa mensagem é política. A performance não serve apenas como um pretexto criativo, ela utiliza a metáfora desse mobiliário transportável para levantar questões sobre o destino dos imigrantes e refugiados de guerra. O estilista conhece essa história, pois sua família fugiu do conflito turco-cipriota. Ele coloca, assim, uma pergunta muito simples: o que resta quando temos que deixar tudo para trás?

HABITANDO O HÁBITO

Ele vê no vestuário um refúgio, a exemplo desses objetos familiares com os quais veste suas modelos. Ele questiona também o espaço doméstico e a sua ligação com o mundo exterior, particularmente na vida das mulheres. Esta saia-mesa é a casa da qual nunca se sai verdadeiramente.

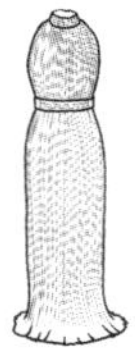

VESTIDO DELPHOS

MULHERES FATAIS

CRIAÇÃO .... **MARIANO FORTUNY** *(p.353)*

DATA **1906**

De origem espanhola, Mariano Fortuny y Madrazo se instala em Veneza no início do século XX. Lá, ele cria pinturas, decorações e gravuras, assim como explora a fotografia. Em 1906, ele também se lança na criação de roupas e tecidos que concebe à maneira de um artista.

PEÇAS ÚNICAS

Mariano Fortuny passa rapidamente a se destacar pelos seus xales e vestidos artesanais, que fazem referência à história e a seu viés estético. As criações do artista são raras e contam, portanto, com uma grande demanda. Sua criação mais emblemática é o vestido Delphos, que remete a uma famosa escultura da Grécia Antiga, o Auriga de Delfos.

LIBERTAÇÃO?

De todo modo, há um desejo cada vez mais forte de emancipar os corpos das mulheres. A silhueta da belle époque levou as restrições físicas ao extremo, com seus espartilhos tirânicos e arqueamentos absurdos. A simplicidade das túnicas antigas serve então a um ideal de mudança. Basta de transformações desproporcionais ao corpo; conforto e naturalidade ganham terreno.

DANÇA COMO INSPIRAÇÃO

Artistas como Loïe Fuller ou Isadora Duncan se livram do tutu para ir na direção das túnicas neoclássicas que acompanham um gestual mais descontraído. Em Paris, o estilista Paul Poiret nota esses bailarinos livres, assim como aprecia a estética orientalista dos balés russos. Fortuny aproximará a Grécia Antiga do Oriente, ou melhor, vai nos lembrar de como ambos sempre estiveram ligados.

LUZ INSOLENTE

As dobras de seda do vestido Delphos criam belos jogos de luz. Evocam a lagoa veneziana, tal como as delicadas pérolas de vidro de murano que adornam seus acessórios. Reconhecemos o toque artístico de Fortuny. Acima de tudo, o vestido Delphos é insolentemente erótico. Ele é usado sem espartilhos nem roupas de baixo. Audacioso, uma vez que se sabe que ele é semitransparente.

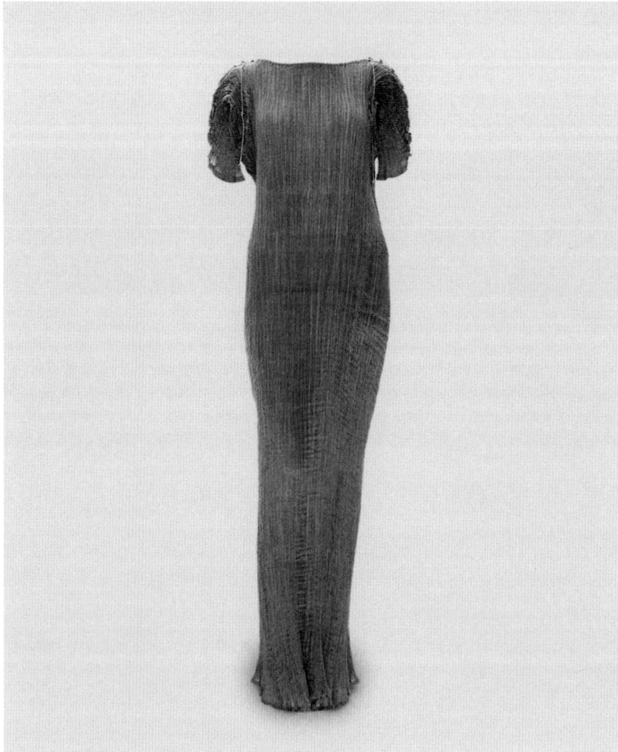

↑ **Vestido Delphos,** Mariano Fortuny

GOSTO DA AUDÁCIA

Usar um vestido Delphos exige confiança. Em uma sociedade que ainda confina as mulheres em camisas de força, só as mais libertas podem fazê-lo. São as almas boêmias, artistas como Sarah Bernhardt, mas também as milionárias afrontosas, como Peggy Guggenheim. A moda ainda não libertou verdadeiramente as mulheres, mas Fortuny oferece um vislumbre disso.

CRIAÇÕES MÍTICAS

A ensaísta americana Susan Sontag opta por ser enterrada com um vestido Delphos. Sua companheira, a fotógrafa Annie Leibovitz, o imortalizou no dia de seu funeral.

PLISSADOS MODERNOS

Em 1993, Issey Miyake lança a Pleats Please, uma coleção de roupas tubulares com pregas finas, depois de apresentar suas primeiras silhuetas plissadas em 1989. Embora, até hoje, a exata técnica de plissagem de Mariano Fortuny seja desconhecida, é possível reconhecer um desejo idêntico de combinar conforto e elegância, almejando geometria e leveza no plissado. Miyake traz o artesanato de Fortuny para o universo da tecnologia.

VESTIDO MEME

HASHTAG

CRIAÇÃO .... **VIKTOR & ROLF** *(p.362)*

DATA **2019**

É comum dizer que nossas escolhas de vestuário carregam mensagens sutis ou marcantes. Os próprios estilistas se servem de suas coleções para destilar reflexões sobre o mundo. A dupla Viktor & Rolf faz de suas apresentações performances com conceitos embasados para comunicar, às vezes, de forma bastante literal.

MEME TODO-PODEROSO

Nas redes sociais, os memes são abundantes. Essas imagens e palavras cômicas são pretexto de trocas diárias. Tanto que se tornaram um diálogo por si só, rapidamente cooptado pelo marketing. O meme é o deslocamento de uma imagem existente, e a moda não é exceção. Viktor & Rolf optaram por antecipar esse processo.

GIRO CONTÍNUO

A indústria da moda vive em um ritmo desenfreado. Para além das marcas de fast fashion, que por vezes renovam suas coleções diariamente, o mundo do luxo também cai na armadilha da fabricação para oferecer coisas novas o tempo todo. Aos desfiles semestrais se adicionam agora pré-coleções, coleções-cápsula, desfiles-cruzeiro, propondo modelos de verão no inverno, colaborações, modelos exclusivos... Uma espiral infernal para satisfazer desejos efêmeros.

VESTIDOS DE PRINCESA

Dezoito vestidos de tule são exibidos no desfile primavera-verão 2019. Coloridos e volumosos, lembram esses vestidos com babados que as jovens colegiais usam nos bailes de formatura americanos. Eles manifestam uma certa falta de jeito de quem quer fazer demais. Nesses vestidos também são afixadas mensagens gráficas, "No photos, please" ou "Freedom", acompanhadas de motivos semelhantes a emojis.

PALAVRAS DA MODA

Com a internet, quem fala mais alto é quem é notado. Viktor & Rolf compreenderam bem esse fenômeno, que revela nossas falhas narcísicas. Os vestidos são declarações – Fashion Statements é o nome da coleção. A tridimensionalidade se opõe à platitude das palavras para apoiar sua banalidade. Há também um contraste entre a aparência agridoce e as mensagens por vezes agressivas.

↑ Desfile primavera-verão Viktor & Rolf, Paris, 2019

"AOS NOSSOS OLHOS, NOSSAS CRIAÇÕES SÃO APENAS UMA PERFORMANCE. O DESFILE É A VERDADEIRA QUESTÃO."

ALIX GRÈS

NUNCA O BASTANTE

Em 1999, Viktor & Rolf apresentam um desfile que se tornou mítico. Uma variação em torno da boneca russa, encarnada pela modelo Maggie Rizer. Vestida inicialmente com um minivestido de juta, a jovem, em pé sobre uma plataforma giratória, é aos poucos vestida pelo duo de estilistas com cerca de dez peças inspiradas em formas históricas requintadas até virar apenas uma massa têxtil da qual só sobressai a cabeça. A coleção Russian Doll denuncia o círculo vicioso da produção de moda e do consumo excessivo.

VIDA NA TELA

Ao absurdo, Viktor & Rolf respondem com a ironia e o domínio técnico. Eles celebram uma arte de alta-costura espantosa, contrariando essa moda que hoje é apreciada em duas dimensões por meio de imagens enviadas freneticamente nas redes sociais. Nada mais é contemplado e admirado, apenas varrido. Não se observa mais, apenas se reage. Esses vestidos meme passam o bastão... mesmo que virem uma arma.

Página seguinte:
Desfile primavera-verão Viktor & Rolf, Paris, 2019

I
AM
MY
OWN
MUSE

VESTIDO BANDAGEM

ENTALHADO NO CORPO

CRIAÇÃO .... **AZZEDINE ALAÏA** *(p.350)*

DATA **1990**

Na Tunísia, onde foi criado, Azzedine Alaïa estuda escultura. Chegando a Paris por volta dos anos 1950, pratica a costura como artista autodidata para uma clientela abastada e exigente. Ele examina os corpos para melhor os revelar. É assim que o corte e o material se impõem no centro da sua criação.

ANOS 1980: CONSAGRAÇÃO

Em uma década que cultua o corpo, por vezes ao extremo, ele joga o jogo à sua maneira. Enquanto essa época faz do corpo uma questão materialista, ele o transforma em objeto de estudo. Fascinado por suas curvas, linhas e curvaturas, ele o acompanha, às vezes até de forma vigilante, deixando sempre que a última palavra seja a do próprio corpo. Os cortes de Azzedine Alaïa não definem um exoesqueleto, mas se fundem em uma segunda pele.

A VERDADE FEITA MULHER

Peter Lindbergh colaborou com Azzedine Alaïa. Seu estilo realista, influenciado pelo expressionismo, pela documentação social de August Sander e pela dança, acompanha o visual despojado e sensual do estilista. Ele se distingue por seus retratos de mulheres fortes e reais, pouco maquiadas, às vezes acompanhadas, que são sujeitos e não objetos.

VOCABULÁRIO PESSOAL

Jérsei, corte em diagonal, fechos de zíper, couro... O estilista utiliza, com uma técnica incomparável, diversas texturas e materiais para definir silhuetas atemporais. Ao trabalhar diretamente nos corpos de suas modelos e clientes, ele capta a ciência das formas, dominando o trabalho de mestres da técnica como Cristóbal Balenciaga ou Madeleine Vionnet.

CORPO ESSENCIAL

O corpo faz o vestido viver. Ao se mover, respirar, quem usa o transforma: os cortes aumentam ou se fecham, pulsando a seu ritmo. Ultrajusto, o vestido poderia aprisionar, mas, ao contrário, liberta. Traz um respiro bem onde o corpo seria cerceado.

↑ Vestido La Sirène, Azzedine Alaïa, 1994

"NUNCA SEGUI A MODA. SÃO AS MULHERES QUE DITARAM MINHA CONDUTA. EU SEMPRE PENSEI APENAS NELAS. ESTOU CONVENCIDO DE QUE ELAS TÊM MAIS TALENTO DO QUE QUALQUER ESTILISTA."

AZZEDINE ALAÏA

MUSEU

Azzedine Alaïa reconhece legitimamente aqueles que revolucionaram a moda, colecionando peças como as de Cristóbal Balenciaga, de Madeleine Vionnet ou de Madame Grès. Também conta com criações americanas, de Adrian ou de Charles James, e contemporâneas, de Yohji Yamamoto ou de Rei Kawakubo. Sua fundação conserva centenas de peças, desenhos, fotografias e tecidos.

NASCIMENTO DE UM VESTIDO

O vestido nasce em 1990. Inspirado em múmias, ele é lacerado como uma obra de Lucio Fontana. O corpo é todo-poderoso, seja dissimulado, seja revelado. Ao entalhar o tecido, Alaïa traz uma nova dimensão: um vazio que se torna presença, uma carne exposta, mas nunca indecente.

Página anterior:
Naomi Campbell, *Lincoln Center,* Nova York, 1994

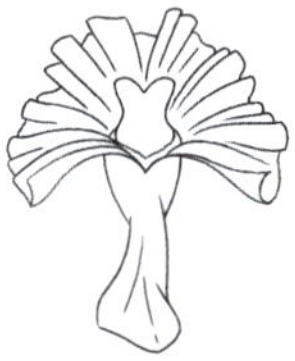

NASCIMENTO DE VÊNUS

PODEROSAS MULHERES

CRIAÇÃO .... **THIERRY MUGLER** *(p.358)*

DATA **1995**

No fim dos anos 1970, a moda se faz com formas fluidas, andróginas e por vezes boêmias. Um estilo que vai na contramão do que Thierry Mugler propõe. O estilista francês opta, ao contrário, por acentuar e até mesmo exacerbar as formas. Ele faz da mulher uma matéria de sua reflexão espetacular.

↑ **Vestido com bainha,** Thierry Mugler, 1986

CRIAÇÕES MÍTICAS

1984: A Madona.

1988: A Diabólica.

1989: A Sereia.

1992: O Espartilho de Motocicleta.

1995: O Robô.

1997: A Mulher-inseto.

1997: O terno "pneu".

1997: A Quimera.

GRANDIOSIDADE

Em março de 1984, Thierry Mugler é o primeiro estilista a organizar um desfile de moda aberto ao público. No Zénith de Paris, o espetáculo é digno de uma superprodução hollywoodiana: 2 mil convidados e 4 mil espectadores. O público acompanha 55 modelos apresentando mais de 200 looks. A passarela vira palco para aquele que teatraliza ao extremo suas silhuetas feitas de criaturas antropomórficas, anjos e heroínas pop. Quando Pat Cleveland desce do teto estrelado, Thierry Mugler surpreende o público.

GOSTO PELO ESPETÁCULO

Depois de um grandioso desfile de moda no Zénith em 1984, é no Cirque d'Hiver que Thierry Mugler propõe um show sensacional, em comemoração aos 20 anos de sua marca. O estilista, admitido desde 1992 no restrito círculo da alta-costura parisiense, apresenta sua coleção outono-inverno de 1995.

HIPER MODELOS

Ele lembra os códigos da sua criatividade: o erotismo, a subversão, o fetichismo e o futurismo. Os modelos de Mugler são igualmente estereótipos femininos. Arquétipos que ele leva ao paroxismo ao imaginar criaturas híbridas, que flertam com o cinema, com as histórias em quadrinhos e com a ficção científica.

CORPOS PODEROSOS

Com seus corpos modelados por espartilhos e quadris estruturados, pode-se pensar que o estilista sugere uma visão redutora e submissa da feminilidade. No entanto, é o contrário disso, porque suas mulheres esculpidas ao extremo assim o são em benefício próprio. Elas se revestem de uma armadura que as torna poderosas, inatingíveis e donas de seus corpos.

NASCIMENTO DE UMA MULHER

Working girls, deusas, mulheres-ciborgue: todas passeiam pelo Cirque d'Hiver. E, entre essas heroínas, surge uma mulher curvilínea em um vestido preto que se abre em corola, tal como uma concha, de cetim rosa, que revela um espartilho cor de pele sob uma chuva de strass. Aparece a modelo Simonetta Gianfelici, adornada com pérolas e luvas, ao mesmo tempo fantástica e requintada. Mugler se inspirou em *O nascimento de Vênus*, de Sandro Botticelli. Mas sua Vênus sabe o que quer. Ela eclode, não ingênua, mas confiante. Não se trata de um nascimento, mas de um florescimento.

HOMENAGENS E COLABORAÇÕES

Thierry Mugler vive um renascimento desde os anos 2010, especialmente entre as cantoras americanas de R&B e hip-hop. Em 2008, seu retorno é fortemente marcado pela colaboração com Beyoncé. Suas criações passadas, que são atualizadas, também agradam. Em 2019, a rapper Cardi B escolhe três silhuetas de 1995, incluindo o vestido Vênus, para o Grammy Awards.

Página seguinte:
Desfile outono-inverno Thierry Mugler, 1995, Paris

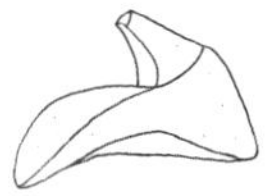

CHAPÉU TROMPE-L'ŒIL

ILUSÃO DE ÓTICA

CRIAÇÃO .... ELSA SCHIAPARELLI *(p.360)*

DATA 1937

O *trompe-l'œil* está no cerne da história de Elsa Schiaparelli: ele lança a carreira da costureira italiana com seus suéteres tricotados com padrões de fitas e de golas. A estilista decide entrar no mundo da moda parisiense, levando-lhe um vocabulário novo e lúdico.

CONTAR HISTÓRIAS

Estamos no final dos anos 1920. Em resposta à garçonne (p. 320) surge uma nova mulher: mais glamorosa, longilínea e sutil. O sutil, porém, não tem graça aos olhos de Elsa Schiaparelli; ela prefere a loucura, a provocação e o aspecto decorativo. Suas criações contam histórias e levam a lugares absurdos. São botões em formato de trapézios, colares repletos de insetos ou luvas com unhas pintadas.

AMIZADES ARTÍSTICAS

É preciso dizer que a estilista frequenta os surrealistas. Ela observa seus combates artísticos e seu universo fantástico. Por que ela não poderia fazer o mesmo? Schiaparelli introduz uma linguagem nova e explosiva na alta-costura parisiense, uma linguagem da qual esta última, até então, se manteve distante: o humor. Não se pode rir da moda. Mas a estilista desdenha dessas convenções, as quais ignoram as questões de uma década que procura na ironia um meio de aliviar o mal-estar político e social. Elsa Schiaparelli celebra a leveza, não por despreocupação, mas por consciência.

SALVADOR DALÍ

Schiaparelli concebe colaborações surpreendentes com os surrealistas. Ela convida Jean Cocteau, Meret Oppenheim e Leonor Fini para criar peças, acessórios, objetos cosméticos ou joias para ela. Mas aquele com quem ela trabalha com mais frequência é Salvador Dalí. Ambos imaginam roupas malucas e por vezes escandalosas, como o vestido lagosta, com certa conotação erótica que não passa despercebida, principalmente quando usado na *Vogue* americana por Wallis Simpson.

↑ **Chapéu Elsa Schiaparelli**, outono-inverno, 1937

"NOS MOMENTOS DIFÍCEIS, A MODA É SEMPRE ESCANDALOSA."

ELSA SCHIAPARELLI

NASCIMENTO DE UM CHAPÉU

Salvador Dalí está de férias com sua companheira, Gala, que imortaliza o artista usando um sapato feminino na cabeça. A ideia diverte Elsa Schiaparelli: ela cria um chapéu em formato de sapato de salto. O acessório é apresentado em sua coleção outono-inverno de 1937 e causa frisson. Apesar da extravagância da sua forma, trata-se de fato de uma peça projetada para parecer elegante. O souvenir de férias torna-se um objeto de travessura, por assim dizer, como sua criadora.

CHOCANTE

O chapéu-sapato de Elsa Schiaparelli é apresentado em duas versões. Uma em preto, outra com salto realçado em rosa. Um rosa fúcsia ousado, próprio da estilista, que é também lançado em 1937. Ele tem um nome: é o rosa *shocking*, sua assinatura desde a criação do perfume homônimo.

Página anterior:
Modelo usando um chapéu Elsa Schiaparelli, projetado com Salvador Dalí, 1937

BOTÕES E CORAÇÕES

O AMOR, NÃO O ÓDIO

CRIAÇÃO .... **PATRICK KELLY** *(p.356)*

DATA .... **ANOS 1980**

Nascer negro em uma América segregacionista é o contexto da empreitada criativa de Patrick Kelly. Tudo em seu trabalho exala a reparação: proclamar o amor em vez do ódio e reapropriar-se de uma iconografia afro-americana. Sem clichês, o estilista homenageia sua comunidade.

O CHAMADO DE PARIS

Afastado de seu país natal, Patrick Kelly tenta a sorte em Paris em 1979 e finalmente consegue se estabelecer em meados da década de 1980, com o apoio das boutiques Victoire e da revista *Elle*. Muito rápido, ele cria um estilo autoral, feito de minivestidos justos, adornados com enfeites coloridos: botões, corações, fitas e estampas alegres e charmosas. Silhuetas que ecoam então a identidade de sua marca exuberante e eufórica.

GRANDE

Em 1988, Patrick Kelly é o primeiro estilista americano a ser admitido na Câmara Sindical da Alta-Costura de Paris.

COMBATER PELO HUMOR

O humor é uma característica da moda dos anos 1980, materialista, relaxada e ao mesmo tempo excessiva. Patrick Kelly se integra a esse movimento com facilidade. Mas sua inocência e suas referências ao surrealismo de Elsa Schiaparelli (p. 236) não devem ocultar as mensagens que o criador destila. Da saia banana em homenagem à Joséphine Baker ao logo da marca em forma de *golliwog* (boneca negra com cabelos crespos) e o chapéu de melancia, ele se reapropria de uma iconografia racista como que para combatê-la.

BOTÕES EM TODA PARTE

Ao colocá-los em suas criações, Patrick Kelly saúda a memória de sua avó que, sem recursos, usava botões de cores diferentes para remendar as roupas dos filhos. Então, quando esses botões formam um coração, o estilista declara o amor à sua avó e às mulheres negras cujos trajes ele admirava na igreja aos domingos. Mulheres que a moda excluiu de sua linguagem, de sua história e de seu comércio.

↑ **Vestido Buttons**, Patrick Kelly, outono-inverno, 1986-1987

"QUERO QUE MINHAS ROUPAS TE FAÇAM SORRIR."

PATRICK KELLY

SEMPRE O AMOR

Patrick Kelly desenha corações, não por candura ou negação, mas porque ele sabe que responder ao ódio com ódio não adianta nada. Pois a moda é uma festa e, quando se é convidado para seu círculo fechado, responde-se com ternura. É melhor.

EVENTO HISTÓRICO

Em 1958, Eunice Walker Johnson e John H. Johnson, fundadores da revista *Ebony*, criam a Ebony Fashion Fair. A particularidade desses desfiles? Apresentam apenas modelos negros e se dirigem a uma clientela afro-americana completamente esquecida pelas marcas. Esses desfiles inovadores por seu discurso e também por sua encenação contemporânea têm uma influência constante na indústria da moda e definem uma nova história entre a moda e os negros americanos.

MODA FELIZ

O PODER DAS FLORES

CRIAÇÃO .... **KENZO TAKADA** *(p.362)*

DATA .... **ANOS 1970-1980**

Chegando à França em 1965, Kenzo Takada vende seus projetos de moda para o estilista Louis Féraud, e também para lojas de departamento e marcas de prêt-à-porter. Ele se instala, posteriormente, em uma pequena loja na galeria Vivienne. Ele a reforma com uma decoração que evoca Douanier Rousseau, nomeando-a como Jungle Jap.

FELICIDADE

Em 14 de setembro de 1977, Kenzo Takada apresenta sua coleção parisiense em Nova York, no Studio 54. Aberto poucos meses antes, já é um templo noturno, no qual uma exuberante fauna se reúne toda noite. O estilista, cuja abordagem apela à leveza e à descontração, encontra naquele local o cenário perfeito para suas encantadoras silhuetas. Ele, que adora organizar desfiles lúdicos, escolhe um interlúdio musical da musa Grace Jones, enquanto as modelos dançam e brincam com balões.

UM POUCO DE CORAGEM

O estilista japonês apresenta suas modelos nas redações das revistas de moda. Suas silhuetas chamam a atenção dos jornalistas da revista *Elle*, que observam atentamente as propostas desse sonhador criativo. Em 1970, ele apresenta sua primeira coleção, baseado em um mal-entendido, ou melhor, em uma certa falta de conhecimento. Pouco advertido sobre os costumes da moda, ele não se alinha com as estações: ele apresenta o verão no verão, e o inverno no inverno. Bom no sentido estético, mas não comercial. Pouco importa, porque a década que se inicia tem a liberdade como princípio. Que as convenções vão para o inferno!

MISTURA DE ESTILOS

Padrões alegres e floridos povoam suas criações. A leveza também, inspirada pelo yukata japonês. Kenzo Takada mistura formas tradicionais japonesas e códigos ocidentais com uma facilidade desconcertante. Mangas de quimono (p. 148) combinam com microshorts, o rústico encontra o urbano, a cor viva e as estampas coloridas. Ele privilegia o volume e o conforto, tirando o estilo hippie (p. 326) da marginalidade.

↑ **Vestido em veludo com estampa floral**, Kenzo, 1970

"QUANDO PERGUNTARAM UM DIA A KENZO POR QUE ELE NÃO DESENHAVA ROUPAS JUSTAS E SENSUAIS, ELE RESPONDEU: 'NÃO POSSO, SOU TÍMIDO DEMAIS'."

KENZO TAKADA

ESTILO FLORIDO

A Jungle Jap se torna a Kenzo. A grife do estilista impõe suas planícies floridas emprestadas da arte japonesa. Elas adornam jaquetas de algodão matelassê, que se tornam sua assinatura, acessórios de patchwork e vestidos campestres inspirados no folclore.

MELTING POT

Kenzo Takada se vê como um cidadão do mundo. Ele faz empréstimos de todas as culturas, da África ao Japão, passando pelas estepes da Mongólia. Ele faz da alegria seu emblema com desfiles dançantes e cheios de frescor. É isso que ele conta: a alegria encontrada na curiosidade sobre o outro e no apagamento das fronteiras.

GIGANTESCO

Em 1975, Kenzo Takada organiza o maior desfile do mundo em Tóquio. Durante dez dias, 18 mil pessoas assistem às suas modelos.

Página 240:
Kenzo Takada e duas modelos, prêt-à-porter outono-inverno, 1973

SAHARIENNE

MUNDO SELVAGEM

CRIAÇÃO .... **YVES SAINT LAURENT** *(p.360)*

DATA **1967**

É no final do século XIX que a jaqueta saharienne entra no vestuário masculino dos britânicos que caçam nas terras indianas e africanas do Império Colonial. A vestimenta rapidamente se torna símbolo de uma virilidade heroica e imperialista, propagada até nos Estados Unidos ao longo dos anos 1940.

MODELO PARA MULHERES

Em 1967, Yves Saint Laurent introduz a saharienne em sua coleção de alta-costura Bambara, destinada às mulheres. Ele apresenta uma jaqueta saharienne próxima ao modelo original.

ESCÂNDALO

Em 21 de janeiro de 1971, Saint Laurent apresenta sua coleção de alta-costura de primavera-verão. Logo nos primeiros momentos, já é palpável o desconforto geral. O estilista ousa fazer uma provocação inaceitável: se inspirar nos anos sombrios da ocupação nazista na França. A razão? O look retrô de sua amiga Paloma Picasso, que se veste com peças garimpadas no mercado de pulgas. O público reconhece as silhuetas dos anos de guerra e isso desperta lembranças ruins. A imprensa considera a coleção "horrível", mas a juventude se exaltava e a tendência vintage se desenvolvia.

APELO DO DECOTE

É, contudo, uma versão posterior única da jaqueta que realmente faz sucesso. Em 1968, Saint Laurent revisita a saharienne para a *Vogue Paris*, com um profundo decote com rendas, usado por uma felina e sensual Veruschka, imortalizada por Franco Rubartelli. O modelo faz sucesso e passa a ser comercializado no ano seguinte.

INSPIRAÇÃO AFRICANA

O estilista toma de empréstimo o vestuário masculino para renovar o das mulheres, de modo a emancipá-las. Essa conquista estilística esconde um contexto cultural difícil de ignorar, pois a coleção que lança a saharienne apresenta silhuetas inspiradas na etnia bambara do Mali. Vestidos de ráfia, conchas e penteados arquiteturais (usados por modelos brancas) contrastam com a imperiosa jaqueta saharienne.

↑ **Saharienne,** Yves Saint Laurent

"EU FUI SOBRETUDO UM VIAJANTE SEM SAIR DO LUGAR, O QUE PERMITIU QUE MINHA IMAGINAÇÃO SE DESENVOLVESSE."

YVES SAINT LAURENT

GÊMEA

Uma noite, no Régine, um clube noturno parisiense, Saint Laurent observa uma jovem mulher loira, esbelta e andrógina, dançando na pista. É Betty Catroux. Ele enxerga nela seu duplo feminino e a torna sua musa.

IMPERIALISMO CULTURAL

A saharienne nasce da dominação e sua presença nessa coleção mantém uma postura colonialista. O desfile é o reflexo de uma África fantasiada, desajeitadamente comparada com o Ocidente civilizado: os trajes africanos desnudam, a saharienne cobre. A intenção de Yves Saint Laurent não é racista. Mas a sua criação reflete a visão imperialista inscrita na cultura ocidental. No mesmo momento, em 1967, no Mali, Malick Sidibé fotografa jovens de calça boca de sino (p. 326) e minissaia (p. 160) dançando twist e andando de scooter. Essa África também merece ser mostrada.

Página 241:
Betty Catroux, Yves Saint Laurent e Loulou de la Falaise, 1969

TALON A LA MINUTE
RESSEMELAGE
EXPRESS
MURAT

SILHUETA SLIM

UM NOVO HOMEM

CRIAÇÃO .... **HEDI SLIMANE** *(p.361)*

DATA .... **ANOS 2000**

Em 2000, a direção artística da Dior Homme é confiada a Hedi Slimane. O estilista propõe um estilo que homenageia a vanguarda. Da trilha sonora dos desfiles às roupas, passando pelas campanhas publicitárias, ele transfere a identidade da cena rock para silhuetas que redefinem a masculinidade.

O CORPO DOS HOMENS

Às influências do rock das décadas de 1960 e 1970 Hedi Slimane mistura a jovem guarda underground. Como talentoso fotógrafo, ele documenta e absorve os olhares dessa juventude rebelde para melhor transpô-los a suas criações. No final dos anos 1990, quando já se destacava na Yves Saint Laurent, Hedi Slimane propõe uma nova visão da moda masculina, sobretudo do corpo dos homens.

VIRILIDADES

A masculinidade é questionada ao longo de toda a década. Helmut Lang e Raf Simons estão entre aqueles que sentem a necessidade de renovar a identidade estilística dos homens. Os anos 1990 foram sobretudo marcados por uma virilidade exacerbada, ora extravagante, como na Versace (p. 198), ora banal, influenciada pelo sportswear. Hedi Slimane propõe então uma visão minimalista e andrógina.

↑ **Terno da coleção Strip**, Dior, 2004

"EU ADORARIA QUE OS HOMENS PENSASSEM EM EVOLUIR PARA ALGUMA COISA MAIS SOFISTICADA, MAIS SEDUTORA. QUE ELES EXPLORASSEM A POSSIBILIDADE DE UMA MASCULINIDADE TOTALMENTE REINVENTADA."

HEDI SLIMANE

INFLUENTE

O estilo de Hedi Slimane tem um impacto considerável na moda contemporânea. Ele define toda uma nova iconografia e uma maneira de pensar o vestuário masculino, tanto nas casas de luxo quanto no prêt-à-porter. Hedi Slimane abre caminho para conversas contemporâneas sobre a noção de gênero nas representações indumentárias.

MODA VIRTUOSA

Ele aplica a técnica da alta-costura em seu trabalho, valorizando o corte, os detalhes e os materiais sem cair em excessos. Suas silhuetas são sóbrias, bastante nítidas e longilíneas. Ao popularizar um novo visual, ele oferece a possibilidade de outra masculinidade em uma época que impõe um caminho único.

FANTASMA MASCULINO

O corpo desenhado pelo criador é, contudo, tanto idealizado quanto pernicioso: muito jovem, magro, frágil. Mas de certa forma ele acerta, porque transforma a moda masculina e, sobretudo, a transcende. Até então um tanto negligenciada, ela se beneficia agora de um interesse renovado. Hedi Slimane torna o vestuário masculino comercial, desejável e cultural.

MOTIVADO

O próprio Karl Lagerfeld afirmou: foi ao descobrir a coleção de Hedi Slimane para a Dior Homme que ele decidiu fazer um regime drástico, perdendo 40 kg para caber nos ternos ultraslim do estilista.

PORNÔ CHIQUE

SEXO E DECADÊNCIA

CRIAÇÃO .... **TOM FORD PARA GUCCI** *(p.353)*

DATA .... **ANOS 1990-2000**

Em 1994, a Gucci nomeia Tom Ford como diretor artístico da casa. Sob a liderança do estilista americano, a marca de acessórios de luxo se torna a marca sobre a qual todo mundo fala, pois Tom Ford infunde uma estética no centro de suas criações, ou melhor, uma atmosfera inspirada no estilo disco dos anos 1970.

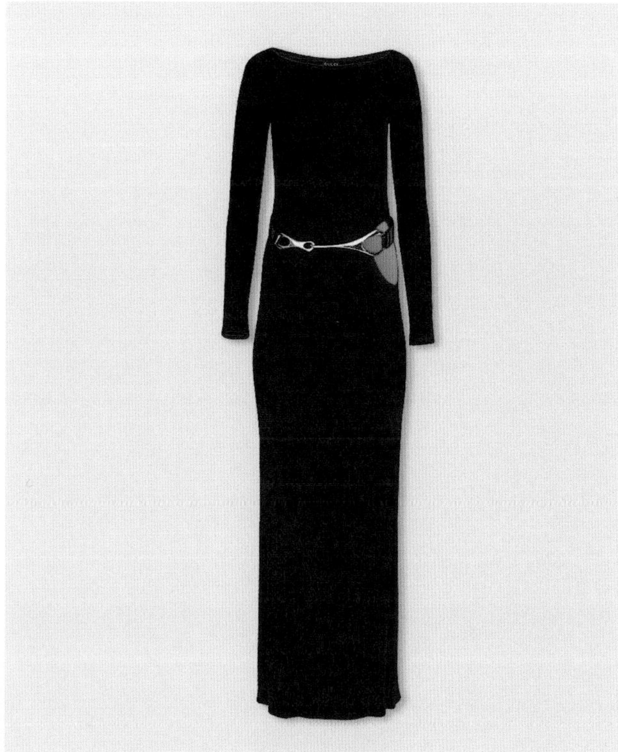

↑ Vestido Tom Ford para Gucci, 1996

VENDER O SEXO

Dos anos disco, Tom Ford conserva o estado de espírito descontraído e cheio de sensualidade. Sensualidade acima de tudo, pois o segredo do estilista é que ele insere o sexo em todo o vocabulário da Gucci, desde as campanhas publicitárias até as roupas propriamente ditas. Hedonismo, glamour e minimalismo são as palavras-chave de suas coleções. Tom Ford certamente vende sexo, mas o faz com estilo. Quando suas modelos desfilam com rímel borrado, cabelo molhado e a pele brilhando de suor, ele fala de devassidão, mas de uma devassidão que se vive em camisa de seda e calça de veludo.

TRIO DE CHOQUE

Tom Ford dá origem ao pornô chique. Ou melhor, ele revive, com Carine Roitfeld, musa e consultora, e Mario Testino, fotógrafo, uma estética que lembra as fotografias decadentes dos anos 1970 criadas por Helmut Newton ou Chris von Wangenheim. As campanhas imaginadas pelo trio mostram casais abraçados e púbis depilados no formato da letra G. Os detratores ficam horrorizados pelo escândalo e pela objetificação das mulheres, outros enaltecem uma sexualidade assumida.

EDITORA-CHEFE

Em 2001, a mulher que definiu a iconografia do pornô chique com Tom Ford foi nomeada editora chefe da *Vogue Paris*. Durante dez anos, Carine Roitfeld traz o gosto pela irreverência e por uma liberdade que se tornou a identidade da revista francesa, que se distingue da sua prima gigante americana. O advento dos blogs e da fotografia de street style trouxeram fama à editora. Ela se torna então tão mítica quanto a própria revista.

"TALVEZ SEJA ISSO QUE ME LEVE A FAZER UMA MODA SEXY, PORQUE SE POSSO TIRAR A ROUPA, EU TIRO. NÃO É SÓ UMA COISA PARA VENDER. TRATA-SE DO MEU GOSTO PESSOAL. SOU SENSÍVEL À BELEZA DE HOMENS E MULHERES NUS."

TOM FORD

MODA SENSUAL

Enquanto suas imagens flertam com a indecência, as criações de Tom Ford são mais sutis. Prefere brincar com camisas (p. 166) um pouco abertas demais, calças de cintura baixa, alças que deslizam sobre o ombro e, acima de tudo, materiais sensuais que aderem à pele. Para sua coleção primavera-verão de 1997, ele transgride os códigos do luxo e propõe uma lingerie string com o logotipo da Gucci na parte de trás.

GOSTO PROFÉTICO

Tom Ford ousa muito e isso funciona. As vendas da Gucci explodem e o pornô chique se dissemina. Sobretudo, ele antecipa a década de 2000, narcisista e voyeur.

Página seguinte:
Kate Moss, desfile primavera-verão Gucci, 1997

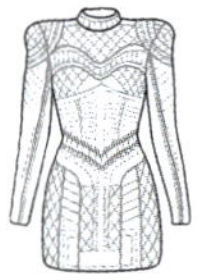

BORDADOS E PEDRARIAS

APARÊNCIA FALSA

CRIAÇÃO ········ **OLIVIER ROUSTEING PARA BALMAIN** *(p.360)*

DATA ········ **2012**

Em 2011, com apenas 25 anos, Olivier Rousteing é nomeado diretor artístico da Balmain. Ele trabalhava para a grife desde 2009 e observou o que constituía a assinatura da marca, fundada em 1945 por Pierre Balmain: a arte do corte, detalhes refinados e uma forma de frescor juvenil.

NOVO GLAMOUR

Olivier Rousteing traz um olhar próprio à nostalgia. Sem jamais negar os fundamentos da Balmain, ele incorpora nela seu toque pessoal e o seu domínio dos códigos sociais contemporâneos. Seu gosto pela cultura pop e por aqueles que a compõem o aproxima das celebridades. Seu estilo glamoroso e sexy se adequa a uma nova geração influente, sempre em busca de um minuto de fama.

ESTRELAS CONVIDADAS

Em 2021, durante os seus 10 anos como diretor artístico da Balmain, Olivier Rousteing organiza um desfile memorável, no qual convida grandes nomes das passarelas dos anos 1990 para apresentar modelos centrais de sua carreira. Carla Bruni, Naomi Campbell, Karen Elson e Milla Jovovich fazem assim uma aparição surpresa.

MULHERES PODEROSAS

Primeiro diretor artístico negro de uma marca de alta-costura parisiense, Olivier Rousteing relata detalhadamente sua luta como homem negro, como quando homenageou o Egito em 2018, metamorfoseando a Beyoncé em Nefertiti pop no Coachella, enquanto a rainha egípcia se tornava o totem identitário de mulheres afro-americanas. Rousteing sabe que por trás dos holofotes estão discursos sociais inevitáveis.

NOVA GERAÇÃO

Acima de tudo, ele recusa o esnobismo daqueles que alvitam as redes sociais. Corteja influenciadores e estrelas de reality shows, como as irmãs Kardashian, pois, a seus olhos, não há hierarquia. Essas novas celebridades encarnam sua geração, e tudo gira em torno delas. Seria hipocrisia ignorá-las.

↑ **Vestido Balmain,** outono-inverno 2012

"PARA MIM, UMA MULHER FORTE USANDO BORDADOS NÃO É UM OBJETO NEM UM TROFÉU. É UMA MULHER QUE USA UMA ARMADURA."

OLIVIER ROUSTEING

EXÉRCITO BALMAIN

Em 2012, ele manifesta sua definição de feminilidade: andrógina e sensual. Ele presta homenagem à Balmain criando bordados de pérola delicados e primorosos. Muitas peças contam com ombros bem marcados, quase geométricos. Suas modelos são apelidadas de exército Balmain. Rousteing desenha um batalhão de mulheres que parecem troféus, mas que se revelam mulheres de negócios excepcionais, soberanas e graciosas – a exemplo de suas criações.

TOP DO TOP

No passado, as influenciadoras eram top models. A capa da *Vogue* britânica de 1990 é considerada o ponto de partida desse fenômeno. Nela se veem, com fotografia de Peter Lindbergh, Naomi Campbell, Christy Turlington, Linda Evangelista, Cindy Crawford e Tatjana Patitz: elas são apelidadas de Big Five. Claudia Schiffer substituirá rapidamente Tatjana Patitz no pelotão líder.

Página anterior:
Desfile Balmain,
outono-inverno 2010-2011

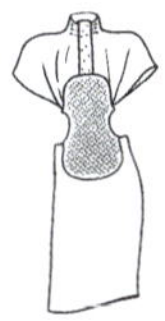

VESTIDO ANGKOR

MULHER-ORQUESTRA

CRIAÇÃO .... **KARL LAGERFELD PARA CHLOÉ** *(p.357)*

DATA **1983**

Em 1952, Gaby Aghion funda a marca Chloé. Ela quer propor uma moda moderna e emancipatória, livre das restrições da alta-costura. Suas silhuetas são simplificadas, descontraídas e cosmopolitas. Como ela própria não é estilista, rodeia-se deles para obter um olhar complementar.

DESTAQUE

A profissão de estilista é inédita na moda. O pós-guerra e os anos 1970 lhe pertencem. Até então anônimos, trabalhadores independentes de uma indústria que não para de se desenvolver, revelam-se ao grande público como criadores de um novo gênero que dita um look, não apenas uma modelagem. Karl Lagerfeld é um exemplo híbrido, parte estilista, parte costureiro, tendo se formado nas grandes casas de alta-costura.

DE CLÉO A CHLOÉ

Em 1900, Cléo de Mérode, a musa da Paris da belle époque, interpreta dançarinas exóticas. Respondendo à fantasia orientalista, ela se veste como uma divindade cambojana, inspirada nos baixos-relevos dos templos de Angkor. Teria Karl Lagerfeld descoberto nessa cativante artista, cujo nome é semelhante ao da marca para a qual trabalha, uma inspiração para o seu vestido violino?

TUDO PELA MÚSICA

Em 1964, Lagerfeld entra em cena na Chloé. Ele permanecerá ali por mais de 20 anos fazendo de tudo, trabalhando paralelamente na Fendi e ingressando na Chanel em 1983. Nesse ano, justamente para a coleção primavera-verão da Chloé, ele imagina um desfile inspirado no mundo da música. A inspiração combina com esse início de década que gosta de festejar em casas noturnas do hype. Ela também se presta ao espírito alegre e efusivo das apresentações da marca.

VESTIDO SURREALISTA

Aparece então um vestido com uma ilusão de ótica. De costas, ele parece um bolero combinado com uma saia preta justa. No entanto, de frente, revela-se um chamativo bordado de violino dourado, com punhos igualmente ostensivos. Não podemos deixar de ver uma homenagem a *O violino de Ingres*, de Man Ray, uma obra irônica sobre o conceito da mulher-objeto. Nada de surpreendente nisso: o surrealismo ocupa um espaço preponderante no trabalho de Lagerfeld na Chloé.

↑ **Vestido Angkor**, Karl Lagerfeld para Chloé, 1983

"TENHO UM DOM INATO PARA RECONHECER O TALENTO DOS OUTROS."

GABY AGHION

MODA SURREALISTA

A arte e a cultura estão no cerne do DNA da Chloé. O humor também, especialmente na época de Karl Lagerfeld, que não hesita em propor uma antologia de vestidos-objetos surpreendentes.

1979: bolsa-leque.

1983: vestido de tesoura.

1983: vestido esfumaçado com padrão bordado de chuveiro.

1984: vestido de cabide.

1995: vestido de lâmpadas.

2001: culote de abacaxi.

2001: camiseta de banana.

CITAÇÃO MISTERIOSA

Mas por que Angkor? Qual é a ligação entre esse ilusório violino e a cidade arqueológica cambojana? Conta-se que a música do país se desenvolveu, no século VII, precisamente nessa cidade. É uma pista que diz tudo sobre a erudição de Karl Lagerfeld.

BOLSA KELLY

GRANDE DAMA

CRIAÇÃO .... HERMÈS

DATA 1956

Em 1837, Thierry Hermès funda sua oficina de equipamentos para cavalos. Na virada do século, a casa, especialista em couro, desenvolve artigos em resposta ao crescimento das viagens. A sua primeira bolsa é o modelo Haut à Courroies, usada inicialmente para transportar selas e botas de equitação.

EM SINTONIA COM A ÉPOCA

Na década de 1930, Robert Dumas, genro de Émile Hermès, propõe uma versão feminina da bolsa, uma "pequena bolsa feminina com alças": em formato de trapézio, com elos que fecham com um cadeado e tachas pregadas na parte inferior que a deixam ligeiramente levantada para evitar o desgaste do couro. Com sua forma geométrica, ela se insere na estética rigorosa e minimalista dos anos 1930.

SALTO PARA FRENTE

Porém, é outra década que a honra, quando a atriz Grace Kelly é fotografada, no final dos anos 1950, na Filadélfia, usando a bolsa acompanhada do príncipe Rainier III de Mônaco, com quem iria se casar. Reza a lenda que ela teria usado a bolsa para esconder um início de gravidez.

SONHO DE PRINCESA

Um mito artificial, mas também uma publicidade. As mulheres de todo o mundo sonham com esse conto de fadas: uma bela atriz de Hollywood que se torna princesa. A Hermès homenageia e renomeia a bolsa. A Kelly se torna o símbolo do romantismo e do romanesco.

OBJETO DE DESEJO

Em 1981, em uma viagem de avião, Jane Birkin encontra o presidente da casa, Jean-Louis Dumas, que propõe a ela uma releitura de uma bolsa elegante e funcional. A Birkin, macia, espaçosa e com duas alças, homenageia esse encontro imprevisto e é comercializada desde 1984. No final dos anos 1990, ela se torna um verdadeiro fenômeno de luxo.

BOLSA DE MULHER?

Trata-se de uma bolsa requintada e ascética para ser carregada na mão, mas que recusa qualquer preciosismo e remonta à sua origem funcional, incorporando-se em uma década que leva a feminilidade ao paroxismo com os seus estereótipos e injunções. Ela é elegante, mas não conformista; característica, mas não ostensiva demais. A própria Grace Kelly é um símbolo da elegância e da descontração totalmente americanas.
A bolsa Hermès demonstra seu pragmatismo, sua consciência do papel patrimonial que deverá endossar.

↑ **Bolsa Kelly**, Hermès

"O LUXO É A RARIDADE, A CRIATIVIDADE, A ELEGÂNCIA."

PIERRE CARDIN

PORTA-TUDO

A moda dá lugar de destaque às bolsas preciosas, mas também sabe projetar bolsas práticas.

Anos 1930: bolsa Saint Louis, Goyard.

1930: Speedy, Louis Vuitton.

1961: Jackie, Gucci.

1993: Pliage, Longchamp.

1998: Cabas, Vanessa Bruno.

2000: City Bag, Balenciaga.

2002: Billy, Jérôme Dreyfuss.

2003: 24h, Gérard Darel.

2011: Phantom, Celine.

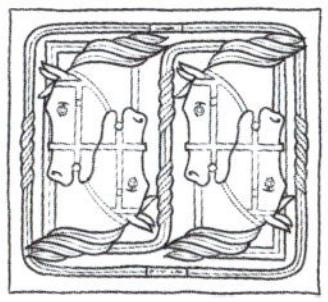

LENÇO
MULTIFORME

CRIAÇÃO .... **HERMÈS**

DATA **1937**

Durante o século XVIII, era comum as mulheres usarem um lenço de linho ou musselina em seu corpete. O lenço, acessório feminino estético e charmoso, se desdobra em uma versão masculina no século XIX, quando alguns homens o amarram em volta do pescoço.

↑ **Carré de seda Hermès Brides de Gala,** Hugo Grygkar

LENÇOS DE PESCOÇO

Até a década de 1930, era comum o analfabetismo entre soldados. Assim, o exército francês adquiriu o hábito de fornecer a seus soldados lenços impressos com instruções ilustradas. Em 1937, Robert Dumas, genro de Émile Hermès, se inscreve na tradição militar e cria o primeiro lenço de seda da casa, o carré, medindo 90 × 90 centímetros. Chamado de Jeu des omnibus et dames blanches, a peça reproduz um jogo de tabuleiro representando o transporte público parisiense, muito popular nessa época.

EM TORNO DO PESCOÇO

Em 1951, a Hermès lança as suas primeiras gravatas de sarja de seda, com 8 centímetros de largura. Elas apresentam, desde então, alegres estampas figurativas, criadas por Henri d'Origny.

ASSINATURA DA CASA

A ligação com o mundo equestre na Hermès não é ignorada, já que Robert Dumas tem os seus lenços desenhados e estampados em sarja de seda, material anteriormente utilizado nos casacos dos jóqueis. Esses lenços variados, que podiam ter até quarenta quadros diferentes, fazem sucesso imediato entre as socialites e mulheres da alta sociedade, que se apropriam deles à sua maneira.

UM LENÇO PARA CADA PESSOA

É nisso que reside o valor do carré Hermès: ele se adapta às preferências e à personalidade de cada um. Os homens usam no pescoço, a Rainha Elizabeth o usa elegantemente amarrado na cabeça, Colette o usa como uma gravata-borboleta extravagante; algumas amarram-no na bolsa, outras o prendem na cintura e, ao longo dos anos 1950, Grace Kelly (p. 248), com o braço quebrado, se serve do lenço como tipoia.

PARA TUDO

O carré tem seu lado bem humorado com padrões lúdicos e frases impertinentes. Ele também atinge territórios inesperados, como o da sensualidade, quando, nos anos 2000, a moda populariza o lenço usado como um top em formato de triângulo no busto, revelando com muita ousadia as costas nuas.

O CARRÉ EM NÚMEROS

90: comprimento em centímetros de cada lado.

79: quantidade em gramas de seda pura.

450: número de quilômetros de fio de seda.

75.000: número de tons na cartela de cores.

2: número de anos necessários para sua fabricação.

Página seguinte:
Grace Kelly e o príncipe Rainier, 1956

SANTON

QUERIDO PAÍS DA MINHA INFÂNCIA

CRIAÇÃO .... **JACQUEMUS** *(p.355)*

DATA **2017**

Simon Porte Jacquemus vem do sul da França, de uma Provença entre mar e terra que ele continuamente reivindica e celebra. Pitoresco, mas também surpreendentemente universal, seu trabalho explora temas meridionais que homenageiam sua terra, assim como os indivíduos e a sua própria família.

SE A JUVENTUDE SOUBESSE...

Em 2009, ele funda sua marca, Jacquemus, antes de completar 20 anos. Com poucos recursos, mas com coragem e vontade, ele consegue chamar a atenção. Ele se vale das redes sociais para informar o público sobre sua marca e sobre sua própria história, dois conceitos muitas vezes interligados.

HISTÓRIAS DE MODA

Ele faz a diferença pelo fato de ser um contador de histórias. Ele alça a narração ao coração de seu trabalho: alimentando suas criações e seus desfiles, suas ferramentas de marketing e sua conta de Instagram. Com entusiasmo, ele expõe o que o anima e compartilha o banco de imagens que habita seu espírito.

ENTRE TERRA E MAR

Trata-se de imagens autênticas e inovadoras, alimentadas por sua infância, pelas memórias e pelo presente: seus amigos, a praia, as canções, as refeições em família, os passeios de scooter e os campos de lavanda. Em 2017, ele cria sua coleção Les Santons de Provence, com toques nostálgicos e atemporais. Suas silhuetas definem os padrões do traje occitano, chapéus de palha, blusas arlesianas, anáguas amplas, contrastes entre preto e branco, e tantas referências a outro adorador da Provença, Christian Lacroix.

INSTA FRIENDLY

O Instagram se tornou uma extensão do trabalho de inúmeros estilistas. Eles o utilizam para expor suas inspirações, compartilhar um processo criativo e, por vezes, contar as histórias de sua intimidade. Impudico, mas atual: nossa época é feita dessas partilhas. O Instagram é uma passarela que permite conhecer a vida de um artista e entender o que compõe seu trabalho.

↑ Vestido Les Santons de Provence, Jacquemus

"SEM HISTÓRIAS, NÃO HÁ MODA. UMA ROUPA É OCA. EU ME INSPIRO PELAS LEMBRANÇAS, PELAS AMBIÊNCIAS, PELAS PESSOAS QUE PASSAM."

SIMON PORTE JACQUEMUS

REFUTAR O FOLCLORE

Os cortes são modernos e gráficos, às vezes desestruturados. Uma renda antiga lembra a grade do Mucem, o museu de Marselha; os vestidos são maxi ou ultramini, as bolinhas são lúdicas. Jacquemus liga a tradição ao contemporâneo. A história íntima que ele revela exala uma atmosfera universal: o charme do passado, as lembranças de verão e nossa memória familiar.

AO AR LIVRE

Simon Porte Jacquemus apresenta sua primeira coleção masculina no Calanque de Sormiou, em Marselha, em 2018, posicionando a primeira fila em toalhas de praia. Depois, em um campo de lavanda provençal coberto por uma tela rosa, no estilo de uma instalação de Christo, e em um campo de trigo em 2020. Como sempre, lugares novos e surpreendentes, que são sua assinatura.

Página anterior:
Sophia Loren, 1965

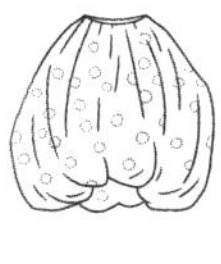

SAIA BALONÊ

RAINHA DO BAILE

CRIAÇÃO .... **CHRISTIAN LACROIX** *(p.356)*

DATA .... **ANOS 1980**

A década de 1980 é considerada a segunda era de ouro da alta-costura parisiense. A primeira foi durante os anos 1950. Ao longo de 1980, o crescimento econômico enriquece muitas pessoas, que desejam que isso possa ser visto. A moda se inflama, exuberante e ostensiva.

↑ **Minissaia**, Christian Lacroix

"NÓS TODOS BUSCAMOS O TEMPO PERDIDO."

CHRISTIAN LACROIX

MUSEUS DA MODA

Christian Lacroix imaginava que seria restaurador de museu ou figurinista antes de virar estilista. Seu gosto pelo grandiloquente, pelo histórico e pelo artístico alimenta suas criações de vestuário. Ele se estabelece em uma década descontraída e marcada pela efervescência material, primeiro na Patou, depois com sua própria marca, fundada em 1987. O seu estilo corresponde ao das mulheres ricas dos anos 1980, que saem como quem vai para a festa.

GOSTO PELO PASSADO

A silhueta preconizada por Lacroix é influenciada pelas formas suntuosas do passado. Ele retoma visuais dos séculos XVII e XVIII: um busto estreito, como se fosse um espartilho, posicionado sobre uma saia ampla, às vezes bufante. Ele compila suas inspirações e sua história, pois o estilista é originário de Arles, e a Provença, assim como a Camarga, alimentam motivos, cores vibrantes e xales singulares. Suas modelos são como pavões, brilhantes e imponentes, como contadoras que narram histórias ora barrocas, ora dramáticas: a passarela é o palco de Christian Lacroix.

PERSONAGEM DE UMA DÉCADA

Suas histórias são nostálgicas, mas nunca saudosistas. Elas também são contemporâneas, uma vez que expressam os traços de uma década. O dinheiro é rei e não há nada de vergonhoso nisso. As noites e os coquetéis se sucedem uns aos outros. Dessa forma, revivem-se conjuntos que a década de 1970 tornou obsoletos. Há um meio termo entre o vestido de noite e a silhueta de um jantar, o vestido de coquetel. Christian Lacroix responde a isso com seus conjuntos compostos por boleros lúdicos e saias curtas bufantes, saias que lembram os pufes que inflavam os vestidos antigos.

EM DOIS É MELHOR

Em 2009, a casa encerra suas atividades, e Christian Lacroix deixa as passarelas. Dez anos depois, em ocasião da apresentação da sua coleção primavera-verão de 2020, Dries Van Noten propõe criações que remetem ao trabalho do estilista francês. Surpreso, ele se junta a Dries durante a despedida final. Os dois criadores revelam assim uma colaboração a quatro mãos. Uma homenagem ainda mais embasada. Foi quase uma modéstia por parte do estilista belga o fato de imaginar que, se deve emular a influência de Lacroix, é melhor solicitar que o acompanhe, até que o ajude. Uma humildade que vem contradizer as guerras de ego de um meio que é por vezes cruel.

ASSINATURA LACROIX

Há alguns marcos na pomposa década de 1980: ombreiras, cintura fina e a saia balonê, assinatura de Lacroix. Elegante e insolente, ela brinca com a leviandade da época. Pode ser imaginada como um elemento sedutor nas noites mundanas, talvez se permita algum movimento na pista de dança, sedutora e extravagante. Christian Lacroix ressuscita a estética da bela adormecida para colocá-la para viver a mil quilômetros por hora.

Página seguinte:
Faye Dunaway, Nova York, 1981

SEMI

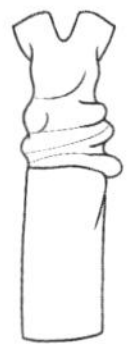

DRESS MEETS BODY

UM NOVO CORPO

CRIAÇÃO .... **REI KAWAKUBO PARA COMME DES GARÇONS** *(p.356)*

DATA **1997**

A estilista japonesa Rei Kawakubo está associada ao movimento desconstrutivista, que desfaz as normas da moda. Fortemente criticada no início de sua trajetória pela imprensa ocidental, que a acusa de promover o feio, ela propõe um novo olhar sobre as ligações estabelecidas entre a roupa e o corpo.

CORPOS CORCUNDAS

Rei Kawakubo (p. 308), com sua marca Comme des Garçons, concebe uma série de silhuetas com protuberâncias inesperadas para sua coleção primavera-verão de 1997. Os visuais parecem ser almofadados: nos quadris, sob o pescoço, nas costas. Os posicionamentos são anárquicos. As formas surpreendem e chocam.

MULHERES TRANSFORMADAS

Essa não é a primeira vez que a moda ocidental altera a silhueta feminina. Há os cestos que criam quadris retangulares imponentes, o corpete (p. 262) que aperta a cintura e a anquinha que acentua o volume da parte posterior do corpo. As mulheres continuam a ser submetidas a tendências que ignoram a verdade de sua morfologia.

TEMPO QUE PASSA

Rei Kawakubo, à sua maneira, participa desse jogo de extremos. Ela concebe seu próprio exoesqueleto, esse outro corpo de moda que vem se posicionar sobre nossa anatomia natural. Ao escolher enchimentos macios e redondos, ela propõe também pensar o corpo no que constitui a sua essência: a metamorfose. Pois, contrariamente à crença que a moda tende a impor, a silhueta não é um paradigma petrificado e atemporal. Nossos corpos mudam, envelhecem, engordam, emagrecem. Ela também permite que esses corpos ocupem mais espaço. Espaço esse tantas vezes recusado às mulheres.

↑ **Vestido Lumps Bumps**, Comme des Garçons, 1997

"PARA QUE ALGO SEJA BELO, NÃO PRECISA SER BONITO."

REI KAWAKUBO

CONDUZIR A DANÇA

Em 1997, o coreógrafo americano Merce Cunningham convida Rei Kawakubo para compor os figurinos de seu espetáculo de balé contemporâneo *Scenario*. Ela coloca preenchimentos em peças listradas ou xadrez, o que impacta a coreografia, pois os bailarinos ficam limitados por essas formas. Assim, ela desestabiliza o vocabulário da moda e transgride as convenções estéticas da dança.

ESTRANHO DIÁLOGO

Mesmo que Rei Kawakubo não o reivindique, seu discurso é feminista e subversivo. Os críticos comparam suas silhuetas a Quasimodo e qualificam a coleção como grotesca. Mas ela permanece como um símbolo do estranho diálogo que liga a moda ao corpo.

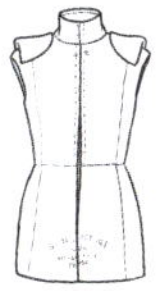

JAQUETA STOCKMAN

A ORIGEM DA MODA

CRIAÇÃO .... **MARTIN MARGIELA** *(p.358)*

DATA **1997**

O dogma de Martin Margiela? Desconstruir nossa concepção da moda. A expressão "desconstrutivismo" é, além disso, utilizada pela primeira vez na moda para qualificar sua obra. O estilista modifica o que constitui a essência das roupas para lhes dar uma segunda vida, sem que a anterior seja por isso eclipsada.

DUAS VIDAS EM UMA

Margiela posiciona a reciclagem no centro de sua criação. Por vezes, ele a expressa na forma de reproduções, por vezes a partir da recuperação. De todo modo, ele é sempre motivado pelo desejo de dissecar para melhor compreender e reavaliar: questionar se o deslocamento de uma manga modifica o sentido de uma peça de roupa, ou se vestir um saco plástico enobrece o objeto. Contudo, apesar de todas essas metamorfoses, a memória original do elemento nunca é abandonada.

UM BUSTO ESCONDE OUTRO

Alexis Lavigne (fundador da escola de moda Esmod) é quem inventa o busto de manequim moldado em gesso em 1854. Um de seus alunos, Frédéric Stockman, funda uma empresa em 1867 e consegue estabelecer seu nome como um termo genérico. Com efeito, frequentemente se diz Stockman em vez de busto de manequim.

GESTO ARTESANAL

Trata-se de conhecimento e de transmissão. Alterando os objetos e transformando-os, Margiela expõe o próprio princípio da concepção, em particular, do artesanato da alta-costura. Quando ele é criticado por deslocar as convenções da moda, é preciso responder que é assim que o estilista lhe presta a mais bela das homenagens, pois Margiela recorda o gesto fundador da criação. A costura é antes de tudo o trabalho da mão e o material. Mostrar um tecido e suas arestas, expor uma costura mal-acabada, revelar um forro, é testemunhar a execução.

↑ **Casaco Semi Couture,** Martin Margiela, 1997

BUSTO ESSENCIAL

Sua coleção outono-inverno de 1997-1998 atesta esse processo como nunca. Em continuidade à sua apresentação anterior, Margiela relembra os fundamentos do artesanato da moda, sobretudo o busto Stockman, cúmplice de costureiras e alfaiates desde o século XIX. Ele literalmente desconstrói esse busto, esvazia e desmonta suas partes para criar com elas peças para vestir: aqui um peitoral, ali um par de mangas ou até mesmo um casaco. Às vezes, ele leva essa postura ao limite, associando a grossa tela de linho cru de seu busto a restos de moldes em papel.

HOMENAGEAR

Pela radicalidade, Margiela saúda a ancestralidade da alta-costura. É aí que reside toda a ironia. Ele é considerado um rebelde, embora seja fiel à sua herança. Ele celebra a modéstia das costureiras e daqueles que trabalham nos bastidores. Honrar o busto Stockman e sua trivialidade artesanal é sugerir como a costura não é um trabalho de uma só pessoa, tampouco uma exibição egotista. Nada surpreendente vindo de alguém que decidiu nunca se mostrar em público para se esquivar do culto à celebridade.

Página 255:
Desfile prêt-à-porter Maison Margiela, primavera-verão 1999

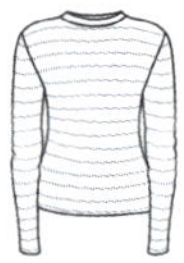

LISTRAS

UM MUNDO MELHOR

CRIAÇÃO .... **SONIA RYKIEL** *(p.360)*

DATA **1968**

Em 1955, Sonia Rykiel, grávida de seu primeiro filho, cria um vestido para gestantes, mas também suéteres justos e estreitos, que vende na boutique de seu marido. Ela toma de empréstimo as formas masculinas e usa medidas estreitas, reservadas à moda infantil. O estilo Sonia Rykiel está lançado.

↑ **Cardigã poor boy listrado,** Sonia Rykiel

"A BELEZA SERÁ SEMPRE LISTRADA."

SONIA RYKIEL

MODA PESSOAL

Poor boy sweater: assim era chamado seu suéter andrógino. Sonia Rykiel antecipa as expectativas de uma nova geração de mulheres. Os anos 1960 têm início e a imprensa, sobretudo a revista *Elle*, elogia o trabalho da estilista, que concebe tudo aquilo que ela mesma quer usar. Ela se dirige à mulher ativa que pendula entre a vida privada e a profissional em busca de conforto sem negligenciar a aparência. Trata-se dela própria e também das outras mulheres – mulheres urbanas cuja existência rapidamente se transforma.

ESTILO AUTORAL

Listras, preto e cores: essa é a assinatura de Sonia Rykiel. Depois de conquistar uma fiel clientela, lança sua própria marca e se estabelece em 1968, na rue de Grenelle, em Paris. Suas silhuetas que contornam o corpo são elegantes, provocantes, sexy, simples e atemporais. Ela encoraja que as mulheres sejam elas próprias, que se libertem das tendências para encontrar com mais liberdade um estilo singular. Ela inclusive faz disso um conceito: a "démode", que, ao contrário do que defende a alta-costura parisiense, dá lugar de destaque ao gosto dos consumidores e não à ditadura de um estilista.

MULHERES LIVRES

Libertadora das mulheres e de seus corpos, Sonia Rykiel inventa até um vestido de festa *braless* (usado sem sutiã). Ela renova a atmosfera austera dos desfiles ao pedir às suas modelos que riam e dancem na passarela para mais uma vez fugir das convenções que sufocam a mulher. Que a objetificação seja lançada ao esquecimento! As mulheres são sujeitos, desejáveis e desejantes. Sedutoras e intelectuais também, já que a estilista vende objetos e livros em sua loja, cuja vitrine parece por vezes uma livraria.

CORPOS FELIZES

As listras de Rykiel são ao mesmo tempo masculinas e infantis, lúdicas e sensuais, uma vez que envolvem os corpos das mulheres, definindo e acariciando suas formas. A vantagem é que elas estão em constante movimento. Listras que se agitam febrilmente, ecoando os corpos que as vestem. Corpos dinâmicos, exaltados, vivos.

PANTEÃO DOS ESTILISTAS

Sonia Rykiel integra uma geração de criadores que inventam o prêt-à-porter de grife: uma moda mais acessível, criativa e estética, livre de injunções, que oferece um lugar de destaque ao estilo pessoal. Inicialmente mal levada em consideração, ela é reconhecida durante a criação da Câmara Sindical do Prêt-à-porter dos Costureiros e dos Criadores de Moda em 1973. A Câmara é composta pelas casas Christian Dior, Yves Saint Laurent, Kenzo, Emanuel Ungaro, Dorothée Bis, Chloé, Sonia Rykiel e Emmanuelle Khanh.

Página 258:
Sonia Rykiel, 1977

SAIA MASCULINA

OUTRA MASCULINIDADE?

CRIAÇÃO .... **JEAN-PAUL GAULTIER** *(p.354)*

DATA **1984**

Embora as mulheres possam se apropriar das peças do guarda-roupa masculino, existem impertinências que a moda e a nossa sociedade não autorizam. Do lado dos homens, é difícil se libertar dos códigos associados àquilo que compõe a masculinidade. Usar uma saia, para eles, ainda é visto como uma transgressão.

MODA VIRIL?

É curioso como a moda ocidental é tímida, e a rapidez com que ela se esquece das coisas. Pois, durante a Antiguidade e a Idade Média, o homem se veste com túnicas fluidas. Em todo o mundo, é comum usar boubous (p. 134), djelabas (p. 110), qamis (p. 135) e sarongues (p. 33), sem que isso ponha em xeque a integridade dos homens. Na própria Europa, o kilt (p. 178) é muito usual na Escócia. Por que, então, um homem de saia dá tanto o que falar? A culpa é das questões de gênero? Ou de uma virilidade equivocada?

QUESTÕES DE GÊNERO

Jean-Paul Gaultier chacoalha os códigos de vestimenta e manipula a identidade sexual. Em 1984, ele apresenta sua coleção Et Dieu Créa l'Homme. O público assiste a modelos masculinos usando saias semelhantes a sarongues. O desfile é uma ode à diversidade identitária, uma hipersexualização que desafia as designações. O unissex não é a linguagem de Gaultier. Ele prefere trocar e fazer com que rapazes usem espartilho (p. 263) e batom.

ACABANDO COM O MEDO

Os anos 1980 foram os anos da aids. A comunidade LGBT+ é estigmatizada, os homossexuais causam medo. Tudo o que parece afeminado é rejeitado em favor de uma virilidade exacerbada. Em uma atmosfera alegre e frívola, Jean-Paul Gaultier lança, assim, um golpe contra a malevolência. Mas mesmo que a saia seja um sucesso na passarela, ela não pega. A recepção comercial é tímida, sempre culpa da frieza de uma sociedade petrificada em suas próprias crenças.

↑ **Kilt tartan icônico**, Jean-Paul Gaultier

"POR QUE OS HOMENS NÃO PODEM MOSTRAR QUE PODEM SER FRÁGEIS OU SEDUTORES?"

JEAN-PAUL GAULTIER

JOVEM GUARDA

O jovem estilista Ludovic de Saint Sernin, inspirado na obra fotográfica de Robert Mapplethorpe, também incorpora um erotismo em seu trabalho que desconstrói a masculinidade. Em suas criações destinadas aos homens, ele insufla uma estética que rejeita qualquer contenção. As próprias poses de seus modelos masculinos assumem um aspecto sugestivo que celebra a autoexpressão sem complexos. Ele ousa exibir costas nuas, decotes profundos, tops transparentes, cuecas e tangas cavadas.

A RUA, TÍMIDA

No entanto, homens de saia se multiplicam nas passarelas. De Walter Van Beirendonck a Rick Owens (p. 296), numerosos estilistas assumem essa peça no vestuário masculino. Celebridades também. Mas na rua, a história é totalmente diferente. A culpa está no olhar do outro e em seu comportamento.

Página 259:
Jean-Paul Gaultier, 1992

CORPETE

ARTESANATO TECNOLÓGICO

CRIAÇÃO .... **ISSEY MIYAKE** *(p.358)*

DATA **1980**

Estabelecido na França desde os anos 1960, o estilista japonês Issey Miyake apresenta sua primeira coleção parisiense em 1973. Ele propõe uma visão inédita da moda, desfazendo os códigos estéticos e criativos. Acima de tudo, ele situa o corpo no centro de todo o seu questionamento.

UMA DIMENSÃO PLÁSTICA

Compreender um gesto, um movimento, uma silhueta. Eis o que anima Issey Miyake. Ele não faz moda pela moda. Ele cria roupas que dialogam com o corpo, em uma troca sincera. Para estabelecer esse tête-à-tête, o estilista considera a dimensão plástica de suas roupas, que ganham corpo. Ele valoriza materiais e os têxteis, brincando com efeitos, plissados, em relevo, geométricos ou fluidos. A roupa é uma cobertura viva e singular.

COM TODA A CONFIANÇA

A partir de 1986, o fotógrafo americano Irving Penn concebe as campanhas publicitárias de Issey Miyake. O preto e branco gráfico das imagens ecoa o aspecto geométrico das criações. Uma colaboração tão evidente e natural que o estilista sequer assiste às sessões fotográficas: uma confiança inédita!

GUIA TÊXTIL

A tecnologia é sua aliada nessa busca pela fisicalidade. Ela permite que tecidos únicos sejam criados, o que, por vezes, tem mais poder de decisão sobre a forma que a peça irá assumir do que o próprio estilista.

BODYWORKS

Os anos 1980 alimentam uma verdadeira obsessão pelo corpo. Ele é esculpido com muita aeróbica e moldado em lycra chamativa. Issey Miyake não quer ignorar essa preocupação. Afinal, é também a dele, há muito tempo. Então ele lança, com sua coleção outono-inverno de 1980, o conceito de Bodyworks: uma reflexão sobre o corpo e a tecnologia inaugurada por um surpreendente corpete de resina.

SEGUNDA PELE

Hiper-realista e ilusório ao mesmo tempo, seu corpete moldado sobre a silhueta de uma mulher liga a verdade do corpo à quimera do material. Pois, mesmo que esse corpete antropomórfico revele detalhes, como o umbigo e os mamilos, ele ostenta uma tonalidade artificial, vermelha ou azul, dependendo do modelo. Ele confunde o orgânico e o plástico. O verdadeiro e o falso. Define uma segunda pele que apaga a verdade do corpo, transformando-a sem negar a sua existência elementar. É um vaivém curioso, que fala sobre o corpo exposto e o camuflado, sobre ausência e presença.

↑ **Corpete, Issey Miyake,** outono-inverno, 1980

"PREFIRO OLHAR MAIS PARA O FUTURO DO QUE PARA O PASSADO."

ISSEY MIYAKE

UM HOMEM E OS MATERIAIS

1982: espartilho em rotim.
1985: casaco de concha.
1991: vestido pomba.
1993: Pleats Please.
1999: A-POC.
2010: Coleção Origami.

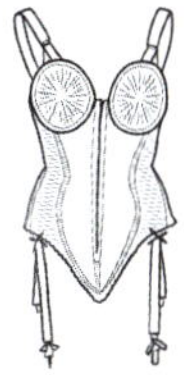

SEIOS CÔNICOS

ARMA DE PONTA

CRIAÇÃO .... **JEAN-PAUL GAULTIER** *(p.354)*

DATA **1983**

Na década de 1980, o espartilho ocupa um lugar de destaque. Ele é revisitado por Vivienne Westwood e Chantal Thomas como um objeto de moda reivindicado por mulheres poderosas e sexuais. Ele não é mais um símbolo de dominação masculina ou constrangimento, mas o aliado de uma feminilidade exacerbada, até mesmo indignada.

↑ **Espartilho de Jean-Paul Gaultier** para Madonna, 1990

LEMBRANÇAS DE INFÂNCIA

Em 1983, Jean-Paul Gaultier apresenta seu primeiro espartilho na coleção Le Dadaïsme. À peça de cetim, prolongada por um vestido que lembra as cintas ortopédicas de sua avó, ele acrescenta seios cônicos semelhantes aos sutiãs comuns em sua infância. Transcendendo uma peça de lingerie controversa, o íntimo se torna político – e vem para o primeiro plano.

ÍDOLA DOS JOVENS

Em 1990, na Blonde Ambition Tour, Madonna pede a Jean-Paul Gaultier que crie seu figurino. O estilista a veste com um espartilho que combina classicismo e desconstrução. Associado a um traje de aparência masculina, esse espartilho de cetim rosa se torna uma arma fetichista, quase fálica. Os papéis são invertidos. Madonna se torna uma entidade todo-poderosa, além de um culto em si mesma.

RECURSOS LIMITADOS

Essa forma então se impõe em sua obra, e reaparece, em 1984, com o desfile Barbès. Dessa vez, às memórias de infância e à mutação se soma o hibridismo. Ele deseja prestar homenagem às mulheres africanas que observa no popular bairro homônimo parisiense. Ele estuda a forma como as peças se misturam e como podemos enobrecer os meios disponíveis – realidade que ele próprio conhece bem, já que começou sua carreira sem um tostão.

CORPO NO PODER

O espartilho e os "seios cônicos" são motivos recorrentes em uma época festiva em que a sexualidade, o humor e a extravagância coabitam nas passarelas. Esses elementos, combinados com um vestido de veludo ferrugem, abraçam a cultura de rua maltrapilha; realçados com rosa claro, eles fetichizam os clichês da lingerie. Jean-Paul Gaultier oferece às mulheres uma forma de se reapropriar das peças em que foram confinadas. Esse peito reivindicado, quase perigoso com suas pontas afiadas, se torna cúmplice de uma emancipação, ou melhor, de uma tomada de poder. O poder pelo corpo.

"ESTILISTA NÃO CONFORMISTA À PROCURA DE MODELOS ATÍPICOS. PESSOAS MUITO FEIAS, NÃO SE ABSTENHAM."

JEAN-PAUL GAULTIER

CÓDIGOS DO JOGO

Mulheres que são hipermulheres. Eis o que reivindica Jean-Paul Gaultier. Não para apoiar teorias aprisionadoras, mas para repudiar com mais eficácia os estereótipos, com uma generosa dose de humor.

CORPOS MODELO

É durante o Renascimento que o espartilho se estabelece. Ele serve para apoiar os seios e modificar a silhueta das mulheres, esculpida pelo que dita a sociedade. Até a Primeira Guerra Mundial, dificilmente elas o abandonam. Deixado de lado na década de 1920 (mas o corpo está coberto), ele reaparece em forma de corpete ao longo dos anos 1950. A partir da década de 1980, torna-se lúdico e assertivo.

Página seguinte:
Kim Williams para Jean-Paul Gaultier, fotografia de Peter Lindbergh, 1984

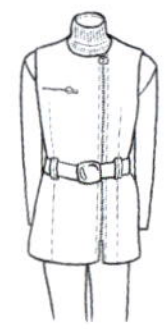

SPACE AGE

UM PEQUENO PASSO PARA O HOMEM...

CRIAÇÃO .... **PIERRE CARDIN** *(p.351)*

DATA .... **ANOS 1960**

Na década de 1960, além de um espírito libertário, reina uma fantasia soberana junto da novidade e da juventude: a do espaço interestelar. A conquista espacial está no centro das articulações da Guerra Fria e, por sua natureza imensa e misteriosa, o universo satisfaz as aspirações da década.

UMA MODA, REFLEXO DE SEU TEMPO

Esse interesse pelo espaço vem alimentar a inspiração dos estilistas da década, sobretudo os da nova guarda, como André Courrèges (p. 267) e Pierre Cardin. Inspirar-se nas formas rigorosas da estética cósmica é contradizer a vagueza da alta-costura tradicional. O que se chama de Space Age impregna a moda com materiais e processos inovadores, por vezes tomados de empréstimo do mundo industrial.

MULTICULTURAL

Em 1960, Pierre Cardin introduz sua linha de prêt-à-porter masculina com a coleção Cylindre. Ela se caracteriza por casacos sem gola inovadores e juvenis, inspirados no modelo Nehru: roupas sem gola são abundantes na Índia. Enquanto a moda ocidental rejeita as normas tradicionais, Cardin redesenha o guarda-roupa variando os estilos culturais.

RUMO À INOVAÇÃO

Pierre Cardin cria, em 1959, uma linha de prêt-à-porter que leva à sua expulsão da Câmara Sindical da Alta Costura de Paris, mas ele é o primeiro estilista a ter um espaço na Printemps e a distribuir licenças de sua marca sem restrições. Ele cria peças tanto para a mulher quanto para o homem, e, movido por suas ambições futuristas, chega a imaginar uma moda unissex.

EXÉRCITO ESPACIAL

Com a linha Cosmocorps, lançada em 1968, ele estabelece silhuetas surpreendentes. O homem é adornado com túnicas sem mangas, golas altas e calças de malha. A mulher tem direito a vestidos rígidos em formato de trapézio. Cada um tem seu próprio vestuário. No entanto, uma certa homogeneidade exala do conjunto da coleção, como se homens e mulheres encarnassem um exército que invade o espaço.

↑ **Minissaia Space Age**, Pierre Cardin, anos 1960

"A ROUPA QUE PREFIRO É AQUELA QUE INVENTO PARA UMA VIDA QUE NÃO EXISTE AINDA: O MUNDO DE AMANHÃ."

PIERRE CARDIN

EM UMA GALÁXIA MUITO, MUITO DISTANTE...

1960: John Lautner, Chemosphere (Los Angeles).

1962: John Graham, Space Needle (Seattle).

1965: Pierre Paulin, cadeira Tulipa.

1966: série de televisão *Star Trek*.

1968: Stanley Kubrick, *2001 – Uma odisseia no espaço*.

1968: Roger Vadim, *Barbarella*.

1969: David Bowie, *Space Oddity*.

MODA FUTURA

Suas criações se inscrevem em um contexto característico demais para se qualificarem como atemporais, mas sua visão é sólida. Ao diversificar sua marca, concebendo-a enquanto homem de negócios, ele passa a integrar a moda contemporânea – tanto os danos, a produção em massa e a poluição, como também suas esperanças visionárias.

Página anterior:
Sptunik Girl, Nicole de Lamargé usando Pierre Cardin (casaco trapézio e chapéu hublot com pele de raposa branca), coleção outono-inverno 1966, fotografia de Peter Knapp

JAQUETA DE VINIL

O PLÁSTICO É FANTÁSTICO

CRIAÇÃO .... **ANDRÉ COURRÈGES** *(p.352)*

DATA **1971**

Formado por Cristóbal Balenciaga, André Courrèges funda sua marca em 1961. Perpetuando timidamente os volumes do mestre, rompe com ele em 1964, com uma coleção revolucionária que situa a moda na novidade, até no futuro, com suas silhuetas jovens e geométricas que libertam o corpo.

↑ **Jaqueta icônica de vinil**, Courrèges

RETORNO PARA O FUTURO

Como o futuro não está mais em voga nas tendências de vestuário dos anos 1980, Courrèges fica um pouco para trás, mas a década de 2010, ávida pelo vintage e por contar histórias, relança a marca. As jaquetas de vinil são reeditadas e provocam um novo frenesi. A partir disso, as criações originais da marca são procuradas em brechós.

SPACE AGE

Minissaias (p. 160), pernas cobertas por botas brancas, nuances picantes: o estilo Courrèges se inscreve na estética do Space Age, que expressa o fascínio de uma época pelo espaço e seus mistérios. Os anos 1960 testemunharam o aparecimento de uma nova clientela: jovens mulheres em busca de movimento e de liberdade. Mulheres cujos corpos se desvanecem em favor de uma androginia marcada por vestidos retos e por calças audaciosas.

CULTO DA NOVIDADE

André Courrèges brinca com os materiais. Alguns são inéditos, como o PVC e o vinil, que compõem acessórios e casacos. As estampas, se existem, são gráficas e espessas, e os tons monocromáticos dominam. As formas são inspiradas em um futuro fantasiado ou em uma vida espacial sonhada, povoada por mulheres cosmonautas usando capacetes, perucas exuberantes ou capuzes complementados por óculos de sol. Tudo é inédito, lúdico e impertinente.

A MARCA COURRÈGES

A marca se estabelece. Courrèges exibe suas coleções combinando prêt-à-porter, sportswear e alta-costura, recusando a hierarquia obsoleta ligada a uma moda arcaica. Em 1971, o estilista, associado à sua esposa desde o início, cria uma jaqueta curta de vinil com seu logotipo AC branco e bolsos aplicados.

"VEJA A MULHER CHANEL: PODEMOS SITUAR SEU MEIO, SUAS OCUPAÇÕES, SEUS LAZERES, SUAS VIAGENS. VEJA AQUELA DE COURRÈGES: NÃO NOS PERGUNTAMOS SOBRE O QUE ELA FAZ, QUEM SÃO SEUS PAIS, QUANTO ELA GANHA: ELA É JOVEM, NECESSARIAMENTE, E ISSO BASTA."

PIERRE BOURDIEU

MOMENTO DO CORPO

A jaqueta, que se tornou arquetípica, marca a transição entre os anos 1960 e 1970. Ela conserva os códigos futuristas da década pop, já absorvendo, contudo, uma nova sensualidade, um corpo mais desenfreado, mais carnal, por meio de seu corte reduzido. Assim como as botas e os vestidos trapézio da década de 1960, a jaqueta se torna emblemática de uma marca e de uma época.

PLÁSTICO NÃO É MAIS TÃO CHIQUE

A Courrèges decidiu parar de usar o vinil. As sobras são aproveitadas para criações exclusivas e as silhuetas imitam o material histórico usando o jérsei, sobre o qual é aplicada uma película de origem 70% vegetal.

Página seguinte:
Courrèges, coleção primavera-verão 1971

VESTIDO DE METAL

PORCAS E PARAFUSOS

CRIAÇÃO .... **PACO RABANNE** *(p.359)*

(p.359)

DATA **1966**

Em 1966, Paco Rabanne apresenta sua primeira coleção conceitual e de alta-costura, intitulada Doze Vestidos Improváveis em Materiais Contemporâneos. Com esse título impertinente, ele antecipa as críticas, pois sabe que suas criações em metal ou Rhodoïd não agradarão a todos.

MATERIAL INÉDITO

No centro dessa década inovadora que foram os anos 1960, não surpreende que Paco Rabanne tenha optado por recorrer a materiais pouco habituais, enquanto outros já haviam explorado as qualidades estilísticas do PVC. Mas o estilista de origem espanhola vai ainda mais longe com seus vestidos de metal, cujo visual, toque e até mesmo a fabricação se destacam da tradição da moda.

MODA INDUSTRIAL

Ex-aluno da Academia de Belas-Artes de Paris e criador de joias e acessórios, Paco Rabanne alimenta um gosto acentuado pela experimentação. Embora a época de fato abra as portas para a novidade, por que se limitar? Ele decide, assim, abandonar os têxteis e materiais macios, voltando-se para os materiais mais sólidos, placas de metal que ele parafusa e monta como um metalúrgico. A visão futurista da década de 1960 não deve parar no plástico, ela se torna também industrial.

CORPOS LUMINOSOS

Seus vestidos de metal são espelhados e, mais do que armaduras, como os críticos os descrevem na época, libertam os corpos das mulheres, vestidas de luz e brilho, especialmente porque as formas metálicas que compõem as silhuetas deixam muitas vezes entrever a pele. Paco Rabanne consegue tornar sensual algo que é mecânico.

AGRADAR E DESAGRADAR

O estilista é ridicularizado. Tanto que, em 1966, o fotógrafo e diretor William Klein lhe faz uma caricatura extrema em sua paródia cult *Quem é você, Polly Maggoo?* Mas Paco Rabanne não se importa. Ele agrada ícones como Françoise Hardy, e para *Barbarella*, de Roger Vadim, concebe o figurino sedutor de Jane Fonda.

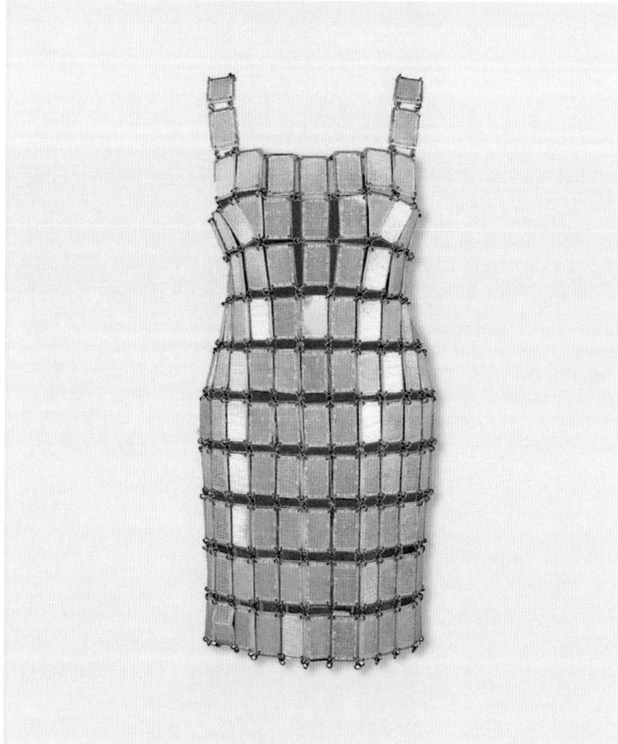

↑ Vestido de metal, Paco Rabanne, 1982

"É POSSÍVEL SE VESTIR COM QUALQUER MATERIAL, POR MAIS INVEROSSÍMIL QUE SEJA. QUANDO FORMOS 20 BILHÕES DE INDIVÍDUOS NA TERRA, NÃO HAVERÁ MAIS LÃ, NÃO HAVERÁ MAIS ALGODÃO, NÃO HAVERÁ MAIS NADA! SÓ RESTARÃO AS COISAS DA MINERAÇÃO E NOSSO LIXO A RECICLAR PARA PODER FAZER ROUPAS."

PACO RABANNE

PACO RABANNE NO CINEMA

1966: o estilista concebe os figurinos de *Cassino Royale*.

1966: Audrey Hepburn usa um de seus vestidos em *Um caminho para dois*.

1967: vemos suas criações em *Os aventureiros*...

1967: ... e em *Duas ou três coisas que eu sei dela*.

LIBERTAR O GESTO

Os vestidos em metal de Paco Rabanne não introduzem somente uma nova linguagem estética. Eles reinventam completamente o gesto da alta-costura. A moda não deveria ser apenas costurada?

Página anterior:
Vestido de metal,
Paco Rabanne, 1967

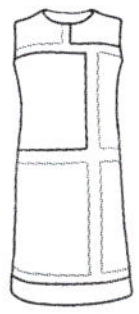

VESTIDO MONDRIAN

ARTE PARA VESTIR

CRIAÇÃO .... **YVES SAINT LAURENT** *(p.360)*

DATA **1965**

Os anos 1960 criaram novos estilos de vida e um vocabulário estilístico inédito para uma juventude em luta contra o passado. Para a moda e a alta-costura em particular, trata-se de se reinventar para existir. É assim que Yves Saint Laurent encontra o equilíbrio entre revolução e elegância.

VESTIDO QUADRO

Em 1965, para sua coleção de alta-costura outono-inverno, o estilista optou pela ousadia com toda a sutileza. As peças que se destacam são seus vestidos de festa, todos inspirados na obra pictórica do artista Piet Mondrian. A geometria vanguardista do pintor responde à nova linguagem estética. Yves Saint Laurent propõe um motivo surpreendente: um quadro animado pelo corpo. Mesmo que os vestidos se inscrevam na tridimensionalidade, eles conservam, das pinturas originais, o gosto pela linha e pela forma.

AMANTE DAS ARTES

1966: homenagem à pop art de Tom Wesselmann.

1969: Claude Lalanne produz para ele joias-esculturas antropomórficas.

1988: *Os girassóis* de Van Gogh são bordados sobre um casaco extravagante.

MODA DE RUA

Não se trata, para o estilista, de utilizar apenas a referência artística para romper com a tradição. Yves Saint Laurent inova igualmente ao ousar no campo da sobriedade mais refinada. A alta-costura absorve então o que a moda de rua demanda: conforto e simplicidade. O estilista aposta em uma túnica em jérsei com três buracos, sem floreios e fácil de usar.

ALTA-COSTURA E SIMPLICIDADE

Apesar da aparente simplicidade, os vestidos Mondrian testemunham o know-how da alta-costura: o jérsei trabalhado com incrustações não deixa aparecer nenhuma linha de costura. Yves Saint Laurent demonstra assim que a subversão não deve ignorar a técnica.

↑ **Vestido Hommage à Piet Mondrian,** Yves Saint Laurent, outono-inverno 1965

"A SITUAÇÃO DO ARTISTA É HUMILDE. ELE É ESSENCIALMENTE UM CANAL."

PIET MONDRIAN

AMIGAVELMENTE SEU

Em 1965, Catherine Deneuve deve encontrar a Rainha da Inglaterra. Ela faz uma encomenda a Yves Saint Laurent. É o começo de uma amizade e de uma colaboração, cujo ponto culminante é a criação de cerca de dez figurinos para o filme *A bela da tarde*. Eles repetirão a experiência em *A chamada do amor* e *A sereia do Mississipi*. Em 2021, o diretor artístico da Saint Laurent, Anthony Vaccarello, presta homenagem a essa cumplicidade, escolhendo Catherine Deneuve como musa da campanha da coleção primavera-verão.

SAPATOS FETICHE

A coleção é um grande sucesso e se inscreve no legado da década de 1960, que é endossado pelo cinema. Em 1967, Yves Saint Laurent veste Catherine Deneuve no filme *A bela da tarde*, de Luis Buñuel. Ele escolhe adorná-la com scarpins (p. 96) de fivela quadrada, criados por Roger Vivier para o desfile de 1965. Esses sapatos ocupam aqui um status distinto. Na ácida narração de seu filme, o diretor fetichiza os pés e os sapatos de sua atriz e faz dos scarpins um elemento a ser venerado pela cultura pop.

LIGAÇÕES FATAIS

1911

MOTIVO FLORAL

Casaco La Perse de Paul Poiret com estampa criada por Raoul Dufy.

1913

ARTISTA E ESTILISTA

A artista Sonia Delaunay cria o vestido simultâneo e lança-se em uma moda cheia de contraste e geometria.

1921

AZUL LANVIN

O teatro Daunou, em Paris, é decorado por Jeanne Lanvin, que usa predominantemente seu azul fetiche, e Armand-Albert Rateau.

1936

MODA SURREALISTA

Elsa Schiaparelli e Salvador Dalí criam um terno com formato de gavetas.

1965

LINHAS ABSTRATAS

Yves Saint Laurent cria seus vestidos Mondrian.

1984

VESTIDO DE ESTILISTA(S)

Ben assina o vestido-quadro *Je suis toute nue em dessous*, do final do desfile de Jean-Charles de Castelbajac.

1985

MODA E PERFORMANCE

Willi Smith cria os uniformes dos mediadores e participantes do projeto de embalagem do Pont-Neuf de Christo e Jeanne-Claude.

1990

ROCOCÓ ROCK

Vivienne Westwood veste *Daphnis et Chloé* de François Boucher com um espartilho ousado.

1991

HOMENAGEM À POP ART

Gianni Versace propõe uma coleção dedicada à pop art.

1994

CAMPANHA DE PUBLICIDADE

Cindy Sherman cria uma série de fotos publicitárias para a Comme des Garçons.

1998

ARTE E ORIGAMI

Cai Guo-Qiang cria uma estampa especial para as túnicas Pleats Please de Issey Miyake.

2008

ASSOCIADO À CENA ARTÍSTICA

Na Louis Vuitton, Marc Jacobs convida o artista Richard Prince para reinterpretar os artigos de couro.

2014

FRATERNIDADE ARTÍSTICA

Sterling Ruby e Raf Simons criam juntos uma coleção.

2017

IKB

Phoebe Philo, na Celine, se inspira nos Body Paintings de Yves Klein em vestidos imaculados.

2018

PRIMITIVOS FLAMENGOS

Ignasi Monreal reinterpreta *O jardim das delícias terrenas*, de Hieronymus Bosch, para a campanha da Gucci.

2020

RETORNO AO CUBISMO

Jeremy Scott oferece um desfile que homenageia o cubismo na Moschino.

→ **Bella Hadid**, desfile Moschino, primavera-verão, 2019

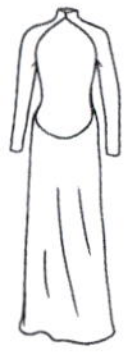

CLAIR DE FESSES

O DECOTE SURPRESA

CRIAÇÃO .... **GUY LAROCHE** *(p.357)*

DATA **1972**

Existem criações lendárias que nunca apareceram em uma passarela ou nunca passaram pelas portas de uma boutique. No entanto, elas podem ser instantaneamente reconhecidas porque, além das roupas, ecoam um momento importante da cultura popular. É o caso de um vestido com um decote vertiginoso...

HISTÓRIA DE UM FILME

Em 1972, Mireille Darc é escolhida para atuar no filme *Loiro alto do sapato preto*. Ela sabe que os figurinos podem ser tão incisivos quanto sua atuação. Ela convida então o estilista Guy Laroche, com quem concebe um vestido preto (p. 106) que pudesse esconder bem o jogo. Um vestido que, ao ser observado de frente, parece minimalista, até mesmo austero, com sua tonalidade monocromática, gola alta e mangas compridas, cujas costas, no entanto, contam uma história completamente diferente.

EXCLUSIVIDADE

Em 1974, na sequência do filme, chamada de *Le retour du grand blond*, Mireille Darc usa uma versão marfim do vestido decotado. Em 2005, ela decide doar seu vestido preto ao Musée des Arts Décoratifs, porque não suporta a ideia de "ver outro bumbum nele"!

DECOTE NAS COSTAS

Costas nuas não são nenhuma novidade. São os anos 1920 que revelam essa área do corpo feminino. Uma zona erógena nova e sexualizada, enquanto o resto da silhueta é andrógina. Ao longo dos anos 1930, entre o classicismo e a sensualidade, brinca-se muito com essas costas nuas, uma vez que elas põem em destaque as ambivalências do estilo da década. Mas o ponto em que Guy Laroche causa uma reviravolta na história é ao estender o decote das costas até o alto das nádegas, principalmente porque ele acentua o arco com uma corrente de ouro que destaca a região.

ESCONDER OU MOSTRAR

Descobrir as nádegas, mesmo vestidas, é um postulado da moda que se revela. Pois é precisamente cobrindo e descobrindo o corpo de acordo com as tendências e vontades que a roupa se torna um objeto de desejo. Um corpo nu é trivial, biológico. Mas um corpo que é desnudado pelo próprio tecido se torna provocador. Mireille Darc sabe disso. Mais tarde, ela revelará o quanto estava preocupada com a reação do diretor quando propôs o vestido para seu figurino. É um sucesso e a cena é reescrita.

↑ **Mireille Darc** em *Loiro alto do sapato preto*, 1972

EFEITO SURPRESA

A ideia funciona maravilhosamente bem. Sobretudo porque o espectador não é o único a cair na ilusão. O parceiro da atriz no filme, Pierre Richard, não vê Mireille Darc antes de filmar a cena. Quando ela lhe dá as costas, o choque não é uma atuação exagerada: ele também descobre naquele momento o decote inédito. O vestido passa a ser o terceiro personagem da cena. Um vestido com destino patrimonial, no cruzamento entre cinema e moda.

PRIMEIRO PLANO

1939: os sapatos vermelhos cintilantes de *O Mágico de Oz*.

1954: o vestido branco de Marilyn Monroe em *O pecado mora ao lado*.

1960: a camiseta "New York Herald Tribune" de Jean Seberg em *Acossado*.

1961: o vestido preto de Audrey Hepburn em *Bonequinha de luxo*.

1984: o suéter de mohair rosa de *Paris, Texas*.

1994: o terno preto de *Pulp Fiction*.

2001: o casaco de pele de Gwyneth Paltrow em *Os excêntricos Tenenbaums*.

2003: a calcinha rosa de Scarlett Johansson em *Encontros e desencontros*.

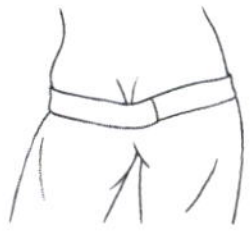

BUMSTER

VIOLÊNCIA EM AÇÃO

CRIAÇÃO .... **ALEXANDER MCQUEEN** *(p.358)*

DATA **1995**

Os anos 1990 começam com uma crise econômica que desacelera as excentricidades da moda da década anterior. O minimalismo e uma forma de brutalismo predominam. A alta-costura finalmente se curva, por um tempo, pois os estilistas da Grã-Bretanha estão determinados a tirá-la de seu doce torpor.

TABU IMAGINÁRIO

De um lado, John Galliano, teatral e extravagante; do outro, Alexander McQueen, subjugado e magistral. Os dois têm um gosto em comum pelo espetáculo. Mas, para McQueen, a performance substitui o eletrochoque. Ele quer comover, chocar, provocar, e até mesmo enfeitiçar. O estilista não tem medo de contar tudo aquilo que preferimos manter em silêncio: ele traz a violência, o sexo, a loucura e o mórbido para a passarela. Nunca é gratuito, cada uma de suas coleções e suas apresentações se alimentam de suas paixões e neuroses. Acima de tudo, ele consegue, por trás desses temas tabu, criar poesia e uma forma de misticismo.

VIOLÊNCIA EM AÇÃO

Em março de 1995, Alexander McQueen abrange um tema que lhe é caro: a limpeza étnica por parte da Inglaterra sobre os escoceses nos séculos XVII e XVIII. De origem escocesa, ele deseja representar a violência que seu povo sofreu. Ele chama sua apresentação de Highland Rape. Para ele, é disso que se trata: a violação de um território e a violência sofrida por indivíduos. Mas essa referência ao estupro causa perturbação. O criador é, desde então, acusado de estetizar a agressão sexual. É verdade que algumas roupas estão rasgadas, laceradas, como que arrancadas.

E O SEXO...

O sexo está presente nos tops que revelam os seios, nos jogos de transparência que por vezes revelam até mesmo o púbis, nos decotes... E há também essas silhuetas surpreendentes: calças e saias com cintura baixa, superbaixa. Os chamados bumsters expõem a parte superior das nádegas. Alexander McQueen os trata como um decote no peito.

↑ **Calça de alfaiataria,** Alexander McQueen

"NÃO ESTOU AQUI PARA ORGANIZAR UM COQUETEL. PREFIRO QUE AS PESSOAS SAIAM DOS MEUS DESFILES E VOMITEM."

ALEXANDER MCQUEEN

GUERRA DOS MUNDOS

No outono de 1999, McQueen coloca Shalom Harlow na passarela. Ela usa um vestido branco parecido com um tutu e para em uma plataforma que começa a girar. A música "Le cygne" de Camille Saint-Saëns começa a tocar e dois robôs jogam tintas no vestido. O estilista se inspirou em uma instalação High Moon, de Rebecca Horn, colocando em cena armas em confronto com a pintura. Ele questiona o processo criativo em tudo o que ele encarna de violência e fetichismo.

NOVO CORPO

Mostrar o "cofrinho" com orgulho? Essa não é bem a intenção do estilista. Ele próprio afirma que deseja, acima de tudo, experimentar um alongamento do corpo. Ele quer exibir a parte inferior da coluna vertebral e a curva que ela desenha junto das nádegas de uma forma estética e erótica. O bumster poderia ter sido um elogio sexual, mas é uma mutação.

Página seguinte:
Desfile Alexander McQueen, outono-inverno 1996, Londres

VESTIDO TRESPASSADO

MULHER LIVRE

CRIAÇÃO .... DIANE VON FÜRSTENBERG *(p.353)*

DATA 1974

Envolver uma peça de roupa em torno do corpo é um gesto ancestral, simples, prático e sensual. Em uma década que se liberta das limitações femininas, Diane von Fürstenberg, uma ambiciosa mulher autodidata, fez desse gesto uma característica de mulheres ativas. Em alguns anos, a estilista constrói um império.

↑ **Vestido trespassado Twigs,** Diane von Fürstenberg

"SE VOCÊ TENTA SAIR SEM ACORDAR UM HOMEM QUE ESTÁ DORMINDO, OS FECHOS DE ZÍPER SÃO UM PESADELO. VOCÊ JÁ TENTOU SAIR SORRATEIRAMENTE DE UM QUARTO NA MANHÃ SEGUINTE? EU JÁ FIZ ISSO MUITAS VEZES."

DIANE VON FÜRSTENBERG

EM NÚMEROS

1 vestido cultuado.

2 retratos por Andy Warhol.

25.000 modelos vendidos por semana nos anos 1970.

29 anos e 1 capa da *Newsweek*.

Studio 54: clube noturno lendário, no qual ela convive com grandes celebridades.

15.000 estampas diferentes.

1983: ela vende sua empresa.

1997: sua marca é relançada.

SIMPLES E EFICAZ

Enquanto Nova York já elogia a jovem estilista, que chegou em 1974 com silhuetas criadas na Itália, Diane von Fürstenberg desfere um grande golpe: ela desenha um vestido estampado em jérsei e algodão com um corte trespassado, drapeado no busto e amarrado na cintura. Barato, não amassa, fácil de lavar e usar, ele atende às necessidades das mulheres ativas. O sucesso é imenso.

WORKING GIRL

Os anos 1970 abrem cada vez mais as portas das empresas às mulheres. Elas se emancipam e fazem malabarismos para conciliar a vida familiar e a profissional. Querem ter credibilidade nas salas de reunião e ao mesmo tempo se manterem atraentes. O vestido trespassado, na altura dos joelhos e com decote profundo, alia modéstia e sensualidade.

NEGÓCIO DE MULHERES

O vestido se adapta a todas as formas, a todos os corpos e a todas as idades. Aliado das mulheres que não têm mais muito tempo disponível, ele pode ser usado de dia ou de noite. Diane von Fürstenberg é a sua própria musa, perfeito exemplo da feminilidade que ela admira, essa jovem mulher divorciada com dois filhos pequenos, que administra um império durante o dia e à noite frequenta o Studio 54.

UM VESTIDO MAIS QUE UMA CALÇA

O vestido trespassado torna-se cúmplice da emancipação das mulheres. Ele é usado por Cybill Shepherd, muito atarefada, em *Taxi Driver*, de Martin Scorsese, e se torna um arquétipo feminista, quando as mulheres podem enfim usar calça livremente. A estilista quer demonstrar que não é preciso tomar o vestuário dos homens emprestado para se impor.

Página anterior:
Diane von Fürstenberg, Nova York, 1972

SPEEDY

EM ALTA VELOCIDADE

CRIAÇÃO .... LOUIS VUITTON

DATA 1930

Desde sua fundação em 1854, a Louis Vuitton posiciona a viagem no coração de sua empreitada. A marca desenvolve malas e bagagens, mas também nécessaires extravagantes e práticas destinadas aos aventureiros e à aristocracia que saboreia os prazeres do escape, sem, no entanto, renunciar ao luxo e ao conforto.

↑ **Bolsa Speedy**, Louis Vuitton

"AH, O MONOGRAMA FOI MINHA OBSESSÃO E MEU PROBLEMA DE ESTIMAÇÃO POR MUITO TEMPO!"

MARC JACOBS

TELA MAGISTRAL

Em 2001, Stephen Sprouse recobre a Speedy com grafites, enquanto em 2003 é a vez de Takashi Murakami incorporar nela seu universo pop e colorido. Em 2012, Yayoi Kusama espalha suas lendárias bolinhas no design da bolsa. E, em 2017, Jeff Koons faz dela o suporte para as maiores pinturas da história da arte. Uma coleção polêmica e kitsch para uma Speedy que brinca com os contratempos de sua época.

MARCA DO LUXO

A falsificação não é um fenômeno novo e a marca sofre com isso desde que foi criada. Ao longo dos anos 1880, a Louis Vuitton decide então projetar padrões únicos, como o damier, uma estampa xadrez em duas nuances de marrom. Mas nada resolve o problema, as imitações se multiplicam. É seu filho, Georges Vuitton que, em 1896, cria o monograma da marca: um L e um V entrelaçados acompanhados de motivos florais estilizados. De assinatura à tela icônica.

VOYAGE VOYAGE

Em 1930, o mundo está em movimento. Desde o jet-set que descobre o torpor da aviação até os trabalhadores que aproveitam suas férias remuneradas, o gosto pelas viagens se dissemina mais e mais. Para Louis Vuitton, trata-se do destino principal de suas criações. Desde meados do século XIX, a marca se adapta às evoluções morais e aos avanços tecnológicos. Hoje em dia, o automóvel facilita as viagens. Deseja-se poder ir para longe em um piscar de olhos. Foi assim que a Vuitton criou a primeira bolsa de viagem macia, a Keepall.

MAIS RÁPIDO

Em busca de mais maleabilidade, a marca desenvolve a Express, irmã mais nova da Keepall. Uma mala de viagem de 30 centímetros, destinada a pequenos objetos pessoais. Logo renomeada de Speedy para se adequar à reputação internacional da marca, ela conhece um enorme sucesso. E será beneficiada por um impulso extra.

BOLSA DE MÃO

Na década de 1960, houve uma mudança de identidade: Audrey Hepburn, adepta das bolsas Louis Vuitton, encomenda uma versão reduzida da Speedy. Seu desejo é atendido e assim nasce um modelo de 25 centímetros. O tom muda: de mala de viagem vira bolsa de mão e, com o destaque dado pela atriz, é uma explosão de vendas.

ARTE E MODA

A Speedy se estabelece na paisagem da moda ao mesmo tempo como objeto patrimonial e acessório sazonal. Marc Jacobs, diretor artístico da Louis Vuitton desde 1997, incentiva a releitura dos grandes clássicos da casa. Artistas contemporâneos se sucedem na criação de peças originais que questionam o vínculo comercial entre arte e moda, inscrevendo a Speedy na batalha das tendências.

DENTRO DA BOLSA

BOLSAS DE MÃO

CABAS

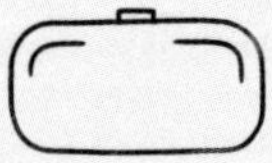

CLUTCH

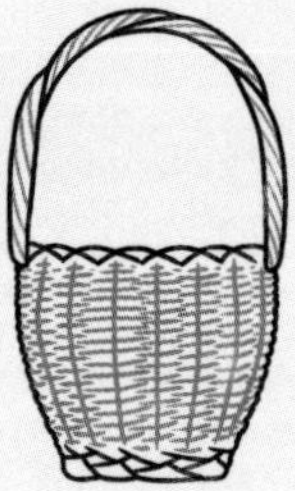

CESTA BIRKIN

CARTEIRA

TRAPÉZIO

BAÚ

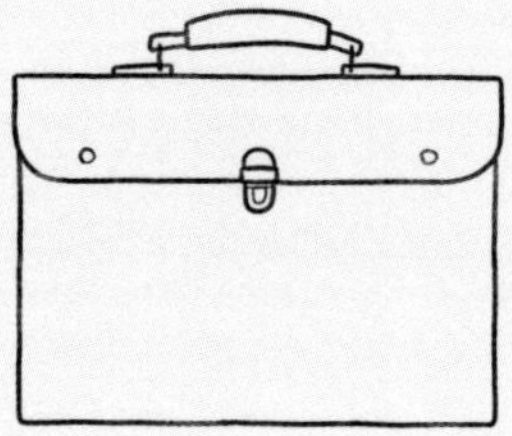

MALETA

BOLSAS USADAS NAS COSTAS

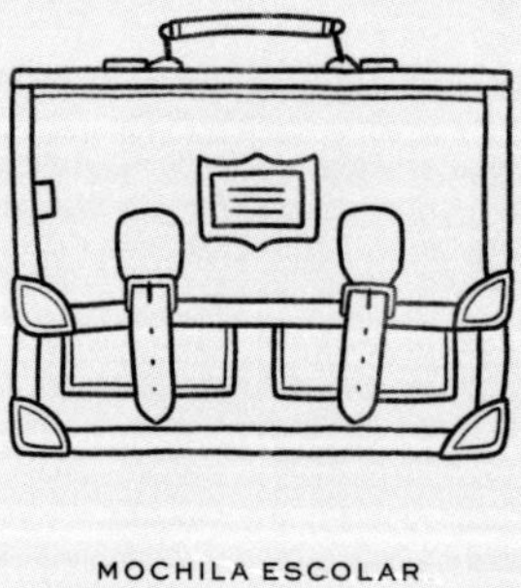

MOCHILA ESCOLAR

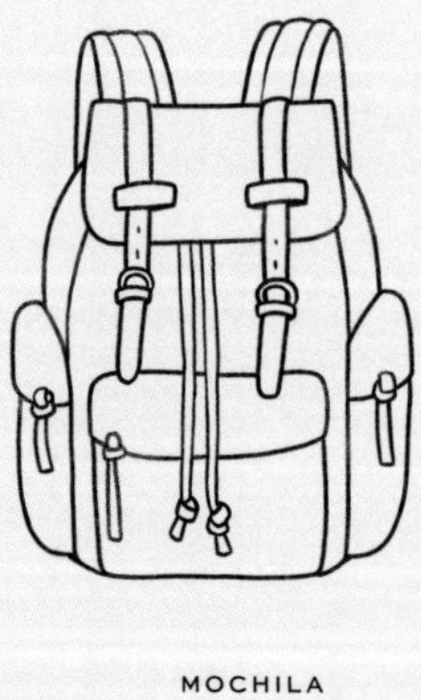

MOCHILA

BOLSAS DE OMBRO

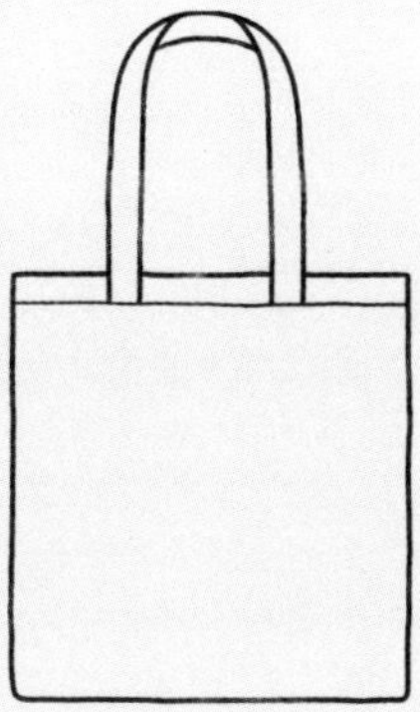

TOTE BAG

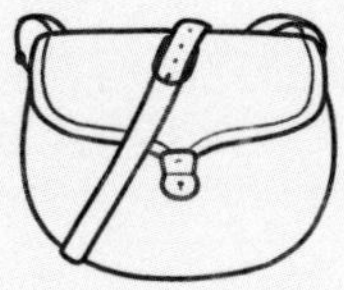

TIRACOLO

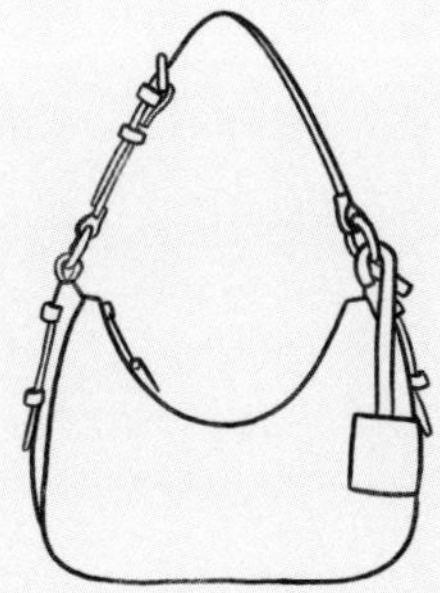

DE OMBRO

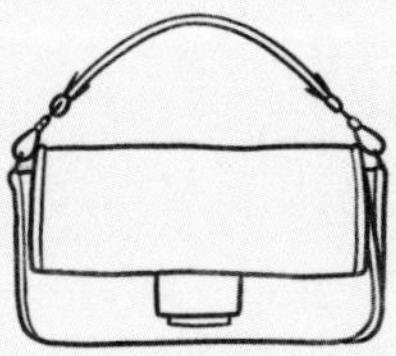

BAGUETE

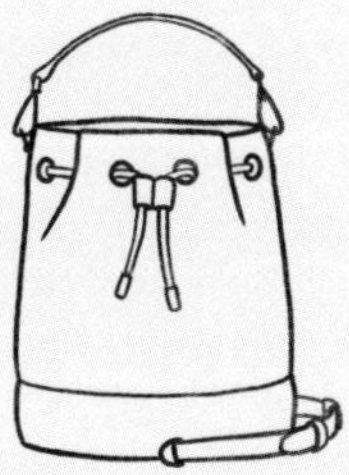

SACO

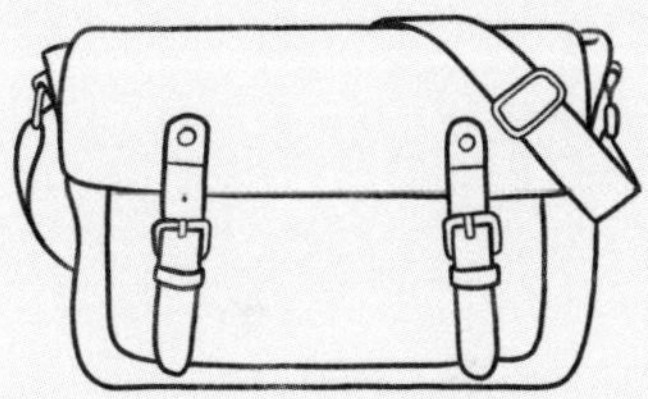

CARTEIRO

BOLSAS PARA USAR NA CINTURA

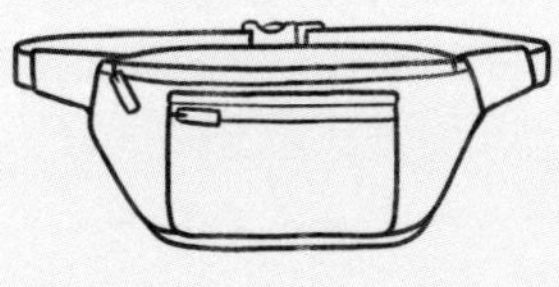

POCHETE

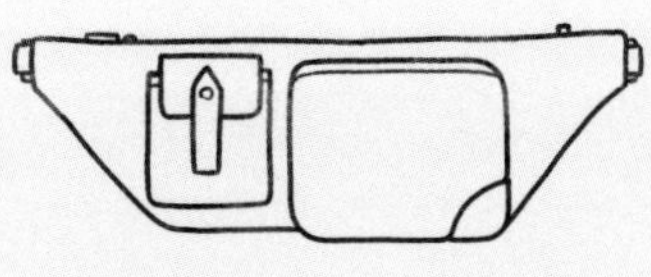

BUMBAG
Usada nos quadris

TECIDO ANTIBACTERIANO

ROUPA DE IMUNIDADE

CRIAÇÃO .... **COPERNI** *(p.352)*

DATA **2020**

Os desfiles de 2020 têm um sabor particular. Alguns meses antes, o mundo descobriu uma ameaça até então relegada aos filmes apocalípticos: uma pandemia. Entre confinamento e distanciamento social, é um novo modo de vida que se desenha. Coperni faz uma demonstração daquilo que poderia ser o vestuário do amanhã, ou melhor, de hoje.

↑ C+ Zip Body, Coperni

DE VOLTA PARA O FUTURO

A marca parisiense liderada pelo duo Arnaud Vaillant e Sébastien Meyer apresenta uma estética minimalista e futurista. Há muitas peças monocromáticas em preto e branco, às vezes realçadas por nuances vívidas. Isso confere à coleção um ar espacial, que lembra o Space Age (p. 266) dos anos 1960 (não por acaso, a dupla passou pela Courrèges), como uma piscadela voltada para um momento em que tudo era incerto e novo. Mas embora os anos 1960 tenham sido carregados de promessas, a década de 2020 traz muita angústia. O que fazer diante do desconhecido? Criar e imaginar um futuro de acordo com as diferentes necessidades.

ESPAÇO PARA OS ITENS ESPORTIVOS

Coperni percebe claramente que nunca nos dedicamos tanto às atividades físicas, uma rara fuga durante os meses de confinamento, quanto durante a pandemia. O desfile evoca o sportswear e sua técnica, essencial ao bem-estar e ao desempenho. O vestuário se torna uma segunda pele, acompanhando cada gesto. Esse corpo, já sujeito a um teste severo, não necessita de constrangimentos adicionais.

ESPÍRITO DE INOVAÇÃO

A inovação incentiva que ambos os estilistas pensem em um material que não somente poderá abraçar o corpo, elástico e flexível, mas que também funcionará como escultor, imaginando formas semelhantes ao origami. O destaque do desfile, no entanto, fica por conta de um jérsei sintético com proteção contra os raios ultravioletas (UV), C+, antiderrapante, hidratante e antibacteriano. O vestuário inteligente não representa nada de novo na indústria têxtil, mas seu uso na moda é tímido, certamente por causa de sua conotação pouco estética.

MODA SANITÁRIA

É preciso então integrar a saúde à moda? A pandemia demonstrou que talvez esteja na hora. Como a aparência está ligada ao corpo, ele deve ser colocado uma vez mais no centro da moda, não mais exclusivamente em sua forma decorativa, mas em sua essência orgânica. O futuro é agora.

"NÓS ADORAMOS O PROGRESSO, A INOVAÇÃO E A CIÊNCIA. COPERNI É UMA MISTURA ENTRE O FUTURO E O PASSADO."

ARNAUD VAILLANT

TECNO-CHIQUE

A tecnologia está no centro do DNA da marca. Em setembro de 2023, dois homens de preto vaporizam uma solução sobre a modelo Bella Hadid nua. Ao contato com sua pele, o produto se transforma em um vestido de tecido graças ao *spray-on fabric*, inventado pelo cientista Manel Torres.

LUXO URBANO

O STREET É CHIQUE

CRIAÇÃO .... **VIRGIL ABLOH PARA LOUIS VUITTON** *(p.350)*

DATA **2021**

Desde a década de 1990, a cultura urbana tem sido uma norma na estética da moda. Ela se tornou um lugar-comum do estilo contemporâneo. O streetwear sacralizado deu origem a um novo vocabulário comercial. O luxo, em constante busca de renovação, entendeu bem isso. E a Louis Vuitton também, ao contratar Virgil Abloh.

↑ **Neo Porte Documents Voyage**, Virgil Abloh para Louis Vuitton, 2021

"COMPOR A PARTIR DE SAMPLES É COMPREENDER QUE A CRIAÇÃO É ILIMITADA."

VIRGIL ABLOH

FAZ TUDO

Como DJ, Virgil Abloh mixa novos sons a partir de samples. Criar a partir do que já existe está no centro do seu pensamento. Ele, que estudou arquitetura, atua em áreas tão díspares quanto o mobiliário, a moda e a arte contemporânea, para redefinir fragmentos da nossa cultura sem nunca hierarquizar suas referências. Da rua à arte conceitual, tudo tem seu lugar.

MODA PARA A RUA

Diretor artístico das coleções masculinas da Louis Vuitton de 2018 até sua morte prematura em novembro de 2021, o estilista americano destila seu gosto pelo streetwear. Desde os anos 1990, a rua e o luxo não pararam de conversar. Virgil Abloh redefine os códigos para um público mais jovem e diversificado. Esse público ao qual se dirige é ele próprio, o símbolo, um homem negro nomeado para uma prestigiosa marca de luxo. O gesto, tanto político (e estratégico) como estilístico, não é nada insignificante.

CÁPSULAS CRIATIVAS

2011: com os rappers Jay-Z e Kanye West para o álbum *Watch the Throne*.

2016: Moncler.

2017: IKEA.

2018: Takashi Murakami.

2020: Mercedes.

2021: Nike.

O INDIVÍDUO...

Para a sua coleção outono-inverno de 2021, Virgil Abloh questiona a sua identidade como homem e filho de imigrantes, investigando o vestuário masculino no espaço público. Ele mistura tecidos tradicionais de Gana e ternos, arquétipos da moda ocidental, tartans, botas de caubói e moletons. Ele imagina um painel de estereótipos baseados na aparência – o artista, o galerista, o vendedor... – para melhor desconstruí-los.

... E O RESTO DO MUNDO

E, onipresentes, os aviões, além de duas jaquetas com relevos de cidades: Paris e Chicago. Representam uma constatação inegável ou uma questão lancinante: podemos estar em casa em qualquer lugar? O homem negro continua sendo um eterno turista em espaços concebidos e dominados pelos brancos?

COMPÓSITO

O primeiro modelo do desfile é o poeta Saul Williams. Ele pronuncia nomes, convoca fantasmas inspiradores: "Akhenaton, [Frida] Kahlo, [Allen] Ginsberg, Gandhi, [Billie] Holiday, [Miles] Davis, [Toni] Morrison, [Janis] Joplin, [Jimi] Hendrix, [Federico] Fellini, Nefertiti..." Virgil Abloh também se inspira em *Stranger in the Village*, ensaio de James Baldwin que evoca uma aldeia onde os habitantes nunca conheceram um homem negro.

Página seguinte:
Desfile Louis Vuitton, outono-inverno, 2021, Paris

VERMELHO DE ALTA-COSTURA

O IMPÉRIO DOS SENTIDOS

CRIAÇÃO .... **VALENTINO** *(p. 354)*

DATA .... **ANOS 1960**

Reza a lenda que Valentino Garavani, um jovem estudante que ainda não tinha fundado a sua célebre marca, foi cativado por uma mulher vestida com um vestido de festa de veludo vermelho enquanto assistia a uma ópera em Barcelona. Essa visão extravagante permanecerá e o vermelho vai se tornar sua assinatura, até mesmo um totem.

AMULETO DA SORTE

Depois de trabalhar com os estilistas Jean Dessès e Guy Laroche em Paris, o jovem aprendiz italiano decide abrir a sua marca em Roma, em 1959. Ele a batiza com seu próprio nome: Valentino. Desde seu primeiro desfile, o vermelho é encarnado por um vestido sem alças batizado como Fiesta, que fala sobre a Itália do estilista: festiva, impertinente e elegante. Em cada uma de suas coleções, um vestido vermelho passa a ser criado como um item incontornável, acima de tudo um amuleto de boa sorte.

CADA UM COM SEU TOM

Valentino não é o único estilista que tem uma cor fetiche. Jeanne Lanvin tem seu azul; Elsa Schiaparelli, um rosa fúcsia; Cristóbal Balenciaga, o preto; Christian Dior, o cinza; e Martin Margiela, o branco.

NUANCE RAINHA

Não há nada de inocente tornar o vermelho algo próprio. A nuance evoca o poder, como, neste caso, o de um estilista italiano que se coloca como herdeiro dos imperadores romanos. Há grandiloquência no gesto de Valentino, mas também um partido assumido do refinamento tradicional, um classicismo familiar e tranquilizador. Seus clientes sabem que, por trás de suas criações românticas, está a confiança em um vermelho determinado. Romântico certamente, mas não ingênuo.

O VERMELHO DE VALENTINO

Reconhecível, ele assume uma identidade própria. Porém, em 1968, é uma coleção inteiramente executada em branco e um vestido de noiva, também necessariamente branco, criado para Jackie Kennedy no dia em que ela se torna Onassis, que impulsiona o estilista para o cenário internacional. É um pouco como se o tecido imaculado tivesse sido necessário para que o vermelho pudesse se impor com mais força.

FIO CONDUTOR

Em 2008, Pierpaolo Piccioli e Maria Grazia Chiuri (que deixa a marca para ir para a Dior em 2017) assumem a direção artística da casa depois da saída de seu fundador. O vocabulário de Valentino perdura, ainda com o vermelho como fio condutor, incandescente e atemporal.

↑ **Vestido em popeline vermelho,** Valentino

"A ELEGÂNCIA É UM EQUILÍBRIO ENTRE PROPORÇÕES, EMOÇÃO E SURPRESA."

VALENTINO

MODA À ITALIANA

Depois da guerra, a Itália incentiva sua indústria, especialmente a têxtil. Ela não quer mais ser um simples fornecedor de materiais, mas uma nação da moda. Em 1951, Giovanni Battista Giorgini lança os primeiros desfiles para divulgar o estilo italiano e exibir seus estilistas. Apresentados em Florença, eles chamam a atenção. O contexto é favorável: Hollywood lança filmes como *A princesa e o plebeu* e o cinema italiano é exportado por meio de obras lendárias, como *A doce vida*.

Página anterior:
Desfile Valentino,
outono-inverno 2021, Veneza

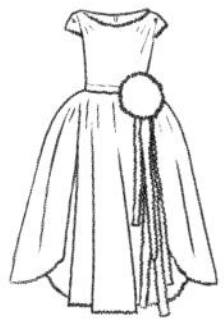

ROBE DE STYLE

À MODA ANTIGA

CRIAÇÃO .... **JEANNE LANVIN** *(p.357)*

DATA .... **ANOS 1920**

Na década de 1920, nem todas as mulheres são garçonnes andróginas e combativas. Jeanne Lanvin compreendeu isso muito bem: ela propõe outra visão da feminilidade, menos temerária, mais tradicional e acessível. Um tédio? Não. Jeanne Lanvin permite que as mulheres mais tímidas possam viver uma transição suave.

ESPARTILHO ESQUECIDO

Desde a década de 1910, o corpo das mulheres se desvencilhou de um peso: o de séculos de uma silhueta moldada para se conformar ao olhar dos homens e à sua concepção de beleza. Sem o espartilho, é preciso se habituar a distinguir, sob o tecido, as formas do corpo. É difícil quando, durante tanto tempo, deu-se preferência para o artificial. Os anos 1920 tomam uma direção oposta: a uma feminilidade exacerbada, as mulheres respondem com a androginia. Aqui, mais uma vez, sob o pretexto da libertação, perpetua-se o mesmo discurso, aquele que rejeita o corpo das mulheres tal como ele é.

CRINOLINA REVISITADA

Durante a Primeira Guerra Mundial, uma silhueta emerge, a chamada "crinolina de guerra". A cintura alta e a saia rodada promovem a indústria da moda, apesar do conflito. Jeanne Lanvin a adota e a perpetua com os seus vestidos da década de 1920, os quais se inspiram em alguns códigos do século XVIII, como o pannier que fica em torno do quadril. Ela não esquece os imperativos da década: cintura baixa, ornamentação intensa, parte superior leve, justa e fluida.

ROBE DE STYLE, ESTILO LANVIN

Essa silhueta se torna sua assinatura, mas ela não se destaca verdadeiramente em uma marca que sempre deu grande espaço ao romantismo e a uma certa ingenuidade, inspirada nas criações do início de sua carreira para sua filha e para os filhos de seus clientes. O robe de style tranquiliza com sua saia volumosa: combina com todos os tipos de corpo, com mulheres de todas as idades e meios. Sua proposta é copiada porque, nas províncias, é mais fácil usar um robe de style do que agir de forma ousada e impertinente, como uma garçonne (p. 320).

↑ **Robe de style**, Jeanne Lanvin, 1924

"QUANTO AO NOME DE LANVIN, ELE ESTAVA LIGADO, PARA MIM, À LEMBRANÇA DAS MENINAS EM ROBE DE STYLE, COM AS QUAIS DANCEI MEUS PRIMEIROS FOX TROT, CHARLESTONS E SHIMMYS. NOS BAILES, ELAS ERAM SEMPRE AS MAIS BEM VESTIDAS."

GIANNI VERSACE

UMA NUANCE PRÓPRIA

A partir dos anos 1920, Jeanne Lanvin manda desenvolver nuances específicas à sua marca em sua tinturaria. Ela cria o azul Lanvin, inspirado nas obras do artista do Renascimento italiano Fra Angelico.

LONGE DOS CLICHÊS

Peça central da Lanvin, o robe de style também contradiz muitos estereótipos sobre os Anos Loucos, ao longo dos quais muitas mulheres foram intimidadas pelas restrições à emancipação e à extravagância.

Página seguinte:
Jeanne Lanvin drapeando um tecido sobre uma modelo, anos 1930

TERNO ARMANI

O IMPÉRIO DOS SENTIDOS

CRIAÇÃO .... **GIORGIO ARMANI** *(p.350)*

DATA **1975-1980**

Na década de 1980, o poder e o dinheiro dominavam. A década é materialista, ostensiva e poderosa, exacerbando uma nova aristocracia financeira. Jovem e urbana, ela enriquece por meio da especulação. É apelidada de yuppie. O poder masculino se encontra em um uniforme, um terno com ombros estruturados.

↑ Terno Heritage, Emporio Armani

"MUDEI A APARÊNCIA DAS PESSOAS, ISSO É INEGÁVEL."

GIORGIO ARMANI

DE FILME EM FILME

Giorgio Armani compreende muito rápido a influência dos filmes e da televisão na propagação dos gostos. Ele colabora, assim, com várias produções cinematográficas.

1984: *Miami Vice.*

1987: *Os intocáveis.*

1992: *O guarda-costas.*

1994: *Pulp Fiction.*

2000: *Shaft.*

2008: *Batman: O Cavaleiro das Trevas.*

2009: *Bastardos inglórios.*

2013: *O Lobo de Wall Street.*

2014: *O ano mais violento.*

POWER DRESSING

Na mesma época, emerge um estilista italiano: Giorgio Armani, que fundou sua marca em Milão em 1975. Ele faz do terno sua especialidade. Mesmo que não ignore o power dressing em voga, que prioriza ombreiras geométricas e jaquetas trespassadas herdadas dos anos 1930, Armani incorpora um toque de modernidade às suas silhuetas.

SEGUNDA PELE

O estilista sempre tende a criar mais maleabilidade. Se o terno (p. 186) era uma forma estruturada, uma armadura mascarando o corpo, Giorgio Armani oferece-lhe uma nova sensualidade, um caimento mais fluido, e faz dele uma segunda pele. Certamente poderoso, mas não impositivo. Ele foi rapidamente apelidado de "rei do blazer", mas um filme lhe traria uma glória ainda maior.

UM ATOR, UMA MUSA

Em 1980, Armani aceita criar o figurino de John Travolta, que o convida para um filme: *Gigolô americano*. Travolta acaba desistindo do papel, mas Armani permanece, vestindo um ator então pouco conhecido, Richard Gere. Sua colaboração, no entanto, permanecerá marcada na história, pois, auxiliado pelo jogo carnal do ator, o estilista propõe nesse filme uma visão do figurino até então ignorada: seu poder erótico.

O TERNO DE UMA ÉPOCA

O filme é uma publicidade viva para Armani. Os figurinos de Richard Gere são copiados. No mesmo momento, o estilista lança sua primeira coleção internacional de prêt-à-porter. A marca domina o mercado de moda masculina até a década de 1990, antes que os empresários optem por um visual mais descontraído. Armani redefiniu a forma como se usam os ternos antes que a sociedade se livrasse deles.

NOVA PALAVRA

O acrônimo yuppie, surgido nos anos 1980, significa *young urban professional* (jovem profissional urbano).

Página anterior:
Richard Gere e Giorgio Armani, outono-inverno 1988

MONOQUÍNI

PIADA À PARTE

CRIAÇÃO .... **RUDI GERNREICH** *(p.354)*

DATA **1964**

Rudi Gernreich, estilista americano de origem austríaca, choca, não por provocação gratuita, mas porque questiona as normas sociais do seu tempo, particularmente aquelas relativas ao corpo, à sexualidade e ao gênero. Ele acredita na liberdade, naquilo que emancipa e liberta das convenções.

NA ORIGEM: O CORPO

Rudi Gernreich se expressa primeiramente por meio da dança. Ele conhece as posturas do corpo e seus gestos. Mas não só: seu primeiro emprego consistia em higienizar cadáveres no necrotério. Nos anos 1950, ele se lança na moda e se torna estilista freelancer, mas é um design de 1964 que o impulsiona para a frente da cena. Motivado por Susanne Kirkland, stylist de revista, a ilustrar a tendência do topless, ele cria o monoquíni, maiô de banho composto por uma parte de baixo presa por laços que sobem até os ombros.

UMA PARÁBOLA DE SEU TEMPO

O maiô é exibido pela primeira vez nas páginas do *Women's Wear Daily*, usado pela modelo Peggy Moffitt, musa do estilista. A peça não é um sucesso de vendas, mas fala-se muito dela. Comentaristas e jornalistas destacam a sua estética provocante, ao mesmo tempo que associam suas características ao gosto da época. O monoquíni de Gernreich se torna uma parábola dos anos 1960: descolado, inovador e escandaloso. O estilista então é visto como um revelador do corpo feminino, e passa-se completamente ao largo de sua proposta.

O FUTURO É AGORA

Em 1970, Rudi Gernreich expõe na revista *Life* sua visão da moda do futuro. O estilista escolhe modelos carecas e sem pelos, um homem e uma mulher, como gêmeos. Seus corpos se desnudam, quando não usam roupas semelhantes. Para Gernreich, o futuro abolirá a noção de gênero. Ele leva ao limite o gosto andrógino de uma moda unissex. Seu Unisex Project rejeita essa postura. Ele redefine as estruturas binárias de gênero para reinventar completamente a moda. O futuro de Rudi Gernreich é clarividente.

↑ **Monoquíni**, Rudi Gernreich, 1964

"SE UM CORPO NÃO PODE MAIS SER ACENTUADO, ELE DEVERIA SER ABSTRATO."

RUDI GERNREICH

IGUALDADE ENTRE HOMENS E MULHERES

Desnudar o corpo? Sim, mas não para exibi-lo. Gernreich tem um gesto militante. Ele demonstra como o corpo das mulheres não deve ser sexualizado. Ele quer que a carne feminina seja tão trivial quanto a dos homens. Com o monoquíni, ele tira a parte superior porque os homens têm o direito de fazer isso. Ele sabe que mostrar significa despojar o corpo de seu mistério. Ele abomina a hipocrisia que consiste em se apropriar dos corpos das mulheres e condena aqueles que decidem quando elas devem se despir ou se cobrir.

ATIVISTA DA MODA

A moda é o seu terreno de expressão. Cansado das exigências e dos mal-entendidos, Rudi Gernreich prefere cessar sua atividade de estilista no fim dos anos 1960. Contudo, ele continua a destilar seus pensamentos e "profecias", como em 1970, com o Unisex Project. Tudo o que lhe interessa é o corpo, em sua essência pura. Um corpo anódino, submetido às construções sociais.

Página seguinte:
Rose Williams em monoquíni Rudi Gernreich, Hollywood, 1964

MINI-CRINI

EMBAIXO DAS SAIAS DAS MOÇAS

CRIAÇÃO .... **VIVIENNE WESTWOOD** *(p.362)*

DATA **1985**

Alguns estilistas contemporâneos adoram reavivar características históricas com o objetivo de questionar o corpo e suas representações, assim como a sexualidade. Ao longo dos anos 1980, isso se torna uma corrente por si só, uma tendência que defende o historicismo para traduzir a criatividade e o espetáculo da moda.

↑ **Mini-Crini em renda**, Vivienne Westwood

"MINHAS ROUPAS TÊM UMA HISTÓRIA. ELAS CARREGAM UMA IDENTIDADE. ELAS TÊM UM CARÁTER E UM PROPÓSITO."

VIVIENNE WESTWOOD

HISTÓRIA REVISITADA

Entre a irreverência punk e a tradição, Vivienne Westwood agencia um deslocamento subversivo da moda histórica para desorientar as convenções de classe e de gênero. Ela demonstra como o vestuário pode servir para criar um estatuto social e identitário diferente daquele atribuído no nascimento. Em suas mãos, a história pastichada se vê destinada a outra narração. As mulheres também: de criaturas submissas, aprisionadas em roupas sufocantes, elas se tornam figuras poderosas.

CRINOLINA ENCURTADA

A crinolina (p. 223) está morta, viva a crinolina! Em 1985, as mulheres já não usam essa peça há bastante tempo. Mas Vivienne Westwood, fiel às suas reinterpretações históricas, decide atualizá-la para uma coleção primavera-verão. Melhor ainda, ela faz da crinolina o tema do desfile: Mini-Crini. A estilista inglesa oferece versões abreviadas da peça: uma crinolina insubmissa e sensual.

DE DENTRO PARA FORA

No século XIX, a crinolina camufla. A de 1985 expõe. Na origem, seu nome designa tanto a estrutura posicionada sob a roupa quanto a silhueta criada. Vivienne Westwood brinca com sua primeira identidade. Com efeito, sua Mini-Crini revela as argolas da sua estrutura, e o tecido, por vezes grosso como veludo e por vezes translúcido, quando composto por uma renda bordada, lembra as anáguas. A intenção é clara: trata-se de fazer da roupa de baixo simplesmente uma roupa, sem retirar sua conotação íntima. Uma piscadela sexual assumida.

GRANDES CAUSAS

Vivienne Westwood é uma estilista engajada e militante, sobretudo no que diz respeito às questões ambientais. Ela não é a única. Sua compatriota Stella McCartney recusa o uso de couro, penas ou peles de origem animal em suas criações. A Gucci também bane o uso de peles em 2018. Em 2021, é a vez da revista *Elle* anunciar a proibição das peles em seus conteúdos editoriais e publicitários.

CORPO PRÓPRIO

Reapropriar-se de seu corpo por meio do jogo, eis o desafio oferecido pela estilista. Sem se levar a sério, ela sublinha, no entanto, um discurso poderoso. Um compromisso que se baseia em uma saia curta que balança com alegria e determinação.

ARTE EM TODO LUGAR

A história das artes e da moda quase nunca se ausenta das influências que inspiram Vivienne Westwood. Em 1990, ela propõe um desfile que se torna mítico, chamado Portrait Collection. Ela revela um espartilho de lycra macio, sobre o qual está reproduzida uma pintura de 1743: *Daphnis e Chloe*, de François Boucher. Reprodutível e democratizado, o repertório clássico se torna uma estampa para vestir.

Página anterior:
Vivienne Westwood, Londres, 2012

SAPATO GHILLIE

NO ALTO

CRIAÇÃO .... **VIVIENNE WESTWOOD** *(p.362)*

DATA **1993**

Para sua coleção outono-inverno 1993-1994, a estilista inglesa Vivienne Westwood coloca suas modelos em sapatos de plataforma exageradamente altos. Sua coleção Anglomania é inspirada na tradição escocesa. A estilista reinterpreta os sapatos de dança ancestrais chamados *ghillies*.

↑ **Elevated Ghillie**, Vivienne Westwood

HERANÇA PUNK

Nada que surpreenda, vindo de Vivienne Westwood. Desde os anos em que passou a construir o vestuário punk (p. 328) da Inglaterra dos anos 1970, ela sempre vinculou o subversivo à tradição. O desfile presta homenagem ao gosto inglês, desde o Renascimento até à década de 1950, destilando a herança escocesa muitas vezes apropriada pela elite. Com um padrão de tartan (p. 178) especialmente concebido para sua marca, a estilista homenageia igualmente a arte punk do deslocamento. Trata-se de uma forma de significar sua presença legítima na corte dos grandes da alta-costura sem esquecer suas origens.

VISTA DO ALTO

Um pedestal. É isso que esses extravagantes sapatos de plataforma lembram. Ela própria diz: esses sapatos elevam as mulheres, tornam-nas poderosas, imponentes. É por essa razão que ela reintroduz os sapatos de plataforma (p. 131) na moda dos anos 1990. Esse tipo de sapato existe desde a Antiguidade, em culturas tão variadas quanto o Império Otomano e seus kabkabs, o Japão e seus geta (p. 32), mulheres venezianas e seus chopines. No século XX, é Salvatore Ferragamo quem os atualiza, no decorrer dos anos 1930 e 1940, antes de eles se tornarem a assinatura dos anos 1970.

DO FOLCLORE À MODA

Dos ghillies, semelhantes a sapatilhas de dança em couro macio preto, Vivienne Westwood mantém o laço de fita e as aberturas no peito do pé. Ela acrescenta uma plataforma radical e um salto, modificando todo o vocabulário do sapato, retirando-o do folclore para integrá-lo a um universo irreverente e fetichista: mais uma vez, um legado do punk.

"EU ME SIRVO DA MODA SOMENTE COMO DESCULPA PARA FALAR DE POLÍTICA. COMO SOU ESTILISTA, ISSO ME DÁ UMA VOZ E É MUITO BOM."

VIVIENNE WESTWOOD

MUDAR A HISTÓRIA

O corpo, o poder e o erotismo estão no centro da reflexão desenvolvida pela estilista, e seus fantasiosos ghillies refletem isso. Rebeldes e ultrajantes, eles contam outra história da Grã-Bretanha, em que as mulheres são heroínas soberanas e astutas.

VÍTIMA DA MODA

Durante o desfile, houve quem sofreu com os ghillie: a top model Naomi Campbell. Com plataformas desproporcionais, a modelo não resiste e, perdendo o equilíbrio, sofre uma queda memorável, da qual ela se levanta dando risada. Um episódio lendário na história dos desfiles. O Victoria and Albert Museum de Londres decide adquirir para suas coleções o par de ghillies violeta usado pela modelo, como um testemunho patrimonial dos horrores da moda.

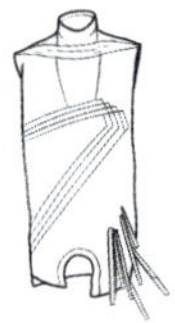

SEXO SEM PUDOR

HOMEM SENSÍVEL

CRIAÇÃO .... **RICK OWENS** *(p.359)*

DATA **2015**

Rick Owens é um desses estilistas que não respondem a nenhuma tendência. Polivalente, ele traz uma atmosfera livre, quase anarquista, às suas coleções que questionam o corpo e o mundo. O estilista americano afirma uma estética que ousa a transgressão, mas jamais por pura provocação.

↑ **Coleção Rick Owens**, outono-inverno 2015

COM RAIVA

Em setembro de 2013, Rick Owens apresenta sua coleção de verão: dançarinas praticando *step* em uma coreografia criada por Lauretta Malloy Noble e sua filha Lee Anét, que incorpora um toque de dança zulu. Essas mulheres negras advindas das principais irmandades americanas desfilam, potentes, em uma marcha quase militar. Com expressão ameaçadora, elas avançam, combativas. Mulheres fortes, corpos transgressores dos padrões da magreza, que contam toda a violência registrada na memória coletiva de sua comunidade.

ASSINATURA SUBVERSIVA

Se Rick Owens acostumou o público com seus desfiles subversivos, que examinam a forma da roupa como uma camada de pele que modificaria o ser, sua coleção masculina do outono de 2015 pode confundir alguns.

VINTE MIL LÉGUAS SUBMARINAS

Inspirado em um filme ambientado em um submarino, o desfile propõe peças evocativas: cabans (p. 127), suéteres de marinheiro e materiais que lembram neoprene, das roupas de mergulho. Ele deixa aqui e ali alguns vestígios de ferrugem que evocam o desgaste do mar. Nada de surpreendente: a decadência dos corpos e da natureza é um *leitmotiv* de sua obra distópica e civilizacional.

INTIMIDADE DOS HOMENS

O submarino também se refere ao espaço confinado que impele a uma intimidade compartilhada. Owens coloca homens envoltos em túnicas entreabertas no desfile: algumas revelam o torso, outras, os tornozelos, e às vezes um pênis. É surpreendente, por certo chocante, mas há também algo de primitivo na empreitada do estilista, como um lembrete sobre a verdade do corpo, quando ele se liberta dos pretextos culturais e sociais.

"PERMITIR-SE SER VULNERÁVEL É UMA DAS COISAS MAIS SEDUTORAS QUE PODEMOS FAZER."

RICK OWENS

MISTICISMO E FISICALIDADE

Rick Owens faz do desfile uma cerimônia, perceptível devido à composição ascética das túnicas, remontando ao burel dos monges. Remete também ao feltro, caro a Joseph Beuys, que o incorporou a seu vocabulário artístico depois de ter sobrevido à guerra graças ao material. E tudo se junta: a espiritualidade e a humanidade, o invisível e o visível, o espírito e a carne. Isso tudo fala sobre a força que os homens são obrigados a ter e sobre sua vulnerabilidade proibida.

NUDEZ

Em 1971, Yves Saint Laurent lança seu primeiro perfume masculino: Pour Homme. Sua campanha coloca em cena o estilista fotografado por Jeanloup Sieff. Mas Yves Saint Laurent está nu. O clichê não só escandaliza e é censurado em diversas mídias, como também, por outro lado, reinventa a imagem de uma profissão, que foge à figura rigorosa do costureiro em jaleco branco para torná-lo um estilista estrela, icônico e cativante.

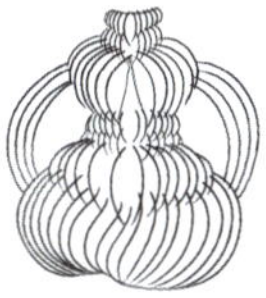

TECNOLOGIA AERODINÂMICA

UMA NATUREZA FUTURISTA

CRIAÇÃO .... **IRIS VAN HERPEN** *(p.355)*

DATA .... **ANOS 2010-2020**

Entre a arte e a moda, Iris Van Herpen esculpe formas inovadoras, muitas vezes criadas com a ajuda de processos tecnológicos, como a impressão 3D ou o corte a laser, ou ainda utilizando materiais inusitados. A estilista holandesa imagina uma moda de texturas e expressões ao mesmo tempo futuristas e orgânicas.

TECNOLOGIA E ALTA-COSTURA

Vincular o artesanato da alta-costura à inovação tecnológica é o fundamento de Iris Van Herpen. Ela leva a criatividade ao limite e questiona os contornos do que compõe a vestimenta. Deve ser prático ou conceitual? Em 2016, ela cria um vestido feito com a ajuda de centenas de bolhas de vidro sopradas à mão, aplicadas em silicone para simular a pele molhada com gotas de água, mas também apresenta looks arejados com plissados meticulosos. Ela faz os dois postulados conviverem.

NATUREZA ONIPRESENTE

No caso de Iris Van Herpen, natureza e tecnologia se aliam. Ela procura dar corpo ao que não pode ser visto em nosso mundo orgânico. Em 2008, é a fumaça industrial que ela materializa com a ajuda de fios metálicos. Em 2013, a eletricidade ganha vida em forma de vestidos flexíveis, como que para expressar as tensões energéticas que nos atravessam. Já em 2010, ela cria vestidos parecidos com respingos d'água.

MODA VULNERÁVEL

Por trás das silhuetas intimidadoras se esconde a poesia da nossa existência. Entre armadura e adorno, as criações de Iris Van Herpen revelam olhares poderosos, por vezes inquietantes, ao mesmo tempo que têm a leveza e a fragilidade daquilo que nos constitui e que forma nosso mundo. Ambivalências que ela observou durante seu aprendizado com Alexander McQueen.

NOVO REAL

Como pioneira, Iris Van Herpen convida a tecnologia para a moda, não para a contradizer, mas para enobrecê-la. Borrando as fronteiras entre a realidade e o digital, ela antecipa um futuro da moda que sonda o virtual.

↑ Conjunto Iris Van Herpen, primavera-verão 2010

"COM FREQUÊNCIA ME INSPIRO PELAS COISAS QUE NÃO VEJO E QUE NÃO COMPREENDO, PORQUE ISSO DÁ LIVRE CURSO À MINHA IMAGINAÇÃO."

IRIS VAN HERPEN

UM MUNDO, PARA ALÉM

As criações híbridas de Iris Van Herpen anunciam o advento de uma nova era. Com o desenvolvimento de ambientes virtuais nos quais podemos evoluir, como extensão de nossa existência real, várias marcas acabam apostando na presença no metaverso, e em roupas e acessórios, chamados *wearables*, destinados a vestir nossos avatares. Outros propõem a compra de NFT, aquisições digitais que confundem todas as fronteiras entre o real e o virtual.

QUEDA LIVRE

Em um momento em que os desfiles competem em termos de criatividade, Iris Van Herpen ultrapassa os limites do possível, em 2021, ao convidar a campeã mundial de paraquedismo para finalizar a sua coleção de 18 silhuetas. Domitille Kiger dá um salto usando um vestido azul degradê, exibindo-o por completo na imensidão do céu para evocar o planeta Terra flutuando no meio do espaço.

Página seguinte:
Desfile Iris Van Herpen, primavera-verão 2010

PARTE 3

ESTILOS

22 SILHUETAS

Mod ..... p. 304
Glam rock ..... p. 306
Desconstrutivismo ..... p. 308
Funk ..... p. 310
Normcore ..... p. 312
Sapeur ..... p. 314
Hip-hop ..... p. 316
Gótico ..... p. 318
Garçonne ..... p. 320
Zooter ..... p. 322
Dândi ..... p. 324
Hippie ..... p. 326
Punk ..... p. 328
Lolita ..... p. 330
Blitz Kids ..... p. 332
Ivy League ..... p. 334
Emo ..... p. 336
Grunge ..... p. 338
Panteras Negras ..... p. 340
Clubber ..... p. 342
Peacock ..... p. 344
Teddy Boys & Girls ..... p. 346

A LINHA DO TEMPO DOS ESTILOS

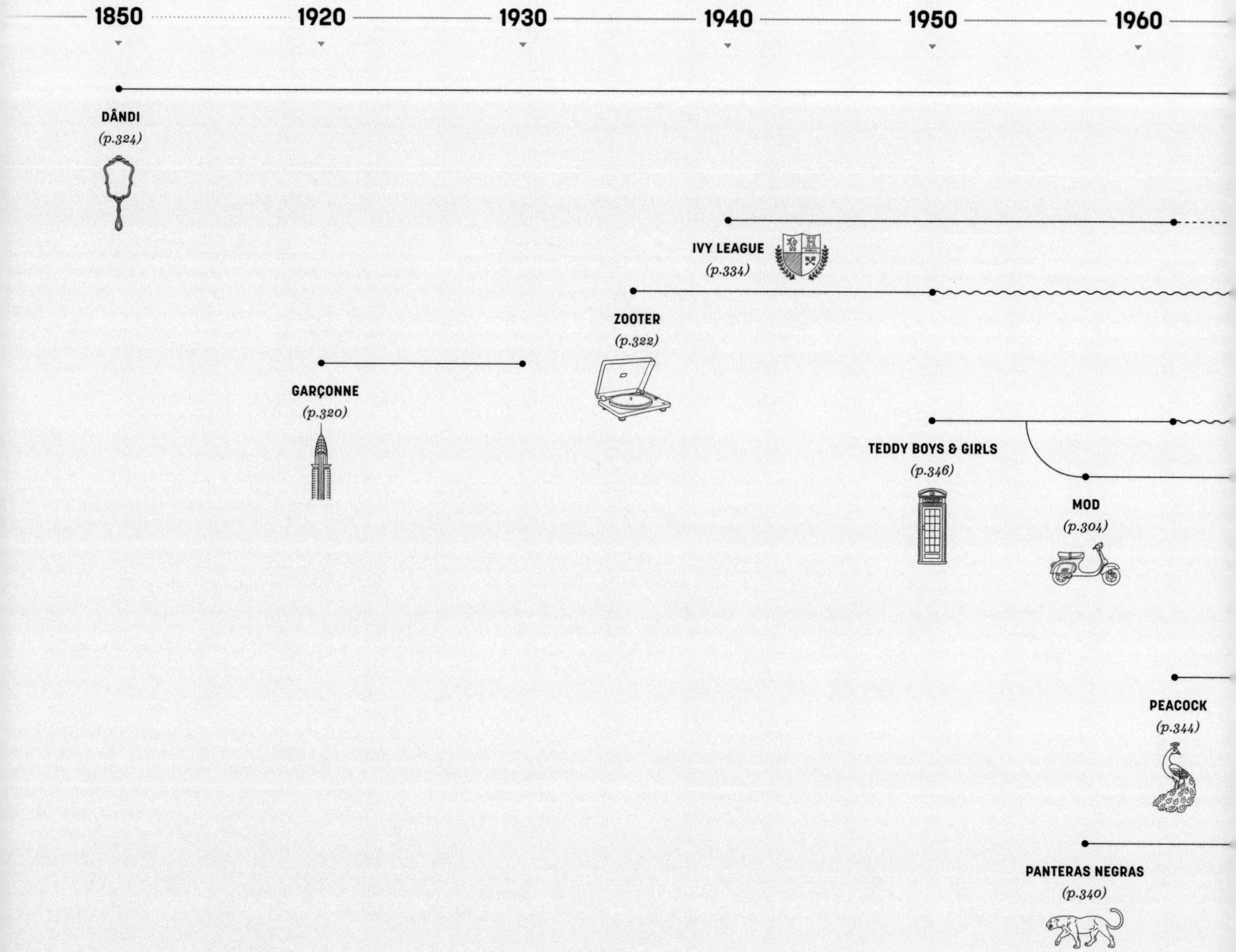

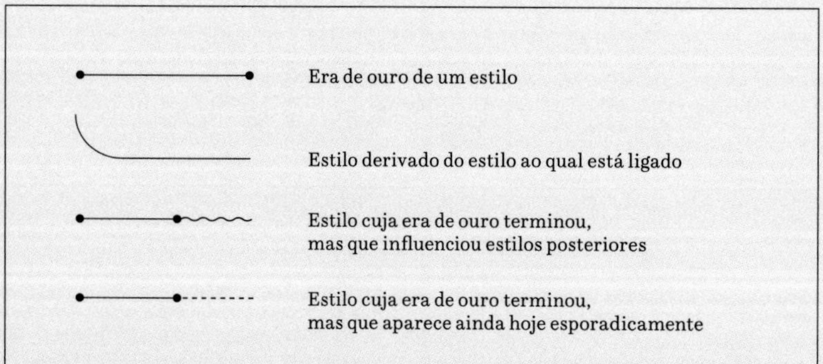

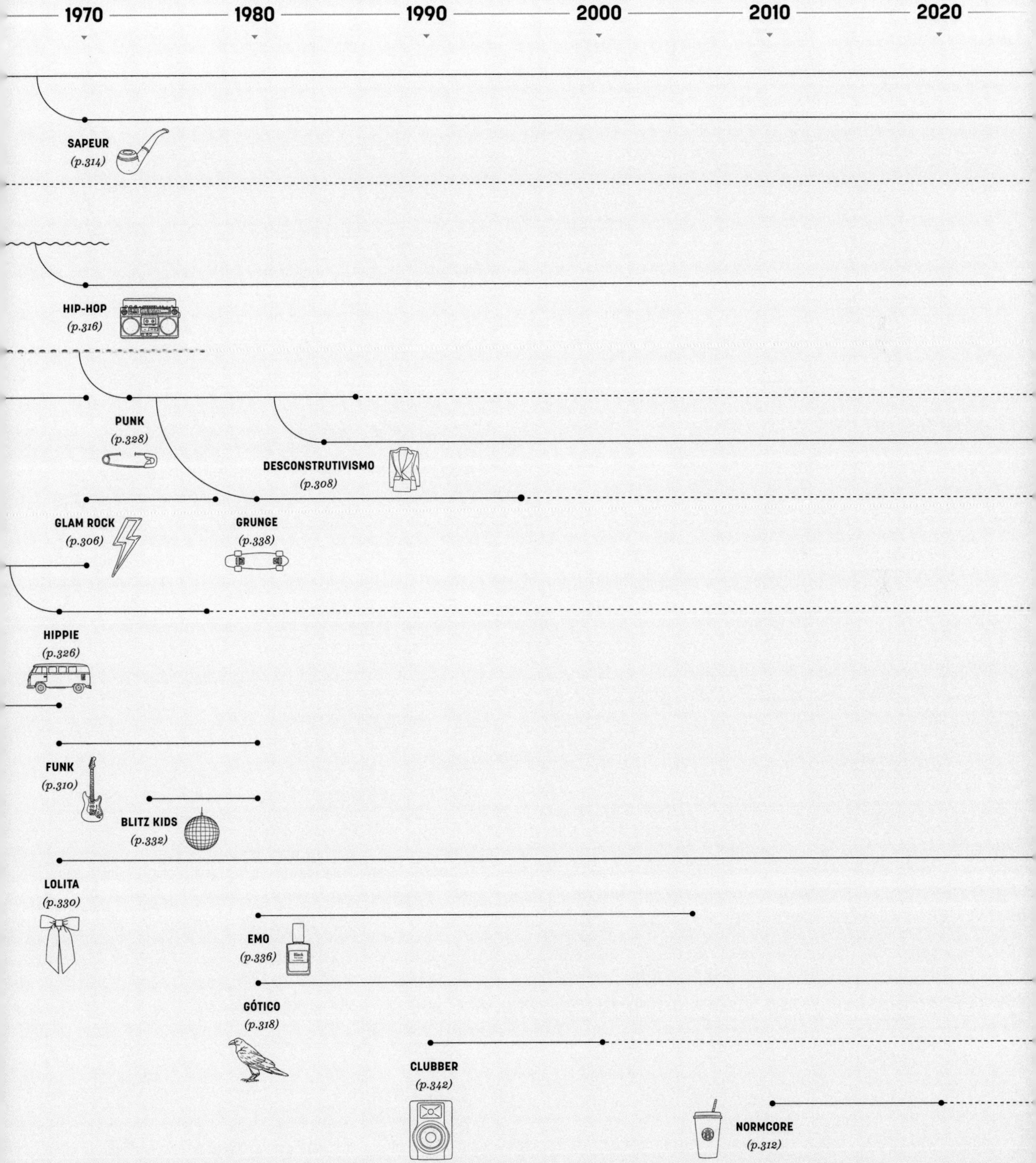
1970
1980
1990
2000
2010
2020
SAPEUR
(p.314)
HIP-HOP
(p.316)
PUNK
(p.328)
DESCONSTRUTIVISMO
(p.308)
GLAM ROCK
(p.306)
GRUNGE
(p.338)
HIPPIE
(p.326)
FUNK
(p.310)
BLITZ KIDS
(p.332)
LOLITA
(p.330)
EMO
(p.336)
GÓTICO
(p.318)
CLUBBER
(p.342)
NORMCORE
(p.312)

MOD

JOVENS AO VENTO

SURGIMENTO .... **INGLATERRA**

APOGEU .... **ANOS 1960**

No bairro londrino Soho, nos anos 1950, há quem ouça jazz tradicional, os *trads*, e aqueles que se interessam pelo jazz moderno, pelos músicos afro-americanos de soul, rhythm and blues e pela música jamaicana: os mods. Esses últimos atraem instantaneamente a atenção da cultura popular.

CLÃ

O livro *Absolute Beginners* de Colin McInnes descreve esses adolescentes advindos da classe média e apaixonados por jazz, motos, roupas italianas, pela nouvelle vague e anfetaminas... Herdeiros dos existencialistas franceses e dos *beatniks* americanos, os mods se opõem aos Teddy Boys (p. 346), ao passo que compartilham com esses últimos o gosto por um visual sofisticado, que sustentam com parcas quando desfilam em alta velocidade em suas scooters.

ÉPOCA

Enquanto a Swinging London irrompe no frenesi da década de 1960, o movimento se espalha e, a partir da contracultura, torna-se um estilo de referência com seus ternos (p. 186) ajustados, gravatas (p. 182), camisas (p. 166) e botinas (p. 61), especialmente porque os Beatles e seu sucesso esmagador disseminaram essa silhueta mundo afora. Desde então, o estilo mod vira uma espécie de guarda-chuva estético da década. Daí em diante, ele passa a ser associado às minissaias (p. 160) das moças e à sua silhueta andrógina. Mas o visual mod é acima de tudo masculino. Os mods combinam perfeitamente com uma década em que tudo pretende ser novo, jovem e moderno.

A GUERRA CAUSA RAIVA

Em Londres, entre mods e roqueiros, não há muito entendimento. Por um lado, há aqueles que desfilam em sua scooter vestindo ternos italianos ajustados, e por outro, aqueles com jaquetas de couro em suas motocicletas. É uma guerra ideológica e estilística. Eles chegaram ao ponto de travar uma verdadeira batalha nas praias de Brighton em 1964. Uma incompatibilidade irônica quando sabemos que ambos os movimentos têm uma raiz comum: os Teddy Boys.

↑ **Dois jovens mods**, Londres, 1964

"OS ARTISTAS E OS MÚSICOS DOS ANOS 1960 TINHAM CLARAMENTE UM GOSTO PRONUNCIADO PELA MODA."

YOKO ONO

LONDRES EM FOTOS

David Bailey encarna a Swinging London da década de 1960. Suas imagens refletem a energia da juventude inglesa e ele traz um gosto pelo instantâneo para a fotografia de moda. Ele brinca com planos aéreos, concebendo uma fotografia dinâmica. E o próprio David Bailey é tão célebre quanto seus modelos (ele se casa com Catherine Deneuve), a ponto de virar uma inspiração para o diretor Michelangelo Antonioni para a fotografia de *Blow Up*.

SEGUNDA ONDA

Em 1973, o grupo The Who lança uma ópera rock composta por Pete Townshend: *Quadrophenia*. O álbum explora a história de um jovem mod, Jimmy, procurando por uma identidade. O lançamento do disco, bem como sua adaptação cinematográfica de 1979 – na qual atua um Sting muito jovem –, faz parte de um renascimento nostálgico do movimento mod na Inglaterra na década de 1970.

ATRIBUTOS E REFERÊNCIAS DOS MODS

1 ÓCULOS DE SOL
para o ar cool

2 UMA CAMISA BRANCA
elegante e serve para todas as ocasiões

3 UMA GRAVATA FINA
para não ficar igual à do papai

4 UM CASACO
acinturado

5 UMA PARCA MILITAR
porque chove em Londres

6 UMA CALÇA RETA
sempre com um bom corte

7 CHELSEA BOOTS
muito inglesas

\+

SCOOTER
um sentimento de liberdade

MODA
Twiggy
John Smedley
Hedi Slimane
Mary Quant

ESPORTE
Bradley Wiggins

CINEMA
Quadrophenia
Martin Freeman
Jamie Bell

MÚSICA
The Kinks
The Beatles
Small Faces

INSPIRAÇÕES
Oasis
Miles Kane
The Libertines

MODA
O clipe de "Parklife", do Blur
Cathy McGowan

GLAM ROCK

O KITSCH ASSUMIDO

SURGIMENTO .... **INGLATERRA**

APOGEU **1971-1975**

Mesmo que tenha durado apenas alguns anos e tenha sido suplantado pelo punk a partir de 1977, o glam rock teve um impacto considerável ao dar destaque a uma aparência e a códigos até então associados à marginalidade e à clandestinidade. Vestir-se com roupas de outro gênero se torna algo mainstream, e a música vira o território da exuberância.

HOMENS

O glam rock é acima de tudo um estilo musical que não se leva a sério. Um rock desembaraçado das exigências sociais e políticas dos anos 1960 que, na primeira metade dos anos 1970, exalta o culto à celebridade com paetês, boás e sapatos de plataforma (p. 131). Encarnado por grupos masculinos, sobretudo na Inglaterra e nos Estados Unidos (há uma variação zambiana, o zamrock, que liga funk e rock pelo uso de chapéus gigantes), esse estilo reinventa, com teatralidade, as normas de gênero e da performance.

ENCARNADOS POR DAVID BOWIE

1972: Ziggy Stardust.
1973: Aladdin Sane.
1974: Halloween Jack.
1975: Thin White Duke.

GLITTER

É o grupo T. Rex, liderado por Marc Bolan, que impulsiona esse novo gosto situado entre o dandismo (p. 324) e o cabaré: um espetáculo total. Homens se maquiam, vestem tecidos brilhantes, apertados e ostentam cabelos compridos. Não há mau gosto nesse estilo, apenas humor e extravagância. O glam rock quer acabar com o conservadorismo, tão presente na Inglaterra dos anos 1970 e nos estereótipos de masculinidade, por vezes com um senso de provocação bem insolente, como quando David Bowie reivindica sua bissexualidade e posa de vestido. É melhor que o puritanismo tome cuidado!

↑ New York Dolls, cerca de 1970

"AGORA, QUERO ME DIVERTIR. A VIDA ESTÁ AÍ PARA SER SABOREADA, NÃO PARA QUE A GENTE A COMPLIQUE OU A AGRAVE."

MARC BOLAN

HOMENS DE VESTIDO

Em dezembro de 2020, a *Vogue* americana coloca pela primeira vez um homem sozinho na capa. É o cantor inglês Harry Styles. E como que zombando dos dogmas de gênero, ele veste uma jaqueta e um vestido. David Bowie, que posou de vestido no álbum *The Man Who Sold the World*, teria apreciado.

MAQUIADO

Conta-se que o glam rock nasceu em 1971. Mais precisamente no dia 24 de março, quando o grupo T. Rex é convidado para tocar no programa musical inglês *Top of the Pops*. O cantor Marc Bolan procura dar os últimos retoques em sua roupa prateada de marinheiro e cabelos longos e cacheados. Ele encontra a solução na bolsa de maquiagem de sua parceira e coloca gotas de ouro brilhante sob os olhos. Sua performance é cultuada, está lançado o glam rock.

ATRIBUTOS E REFERÊNCIAS DO GLAM ROCK

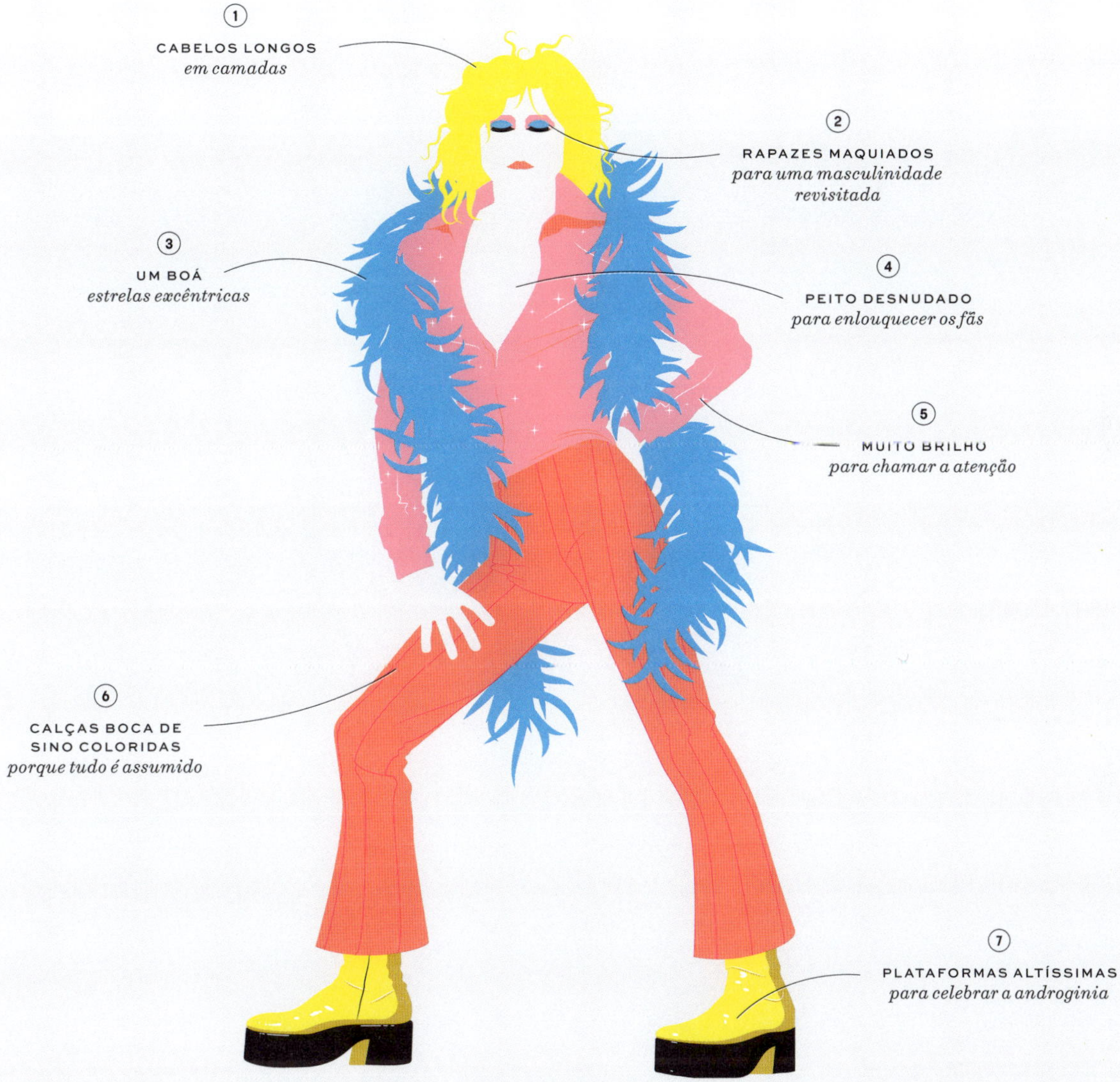

MODA

Alessandro Michele para Gucci
Hedi Slimane
Jeremy Scott O/I 2017

INSPIRAÇÃO

Kate Moss

MÚSICA

David Bowie
Elton John
Freddie Mercury no início do Queen
T. Rex
Roxy Music
Runaways

FOTOGRAFIA

Mick Rock

CINEMA

The Rocky Horror Picture Show
Ziggy Stardust
Velvet Goldmine

DESCONSTRUTIVISMO

ANTIMODA

SURGIMENTO .... JAPÃO

APOGEU .... ANOS 1980 E 1990

Foi o filósofo Jacques Derrida quem primeiro evocou o desconstrutivismo ao longo dos anos 1960, a fim de definir a reversão de normas e tradições conhecidas naquela década. Mas é somente em 1989, com um artigo de Bill Cunningham, que o termo passa a ser utilizado para descrever a moda e, sobretudo, o trabalho de Martin Margiela.

FILOSOFIA

No entanto, é no final dos anos 1970 que nasce a estética desconstrutivista, com os estilistas japoneses Issey Miyake, Yohji Yamamoto e Rei Kawakubo. Estes últimos, influenciados por sua cultura, sobretudo pelo *wabi-sabi*, que glorifica o desgaste e a passagem do tempo, e pelo *kintsugi*, que sublima a imperfeição, desafiam as convenções estilísticas e propõem um novo vocabulário que altera os critérios ocidentais de beleza, aplicados desde o Renascimento.

IMAGENS DE ARTE

Ecoando os movimentos da contracultura, a moda dos anos 1990 acompanha a estética desconstrutivista dos estilistas japoneses. Trata-se, em particular, dos Antwerp Six, mas também de um autodidata austríaco, Helmut Lang, que propõe uma visão sensual e brutalista do estilo.

VIVA OS NOIVOS

Outubro de 1998: Yohji Yamamoto apresenta sua coleção ao som da "Marcha nupcial" de Mendelssohn. O estilista, fascinado pelos rituais associados ao matrimônio ocidental, propõe silhuetas em preto e branco que questionam e desconstroem a moda. Os modelos desfilam na passarela e retiram elementos, transformando sua silhueta para narrar as "camadas" que constituem a tradição e a história, mas também para dar espaço à modernidade.

APARÊNCIA

Os defensores do desconstrutivismo ostentam assim cortes assimétricos, cores escuras e chegam ao ponto de ousar exibir rasgos, buracos, bainhas desfeitas... Tudo o que a moda ocidental condena.

↑ Coleção Yohji Yamamoto, prêt-à-porter outono-inverno 1981

"EU ACHO A PERFEIÇÃO FEIA. EM ALGUM LUGAR NAQUILO QUE OS HUMANOS FABRICAM, QUERO VER CICATRIZES, FALHAS, DESORDEM, DEFORMAÇÕES."

YOHJI YAMAMOTO

Esse visual desconstruído agrada àqueles que intelectualizam a aparência e rejeitam o espírito exageradamente ostensivo dos anos 1980, principalmente ao se vestir de preto. Acima de tudo, toda a linguagem da moda contemporânea, ou melhor, da antimoda, deriva do desconstrutivismo.

A UNIÃO FAZ A FORÇA

Antwerp Six, ou "Os Seis da Antuérpia", nome dado a seis estilistas belgas formados pela Academia de Belas Artes da Antuérpia: Dirk Van Saene, Ann Demeulemeester, Walter Van Beirendonck, Dries Van Noten, Dirk Bikkembergs e Marina Yee. Esses jovens diplomados se destacam na Fashion Week de Londres de 1986. Eles são movidos pelo desejo de desconstruir as normas elitistas e chamativas da moda, a exemplo dos estilistas japoneses.

ATRIBUTOS E REFERÊNCIAS DO DESCONSTRUTIVISMO

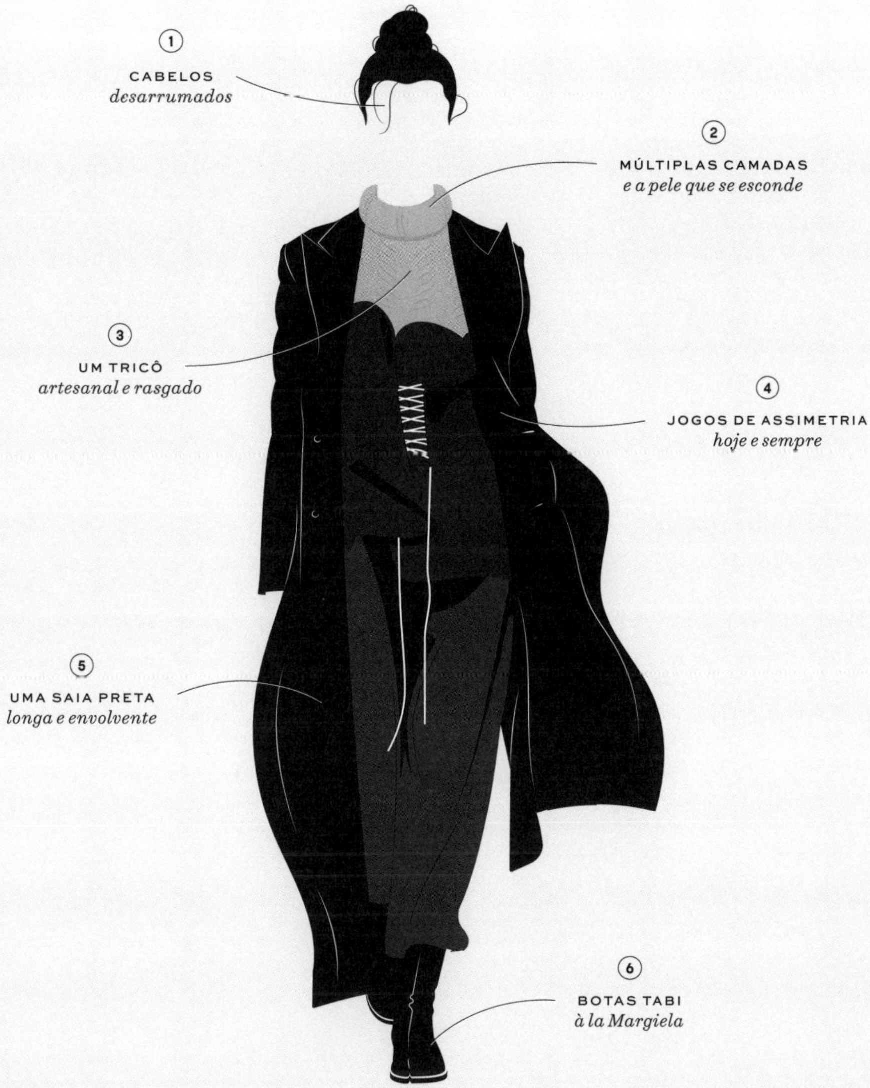

CINEMA

Tilda Swinton
Mad Max
Duna

ÍCONES

Vivienne Westwood
Jean-Michel Basquiat

MODA

Yohji Yamamoto
Rick Owens
Comme des Garçons
Issey Miyake
Martin Margiela
Ann Demeulemeester
Helmut Lang
Demna para Balenciaga

ARQUITETURA

Zaha Hadid

MÚSICA

David Bowie
nos anos 1990
Lady Gaga

FUNK

TRILHA SONORA

SURGIMENTO .... NOVA ORLEANS

APOGEU .... ANOS 1970

Os anos 1970 são uma era de emancipação individual e coletiva. As ideias, as orientações sexuais, as culturas e os combates íntimos se afirmam. O corpo acompanha a libertação por meio de ornamentos que assumem desejos e reivindicações. A cultura popular cumpre uma função decisiva ao estabelecer uma cultura visual potente.

↑ **Garry Shider**, guitarrista do Parliament, Los Angeles, 1977

FENÔMENO

Herdeiro da soul music e do jazz, o estilo funk sintetiza a música afro-americana desde os anos 1950. Ele é construído sobre as bases de uma expressão conflitante, nervosa e agressiva da improvisação do jazz, antes de se tornar um enorme fenômeno cultural da década de 1970. O funk acompanha as trilhas sonoras da blaxploitation, um gênero cinematográfico que se dirige sobretudo a um público afro-americano urbano.

CLICHÊ

Assim como os filmes do gênero assumem personagens estereotipados (cafetões, gângsteres, traficantes), sobretudo homens (mesmo que a atriz Pam Grier se destaque de forma brilhante), o funk reivindica uma masculinidade viril e erotizada ao extremo. Nesses filmes, exacerba-se a realidade da violência, da linguagem crua e da sexualidade, e abusa-se dos clichês para denunciar com mais ênfase os próprios estereótipos formados pelos brancos.

EMANCIPAÇÃO

É aí que os cantores e grupos do movimento funk se inspiram nos personagens dos filmes e usam sapatos de plataforma (p. 131), calças boca de sino, couro e correntes, mas também roupas tradicionais africanas, como o dashiki (p. 114) ou o kufi (p. 111), uma vez que se trata de destacar origens até então estigmatizadas e invisibilizadas. O estilo funk sexualiza os corpos para reivindicar sua emancipação. Trata-se de demonstrar que a comunidade negra não se reduz à servidão e à dor, mas que ela também se deleita, vive e se regozija.

"GET ON UP, STAY ON THE SCENE, GET ON UP, LIKE A SEX MACHINE."

JAMES BROWN

MASCULINIDADES

Desde 2019, a estilista inglesa Grace Wales Bonner se interessa pelos estilos de vestuário cultivados pelas diásporas africanas. Embora crie tanto para as mulheres quanto para os homens, são as questões em torno da masculinidade negra que mais a intrigam, levando-a a analisar e depois a interpretar suas representações culturais e subjetivas.

SHOW TELEVISIONADO

Em 1971, a televisão nacional americana transmite um programa musical chamado *Soul Train*. Raro produto feito por negros para negros, ele perdura até os anos 2000 e obtém um sucesso considerável. Michael Jackson e Stevie Wonder participam do programa. Toda a América descobre os gêneros musicais soul e funk. Para dançar no programa, o look conta, e os mais extravagantes são selecionados.

ATRIBUTOS E REFERÊNCIAS DO FUNK

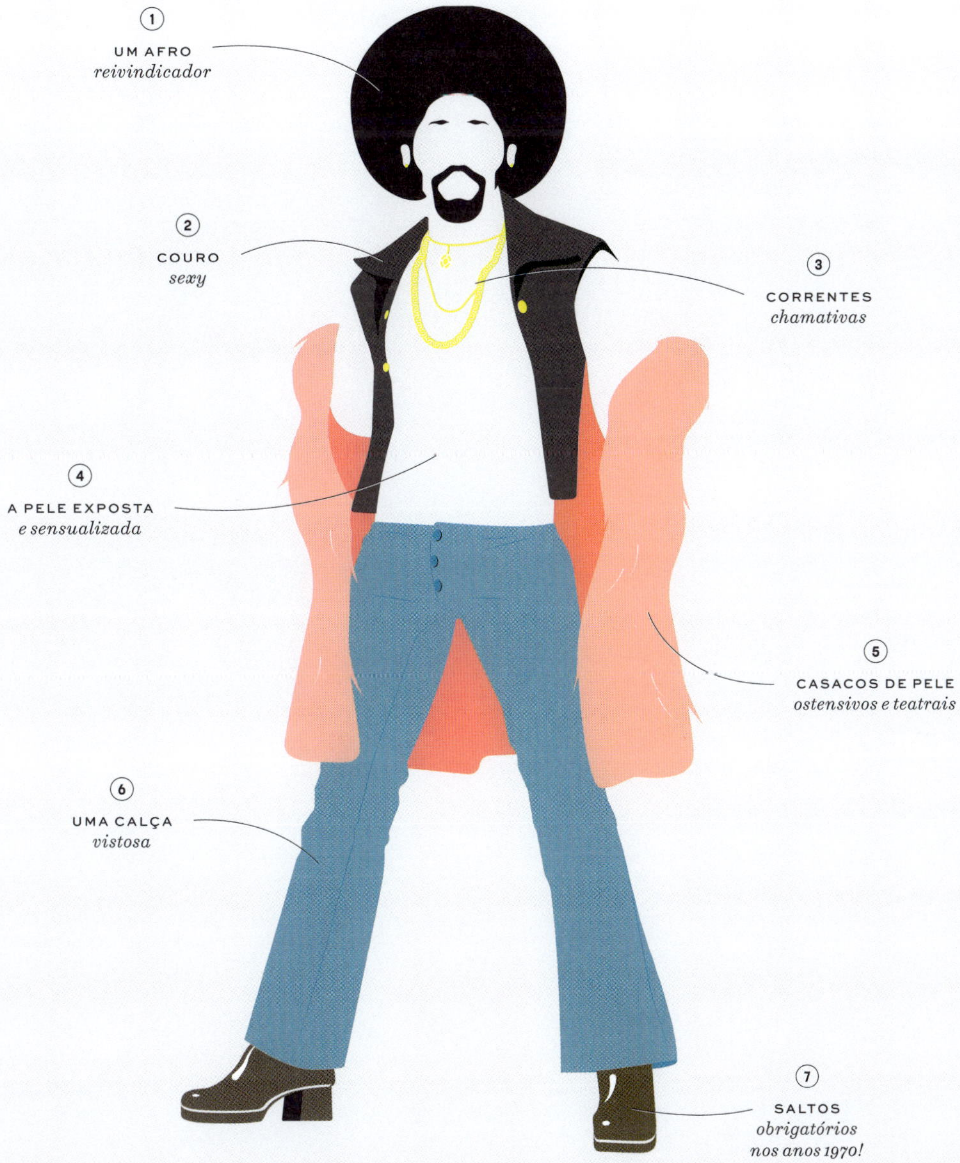

INSPIRAÇÕES
Prince
Lenny Kravitz

CINEMA
Superfly

MÍDIA
O clipe de "Uptown Funk", de Mark Ronson e Bruno Mars

MODA
Gucci

MÚSICA
James Brown
Sly and the Family Stone
Nile Rodgers
George Clinton
Rick James

NORMCORE

O NOVO NORMAL

SURGIMENTO .... NOVA YORK

APOGEU .... ANOS 2010

E se a moda não fosse uma questão social, mas simplesmente uma rotina? Isto é o que afirma o estilo normcore. Ele integra o desejo de se dirigir ao banal, de não se diferenciar, de se fundir à multidão, de ignorar a noção de estilo.

COTIDIANO

O normcore, no entanto, esconde bem seu jogo porque nada é mais difícil do que querer parecer natural. A origem do nome, ironicamente enunciado em 2013 em Nova York durante uma feira de arte contemporânea, representa essa ambivalência, uma vez que é uma contração das palavras "normal" e "hardcore": os transtornos da banalidade. A problemática do normcore reside na própria questão da normalidade.

NO CALOR DA HORA

Na fotografia de moda dos anos 1990, a estética se torna mais crua e cotidiana. A fotógrafa inglesa Corinne Day se especializa em imagens reais, sem pose ou encenação. Suas modelos exibem uma silhueta descontraída, cabelos despenteados, pouca maquiagem no rosto... Foi ela quem descobriu a muito jovem Kate Moss, cuja carreira ela mesma lançou.

CHIQUE...

Uma estilista antecipou o normcore: Phoebe Philo. Nomeada diretora artística da Celine em 2008, ela reconstrói a imagem da marca e seu visual com silhuetas elegantes, rigorosas, por vezes ascéticas. Ela vincula referências desconstrutivistas a referências minimalistas, criando assim uma moda clássica, essencial, que cria um verdadeiro culto.

... E CHOQUE

A normalidade é também o banal, até mesmo o trivial. É a Celine que, em 2014, revisita o padrão pied-de-coq da sacola Tati, também chamada de bolsa Barbès, que logo se torna um símbolo da imigração e da diáspora após sua criação, em 1962. É também de forma mais surpreendente ainda que a Vetements propõe uma camiseta amarela com o logotipo da empresa de entregas DHL em 2015, ou a Balenciaga, que apresenta reinterpretações de Crocs em 2017.

↑ **Sofia Coppola**, Armory Show, Nova York, 2009

"EU NEM VOU TENTAR DESCREVER NOSSA CLIENTE, POIS IMAGINO QUE ELA APRECIE O ANONIMATO. EU TENTO OFERECER ROUPAS QUE PERMITAM ISSO. EU MESMA NÃO GOSTO QUE TENTEM ME DEFINIR, ENTÃO IMAGINO QUE ELA TAMBÉM NÃO."

PHOEBE PHILO

PERFECCIONISMO

Com o que se parece o normal na moda? Seria o nosso priminho adolescente de moletom (p. 55) e jeans (p. 136)? Nosso avô de calça de veludo cotelê? Uma primeira-dama discreta? Um gerente de empresa clássico? O normcore se inspira em todas essas pessoas, sem nunca se parecer com nenhuma delas em especial, e constitui uma silhueta em que nada é por acaso, desde o corte perfeito das calças até os tênis (p. 92), cuidadosamente escolhidos e de última geração. O normal, nas mãos dos normcores, se torna um visual perfeitamente estudado.

ATRIBUTOS E REFERÊNCIAS DO NORMCORE

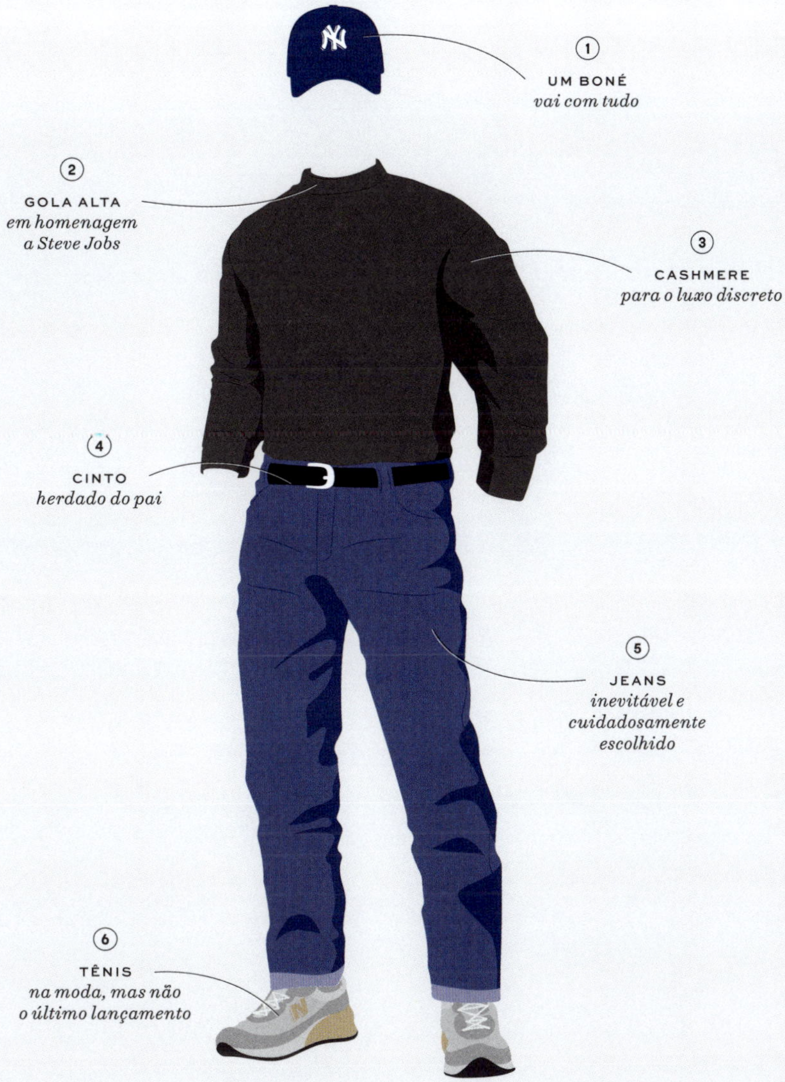

MODA

Gap
APC
Phoebe Philo
Gosha Rubchinskiy O/I 2015

CINEMA

O protetor
Ben Affleck
Matt Damon

SÉRIES

Seinfeld
Friends

MODELOS

Steve Jobs
Leonardo DiCaprio
Sofia Coppola
Larry David

SAPEUR

RECUSA À INVISIBILIDADE

SURGIMENTO .... **CONGO**

APOGEU .... **DESDE OS ANOS 1960**

Mobutu Sese Seko se torna presidente do Congo em 1965, na sequência de um golpe de Estado. Ele elimina as práticas de vestimenta ocidentais com o movimento abacost (*à bas le costume*, ou seja, "abaixo o terno"). Os ternos e gravatas são proibidos em favor de jaquetas leves, muitas vezes de mangas curtas, e usadas sem camisa por baixo.

↑ Sapeurs congoleses, Brazzaville, 2008

"O HOMEM BRANCO INVENTOU O TERNO, NÓS O TRANSFORMAMOS EM ARTE."

PAPA WEMBA

POLÍTICA

Em protesto, a Sape (Société des Ambianceurs et des Personnes Elegantes, algo como "sociedade dos agitadores e das pessoas elegantes"), na tradição dos dândis (p. 324) do século XIX, quer desviar os códigos de Brazzaville e Kinshasa para atribuir a si mesma os comportamentos europeus, rejeitando ao mesmo tempo a autoridade do chefe de Estado. Nos anos 1970, as diásporas congolesas estabelecidas na Bélgica e na França se apropriam do terno (p. 186) de três peças, complementando-o com uma profusão de acessórios e por vezes até escolhendo cores berrantes.

ÍNTIMO

Apropriar-se das roupas do colonizador para se emancipar. O sapeur quer ser notado e dá grande importância à visibilidade de uma marca ou de um logotipo. A Sape é vestir-se para esquecer as dificuldades do dia a dia, é a resiliência por meio da moda. O sapeur ocupa ostensivamente o espaço público, como que para brilhar justamente onde é excluído. Ele é sempre visto como o estrangeiro: imigrante de um lado, "parisiense" do outro. Portanto, já que é para se singularizar, melhor fazê-lo com elegância.

DICIONÁRIO DA SAPE

Diatance: comportamento teatral e orgulhoso.

Déka: andar com elegância.

Démarrage: improvisar um desfile de moda.

L'oeil de l'aigle en suspension: observar um sapeur cuja elegância é admirada e reinterpretá-la.

Ngaya: não conhecedor.

Maintenir la pression: manter-se elegante em qualquer circunstância.

SAPEURS NA MÚSICA

Em 2012, Solange Knowles (irmã mais nova de Beyoncé) dirige o videoclipe de sua faixa "Losing You". Fascinada pela leitura do livro *Gentlemen of Bacongo*, ela deseja filmar em Brazzaville, rodeada de sapeurs locais. Por questões logísticas, as filmagens acabaram acontecendo na África do Sul, onde Solange descobriu uma comunidade de sapeurs que atuam no clipe.

LUGARES DA MODA

Reduzir a indústria da moda ao quarteto Paris-Milão--Londres-Nova York é totalmente obsoleto. É na França que a ideia de uma moda a serviço do poder e da influência cultural se desenvolveu, sob o reinado de Luís XIV. Centros como Milão, Florença, Londres e Nova York emergem no século XX. Agora, é preciso contar com o Japão, a China, a Índia e o Brasil. Jovens estilistas reinventam a moda na Nigéria, em Gana e na África do Sul, mas também no México e na Coreia do Sul.

ATRIBUTOS E REFERÊNCIAS DOS SAPEURS

CINEMA

Black Mic Mac

MÚSICA

A canção "Sapés comme jamais", de Maître Gims

MODELOS

Stervos Niarcos
Christian Loubaki
Papa Wemba
General Firenze

MÍDIA

O clipe de "Losing You", de Solange Knowles
Publicidade da Guinness, 2014

MODA

Paul Smith

LUGAR

Rex Club

HIP-HOP

"I SAID A HIP-HOP"

SURGIMENTO .... **BRONX, NOVA YORK**

APOGEU .... **DESDE OS ANOS 1970**

Em 1979, o hip-hop entra na cultura popular graças ao primeiro hit de rap, "Rapper's Delight", do grupo americano The Sugarhill Gang. O movimento é uma escapatória para muitos jovens abandonados nos guetos e nos seus alojamentos. Desenvolve-se assim uma verdadeira cultura urbana, com grande influência na evolução da própria identidade da moda.

FESTA

Em 11 de agosto de 1973, um irmão e uma irmã organizam uma festa na sala comum do seu prédio no Bronx. Ele, DJ Kool Herc, opera os toca-discos e gosta de tocar repetições entrecortadas dos discos que mixa: ele chama isso de *breaks*. Nesse dia, ele interpreta James Brown e canta rap, interpelando seu público: nasce aí o hip-hop. O que se segue é a emergência de um gênero musical e de uma cultura artística baseada no grafite, que permite que uma juventude negligenciada pela sociedade americana se expresse. Os breakdancers (*b-boys*) instauram o look do hip-hop na década de 1980, com seus agasalhos Adidas (p. 144), buckets Kangol (p. 36), correntes e tênis (p. 92).

VAIVÉM

Os breakdancers dos anos 1970 precisam de calçados confortáveis para realizar suas manobras técnicas no asfalto. Aos Adidas Superstar e Puma Suede originais adicionam-se o Nike Jordan ou o Air Max ao longo dos anos 1990. E depois que a moda se alimenta da influência da rua, o tênis sai do guarda-roupa jovem e da contracultura para se tornar um objeto de luxo. Os tênis se banalizam ao mesmo tempo que se tornam altamente desejáveis.

LUXO PARA TODOS

Em 1982, Dapper Dan (seu nome verdadeiro é Daniel Day) abre uma loja no Harlem. Sua especialidade: reinterpretar logos e monogramas das maiores marcas de luxo em peças advindas do vestuário hip-hop, misturando peles e couro. Dapper Dan lança uma tendência que ganhará muita popularidade no final dos anos 1990 e ao longo dos anos 2000: a logomania. Em 1992, ele é processado e sua marca é descontinuada. O luxo não aprecia esse tipo de deslocamento, mas ele próprio não irá se isentar, posteriormente, de tomar de empréstimo sua técnica criativa.

↑ **Breakdancers**, crew Broken Glass, Liverpool, 1983

"É POR ISSO QUE ESSA GERAÇÃO É A MENOS RACISTA. VEMOS ISSO O TEMPO TODO. VÁ A QUALQUER CLUBE. AS PESSOAS SE MISTURAM, SAEM, SE DIVERTEM E APRECIAM A MESMA MÚSICA. O HIP-HOP NÃO ESTÁ MAIS MARGINALIZADO NO BRONX. ELE É MUNDIAL. PARA TODO LUGAR QUE VAMOS, AS PESSOAS ESCUTAM HIP-HOP E FAZEM FESTA JUNTAS. O HIP-HOP PERMITIU ISSO."

JAY-Z

MOVIMENTO

O movimento se impõe no cenário musical e o estilo se diversifica, desde as baggys dos anos 1990 que lembram os zooters (p. 322), até a ostentação dos anos 2000, quando o hip-hop se apropria das marcas de luxo e a moda se alimenta dele. As mulheres estão cada vez mais visíveis e produzem uma estética mais sexy. A cultura de entretenimento nasce com a MTV em 1981, enquanto os artistas competem com videoclipes e looks prescritos por grupos como o Run-DMC, fazendo a ligação entre a rua e a cultura popular.

ATRIBUTOS E REFERÊNCIAS DO HIP-HOP

MÚSICA

Run-DMC
Salt-N-Pepa
Jay-Z
2Pac
IAM
Cardi B
Nas

CINEMA

8 Mile – Rua das Ilusões
A loucura do ritmo

MÍDIAS

Um maluco no pedaço
Campanha Dior Homme com Travis Scott P/V 2022
The Get Down

MODA

Dapper Dan
Moschino O/I 2015
Marc Jacobs O/I 2017
Louis Vuitton × Supreme O/I 2017
Gucci × Adidas O/I 2022

GÓTICO

A MORTE LHE CAI BEM

SURGIMENTO .... **INGLATERRA**

APOGEU .... **ANOS 1980 E 1990**

É na Inglaterra, no final dos anos 1970, que o rock gótico se desenvolve como uma extensão do movimento punk. Com sonoridades mais melancólicas e textos poéticos que evocam o romantismo e o simbolismo do século XIX, grupos como Siouxsie and the Banshees, Joy Division e The Cure se estabelecem.

↑ **Blood and Roses**, grupo de pós-punk, Londres, 1982

MELANCOLIA

Lançado em 1979 pela banda inglesa Bauhaus, o single "Bela Lugosi's Dead", um tributo de nove minutos ao ator que interpretou o conde Drácula nos anos 1930, é considerado o primeiro som do rock gótico. No visual dos quatro integrantes do grupo, olhos delineados em preto e vermelho, maçãs do rosto encovadas e roupas pretas. Assim, o movimento gótico define uma iconografia sombria e onírica. Seus fãs imitam o estilo daqueles que encenam um visual trágico, às vezes até historicizante, em especial quando as mulheres usam espartilhos (p. 262) e crinolinas (p. 223) emprestados do movimento punk, do fetichismo e até do sobrenatural, com maquiagem escura ou com ar soturno, e não têm medo da morte.

FANTÁSTICO

O preto predomina, mas também o violeta, um aceno à era vitoriana e seu gosto pela estética neomedieval e pelo ocultismo. Os discípulos do estilo gótico exibem silhuetas misteriosas que o cinema dos anos 1980 e 1990 se deleita em exacerbar, com filmes como *A família Addams* e as produções de Tim Burton, e que criadores como Yohji Yamamoto, Alexander McQueen ou Rick Owens reinterpretam. O que distingue o movimento gótico é a maneira como ele liga homens e mulheres em uma inclinação andrógina, na qual masculinidade e feminilidade dialogam sem constrangimento, em uma aceitação desinibida dos tabus.

"NA ÉPOCA EM QUE CRESCI, AS MULHERES TINHAM QUE SER LOIRAS, BRONZEADAS, COM LÁBIOS ROSADOS."

SIOUXSIE SIOUX

ESOTERISMO

Na Inglaterra, sob o reinado da rainha Vitória, o sobrenatural está muito presente na literatura. Nasce um fascínio pelo esoterismo e o desenvolvimento do espiritismo em uma época em que os vivos chegavam ao ponto de tirar fotografias com entes falecidos. A própria rainha, que ficou viúva em 1861, usa cores escuras que se popularizam na sociedade.

NEOGÓTICO

A partir dos anos 1820, os movimentos românticos, influenciados por obras como *Frankenstein*, de Mary Shelley, ou pelos poemas de Edgar Allan Poe, renovam a estética neomedieval e neorrenascentista. As mulheres ostentam silhuetas em tons desbotados e usam mangas bufantes desenvolvidas especialmente para elas.

ATRIBUTOS E REFERÊNCIAS DOS GÓTICOS

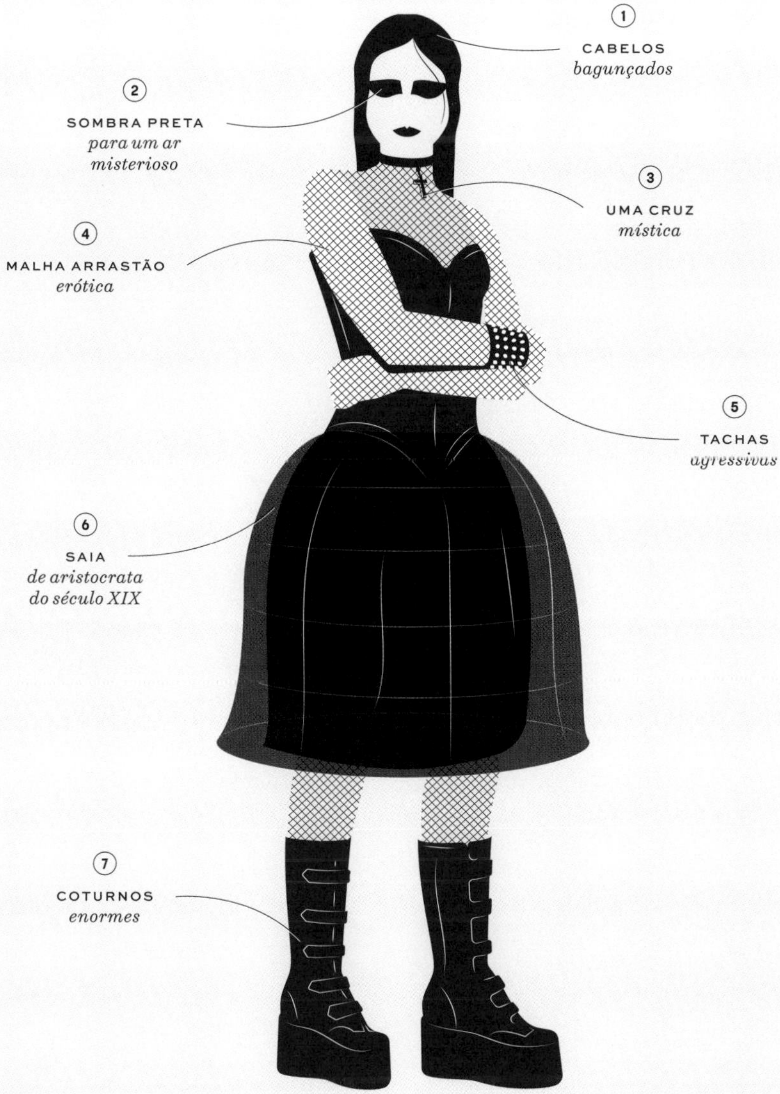

\+

UM VÉU
de uma viúva de luto

MÚSICA
Siouxsie Sioux
The Cure
Marilyn Manson
Nina Hagen

MÍDIA
Diane Pernet

CINEMA
A família Addams
Edward mãos de tesoura
Tim Burton
Helena Bonham Carter
Beetlejuice
Eva Green
Ed Wood

MODA
Alexander McQueen
Gareth Pugh
Riccardo Tisci

ÍCONES
Drácula
Musidora

GARÇONNE

AOS PASSOS DO CHARLESTON

SURGIMENTO .... **PARIS, LONDRES, NOVA YORK, HOLLYWOOD**

APOGEU .... **ANOS 1920**

Com o fim da Primeira Guerra Mundial e o início de uma nova década, abre-se espaço à festa e à despreocupação. Os anos 1920, apelidados de Anos Loucos, levam a destruição da guerra ao esquecimento: as artes, a música e a sociedade evoluem em plena efervescência. Novos modos de vida se esboçam, entre convulsões e clichês.

↑ **Jovens mulheres na praia**, cerca de 1920

DOS VESTIDOS CURTOS ÀS CALÇAS

Durante muito tempo, para uma mulher, usar calça significava correr um risco, ser exposta à prisão ou a uma multa. É na década de 1920 que a calça surge em forma de roupa de praia: ela não podia ser usada de nenhuma outra forma. A guerra a populariza, especialmente nos Estados Unidos, onde as mulheres passam a trabalhar nas fábricas. Nos anos 1950 e 1960, ela fica mais recatada, em uma versão pantacourt chique, adequada ao verão, mas é a década de 1970 que a populariza verdadeiramente.

LIVRO

Em 1922, Victor Margueritte escreve *La garçonne*, o romance de uma jovem livre que vive diversas aventuras bissexuais. A obra é um sucesso, ao mesmo tempo que é recebida com escândalo. Acima de tudo, ela mitifica toda uma categoria de mulheres que aproveitam os Anos Loucos para se libertar dos grilhões em que a sociedade as aprisiona já há séculos. A moda dos anos 1920 sublinha uma silhueta tubular mais leve e encurtada, como também o gosto pelos cabelos cortados bem curtos e em formato reto, e a garçonne, andrógina, exacerba esse visual.

FANTASMA

A década deseja deixar os horrores da guerra para trás e estabelece no imaginário coletivo a imagem de um período dedicado à festa, ao jazz e à emancipação. Uma fantasia, sobretudo, que só diz respeito a alguns poucos, privilegiados e rebeldes.
Pois a figura da garçonne, rapidamente incorporada por Hollywood com a atriz Louise Brooks, não está tão presente na sociedade como as pessoas gostariam de acreditar.
Ela representa apenas um fragmento da vida urbana e é encarnada pelas mais ousadas, pelas feministas, pelas lésbicas... O mundo ainda não está pronto para libertar as mulheres de fato. E as próprias mulheres não se sentem autorizadas a isso.

"WE SHOULD ALL BE FEMINISTS"

Essas palavras, da escritora e ativista Chimamanda Ngozi Adichie, aparecem em uma camiseta da Dior em 2017. A peça é vendida por mais de 600 euros. Oportunismo? Certamente, uma vez que o feminismo se tornou um fenômeno da moda e uma ferramenta de marketing. Mas essa camiseta faz parte da primeira coleção proposta por Maria Grazia Chiuri para a Dior – a primeira mulher nomeada diretora artística da marca. Sendo assim, valia a pena fazer uma pequena manifestação.

FEMINISTAS?

Nem todas as garçonnes são feministas, mas essas mulheres livres e insubmissas abrem caminho para a emancipação social. Desde o final do século XIX, as mulheres que querem manifestar abertamente o seu feminismo usam os uniformes das sufragistas ou se apropriam do vestuário masculino. Nos anos 1960 e 1970, o feminismo se afirma pelo uso de camisetas com mensagens. É o caso da mais famosa, The Future Is Female, criada para a livraria feminista nova-iorquina Labyris Books, inaugurada em 1972.

ATRIBUTOS E REFERÊNCIAS DAS GARÇONNES

+

CHAPÉU
cloche

MODELOS
Louise Brooks
Clara Bow
Kiki de Montparnasse

MODA
Gabrielle Chanel
Jean Patou
Emporio Armani O/I 2013

CINEMA
O Grande Gatsby
Cabaret
Betty Boop

MÚSICA
Mistinguett
Josephine Baker

ARTE
Tamara de Lempicka
Romaine Brooks
Retrato da jornalista Sylvia von Harden, Otto Dix

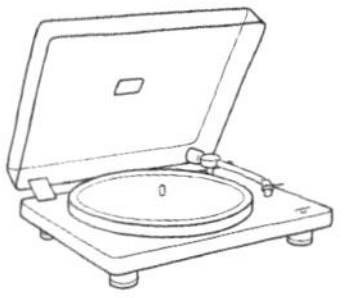

ZOOTER

DANÇARINOS INSUBMISSOS

SURGIMENTO .... **HARLEM, NOVA YORK**

APOGEU .... **ANOS 1940**

A crise de 1929 coloca a economia americana em maus lençóis. Tem início a chamada Grande Depressão. A situação social é dramática para grande parte da população, o desemprego atinge o seu auge, os bancos alimentares se multiplicam e favelas se disseminam por todo o território. Para contrariar esse estado sombrio, alguns dançam.

↑ Dois jovens rapazes de terno, 1943

"TO ME, IT DON'T MEAN A THING BUT IT'S GOT A VERY PECULIAR SWING! ZAA-ZUH-ZAZ-ZUH-ZAZ"

CAB CALLOWAY

ESCAPATÓRIA

No Harlem, os homens começam a usar roupas amplas para ter mais conforto. O uniforme típico é composto por uma calça larga apertada nos tornozelos, um casaco longo de ombros estruturados, correntes penduradas na calça e um chapéu (p. 153), por vezes adornado com uma pena: nasce o "zoot suit". O movimento se espalha ao longo dos anos 1940 nas comunidades latinas de Los Angeles e nas comunidades afro-americanas de Nova York, entre rapazes e garotas.

FRATERNIDADE

Em 1989, Janet Jackson lança o videoclipe de sua faixa "Alright", uma homenagem aos anos 1930, 1940, 1950 e ao estilo zoot. Cab Calloway aparece no clipe (assim como Cyd Charisse). Michael Jackson, por sua vez, propõe uma releitura híbrida do zoot suit, flertando com o estilo gângster dos anos 1930 e o visual dos zazous no clipe de "Smooth Criminal", de 1987.

MODA INVISIBILIZADA

Os zooters sofrem bullying pelas suas roupas, mas é sobretudo o racismo latente que se expressa nisso. Os movimentos pelos direitos civis se acentuam. A moda os silencia. Ann Lowe é uma estilista e costureira afro-americana que trabalha para a alta sociedade. Em 1946, a atriz Olivia de Havilland usa um de seus vestidos, quando recebe o Oscar. O nome da estilista é mencionado? Não, nem mesmo na etiqueta. Em 1953, Jackie Bouvier se casa com John Kennedy. Ann Lowe cria seu vestido de noiva, destinado a se tornar mítico. O vestido é amplamente divulgado na mídia, mas ninguém menciona o nome de sua estilista.

À MARGEM

O estilo, porém, se torna sinônimo de delinquência e rebelião, pois é associado a confrontos entre gangues, e as proporções extravagantes dos trajes vão contra as regras de restrição têxtil impostas pela guerra, principalmente porque o zooter advém de um grupo minoritário. A questão é, portanto, mais racial do que estilística. Até o cantor de jazz Cab Calloway, embora popular entre o grande público, se vê criticado pelo seu terno zoot no filme *Stormy Weather*, lançado em 1943. Mas o movimento zoot é uma espécie de válvula de escape, um meio de expressão para uma juventude reprimida. Não importa essa desaprovação, ela deseja se individualizar, pois a sociedade já a marginalizou.

ZAZOUS FRANCESES

Do outro lado do Atlântico, os zazous dançam swing e escutam jazz. O nome vem de uma música de Cab Calloway, "Zaz Zuh Zaz". Eles usam ternos mais ajustados do que os companheiros americanos e encurtam as calças para revelar meias brancas. Adotam um bigode fino e gravatas berrantes. As garotas optam por cabelos longos, às vezes platinados, suéteres de ombros estruturados e saias plissadas. Perseguidos, muitos acabarão em campos de trabalhos forçados.

ATRIBUTOS E REFERÊNCIAS DOS ZOOTERS

MODA
Dries Van Noten O/I 2016
Comme des Garçons P/V 1995

CINEMA
Jim Carrey em *O Máscara*

MÚSICA
Cab Calloway
Dizzy Gillespie

INSPIRAÇÕES
Kid Creole
Malcolm X

MÍDIAS
Os clipes de "Alright", de Janet Jackson, e de "Smooth Criminal", de Michael Jackson

DÂNDI

AUTOEXPRESSÃO

SURGIMENTO .... **INGLATERRA**

APOGEU .... **DESDE O SÉCULO XIX**

Em reação aos excessos e floreios da moda aristocrática europeia, os ingleses, liderados por George Bryan "Beau" Brummell, encorajam um olhar mais sóbrio para o início do século XIX. Essa sobriedade não impede, no entanto, a busca por detalhes singulares, refinamento e individualidade, que encontra adeptos em toda a Europa.

ESNOBISMO

O dândi, cuja moderação é, ironicamente, qualificada como excêntrica, propõe, assim, desenvolver um estilo pessoal em vez de sucumbir passivamente à moda.
No século XIX, os homens da classe boêmia europeia, escritores e artistas, assimilam o dandismo e celebram a beleza com impertinência. Sobretudo, o dândi, além de sua aparência, também cuida da postura intelectual e de seu estilo de vida envernizado pelo esnobismo, mesmo que não tenha nascido em uma classe abastada. O dandismo permite o surgimento de uma "nova aristocracia".

MODO DE VIDA

Ironicamente, no próprio momento em que o dandismo se dissemina, os homens são estimulados a atenuar sua silhueta. O dândi da época foi ao mesmo tempo precursor de uma simplificação e adversário de uma forma de renúncia ao gosto pela elegância. O dândi moderno e contemporâneo reivindica uma forma alternativa de existência, elitista, literária e um pouco fantasiosa. O dandismo não é apenas uma silhueta, é um estado de espírito. Existem tantos dândis quanto homens preocupados em expressar sua essência.

↑ Thomas Baignères, Paris, 2011

"ENFIM, EU AMAVA MINHA MÃE POR SUA ELEGÂNCIA. EU ERA ASSIM UM DÂNDI PRECOCE."

CHARLES BAUDELAIRE

A AGULHA E A PENA

De Barbey d'Aurevilly, que dedica um ensaio a George Brummell, a Charles Baudelaire, que evoca o dandismo em *O pintor da vida moderna*, são muitos os escritores que defendem a arte da aparência. Até Honoré de Balzac se interessa pela moda, com o seu *Tratado da vida elegante*. No final do século XIX, Joris-Karl Huysmans, Robert de Montesquiou e Oscar Wilde perpetuaram o fascínio da literatura pela aparência dos homens.

ESCREVER A MODA

Oscar Wilde não apenas ostentava silhuetas meticulosamente pensadas, mas também foi um autor prolífico no que diz respeito à moda. Depois de escrever artigos para o jornal londrino *Pall Mall Gazette* e seu ensaio de 1885, *The Philosophy of Dress*, ele se torna editor da revista de moda *The Lady's World: A Magazine of Fashion and Society*, na qual criticava as tendências que subjugavam os corpos das mulheres e defendia uma moda racional.

ATRIBUTOS E REFERÊNCIAS DOS DÂNDIS

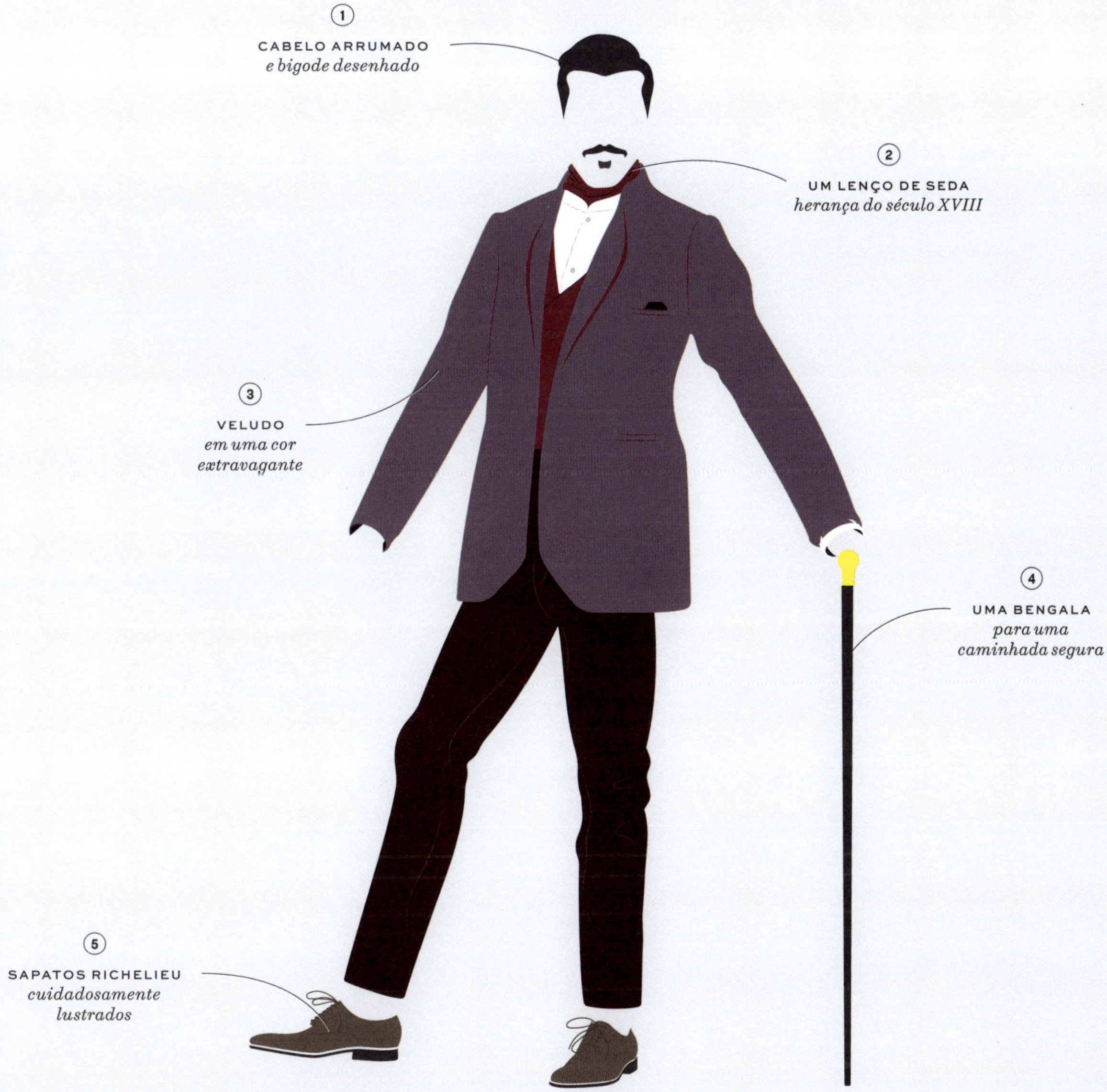

MODELOS
Beau Brummell
Lord Byron

LITERATURA
Oscar Wilde
Robert de Montesquiou
Charles Baudelaire
Francis Scott Fitzgerald

ARTE
Salvador Dalí

MÚSICA
Serge Gainsbourg
Bryan Ferry
Pete Doherty

TEATRO
Noël Coward

MÍDIAS
Jason King

CINEMA
A colecionadora
Édouard Baer
David Niven

HIPPIE

FLOWER POWER

SURGIMENTO .... SÃO FRANCISCO

APOGEU .... ANOS 1960

Muitos jovens americanos nascidos depois da guerra defendem um estilo de vida alternativo que rejeita o materialismo e o consumismo. Baseadas principalmente na Califórnia, na região de São Francisco, comunidades se formam no início da década de 1960, no tenso contexto da Guerra do Vietnã e dos movimentos pelos direitos civis.

UTOPIA

Herdeiros do movimento beatnik da década de 1960, muitos hippies são jovens brancos, advindos das classes média e alta, que rejeitam as normas de seu meio. Eles defendem um ideal ecológico e uma utopia libertária centrada na filosofia oriental, na sexualidade livre, nas drogas e na música psicodélica. Depois do fascínio plástico da década de 1960 (p. 267), abre-se espaço para a natureza.

TIE-DYE

Tingir roupas enroladas é uma técnica que existe desde a Pré-História. Porém, é aos hippies que associamos o tie-dye. Ele permite formar padrões que evocam uma estética psicodélica e valorizam o gesto artesanal.

LOOK

O vestuário hippie exprime as crenças do movimento: apropriações multiculturais, como o caftan (p. 46) ou o poncho, sustentando o mito de um mundo unificado, jeans (p. 136), em homenagem ao mundo do trabalho, cabelos longos para todos, com o objetivo de borrar as fronteiras entre os gêneros, cores e padrões coloridos, vestidos longos e soltos para mulheres, que abandonam a minissaia (p. 160). E, sobretudo, artigos feitos à mão e advindos de brechós. Em 1969, o festival de Woodstock e o assassinato de Sharon Tate, esposa de Roman Polanski, pelos membros da seita do fanático Charles Manson, marcaram o canto do cisne do movimento, mas o estilo hippie inspira estilistas da década de 1970, que concebem um aspecto boêmio. A antimoda vira a moda.

↑ Festival Summer Jam, Watkins Glen, 1973

"COMPRE MENOS. ESCOLHA BEM. FAÇA DURAR."

VIVIENNE WESTWOOD

HIPPIE CHIC

Ao longo dos anos 1960 e 1970, o fotógrafo Henry Clarke se destaca por sua colaboração com Diana Vreeland na *Vogue* americana. Suas imagens feitas ao redor do mundo impelem os leitores a fantasias no mesmo momento em que há um boom no turismo. Sua estética pincelada por clichês folclóricos apresenta modelos brancas desconectadas da população local. Elas ostentam caftans resplandecentes, véus misteriosos e tonalidades quentes. Henry Clarke sublinha uma nova tendência, o hippie chic.

VINTAGE ECOLÓGICO

A moda é uma das indústrias mais poluentes do mundo, com impacto ecológico e humano por sua produção massiva, mas também pelo desperdício de itens não vendidos, e de peças jogadas fora pelos consumidores tão logo foram adquiridas, sobretudo em razão do predomínio do *fast fashion*. Como contraponto, o vintage nunca foi tão popular. Alguns valorizam uma criação alternativa e mais respeitosa. A ecologia, contudo, também é uma jogada de marketing para marcas que por vezes abusam do conceito.

ATRIBUTOS E REFERÊNCIAS DOS HIPPIES

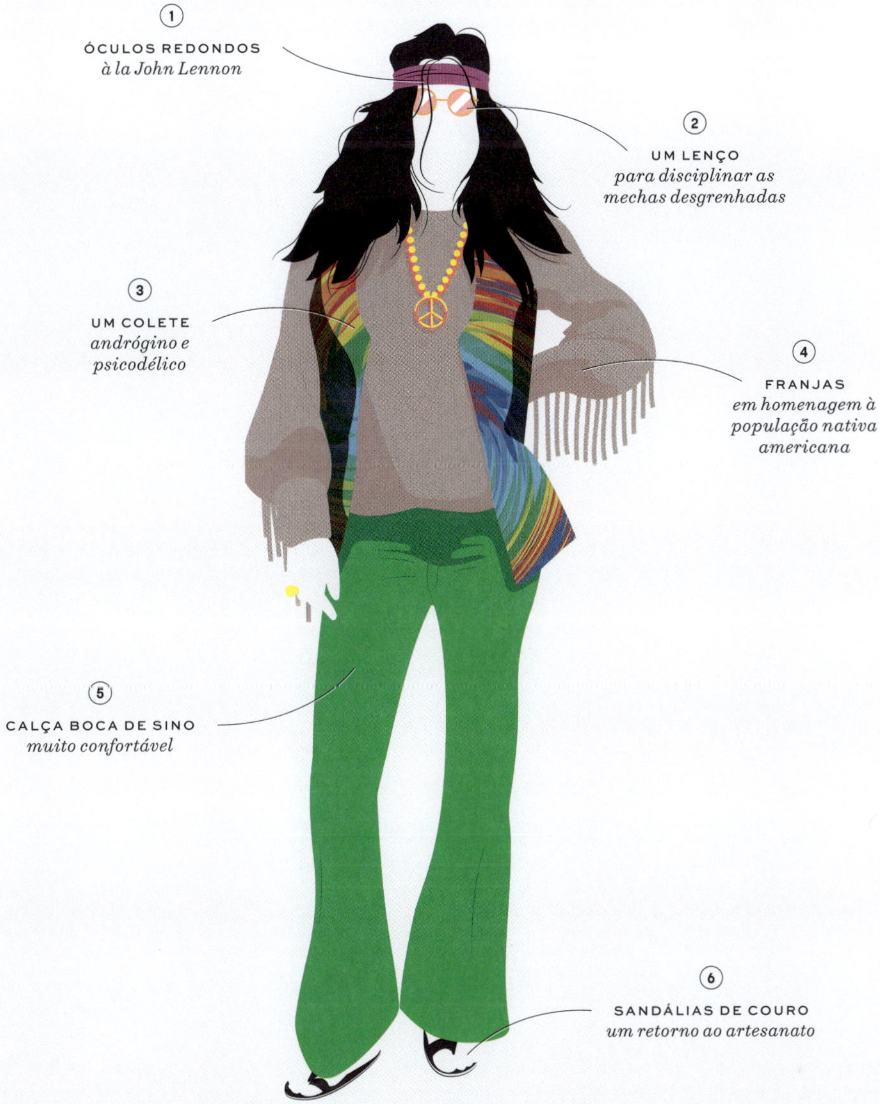

MÚSICA
Janis Joplin
Jim Morrison
Grateful Dead
Joan Baez

ÍCONE
Geração Beat

MODA
Bill Gibb
Zandra Rhodes
Roberto Cavalli P/V 2017
Etro P/V 2020
Chloé P/V 2019

LITERATURA
Jack Kerouac, *On the Road*

CINEMA
Hair
Sem destino
Era uma vez em Hollywood

LUGARES
Woodstock
Ilha de Wight
São Francisco

PUNK

"ANARCHY IN THE UK"

SURGIMENTO .... **LONDRES E NOVA YORK**

APOGEU .... **FIM DOS ANOS 1970**

Em 1971, a palavra *punk* passa a qualificar, pela primeira vez, um gênero musical. É um rock provocativo, violento, bruto, em oposição ao extravagante glam rock, que ele suplanta. É possível ouvi-lo em Nova York com os Ramones e na Inglaterra com os Sex Pistols, que defendem o antitudo: anticapitalismo, anticonservadorismo e antiestablishment.

↑ **Grupo de punks britânicos**, Londres, anos 1970

"O PUNK É UMA ATITUDE, MAIS QUE UM ESTILO MUSICAL."

DAVID BYRNE

CÓLERA

Uma questão polêmica é saber se o movimento punk nasceu em Nova York ou em Londres. Em meados da década de 1970, nos Estados Unidos, a cena musical se renova no clube underground CBGB e, em uma Inglaterra desgastada, uma parte da juventude deseja desestabilizar tudo, chocar, perturbar. Isso também passa pela música e por um estilo muito mais pronunciado do que do outro lado do Atlântico. O punk não gosta muito da aristocracia, do consumismo, da política, da classe média... De tudo um pouco.

CHOQUE DAS IMAGENS

Na década de 1970, o sexo e a violência não são expostos apenas pelo movimento punk. A década se vale dos tabus na fotografia de moda. Quem leva essa empreitada ao limite é Chris von Wangenheim com suas fotografias eróticas, macabras e agressivas. Por mais perturbador que possa parecer seu estilo, ele atrai marcas de luxo, como a Dior. Helmut Newton também se enquadra nessa veia estética. A fotógrafa alemã se vale da sexualidade como argumento de força e autoridade das mulheres. São elas que conduzem a dança, com a grandiosidade de seus corpos e a paixão do seu desejo.

PROVOCAÇÃO

O punk assume tudo o que perturba, a violência, o sexo, o politicamente incorreto, e o mostra por meio de roupas rasgadas, esburacadas, alfinetes que perfuram tecidos e às vezes a própria pele. Ele se apropria para depois deslocar, e o tartan (p. 178) da elite encontra o couro do fetichismo, sobretudo entre as mulheres, que não hesitam em recorrer aos códigos do BDSM e de uma erotização provocativa, materializada em meias arrastão e látex. Vivienne Westwood (p. 294) confere ao estilo uma identidade comercial (sagrada contradição!) enquanto seu companheiro Malcolm McLaren lança os Sex Pistols. O punk é ouvido e visto.

MUSA

A estilista belga Ann Demeulemeester, uma dos Antwerp Six, funda sua marca em 1985. Adepta do preto e de silhuetas femininas andróginas, ela reivindica a influência da música em seu processo criativo, em particular do rock, profundo e potente. É Patti Smith quem mais a cativa: ela a convida para criar a trilha de seus desfiles, coloca palavras nas suas roupas e faz com que ela desfile e pose para algumas de suas campanhas.

ATRIBUTOS E REFERÊNCIAS DOS PUNKS

MODA

Vivienne Westwood
Comme des Garçons Homme O/I 2019
Junya Watanabe O/I 2017
Jean-Paul Gaultier O/I 2014

MÚSICA

Sex Pistols
Ramones
The Clash
The Runaways
The Stooges

MODELOS

Patti Smith
PJ Harvey

CINEMA

Minha adorável lavanderia
Laranja mecânica

LUGARES

CBGB em Nova York
King's Road em Londres

LOLITA

MULHER-CRIANÇA

SURGIMENTO .... **TÓQUIO**

APOGEU .... **DESDE OS ANOS 1970**

No Japão, a juventude não hesita em transgredir as normas, especialmente de vestuário, ostentando silhuetas extravagantes, por vezes até semelhantes a figurinos teatrais. Nas ruas do bairro de Harajuku, em Tóquio, os looks competem entre si: entre eles, mulheres-criança, meio bonecas, meio criaturas históricas.

FANTASIAR-SE

O estilo lolita nasce nas ruas do Japão na década de 1970, como marca de um gosto acentuado por tudo o que é charmoso e infantil. As lolitas de fato têm certa inclinação para a teatralidade e uma forma de historicismo, com trajes inspirados nos heróis da literatura infantil britânica, como *Alice no País das Maravilhas*, nos mangás japoneses e na personagem Hello Kitty, além de trajes ocidentais rococó e vitorianos. Tons pastéis (para a sweet lolita, a mais popular), detalhes de babados, anáguas bufantes, rendas, cachos ingleses e laços lúdicos ajudam a criar um look ingênuo e charmoso. Essa tendência para uma encenação de si mesmo faz parte da influência do *visual kei*, um movimento que impele à demonstração, à transformação e à aparência andrógina.

MODELOS...

A moda ocidental não tem a diversidade como forte. Algumas modelos abrem este caminho. Hiroko Matsumoto é a primeira modelo japonesa a se impor na alta-costura parisiense, após ser descoberta por Pierre Cardin. Sayoko Yamaguchi, musa dos anos 1970, colaborará tanto com seus compatriotas, Kenzo Takada e Issey Miyake, como com Yves Saint Laurent ou Chanel.

É O SONHO

O fotógrafo britânico Tim Walker é reconhecido por seu universo onírico inspirado em contos de fadas, na literatura vitoriana e nos sonhos infantis. Seus cenários, semelhantes a superproduções, são feitos à mão. Em 2018, ele transporta o mundo de *Alice no País das Maravilhas* para a caixa de fantasias representada pelo calendário Pirelli. Com um elenco formado por modelos negros, ele demonstra que, com os artifícios da moda, também é possível transmitir mensagens essenciais.

↑ **Jovens** durante a Rakuten Fashion Week, Tóquio, 2022

"LO-LI-TA: A PONTA DA LÍNGUA DESCENDO EM TRÊS SALTOS PELO CÉU DA BOCA PARA TROPEÇAR DE LEVE, NO TERCEIRO, CONTRA OS DENTES. LO-LI-TA."

VLADIMIR NABOKOV

REJUVENESCER

Com suas referências históricas, a lolita veicula uma inegável atmosfera gótica (p. 318), apesar do toque adocicado. Não é por acaso que uma das tendências do estilo é a lolita gótica. No entanto, ao contrário do que a cultura ocidental poderia imaginar, por causa da pouco compreendida obra homônima escrita por Vladimir Nabokov, a lolita japonesa não pretende manifestar ambivalência sexual. Ser uma lolita não significa usar sua aparência infantil para perturbar, trata-se simplesmente de revelar a criança interior que não quer crescer.

... DE DIVERSIDADE

Ao assinar um contrato com a marca de cosméticos Shiseido em 1973, a modelo Sayoko Yamaguchi conquista a reafirmação da necessidade da diversidade. No entanto, as suas características naturais são regularmente dramatizadas, de forma a responder a um gosto orientalista bastante ocidental.

ATRIBUTOS E REFERÊNCIAS DAS LOLITAS

CINEMA
A história de Shimotsuma

CULTO
Alice no País das Maravilhas, de Lewis Carroll

MODELO
Misako Aoki

ÍCONES
Maria Antonieta
Shirley Temple

MÍDIA
Hello Kitty

MODA
Betsey Johnson
Jeremy Scott

MÚSICA
Gwen Stefani e Harajuku Girls para seu álbum *Love.Angel.Music.Baby*

BLITZ KIDS

A VANGUARDA NOTURNA

SURGIMENTO .... **LONDRES**

APOGEU .... **ANOS 1980**

Às vésperas da década de 1980, aos olhos de alguns vanguardistas e criativos, o punk havia se tornado banal e popular demais. Esses excêntricos desejam expressar identidades radicais, únicas e teatrais. Fazem isso durante as noites do Blitz, que influenciam a moda e a cena musical, mas também a mídia e as artes.

A BOATE

No outono de 1978, em Londres, acontece a primeira festa organizada por Rusty Egan e Steve Strange, dois jovens fascinados por David Bowie e sua música "Heroes". Suas noites ficam famosas e toda uma fauna excêntrica se reúne em um minúsculo bar, o Blitz. Uma condição para entrar: ser extravagante e descolado. É uma montação sem restrições, influenciada pelo passado, pelo multiculturalismo, pelo teatro e pela androginia, entre extravagância e individualidade. Vivienne Westwood consegue capturar essa estética com a sua coleção Pirate, em 1981.

REVISTA

Nesse contexto, em maio de 1980, sai o primeiro número da revista britânica *The Face*, cuja linha editorial explora a música e tudo o que alimenta a contracultura. Pioneira, a publicação rapidamente se torna uma das mais influentes de sua época; é ela que revelará Kate Moss e vai se tornar referência para criadores do underground londrino nas décadas de 1980 e 1990. *The Face* e a geração Blitz participam da construção da cultura de moda inglesa e de sua criatividade.

INFLUÊNCIA

Os Blitz Kids, que também serão chamados de "novos românticos", integram novas sonoridades eletrônicas, o pop, o funk (p. 310), o reggae e o rock, cansados das reivindicações arcaicas dos punks (p. 328). No final de 1980, o movimento perde força, mas influencia grupos como o Culture Club, de Boy George, que logo invade a MTV, e criadores como John Galliano (p. 206), que teria um sucesso gigantesco. Ao longo dos anos 1990, os Club Kids de Nova York revivem o espírito Blitz. Junto com eles, se estabelece um mundo em que a identidade tem primazia, um universo que mistura drag queens e punks, voguers e estudantes.

↑ **Noite no Blitz Club**, Covent Garden, Londres, 1980

"NO BLITZ, EU CONHECIA PESSOAS QUE SÓ EXISTIAM ANTES NA MINHA IMAGINAÇÃO. MAS ELAS ERAM REAIS."

STEPHEN JONES

CULTO

Em maio de 1980, a primeira edição da revista britânica *The Face* é lançada. Ela se torna rapidamente uma das mais influentes de sua época: revela Kate Moss. É uma referência para artistas do underground londrino das décadas de 1980 e 1990. A revista *The Face* desenvolve um estilo único, com arte gráfica de ponta inspirada na Bauhaus, textos sarcásticos e fotografias despojadas, que mais tarde inspirarão publicações como *i-D* ou *Dazed*.

ATRIBUTOS E REFERÊNCIAS DOS BLITZ KIDS

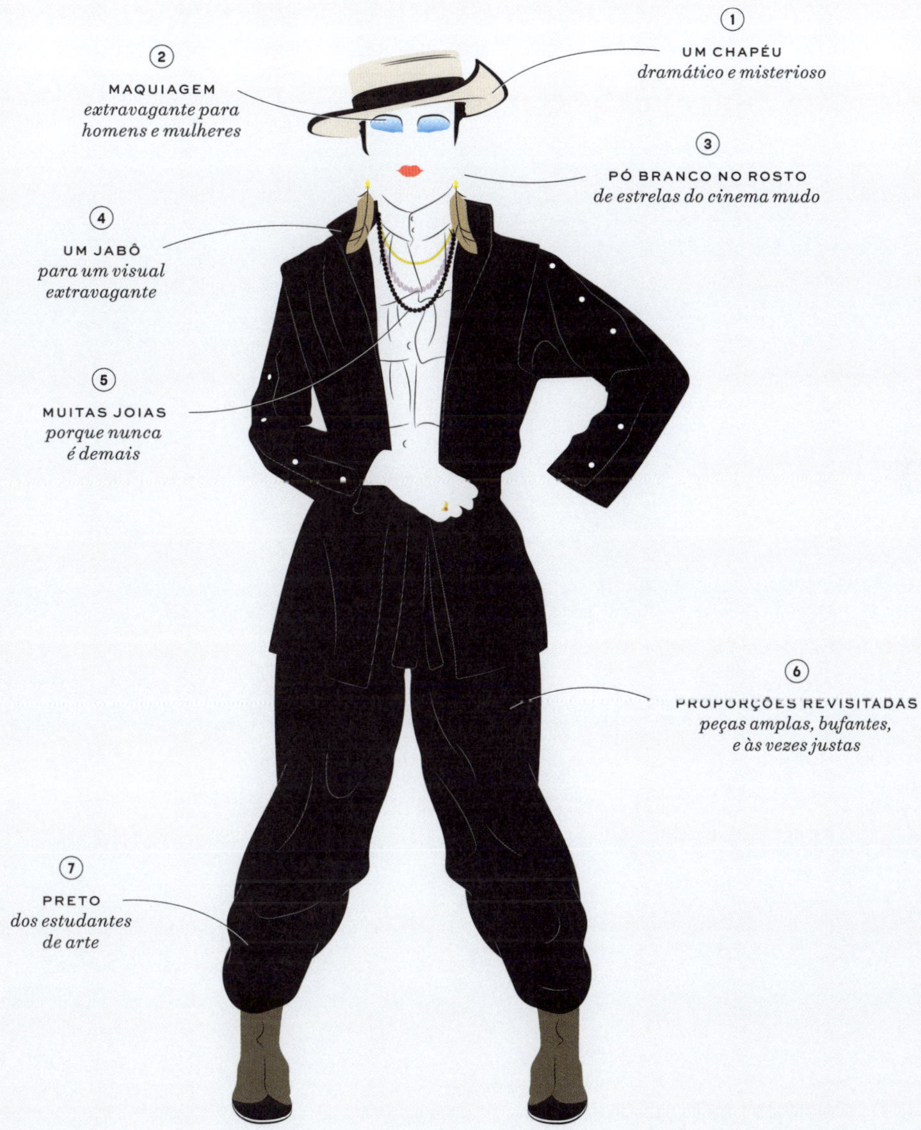

MÚSICA
Boy George
Lady Gaga
Bananarama

CULTURA
Leigh Bowery
Central Saint Martins

MODA
Stephen Jones
Zandra Rhodes
Vivienne Westwood
Judy Blame
John Galliano

ÍCONES
David Bowie
Marilyn Monroe

MÍDIAS
O clipe de "Ashes to Ashes", de David Bowie
Blitz Magazine

IVY LEAGUE

ESTILO AMERICANO

SURGIMENTO	IVY LEAGUE
APOGEU	ANOS 1950

Em meados da década de 1940, desenvolve-se, nos prestigiosos campi de universidades americanas associadas à Ivy League (um agrupamento esportivo universitário), como Harvard, Yale e Princeton, um estilo inspirado no sportswear dos anos 1920, criando um visual que pretende ser ao mesmo tempo distinto e pretensamente descolado, chique, mas sem ênfase.

VERSÃO JAPONESA

Em 1964, os jovens moradores de Tóquio adotam o estilo Ivy: os Miyuki-zoku. Eles se trocam nos cafés do bairro de Ginza, substituindo os uniformes escolares por esse visual. A revista *Heibon Punch* populariza esse estilo americano, importado por Kensuke Ishizu na década de 1950 com sua marca VAN. O estilo desagrada a geração anterior, que não gosta do visual ocidental, associado à delinquência e à memória da guerra.

GAP E SEUS ITENS BÁSICOS

Na década de 1980, a marca se concentra em itens básicos, como jeans, camisas polo, suéteres e calças chino, que a marca chama de cáqui. Ela reivindica a ideia de que todo mundo pode se vestir como os estudantes das universidades americanas. Em meados da década de 1990, a Gap relança a popularidade de um look inspirado na estética Ivy com anúncios feitos por celebridades lendárias.

BOM ALUNO

Ao longo do período entreguerras, os alunos dessas universidades de prestígio usam o sack suit, terno inventado pela marca Brooks Brothers em 1901 que propõe um corte mais natural e informal. Eles popularizam o sportswear fora das quadras, os blazers, o tweed (p. 42), camisas Oxford e mocassins (p. 174). Após a guerra, jovens veteranos ingressam nas bancadas da Ivy League pelo projeto de lei G.I. Bill, que se propõe a financiar seus estudos. Eles introduzem nesse contexto as calças cáqui (p. 54).

ESPÍRITO REBELDE

Contudo, seria equivocado reduzir esse visual à elite branca. Esses jovens procuram acima de tudo se diferenciar de seus pais, e seu hobby é o jazz. Certos músicos afro-americanos que encarnam esse espírito descolado, como

↑ **Estudante,** Universidade de Yale, New Haven, 1952

"SEMPRE ME INSPIREI NO SONHO DAS FAMÍLIAS AMERICANAS DO CAMPO, COM SEUS FURGÕES E FAZENDAS DECRÉPITAS; NAVEGANDO PELA COSTA DO MAINE; ESTRADAS SUJAS PERCORRIDAS POR UMA VELHA CAMINHONETE; UM CONVERSÍVEL CHEIO DE JOVENS UNIVERSITÁRIOS COM CORTE DE CABELO À ESCOVINHA, VESTINDO MOLETONS E TÊNIS USADOS."

RALPH LAUREN

John Coltrane ou Miles Davis, exibem um estilo Ivy League que inspirará muitos jovens negros americanos e ativistas dos anos 1960. Até meados dessa década, a silhueta ganha popularidade entre a classe média, tornando-se o arquétipo do estilo americano.

OESTE NO LESTE

Desde então, o estilo inspirou o visual *preppie*, o trabalho de Ralph Lauren nos anos 1970 e os jovens japoneses contemporâneos. O visual Ivy é menos exclusivo do que parece.

ATRIBUTOS E REFERÊNCIAS DO IVY LEAGUE

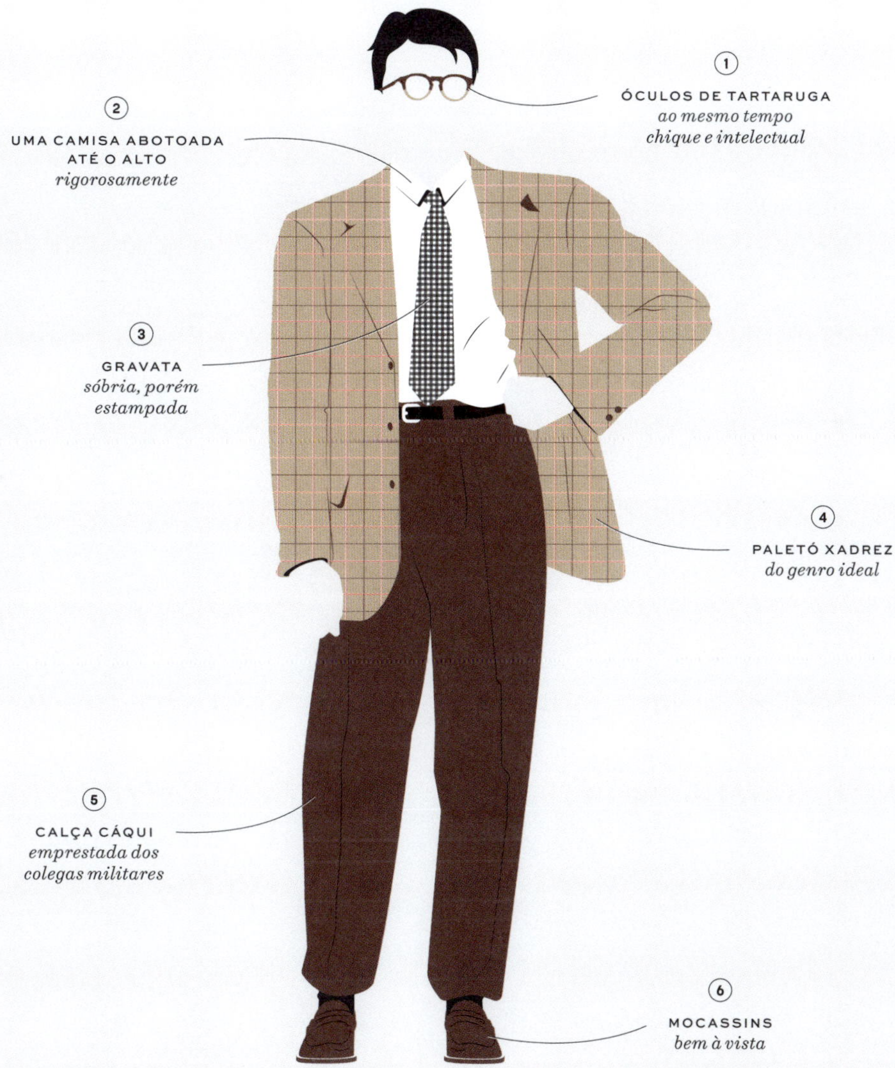

CINEMA

Paul Newman
Sidney Poitier
Dustin Hoffman em *A primeira noite de um homem*
Os estudantes de *Grease: Nos tempos da brilhantina*
O talentoso Ripley
Love Story: Uma história de amor

POLÍTICA

John F. Kennedy

ESPORTE

Muhammad Ali
Tommie Smith

FOTOGRAFIA

Gordon Parks

MÚSICA

Miles Davis
Bill Evans

MODA

Brooks Brothers
Ralph Lauren
Tommy Hilfiger

EMO

BOM DIA, TRISTEZA

SURGIMENTO .... WASHINGTON

APOGEU .... ANOS 2000

Originário do termo *emotive hardcore*, o gênero musical emo, considerado o último grande movimento da contracultura adolescente, evoluiu de uma natureza pós-punk para uma identidade mainstream bastante popular durante seu auge, nos anos 2000. Uma espécie de catarse emocional, o movimento reúne uma juventude atormentada que se sente deslocada.

MÚSICA

Em Washington, em meados da década de 1980, grupos de punk rock, como Rites of Spring, que é considerado o precursor do gênero, sentem a necessidade de partilhar sensibilidade, introspecção e emoções, bem como estruturas musicais mais extensas. Qualificados como hardcore, o termo "emo" lhes parece um insulto do público e da crítica. Com os anos 2000, o gênero sai de seu meio underground para despontar no cenário internacional.

VISUAL

É assim que surge uma comunidade de jovens que imitam seus ídolos pela internet, em particular no MySpace, adotando o corte escuro reto com a franja característica, calça jeans skinny (p. 136), camisetas justas (p. 10), cintos com tachas e All Star (p. 92), acompanhados de olhos marcados com delineadores e unhas pintadas de preto e, às vezes, piercings e tatuagens. O estilo emo, que parece ter sido lançado pelo grupo sueco Refused em 1998, rejeita as tendências e acentua sua divergência com peças banais, sem conotações estilísticas.

UM LAÇO VIRTUAL

Popularizado pela rede MySpace, o gênero emo é o primeiro movimento de contracultura a se desenvolver por meio de novas tecnologias. Ele participa do crescimento de sites de vendas e de criação on-line, como o Etsy, no qual os adolescentes revendem merchandising de suas bandas favoritas.

↑ **Adolescente**, Ucrânia, anos 2000

"A MELANCOLIA CARACTERIZA AQUELES QUE TÊM UM SENSO SUPREMO DO SUBLIME."

EMMANUEL KANT

SENSIBILIDADE

Andróginos, românticos e tímidos, os jovens emo são frequentemente estigmatizados por uma sociedade que rejeita a reserva. O movimento é acusado de romantizar o suicídio. Mas essas controvérsias e estereótipos são reducionistas. A adolescência é, sem dúvida, uma idade difícil. Não é razoável ignorar esse ponto. Os jovens emos apenas revelam, por meio da expressão indumentária e estilística, um mundo interior que a maioria esconde.

DOCE MELANCOLIA

A fotógrafa Sarah Moon se destaca sobretudo no seu trabalho para a Cacharel, com as suas imagens melancólicas envernizadas pelo romantismo, pela fantasia e pelo misticismo. Brincando com o aspecto ficcional da fotografia, ela acentua sua estética ilusória por meio de borrões e acidentes. Adepta do preto e branco, introduz a cor para torná-la evanescente e estranha.

ATRIBUTOS E REFERÊNCIAS DOS EMOS

MÍDIAS
Kid Cudi no
Met Gala de 2021
Daria

MODA
Vetements O/I 2017
R13 P/V 2017

MÚSICA
My Chemical Romance
Avril Lavigne
Weezer
Panic! At the Disco

CINEMA
Donnie Darko
Brilho eterno de uma mente sem lembranças

ÍCONES
The Smiths
Winona Ryder

GRUNGE

"SMELLS LIKE TEEN SPIRIT"

SURGIMENTO .... **SEATTLE**

APOGEU .... **ANOS 1990**

Na década de 1980, Seattle, com seus aluguéis baratos, atrai músicos que dinamizam a cena rock da até então pacata cidade provinciana. O novo som é qualificado como grunge e, no início da década de 1990, está prestes a se tornar um fenômeno global, além de um estilo de moda que imita esses músicos sem um tostão.

MÁ INTERPRETAÇÃO...

Em 1993, Marc Jacobs se inspira no movimento grunge para a coleção primavera-verão da Perry Ellis. É a primeira vez que o estilo é incorporado de forma tão explícita nas passarelas, e isso causa polêmica. A apropriação do grunge é perigosa. Em primeiro lugar, o estilo dificilmente se adequa à estética da casa, mas, acima de tudo, querer tornar o grunge uma tendência comercial é excluir tudo o que compõe a sua essência. O estilista é demitido.

GARIMPOS

No fim dos anos 1980 nasce em Seattle o estilo musical grunge, uma mistura de punk (p. 328), heavy metal e rock. Muito rapidamente a música é acompanhada por uma silhueta reconhecível, composta por peças de segunda mão, mas também, surpreendentemente, por itens do vestuário masculino trabalhador. Com efeito, nessa região, as camisas de flanela são características dos lenhadores (p. 29) e é muito comum encontrar casacos de lã Pendleton. Os jovens do movimento obtêm esses itens essenciais nos brechós, onde também encontram jaquetas militares, velhas camisetas (p. 10) estampadas e jeans (p. 136) surrados. No vestuário feminino, usam-se vestidos florais vintage e cardigãs (p. 15) oversized. Para completar o look, cabelos oleosos e pele pálida.

... E MAUS EMBAIXADORES

Marc Jacobs teria enviado a Courtney Love e Kurt Cobain peças dessa mesma coleção, e supostamente eles as queimaram. Superestimado demais!

↑ **Nirvana**, bastidores, Tóquio, 1992

NÃO TÃO CHIQUE

Davide Sorrenti, um dos fotógrafos mais reconhecidos de sua geração, morre aos 21 anos. Há rumores de que ele morreu em razão de uma overdose de heroína. No seu funeral, a editora da revista *Interview* declara: "É heroína, não há nada de chique. Temos que parar com essa heroína chique." As drogas causaram destruição: Kurt Cobain, River Phoenix... A jornalista aponta um cúmplice: o estilo fotográfico dos anos 1990, que estetiza o uso de drogas com seus corpos magérrimos, pálidos e mirrados. A luta rapidamente se torna política. Bill Clinton se envolve e condena essas imagens. Com o falecimento de Sorrenti, a heroína deixa de ser romantizada.

CRISE

Uma recessão econômica estremece o mundo todo e o visual grunge ecoa essa crise. Chega da ostentação dos anos 1980, chega de festas, chega de materialismo: os jovens são confrontados com uma dura realidade e manifestam isso. Um grupo participa da divulgação desse estilo antimoda e que rejeita as normas, o Nirvana, e jovens de todo o mundo descobrem Kurt Cobain e os seus acólitos na MTV. A moda tenta se apropriar do grunge, mas o movimento escapa: desordenado demais, sujo demais, pessoal demais.

ATRIBUTOS E REFERÊNCIAS DOS GRUNGES

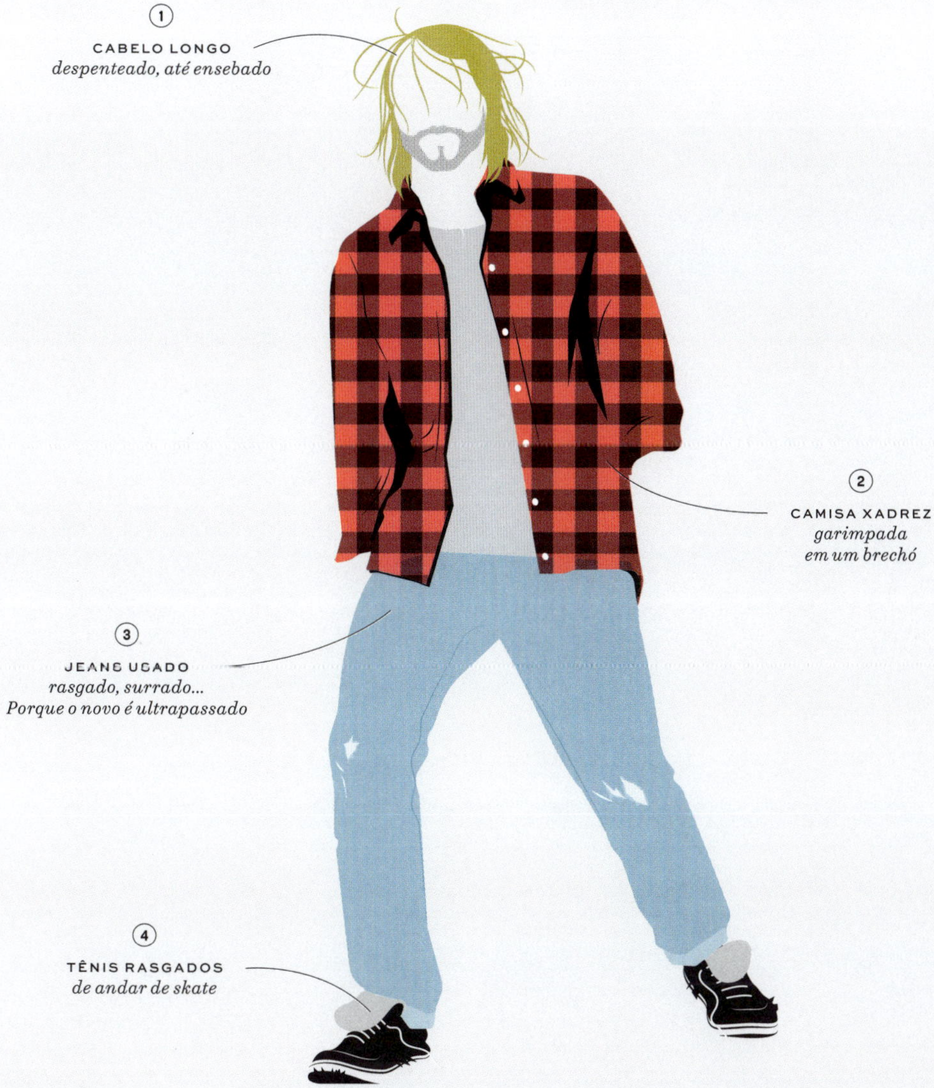

MÚSICA

Kurt Cobain
Courtney Love
Kim Gordon
Riot Grrrls
Pearl Jam

CINEMA

Quanto mais idiota melhor
Kids
Vida de solteiro

MODA

Perry Ellis P/V 1993
Ann Demeulemeester P/V 1997
Saint Laurent O/I 2003

FOTOGRAFIA

Corinne Day
Wolfgang Tillmans

MÍDIA

Série *Minha vida de cão*

PANTERAS NEGRAS

A POTÊNCIA DO NEGRO

SURGIMENTO .... **CALIFÓRNIA**

APOGEU .... **ANOS 1960**

Nos Estados Unidos, apesar da votação em 1964 da Lei dos Direitos Civis, que acaba com a segregação, a população afro-americana continua a sofrer injustiças e discriminações. É nesse contexto de uma década de protestos que o Partido dos Panteras Negras é fundado em 1966, por Huey Newton e Bobby Seale, em Oakland, na Califórnia.

↑ Membros do Panteras Negras, Nova York, 1969

REIVINDICAÇÕES

Os Panteras Negras travam uma luta para obter os direitos dos quais são privados, ao passo que reivindicam orgulhosamente a sua identidade negra. É nessa afirmação que seu corpo ocupa um lugar no espaço público, que durante tanto tempo lhes foi negado. De invisíveis, os membros do grupo e seus apoiadores se transformam em indivíduos poderosos, até intimidadores. Assim, os Panteras Negras usam um uniforme que os une e os distingue. O grupo conhece o poder da mídia e da imagem.

EXÉRCITO

Com uma postura de soldados, homens e mulheres do movimento assumem uma aparência quase militar, imponente, a exemplo de sua boina (p. 119). Simbolicamente, estão todos vestidos de preto.

BLACK IS BEAUTIFUL

A revista *Vogue* reina em sua maestria no campo da moda. Estar na capa é um Santo Graal. Mas é difícil que a diversidade se imponha nesse espaço. Em 1966, Donyale Luna se torna a primeira mulher negra a aparecer na capa da versão britânica. No caso da *Vogue* americana, é preciso esperar até 1974, com Beverly Johnson, enquanto a *Vogue Paris* demorou até 1988 para colocar Naomi Campbell na capa.

MODA POLÍTICA

Depois de seu surgimento no século XIV, a moda sempre serviu a um discurso social, cultural e político.

Revolução Francesa: fitas tricolores e *sans-culottes*.

Cerca de 1900: na Inglaterra e nos Estados Unidos, as sufragistas usam branco.

2018: os "coletes amarelos" tomam a França.

"TEMOS QUE FAZER ALGUMA COISA PARA QUE AS MULHERES SE SINTAM ORGULHOSAS DE SEUS CABELOS, ORGULHOSAS DE SUA IDENTIDADE NEGRA."

KWAME BRATHWAITE

A cor preta que os estigmatizou é agora sua força. O fotógrafo Kwame Brathwaite populariza a frase "Black is beautiful" no início dos anos 1960, fundando a agência de modelos negros Grandassa Models e reivindicando o orgulho africano nos círculos culturais, artísticos e estilísticos, a fim de contrariar as injunções dos padrões ocidentais. Os Panteras Negras fazem disso uma arma política.

PERFORMANCE

Em 2016, durante sua apresentação no Super Bowl, a cantora Beyoncé e seus dançarinos homenageiam os Panteras Negras vestindo um terno de couro e boina preta, e erguendo o punho. É uma forma de denunciar a violência que a comunidade afro-americana ainda enfrenta nos Estados Unidos.

ATRIBUTOS E REFERÊNCIAS DOS PANTERAS NEGRAS

MÚSICA

Public Enemy
NWA

CINEMA

Shaft
Judas e o Messias Negro

MODELOS

Elaine Brown
Huey Newton
Angela Davis
Bobby Seale

ARTE

Emory Douglas

MÍDIAS

Kendrick Lamar
no Grammy Awards
Beyoncé no
Super Bowl de 2016

CLUBBER

SÍNDROME DE PETER PAN

SURGIMENTO .... **MANCHESTER**

APOGEU .... **ANOS 1990**

Uma combinação da cena *dance*, nascida na Inglaterra, em Manchester e Londres, no início dos anos 1980, e do techno surgido em Detroit no final dos anos 1970, antes de atingir seu ápice em Berlim, o movimento electro se desenvolve nos anos 1990. Popular, despreocupado, festivo, ele traz uma nova estética lúdica.

UTOPIA

Apelidado na Inglaterra de Segundo Verão do Amor em homenagem ao verão de 1967, auge do movimento hippie, o fenômeno conquista a juventude de todos os cantos do mundo. Impulsionado por valores de paz, amor e liberdade, é frequentemente relacionado ao movimento hippie (p. 326). Ao mesmo tempo, a tecnologia se desenvolve, tornando-se cada vez mais acessível e fascinante, a exemplo de filmes como *Matrix*, que difundem uma visão futurista da era digital. Os jovens encontram-se em raves ao ar livre ou em manifestações urbanas como a Techno Parade parisiense ou a lendária Love Parade de Berlim.

I'M MORE TECHNO

Raf Simons funda sua marca dedicada à moda masculina em 1995 e reivindica a influência da música eletrônica. Desde o início, o estilista belga incorpora às silhuetas masculinas uma inclinação para a cultura jovem. Ele renova o vocabulário da masculinidade na moda, em um espírito ao mesmo tempo futurista e nostálgico das contraculturas do passado. Raf Simons explora a moda feminina na Jil Sander e na Dior. Em 2020, ele e Miuccia Prada surpreendem ao anunciar que colaboram a quatro mãos como diretores artísticos da Prada. Isso também é o futuro: transformar o sistema por meio da união.

FESTA

O conforto vem em primeiro lugar quando se trata de dançar ao ritmo de batidas agitadas, destacando-se na noite escura das boates. Assim, camisetas de smiley (um aceno explícito ao ecstasy), calças largas inspiradas no hip-hop (p. 316) e cores fluorescentes são abundantes, enquanto garotas e rapazes se misturam, andróginos, com ar pretensamente infantil, com um desejo de recusar o mundo adulto enquanto a década se submete a uma crise econômica e política. O estilo clubber sai às ruas e o pop o incorpora, mais atenuado, a exemplo de grupos como as Spice Girls. Há um desejo universal de jamais se tornar adulto.

↑ **Love Parade**, Berlim, 1991

"O MUNDO MUDA. A MÚSICA MUDA. AS DROGAS MUDAM."

TRAINSPOTTING

SORRISO AMARELO

Em 1963, o designer gráfico Harvey Ball é escolhido por uma seguradora para desenhar uma ilustração que pudesse posicioná-la bem no mercado. Ele imagina um rosto sorridente amarelo e preto. Muito rapidamente, o desenho não registrado sofre apropriações. Ele se torna o emblema do otimismo em uma América corrompida pela Guerra do Vietnã. Ao final da década de 1980, o smiley é associado ao gênero musical acid house e ao ecstasy. Personificação do techno e da rave dos anos 1990, ele é boicotado por empresas inglesas na sequência de mortes por overdose.

ATRIBUTOS E REFERÊNCIAS DOS CLUBBERS

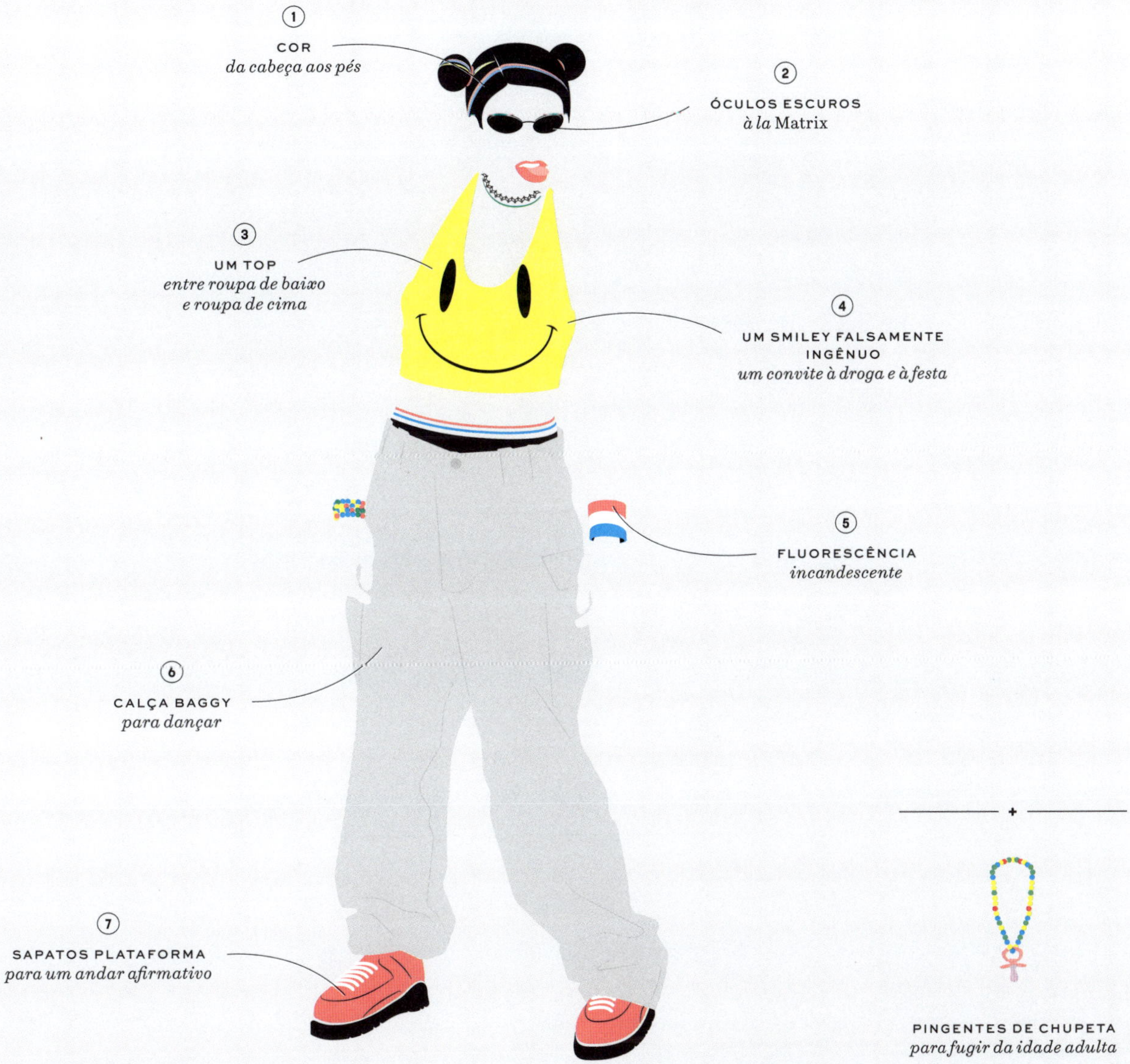

CINEMA

Trainspotting

MODA

Prada
Fila
Walter Van Beirendonck
Adidas

MÚSICA

The Chemical Brothers
The Prodigy
Fatboy Slim

MODA

Prada O/I 2021
Paco Rabanne P/V 2022

MODELOS

Gwen Stefani
Spice Girls

PEACOCK

PAVONEANDO

SURGIMENTO .... LONDRES

APOGEU .... FIM DOS ANOS 1960

Na década de 1960, os homens se afastam cada vez mais das restrições conservadoras que definem a sua aparência desde o século XIX. Tanto os mods ingleses como a boemia parisiense e os hippies californianos procuram desconstruir as normas restritas da masculinidade e dar espaço a mais fantasia.

FANTASIA

Surgem então os chamados peacocks, "pavões" em inglês. Esses estetas de Londres adotam ternos extravagantes de veludo com camisas em florais Liberty (p. 194) e gravatas (p. 182) gráficas. Reconhecemos os pavões na Carnaby Street, onde visitam o estilista central desse movimento, John Stephen, que veste os Rolling Stones, The Who e The Kinks, e até mesmo alguns refinados alfaiates de Savile Row, que redefinem sua silhueta, sobretudo com ousadas jaquetas sem gola.

ESPETÁCULO DE RUA

Que tomem cuidado os peacocks dos anos 1960: com as redes sociais, os pavões agora estão em todo lugar. Desde que Bill Cunningham inventou o conceito de fotografia de street style, é na rua que cada um expõe o seu estilo. No final dos anos 2000, personalidades como Garance Doré, The Sartorialist e Tommy Ton fotografam looks que merecem ser imortalizados. O ponto de encontro é a saída dos desfiles de moda. Os convidados dão tudo por sua aparência, fingindo ao mesmo tempo não se preocupar com isso.

RENASCIMENTO

Tudo soa como um desprezo pelas tradições burguesas na Inglaterra do pós-guerra. No centro do movimento, se difunde também um certo ar nostálgico, à medida que esses dândis (p. 324) do século XX reinterpretam silhuetas históricas, trajes tradicionais franceses, golas *lavallière* ou sobrecasacas vitorianas. Isso permite lembrar a quem qualifica sua postura como feminina que, antes do século XIX, o homem usava seda, rendas e cores. A norma da época era justamente tudo o que a sociedade rejeita no século XX para os homens. E acima de tudo, não há nada de errado em se preocupar com a sua aparência.

↑ John Lennon, Londres, 1967

"A VAIDADE É A PAIXÃO DOMINANTE DO HOMEM."

HENRY DE MONTHERLANT

CULTO DE SI

Outubro de 2010: criação do Instagram, agora é a selfie que domina. Põe-se a si próprio em cena, só ou entre amigos. Com o desenvolvimento dos smartphones, todo mundo está se tornando um fotógrafo narcisista e egocêntrico. Os próprios looks são exibidos com pretensão enquanto se espreita, com inquietação, a quantidade de likes obtidos. A selfie suscita uma busca quase doentia por validação. Mesmo aqueles que fingem desapego assumem uma falsa modéstia. No espaço seguro da intimidade, a perspectiva alheia nunca importou tanto.

ATRIBUTOS E REFERÊNCIAS DOS PEACOCKS

MODA

John Stephen
Mr. Fish
Granny Takes a Trip
Alessandro Michele para Gucci
Liberty & Co
Miuccia Prada para Miu Miu e Prada

MODELO

Christopher Gibbs

MÚSICA

The Beatles – *Sgt. Pepper's Lonely Hearts Club Band*
Jimi Hendrix
Prince
Brian Jones

CINEMA

O personagem Austin Powers
Modesty Blaise

MÍDIA

Mick Jagger no programa *Ready Steady Go!* em 1966

TEDDY BOYS & GIRLS

DELINQUÊNCIA COM ELEGÂNCIA

SURGIMENTO .... **LONDRES**

APOGEU .... **ANOS 1950**

Depois da guerra, os alfaiates dos bairros de classe alta de Londres, ansiosos por reanimar o seu negócio, tentam popularizar os cortes largos que estavam em voga durante o reinado de Eduardo VII nos anos 1900. Os casacos são longos demais, as calças são cigarette, e o visual evoca o muito difamado zoot suit americano: isso não agrada à elite.

↑ **Teddy boys** em frente ao Mecca Dance Hall de Tottenham, Londres, 1954

GOSTO PELA PROVOCAÇÃO

Como a aristocracia estabeleceu uma moda dominante na Idade Média, quem não se conforma com seus códigos é excluído. No século XX, parece que o escândalo se tornou uma forma de argumento de marketing. É o caso das campanhas publicitárias da marca Benetton nas décadas de 1980 e 1990. O fotógrafo Oliviero Toscani expõe temas tão polêmicos quanto a aids, a pena de morte ou a fome no mundo e defende o multiculturalismo e a tolerância.

SEGUNDA VIDA

As roupas vão parar em lojas de bairros populares, vendidas a preços baixos, e os adolescentes da classe trabalhadora se apropriam delas. É assim que, por volta de 1952, o estilo Teddy (cujo nome vem do diminutivo de Eduardo) toma Londres e seus subúrbios. O movimento, bastante marginal, é formado por meninos muitas vezes ligados a gangues, por vezes vítimas de racismo, que rejeitam as convenções e a austeridade. As raras garotas que fazem parte desse movimento acabam se inspirando no vestuário masculino, já que nada na moda feminina permite a transgressão.

CULTURA JOVEM

Os Teddy Boys & Girls têm raiva e se estabelecem como um dos primeiros movimentos da cultura jovem. Eles não querem se parecer com seus pais, mas adotam formas tradicionais da era eduardiana, e prezam pela cultura americana, especialmente o rockabilly, o que explica a semelhança de sua aparência com a dos zooters. Vistos como bandidos, os Teddy Boys também são ridicularizados por seu maneirismo. Eles não representam apenas um estilo de roupas, mas um verdadeiro movimento de contracultura, que dura menos de dez anos, mas que, na Inglaterra, dá o pontapé inicial a todos os movimentos posteriores, como o mod (p. 304) ou o punk (p. 328).

"ERAM CRIANÇAS DA CLASSE TRABALHADORA, DESTINADAS A TRABALHAR NO AÇOUGUE E NA PADARIA, E ELAS QUERIAM SER LEVADAS A SÉRIO."

CHRIS STEELE-PERKINS

SEM GÊNERO

O aspecto andrógino das Teddy Girls se aproxima da tendência de neutralidade de gênero que se desenvolve hoje, em meio a uma geração que já não deseja ser identificada pela natureza do seu sexo. A moda às vezes oferece coleções agênero ou elimina a distinção entre departamentos masculinos e femininos. Em 2020, a London Fashion Week anuncia o encerramento da semana dedicada às coleções masculinas para instaurar uma apresentação mista.

ATRIBUTOS E REFERÊNCIAS DOS TEDDY BOYS & GIRLS

ÍCONES

Bill Haley & His Comets
Billy Eckstine
Eddie Cochran

CINEMA

Teddy Boy
Laranja mecânica

FOTOGRAFIA

Ken Russell

MÚSICA

"Rock Around the Clock", de Bill Haley & His Comets, no filme *Sementes de violência*

MÚSICA

Arctic Monkeys
The Beatles

MODA

Dior O/I 2019
Vivienne Westwood
Saint Laurent P/V 2014

PARTE 4

PERFIS

52 CRIADORES

Virgil Abloh ... p. 350
Azzedine Alaïa ... p. 350
Giorgio Armani ... p. 350
Cristóbal Balenciaga ... p. 350
Pierre Cardin ... p. 351
Jean-Charles de Castelbajac ... p. 351
Hussein Chalayan ... p. 351
Gabrielle Chanel ... p. 351
Coperni ... p. 352
André Courrèges ... p. 352
Christian Dior ... p. 352
Dolce & Gabbana ... p. 352
Tom Ford ... p. 353
Mariano Fortuny ... p. 353
Diane von Fürstenberg ... p. 353
John Galliano ... p. 353
Valentino Garavani ... p. 354
Jean-Paul Gaultier ... p. 354
Rudi Gernreich ... p. 354
Alix Grès ... p. 354
Demna Gvasalia ... p. 355
Roy Halston ... p. 355
Iris Van Herpen ... p. 355
Simon Porte Jacquemus ... p. 355
Rei Kawakubo ... p. 356
Patrick Kelly ... p. 356
Calvin Klein ... p. 350
Christian Lacroix ... p. 356
Karl Lagerfeld ... p. 357
Jeanne Lanvin ... p. 357
Guy Laroche ... p. 357
Christian Louboutin ... p. 357
Martin Margiela ... p. 358
Alexander McQueen ... p. 358
Issey Miyake ... p. 358
Thierry Mugler ... p. 358
Rick Owens ... p. 359
Miuccia Prada ... p. 359
Emilio Pucci ... p. 359
Paco Rabanne ... p. 359
Olivier Rousteing ... p. 360
Sonia Rykiel ... p. 360
Yves Saint Laurent ... p. 360
Elsa Schiaparelli ... p. 360
Jeremy Scott ... p. 361
Marine Serre ... p. 361
Hedi Slimane ... p. 361
Paul Smith ... p. 361
Kenzo Takada ... p. 362
Gianni Versace ... p. 362
Viktor & Rolf ... p. 362
Vivienne Westwood ... p. 362

ESTILISTAS

A IDEIA E O GESTO

VIRGIL ABLOH
(1980-2021)

LUXO URBANO
P. 283

É em Chicago que Virgil Abloh se faz notar em 2009, com sua concept store que mistura arte e design. Sua colaboração com o rapper Kanye West, como diretor artístico de seus álbuns e apresentações, o impulsiona para a dianteira da cena. Em 2013, ele funda a Off-White, sua marca de sportswear que seduz a juventude e a contracultura. Em 2018, a Louis Vuitton o nomeia para a direção de suas coleções masculinas. Ele traz uma nova dinâmica à marca de luxo, ao mesmo tempo que dá continuidade a seus projetos musicais e artísticos.

AZZEDINE ALAÏA
(1935-2017)

VESTIDO BANDAGEM
P. 232

Chegando da Tunísia no início dos anos 1950, Azzedine Alaïa aperfeiçoa sua arte da alta-costura trabalhando com elegantes mulheres parisienses, antes de fundar sua marca em 1980. A paciência tem seu lado bom: o estilista é um especialista no corpo feminino, que ele valoriza ou metamorfoseia por meio de criações esculturais, semelhantes a uma segunda pele. Materiais elásticos, fechos em zíper inovadores e espartilhos acinturados compõem sua assinatura. Alaïa faz parte da indústria da moda como artesão: sustentabilidade acima da temporalidade.

GIORGIO ARMANI
(1934-)

TERNO ARMANI
P. 290

Começando como vitrinista, e passando a estilista de Nino Cerruti ao longo dos anos 1960, Giorgio Armani funda sua própria marca em 1975. Quando veste o ator Richard Gere no filme *Gigolô americano*, em 1980, sua carreira internacional é lançada. Ele participa do vocabulário do power dressing dos anos 1980, suavizando os códigos da masculinidade e, por outro lado, afirmando os da feminilidade. O estilista estabeleceu um verdadeiro império, multiplicando linhas e atividades, testemunhando um espírito moderno, sem nunca deixar de ser fiel à sua estética atemporal.

CRISTÓBAL BALENCIAGA
(1895-1972)

VESTIDO ESCULPIDO
P. 222

Iniciado na alta-costura por sua mãe, Cristóbal Balenciaga abre suas primeiras boutiques na Espanha antes de se estabelecer em Paris, em 1937. Enquanto Christian Dior impõe sua linha Corolle, Balenciaga dá preferência a volumes assimétricos, inspirados no folclore espanhol, assim como o gosto pelo preto e pela história da moda do século XIX. Suas silhuetas desconstruídas, semelhantes a esculturas, chegam a anunciar a tendência dos anos 1960. Contudo, apesar do aspecto moderno, Cristóbal Balenciaga escolhe se aposentar do design de moda em 1968, sentindo-se ultrapassado por um mundo em rápida transformação.

PIERRE CARDIN
(1922-2020)

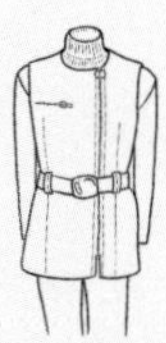

SPACE AGE
P. 266

Depois de moldar sua técnica junto de estilistas como Elsa Schiaparelli e Christian Dior, Pierre Cardin funda a sua marca em 1950. Como precursor, ele desenvolveu tanto coleções de alta-costura quanto de prêt-à-porter impregnadas pela tendência do Space Age. O criador se preocupa com a inovação, com a estética e com o sucesso comercial. Ele se estabelece no mercado asiático e multiplica as franquias, que, embora manchem a reputação da marca, também fazem dela um carro-chefe na indústria de moda internacional.

JEAN-CHARLES DE CASTELBAJAC
(1949-)

CASACO DE PELÚCIA
P. 226

Em 1968, Jean-Charles de Castelbajac cria sua primeira linha de roupas femininas para a empresa de roupas de sua mãe. Batizada como Ko & Co, sua marca brinca com releituras de objetos e recriações que manifestam seu gosto pela arte surrealista e pelo movimento dadaísta. Adepto dos *color blocks*, Castelbajac formula uma estética lúdica e alegre que refuta a solenidade da moda. O polivalente estilista traz a arte contemporânea e a cultura pop para suas criações com humor e poesia, para celebrar a permeabilidade do imaginário.

HUSSEIN CHALAYAN
(1970-)

SAIA-MESA
P. 227

Deixar o Chipre quando criança impacta consideravelmente a produção de Hussein Chalayan. Já adolescente, ele estuda na Central Saint Martins, em Londres.
Ao estabelecer sua própria marca em 1995, intelectualiza seu trabalho estilístico, incorporando nele reflexões sociais e políticas que se traduzem em desfiles conceituais impactantes e em criações tecnológicas e experimentais de tirar o fôlego. Como visionário multidisciplinar, o estilista utiliza o aspecto performático da moda para interpelar e contar histórias, tanto belas quanto cruéis.

GABRIELLE CHANEL
(1883-1971)

TAILLEUR CHANEL
P. 203

A lenda da Chanel é escrita desde a infância da estilista, no orfanato. Às vezes Gabrielle, quase sempre Coco. Ela funda seu ateliê em Paris em 1909. Em Deauville, onde abre uma boutique em 1913, cria conjuntos de jérsei com linhas fluidas que contribuíram para o vocabulário de uma moda moderna. Ela reina durante a década de 1920 com seus vestidinhos pretos, exaltando uma elegância que passa pela moderação, antes de um retorno notável depois da guerra com seus tailleurs de tweed atemporais. Chanel é tanto uma mulher quanto uma marca com uma história bem contada.

COPERNI
(1972- E 1973-)

TECIDO ANTIBACTERIANO
P. 282

Sébastien Meyer e Arnaud Vaillant se conhecem na escola de moda Modart International. Em 2013, lançam a marca Coperni, que apresenta um estilo moderno e sóbrio. Entre 2015 e 2019, eles pausam os negócios para reviver com sucesso a Courrèges, onde vinculam arquivos e novidades, antes de se reconectarem com a Coperni, passando a experimentar mais do que nunca formas e materiais que combinam tecnologia e artesanato com modéstia e virtuosismo.

ANDRÉ COURRÈGES
(1923-2016)

JAQUETA DE VINIL
P. 267

É com Cristóbal Balenciaga que André Courrèges aperfeiçoa sua técnica de alta-costura ao longo de dez anos, antes de fundar sua marca, em 1961. Apaixonado por arquitetura, o estilista constrói um estilo moderno e gráfico que emancipa e redesenha a silhueta feminina. Protagonista de uma utopia futurista, ele agita sua época e seu espírito: em particular, a popularidade da minissaia se deve a seu trabalho. Há muito confinado em uma fantasia do estilo dos anos 1960, suas características são revividas na década de 2010, apoiadas por uma juventude cada vez mais voltada para o vintage.

CHRISTIAN DIOR
(1905-1957)

TAILLEUR BAR
P. 213

É na arte que Christian Dior faz seu nome como galerista, antes de vender seus croquis de moda na década de 1930. Assistente do estilista Lucien Lelong durante a guerra, ele funda sua marca com o apoio do industrial Marcel Boussac em 1946. Seu primeiro desfile gera uma reviravolta. Mais que isso, um renascimento. Christian Dior revive a alta-costura adormecida pela ocupação nazista na França, restaura o gosto por vestidos suntuosos e uma feminilidade exacerbada. Preferindo o sonho à modernidade, ao longo da década de 1950 e antes da sua morte brutal, o costureiro desenha a moda de seu tempo, impondo o seu estilo e suas linhas Corolle, Muguet ou Fuseau.

DOLCE & GABBANA
(1958- E 1962-)

MODA ITALIANA
P. 216

Domenico Dolce e Stefano Gabbana fundam uma sociedade de consultoria em moda em 1982, antes de apresentar sua primeira coleção sob o nome Dolce & Gabbana em 1985. O duo difunde uma estética nostálgica em suas criações que evocam o sul da Itália e o cinema da década de 1960. Sua popularidade cresce ao longo dos anos 1990, principalmente graças à linha D&G, mais acessível. A marca celebra uma estética sensual e glamorosa que conta a história da Itália e sua iconografia.

TOM FORD
(1961-)

PORNÔ CHIQUE
P. 243

Em 1990, Tom Ford entra na Gucci, antes de se tornar seu diretor artístico em 1994. Suas primeiras coleções acertam em cheio, redefinindo toda a identidade da marca ao se associar à Carine Roitfeld e ao fotógrafo Mario Testino, junto dos quais ele ajuda a popularizar uma estética pornô chique. A Gucci, que estava estagnada na época, vê suas vendas explodirem. Tom Ford deixa a casa em 2004 e cria a marca com seu próprio nome em 2006, antes de se lançar também como diretor de cinema, em filmes como *Direito de amar*, um sucesso comercial e de crítica.

MARIANO FORTUNY
(1871-1949)

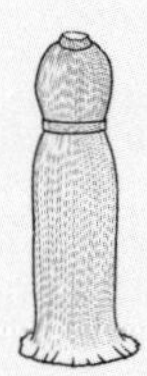

VESTIDO DELPHOS
P. 228

Artista polivalente, Mariano Fortuny funda uma empresa têxtil em Veneza em 1899. Nela, ele cria tecidos e estampas com sua esposa, Henriette. Inspirado pela Antiguidade e pelo orientalismo, ele se especializa sobretudo nos veludos e plissados, que se tornam sua assinatura, ao mesmo tempo que participa de um novo vocabulário da moda feminina, a qual abandona os espartilhos e volumes para abarcar linhas retas e suaves. Em seguida, veste mulheres artistas e vanguardistas que ousam libertar seus corpos e sua sensualidade sob véus e sedas.

DIANE VON FÜRSTENBERG
(1946-)

VESTIDO TRESPASSADO
P. 278

Jovem mãe recém-divorciada, Diane von Fürstenberg se lança na moda no início dos anos 1970. Em Nova York, cidade em que se estabelece, ela populariza o seu lendário vestido trespassado. Emblema de uma nova geração de mulheres ativas e versáteis, o vestido conta também a história de sua criadora, uma festeira inveterada, socialite e musa de Andy Warhol, mas também uma mulher de negócios que, em poucos anos, constrói um império. Em 1997, após uma década de ausência, a estilista relança sua marca DVF e seu vestido autoral. Ela encontra o sucesso novamente, enquanto se estabelece como um exemplo inspirador da conquista feminina.

JOHN GALLIANO
(1960-)

"CLOCHARDS"
P. 206

Aluno da Central Saint Martins, em Londres, John Galliano ganha destaque com seu desfile de formatura em 1984. Ele lança então sua marca, que se alimenta da teatralidade, do historicismo e da sensualidade. Em 1996, ele é nomeado diretor artístico da Dior. Apesar da reticência inicial, as mídias e o público são rapidamente conquistados por seus desfiles espetaculares, suas criações deslumbrantes e seu gosto pela singularidade que revivem a marca de luxo. Após um escândalo antissemita em 2011, o estilista foi demitido, antes de regressar discretamente para a Martin Margiela a partir de 2014.

VALENTINO GARAVANI
(1932-)

VERMELHO DE ALTA-COSTURA
P. 286

Em Paris, o italiano estuda moda, na Câmara Sindical, junto de Guy Laroche. Em 1959, retornando à Roma, inicia sua marca. Depois de ter algum destaque com sua coleção totalmente branca de 1968, ele se consolida ao longo dos anos 1970, junto a clientes de prestígio que apreciam o seu gosto sofisticado e atemporal. Como um esteta, o estilista propõe uma moda que fala de luxo sem ostentação. Ele deixa sua marca em 2008, mas continua sendo uma figura tutelar da moda italiana.

JEAN-PAUL GAULTIER
(1952-)

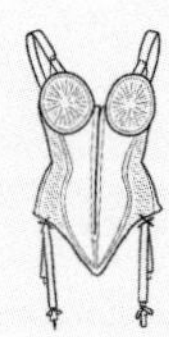

SEIOS CÔNICOS
P. 263

Autodidata, e notadamente ex-aprendiz de Pierre Cardin, Jean-Paul Gaultier apresenta sua primeira coleção em 1976, antes de fundar sua marca. Na década de 1980, ele se deleita em desconstruir imperativos de gênero e de estilo, ousando misturas inspiradas por sua infância modesta e por um multiculturalismo eminentemente urbano. *Enfant terrible*, ele estabelece, no entanto, uma marca de referência que sacode os preceitos da alta-costura e encanta o prêt-à-porter, dialogando com a cultura pop graças a seus projetos de figurino para cinema e suas colaborações musicais.

RUDI GERNREICH
(1922-1985)

MONOQUÍNI
P. 291

Fugindo da Áustria e do regime nazista, Rudi Gernreich se estabelece em Los Angeles em 1938. Em 1942, ele se torna dançarino profissional em uma companhia de dança moderna, enquanto se insinua na criação de moda. Ele passa a atuar como estilista freelancer e cria silhuetas vanguardistas que reabilitam o corpo ao mesmo tempo que esmaecem as fronteiras de gênero. Sutiãs confortáveis, monoquínis, maiôs de uma peça falam de uma liberdade de movimentos que lhe é cara. Em 1970, ele lança uma linha unissex, pretexto para um diálogo inovador sobre moda e sociedade.

ALIX GRÈS
(1903-1993)

NEOCLASSICISMO
P. 218

Em 1935, Germaine Krebs, conhecida pelo nome de Alix, funda sua marca, Madame Grès. Ela rapidamente chama a atenção por suas silhuetas neoclássicas e atemporais em jérsei, com plissados elegantes que sublinham o corpo ao mesmo tempo que lhe conferem leveza e sensualidade. Escultora de formação, ela compõe suas criações diretamente nos corpos dos modelos, estabelecendo uma estreita ligação entre a carne e o material. Tão popular na década de 1930 quanto em 1970, em 1972 ela se torna presidente da Câmara Sindical da Alta-Costura.

DEMNA GVASALIA
(1981-)

CRINOLINA
P. 223

Formado pela Academia Real de Belas Artes da Antuérpia, Demna Gvasalia aprende com a geração anterior à sua, como Walter Van Beirendonck e Martin Margiela. Em 2014, ele lança com o seu irmão Guram a marca Vetements, que rapidamente se torna cultuada pela subversão das normas tradicionais da moda. Em 2015, o estilista entra na Balenciaga, e seu inconformismo combina surpreendentemente bem com a sofisticação da casa histórica. Pois, por trás da originalidade, Demna Gvasalia conhece a linguagem íntima e coletiva da moda.

ROY HALSTON
(1932-1990)

MODA DISCO
P. 219

Primeiramente conhecido como chapeleiro, Roy Halston vê sua carreira decolar quando cria o chapéu que Jackie Kennedy usa durante a posse presidencial de seu marido, em 1961. Na virada da década de 1970, ele lança sua linha de prêt-à-porter, com uma estética minimalista e sofisticada, por vezes até masculina, para uma clientela de prestígio. Ele também se destaca por suas criações voltadas para a noite, seus vestidos disco que integram o clima festivo e fantasioso da Nova York dos anos 1970. Em virtude de uma licença, a aura da marca se dilui nos anos 1980.

IRIS VAN HERPEN
(1984-)

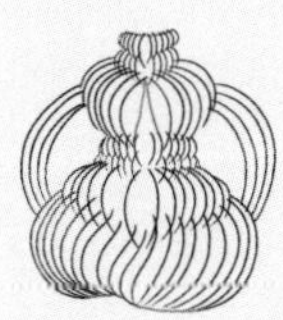

TECNOLOGIA AERODINÂMICA
P. 297

Formada com Alexander McQueen, Iris van Herpen funda sua marca homônima em 2007. Nela, ela infunde suas reflexões poéticas, inspiradas na dança e na arquitetura, em torno da tecnologia e da experimentação, mas sobretudo do material e da maneira como ele convive com o corpo. De forma prodigiosa, Iris van Herpen ultrapassa os limites da criação de roupas, aproximando-a de um futuro que já se desenha: orgânico e escultural.

SIMON PORTE JACQUEMUS
(1990-)

SANTON
P. 252

O jovem autodidata Simon Porte Jacquemus, natural da Provença, cria sua marca em Paris com menos de 20 anos de idade. Ele se destaca pela ousadia e pela leveza. Passa a integrar o calendário oficial de desfiles de moda parisienses em 2012, mas é em 2017 que a sua popularidade se intensifica. O público fica encantado com suas criações que contam a história do sul da França, sem clichês ou esnobismo. Em uma relação próxima com seus compradores, Simon Porte Jacquemus cativa o público pelas redes sociais e por suas operações comerciais inovadoras, que refutam os códigos do luxo graças a uma ampla acessibilidade.

REI KAWAKUBO
(1942-)

DRESS MEETS BODY
P. 256

Rei Kawakubo se lança na moda como autodidata antes de fundar a sua marca, Comme des Garçons, em 1969, em Tóquio. Nos anos 1980, ela apresenta sua primeira coleção parisiense. As críticas são ferozes: seu estilo desconstruído que redefine as normas de beleza e moda perturba o gosto ocidental. Apesar disso, a estilista japonesa consegue se estabelecer propondo um novo vocabulário, que é seguido por quem recusa as convenções. Brincando com as formas do corpo, o abstrato e o artesanato têxtil, Rei Kawakubo continua a se afirmar como uma visionária da criação contemporânea.

PATRICK KELLY
(1954-1990)

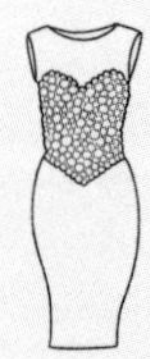

BOTÕES E CORAÇÕES
P. 237

No final da década de 1970, Patrick Kelly se muda para Nova York e cria seus primeiros modelos, antes de se estabelecer de fato em Paris. Em 1985, ele funda sua marca e encontra rapidamente um grande sucesso. Por trás da alegria exuberante de suas criações, ele nunca deixa de questionar o racismo e de enaltecer a herança afro-americana. Em 1988, ele é admitido na Câmara Sindical da Alta-Costura de Paris, mas sua carreira é interrompida abruptamente em 1990, quando morre por complicações da aids.

CALVIN KLEIN
(1942-)

SLIP DRESS
P. 217

Em 1968, Calvin Klein funda a marca que leva seu próprio nome. Nesse início, ele confecciona apenas casacos, antes de se lançar no segmento do sportswear. Mas é um emblema da moda americana que o conduz para a vanguarda da cena quando, em 1979, ele passa a produzir jeans. Inaugurando uma identidade comercial com campanhas de publicidade provocantes e linhas de roupas íntimas, o estilista também estabelece uma estética que dá lugar de destaque ao minimalismo, componente vital do DNA estilístico americano. Ele personifica a década de 1990 com seus perfumes de enorme sucesso e suas campanhas que exaltam os ídolos da juventude.

CHRISTIAN LACROIX
(1951-)

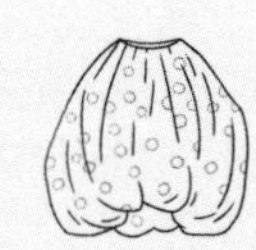

SAIA BALONÊ
P. 253

Enquanto sonha em ser curador de museu, Christian Lacroix se dirige para a moda e entra na marca de Jean Patou antes de fundar a sua própria em 1987. Ele não negligencia, no entanto, o seu carinho pela história da arte, já que esta povoa as suas coleções, de onde emergem silhuetas como vestidos-quadro. Às vezes, ele até ousa uma piscadela literal com ternos que o passado não negaria. O sul da França natal com nuances arlesianas e provençais também alimenta o seu trabalho estilístico, que homenageia, dessa forma, suas paixões pessoais.

KARL LAGERFELD
(1933-2019)

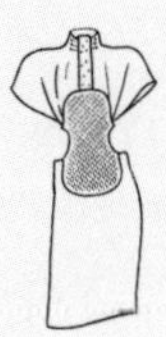

VESTIDO ANGKOR
P. 247

Resumir a trajetória de Karl Lagerfeld não é fácil, uma vez que sua atividade foi muito prolífica. Iniciando sua carreira como assistente de Pierre Balmain e Jean Patou, torna-se um estilista independente na década de 1960. Trabalha como diretor artístico da Chloé (1964-1983) e da Fendi (a partir de 1965). É a chegada à Chanel em 1983 que impulsiona sua fama ao reviver essa marca adormecida, revisitando seus itens essenciais com uma estética ao mesmo tempo pop, luxuosa, erudita e impertinente. Ele lança sua própria marca em 1984 e também se estabelece como fotógrafo ilustre. Criador multiforme ancorado na posteridade, Lagerfeld é caracterizado como um homem da Renascença.

JEANNE LANVIN
(1867-1946)

ROBE DE STYLE
P. 287

O que diferencia Jeanne Lanvin é seu espírito talentoso e versátil. Começando como modista, ela passa a chamar a atenção por suas criações para mulheres e crianças na virada do século. O vínculo mãe-filho se torna uma forte assinatura de marketing da casa, chegando até a encarnar seu logotipo. Ela é a primeira a criar alta-costura masculina em 1926, ao mesmo tempo que se aventura na decoração e nos cosméticos. Inspirada pelas artes e pelo movimento art déco, ela cria silhuetas sóbrias e modernas com bordados requintados e um apurado sentido da cor.

GUY LAROCHE
(1921-1989)

CLAIR DE FESSES
P. 274

É em 1957 que Guy Laroche funda a sua marca. Dominando os códigos da alta-costura, ele não abre mão, no entanto, do conforto de suas clientes com silhuetas sóbrias e inovadoras. Seu estilo é caracterizado por cores ácidas e uma sensualidade lúdica, a exemplo dos decotes vertiginosos – que a atriz Mireille Darc leva ao paroxismo em 1972. Ambicioso, expande suas atividades na década de 1970, tornando sua marca uma influente empresa industrial.

CHRISTIAN LOUBOUTIN
(1964-)

SCARPIN PIGALLE
P. 209

No início dos anos 1980, Christian Louboutin faz estágio com o designer de calçados Charles Jourdan. Ele adquire, assim, uma experiência que lhe permite vender suas criações de calçados como freelancer antes de lançar sua própria marca em 1991. Rapidamente notado pela imprensa de moda e pela alta sociedade, ele faz seu nome calçando modelos em desfiles de outros estilistas e atraindo uma clientela internacional pelas suas distintivas solas vermelhas. Navegando entre o mundo do burlesco, do fetichismo, da arte conceitual e da fantasia ardilosa, Christian Louboutin estabelece um estilo autoral que é constantemente revisitado.

MARTIN MARGIELA
(1957-)

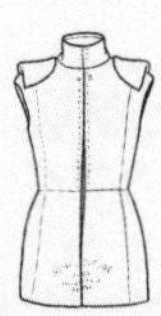

JAQUETA STOCKMAN
P. 257

Formado pela prestigiada Academia Real de Belas Artes da Antuérpia, Martin Margiela é assistente de Jean-Paul Gaultier até 1988, data em que funda a sua própria marca. Bastante atípico, o estilista recusa entrevistas e fotografias, privilegiando o anonimato a serviço do trabalho coletivo e do vestuário. Encontramos essa originalidade em seus desfiles, que se assemelham a performances artísticas, e em suas criações, que combinam artesanato, alta-costura e artigos de segunda mão. De 1997 a 2003, Margiela é o diretor artístico da Hermès, onde consegue aliar luxo e inconformismo.

ALEXANDER MCQUEEN
(1969-2010)

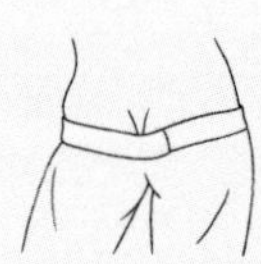

BUMSTER
P. 275

Aluno revelação na Central Saint Martins College of Art and Design por sua coleção de formatura, após ter estudado com alfaiates londrinos, Alexander McQueen funda sua marca em 1992. O estilista, que passou por muitas dificuldades em sua vida e era bastante engajado, usa suas coleções para questionar temas perturbadores, como a violência, a morte, a saúde mental, a sexualidade e a identidade. Seus desfiles, que lembram performances, são provocadores e por vezes incômodos. Ele define novas silhuetas entre o historicismo, a maestria artesanal e o sentimento orgânico. Arrasado pela morte de entes próximos e pela depressão, o estilista inglês cometeu suicídio em 2010.

ISSEY MIYAKE
(1938- 2022)

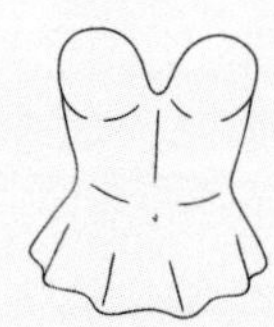

CORPETE
P. 262

Estudante de artes fascinado pelo universo têxtil, Issey Miyake concebe seu primeiro desfile japonês, A Poem of Cloth and Stone, em 1963. Pouco depois, ele se muda para Paris, onde trabalha para Givenchy e Guy Laroche, retornando a Tóquio em seguida, onde funda seu estúdio de criação. Em 1971, ele apresenta a sua primeira coleção em Nova York, antes de ser convidado para desfilar em Paris a partir de 1973. Ele se diferencia pelas suas criações poéticas que combinam inspirações do extremo Oriente e do Ocidente. Acima de tudo, se destaca pelas pesquisas têxteis que reinventam formas e materiais, abraçando a tecnologia e o artesanato.

THIERRY MUGLER
(1948-2022)

NASCIMENTO DE VÊNUS
P. 233

Estilista independente com formação em dança clássica e design de interiores, Thierry Mugler vende suas criações às maiores casas de prêt-à-porter antes de fundar sua própria marca em 1973. Em caminho contrário ao estilo hippie, o estilista privilegia uma estética cheia de glamour que exacerba a feminilidade, e que rapidamente se torna sua assinatura. Durante os anos 1980, ele exalta o lado teatral de suas coleções, destilando inspirações culturais e pop e articulando representações de um corpo feminino esculpido e remodelado.

RICK OWENS
(1962-)

SEXO SEM PUDOR
P. 296

Rick Owens abre a sua primeira boutique em Los Angeles no ano de 1994. Em 2003, ele move seu ateliê para Paris, onde, com sua sócia e companheira Michèle Lamy, concebe uma moda que enfatiza os códigos do desconstrutivismo: assimetria, falhas sublimadas, cores escuras... Gótico, punk, antifashion: os adjetivos se multiplicam ao tentar descrever o estilo do estilista que, do minimalista e sportswear, progrediu para o futurismo e a teatralidade, questionando cada vez mais o mundo e a sociedade.

MIUCCIA PRADA
(1949-)

ATHLEISURE
P. 208

Em meados da década de 1970, Miuccia Prada ingressa na empresa familiar de marroquinaria fundada por seu avô em 1913. Inicialmente responsável pelos acessórios, ela assina sua primeira coleção de prêt-à-porter em 1988. Ela acompanha a estética minimalista dos anos 1990 e funda, em 1993, a Miu Miu, irmã mais nova e mais ousada da Prada. Feminino, insubmisso e artístico, seu estilo se nutre principalmente de referências tomadas das décadas de 1940 e 1960. Apaixonada por arte contemporânea, ela cria a Fondazione Prada junto de seu marido em 1995.

EMILIO PUCCI
(1914-1992)

ESTAMPA PSICODÉLICA
P. 199

É por causa do esqui que Emilio Pucci, grande esportista, entra no mundo da moda. Em 1949, ele inaugura sua primeira boutique em Capri. Lá ele vende o guarda-roupa ideal para um jet set internacional que busca roupas leves e elegantes para férias ensolaradas. Na década de 1950, ele desenvolve estampas coloridas com uma estética psicodélica que prolongam seu sucesso até a década de 1960 e sua inclinação hippie chic. Emilio Pucci cria uma identidade lúdica, atemporal e reconhecível.

PACO RABANNE
(1934-2023)

VESTIDO DE METAL
P. 270

Em 1965 começa a história estilística de Paco Rabanne. Ex-aluno de arte, ele apresenta nessa época uma coleção que chamou de Doze Vestidos Improváveis em Materiais Contemporâneos: é o manifesto de alguém que transpõe ao vestuário as técnicas de um joalheiro, mas também de um operário. Metais aplicados, soldados, articulados e incrustados ou couros perfurados configuram silhuetas futuristas que causam perturbação para o gesto ancestral da alta-costura. O estilista participa da redefinição da moda e de sua linguagem.

OLIVIER ROUSTEING
(1985-)

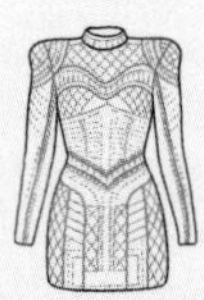

BORDADOS E PEDRARIAS
P. 246

Depois de ter trabalhado para a marca italiana Roberto Cavalli, Olivier Rousteing ingressa na Balmain em 2009, e posteriormente, em 2011, é nomeado diretor artístico da marca. Misturando sportswear, glamour e pop, o jovem estilista sacode as convenções do luxo ao se apropriar dos códigos sistemáticos das celebridades e das redes sociais. Ele chega, assim, a se estabelecer em escala internacional e se rodear de musas influentes, como Beyoncé, Kim Kardashian e Jennifer Lopez. Olivier Rousteing conhece o poder da imagem e da celebridade, e não se envergonha disso.

SONIA RYKIEL
(1930-2016)

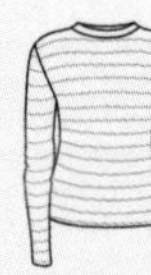

LISTRAS
P. 260

É durante a gravidez que Sonia Rykiel cria a sua primeira peça de roupa, no início dos anos 1950. Trata-se de um suéter, semelhante aos usados pelos homens, mas mais ajustado, como se fosse pequeno demais. Seu poor boy sweater se torna um item indispensável e é responsável por lançar sua carreira como estilista. Na década de 1970, ela desenha um guarda-roupa feminino lúdico e sensual, que atende às expectativas das mulheres que estão cada vez mais ativas. Sonia Rykiel brinca com as diferentes faces da feminilidade ao longo de sua carreira, explorando tanto o lado intelectual das mulheres quanto seu viés erótico.

YVES SAINT LAURENT
(1936-2008)

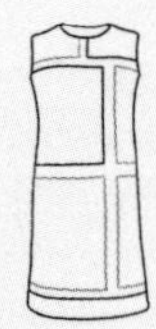

VESTIDO MONDRIAN
P. 271

Quando Christian Dior morre repentinamente em 1957, é seu assistente quem assume a direção criativa da marca. O jovem rapaz, muito tímido, ganha destaque na Dior antes de estabelecer sua própria marca em 1962, associado a seu companheiro, Pierre Bergé. Ele se dirige a mulheres emancipadas, vestindo-as com smokings, jaquetas sahariennes e vestidos gráficos. Grande colecionador, ele se reapropria de estampas artísticas e das culturas mundiais em criações às vezes insolentes, muitas vezes deslumbrantes. Atravessa as décadas fiel às demandas das mulheres.

ELSA SCHIAPARELLI
(1890-1973)

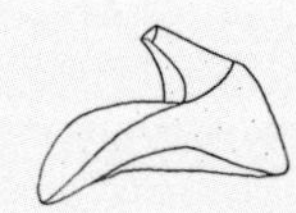

CHAPÉU TROMPE-L'ŒIL
P. 236

É quase por acidente que a aristocrata italiana se envolve com a moda em 1927. Ela primeiramente cria suéteres *trompe-l'œil*, isto é, que geram uma ilusão de ótica, os quais agradam as editoras da revista *Vogue* americana. Com a carreira lançada, ela se estabelece na Place Vendôme e se torna uma das costureiras mais proeminentes da década de 1930. O que a distingue é o seu gosto pelas colaborações artísticas e as inspirações surrealistas, que alimentam criações explosivas, ao mesmo tempo lúdicas e pertencentes à alta-costura. Vanguardista e influente, Elsa Schiaparelli encerra os trabalhos da sua marca em 1954.

JEREMY SCOTT
(1975-)

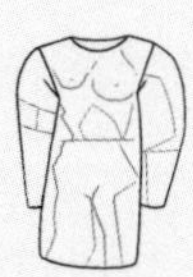

CULTURA POP
P. 207

Sem um tostão e fugindo de sua terra natal, Missouri, Jeremy Scott lança sua marca, baseada em roupas garimpadas, restos de tecido e sacos de lixo, em 1997, em Paris. A boutique Colette o nota e passa a vender suas criações, que se consolidam no cenário da moda. Em 2013, ele é nomeado diretor artístico da Moschino. Entre o universo exuberante da marca italiana e o estilista extravagante, essa aliança se mostra um sucesso. Constantemente influenciado pela cultura pop, Jeremy Scott se mistura a ela ao colaborar com as maiores estrelas.

MARINE SERRE
(1991-)

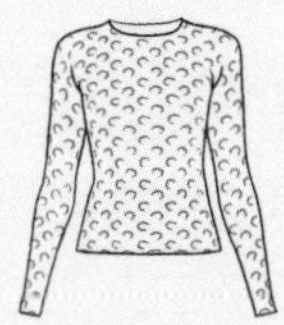

ESTAMPA DE LUA
P. 195

Depois de alguns estágios com estilistas como Martin Margiela ou Alexander McQueen, Marine Serre chama a atenção ao ganhar o prêmio LVMH para jovens estilistas em 2017. Ela desenvolve então a sua própria marca, encarnada em sua estampa de lua crescente que rapidamente se torna o símbolo de seus seguidores. Fiel a seus princípios de responsabilidade ecológica, a estilista privilegia o upcycling e limita suas coleções, demonstrando que é possível ter sucesso na moda e abalar os seus códigos ao mesmo tempo.

HEDI SLIMANE
(1968-)

SILHUETA SLIM
P. 242

Em 1996, Hedi Slimane é nomeado diretor artístico das coleções masculinas da Yves Saint Laurent. Descobre-se então seu gosto pelas formas ajustadas e por uma virilidade andrógina. É na Dior Homme, onde ele começa em 2000, que sua silhueta arquetípica se desdobra, tornando-se tão popular que a marca conhece um crescimento excepcional. Hedi Slimane impõe sua assinatura ao divulgar suas fotografias do universo do rock. Ele retorna à Yves Saint Laurent em 2012, agora também com foco na moda feminina, antes de ingressar na Celine em 2018.

PAUL SMITH
(1946-)

CAMISA FLORIDA
P. 194

Autodidata, Paul Smith descobre a moda no ateliê têxtil que o emprega na adolescência. Em 1970, ele abre sua primeira boutique, um espaço minúsculo onde ele vende ao mesmo tempo as suas próprias criações e as marcas que garimpa. Ele rapidamente faz um nome e desenvolve um estilo com inspiração inglesa reivindicada e assertiva, que tem tanto a ver com a cultura pop quanto com suas memórias de infância. Em 1993, ele lança sua linha feminina e prossegue no desenvolvimento de uma marca que não é apenas uma marca de moda, mas sim todo um estado de espírito.

KENZO TAKADA
(1939-2020)

MODA FELIZ
P. 238

Aos 19 anos de idade, Kenzo Takada se torna o primeiro estudante homem na escola de moda Bunka, em Tóquio. Em 1965, ele se muda para Paris, onde ganha a vida vendendo seus desenhos de moda, antes de abrir sua primeira boutique, a Jungle Jap, em 1970. O estilista japonês é então notado pela imprensa, que sublinha seu multiculturalismo e suas formas alegres, que misturam Oriente e Ocidente, mas também sua abordagem lúdica e informal dos desfiles de moda. Kenzo Takada desenvolve as linhas de sua marca antes de vendê-la para a LVMH em 1993. Ele perde a propriedade da Kenzo, mas não de seu nome completo.

GIANNI VERSACE
(1946-1997)

HOMEM BARROCO
P. 198

Depois de um aprendizado precoce com sua mãe costureira, vários estágios parisienses e trabalhos de estilista, Gianni Versace funda a marca que leva seu nome, em Milão, no ano de 1978. Ele infunde seu gosto pelas artes, especialmente pelo barroco italiano, celebrando a opulência e a sensualidade, tanto em mulheres quanto em homens. Apaixonado por teatro, ele concebe seus desfiles como espetáculos extravagantes e às vezes provocativos. Ele se cerca das maiores top models e se integra plenamente à década de 1990, decadente apesar da atmosfera minimalista. Ele foi assassinado no auge de sua glória na frente de sua casa, em Miami, em 1997.

VIKTOR & ROLF
(AMBOS EM 1969-)

VESTIDO MEME
P. 229

Viktor Horsting e Rolf Snoeren se conhecem na Academy of Art & Design de Arnhem, na Holanda, em 1989. Em 1998, apresentam sua primeira coleção de alta-costura em Paris, com peças híbridas, entre arte conceitual e moda. Tanto que, mais que as boutiques, são os museus que adquirem suas coleções. A Viktor & Rolf desenvolve linhas comerciais, mas continua sendo uma marca de criatividade experimental, exibida em desfiles espetaculares, como instalações artísticas.

VIVIENNE WESTWOOD
(1941-2022)

SAPATO GHILLIE
P. 295

É em 1971 que Vivienne Westwood abre a sua primeira boutique, a Let It Rock, com o sócio Malcolm McLaren, em Londres. Enquanto McLaren se torna agente do grupo punk Sex Pistols, ela cria uma moda que concentra os códigos provocativos do movimento punk. Em 1981, o duo sai da marginalidade e apresenta sua primeira coleção oficial. Desde então presença constante nos desfiles de moda londrinos, a estilista desloca a história, a arte, a cultura e as tradições britânicas, como um desprezo pelas convenções e um apoio ao seu engajamento político e social.

MARCAS E ESTILISTAS

ÍNDICE

A

Abloh (Virgil) *p. 85, 123, 283, 350*
Adidas *p. 35, 92, 93, 94, 144, 145, 316, 317*
Afrohemien *p. 113*
Aghion *p. 247*
agnès b. *p. 15, 85*
Alaïa *p. 232, 350*
Alexander McQueen *p. 61, 122, 131, 156, 170, 178, 196, 275, 297, 318, 319, 355, 358, 361*
Alpha Industries *p. 60, 122, 123*
Ann Demeulemeester *p. 308, 309, 328, 339*
Armani *p. 10, 186, 187, 290, 350*

B

Balenciaga *p. 43, 50, 64, 76, 86, 123, 126, 144, 171, 192, 222, 223, 232, 248, 267, 286, 308, 312, 350, 352, 355*
Balibaris *p. 71*
Balmain *p. 246, 357, 360*
Barbour *p. 77, 164*
Batsheva *p. 79*
Bikkembergs (Dirk) *p. 308*
Birkenstock *p. 50*
Bohan *p. 206*
Brioni *p. 155*
Buffalo *p. 131*
Burberry *p. 171, 173, 196*

C

Calvin Klein *p. 14, 38, 55, 102, 103, 104, 137, 140, 198, 217, 356*
Camplin *p. 128*
Capezio (Salvatore) *p. 14*
Carioca *p. 74*
Castañer *p. 130*
Castelbajac (Jean-Charles de) *p. 226, 272, 351*
Celine *p. 248, 272, 312, 361*
Chalayan *p. 227, 351*
Champion *p. 55, 147*
Chanel *p. 15, 16, 42, 106, 107, 130, 156, 160, 192, 193, 202, 203, 207, 212, 226, 247, 267, 321, 330, 351, 357*
Charles Jourdan *p. 96, 357*
Chevignon *p. 76*
Chiuri (Maria Grazia) *p. 286, 320*
Chloé *p. 247, 260, 272, 294, 327, 357*
Christian Lacroix *p. 64, 252, 253, 356*
Clarks *p. 175*
Comme des Garçons *p. 61, 256, 272, 309, 323, 329, 356*
Converse *p. 92, 93, 94, 336, 337*
Coperni *p. 282, 352*
Courrèges *p. 76, 160, 266, 267, 282, 352*
Crocs *p. 50, 312*

D

Dapper Dan *p. 316, 317*
Diane von Fürstenberg *p. 278, 353*
Dickies *p. 49*
Dior *p. 11, 50, 76, 92, 96, 97, 106, 192, 203, 206, 213, 222, 242, 260, 286, 317, 320, 328, 342, 347, 350, 351, 352, 353, 360, 361*
Dirk Van Saene *p. 308*
Dockers *p. 54*
Dolce & Gabbana *p. 216, 352*
Doursoux *p. 54*
Dr. Martens *p. 18, 20*
Drake's *p. 42*
Dries Van Noten *p. 253, 308, 323*

E

Eres *p. 72*

F

Ferragamo *p. 14, 97, 130, 131, 295*
Ford (Tom) *p. 67, 68, 122, 243, 353*
Fortuny *p. 228, 353*
Fred Perry *p. 24, 25*
Fruit of the Loom *p. 11*

G

G. H. Bass *p. 174*
Gap *p. 54, 313, 334*
Gérard Darel *p. 248*
Givenchy *p. 107, 108, 222, 358*
Gloverall *p. 126*
Grès (Alix) *p. 218, 229, 354*
Gucci *p. 174, 186, 243, 248, 272, 294, 307, 311, 317, 345, 353*
Gunne Saxe *p. 80*
Guy Laroche *p. 274, 286, 354, 357, 358*

H

Halston *p. 21, 46, 219, 355*
Hanae Mori *p. 32, 193*
Hanes *p. 11*
Havaianas *p. 37*
Hedi Slimane *p. 187, 242, 305, 307, 361*
Helmut Lang *p. 102, 123, 242, 308, 309*
Henriette H *p. 99*
Hermès *p. 43, 248, 249, 358*
Herschel *p. 52*
Huishan Zhang *p. 84*

I

Indigo Union *p. 86*
Indira de Paris *p. 162*
Iris Van Herpen *p. 297, 355*
Issey Miyake *p. 21, 152, 219, 228, 262, 272*

J

Jacquemus *p. 252, 355*
Jean-Paul Gaultier *p. 123, 261, 263, 329, 354, 358*
Jérôme Dreyfus *p. 248*
Jil Sander *p. 50, 166, 342*
John Galliano *p. 206, 275, 332, 333, 353*
Johnstons of Elgin *p. 165*
Juicy Couture *p. 145*

K

Karl Lagerfeld *p. 37, 77, 115, 202, 203, 207, 242, 247, 357*
Kawakubo (Rei) *p. 86, 232, 256, 308, 356*
Kelly (Patrick) *p. 237, 356*
Kenzo *p. 32, 77, 194, 238, 260, 330, 362*

L

La Botte Gardiane *p. 43*
Lacoste *p. 24, 25, 27*
Lafont *p. 47, 85*
Lanvin *p. 272, 286, 287, 357*
Laulhère *p. 119, 121*
Laura Ashley *p. 79, 80*
Le Coq Sportif *p. 144, 145*
Le Minor *p. 16*
Lee *p. 136, 140, 143*
Lelong (Lucien) *p. 15, 193, 352*
Levi Strauss (Levi's) *p. 47, 54, 64, 136, 137, 138, 140*
Longchamp *p. 248*
Louboutin *p. 97, 209, 357*
Louis Vuitton *p. 123, 196, 248, 272, 279, 283, 317, 350*

M

Maison Beaurepaire *p. 134*
Manolo Blahnik *p. 28, 96, 97*
Marc Jacobs *p. 29, 272, 279, 317, 338*
Marine Serre *p. 195, 196, 361*
Margiela *p. 32, 223, 257, 286, 308, 309, 353, 355, 358, 361*
Marina Yee *p. 308*
Marithé + François Girbaud *p. 85, 137*
Max Mara *p. 152*
McCardell (Claire) *p. 14, 127, 137*
Meyer (Sébastien) *p. 282, 352*
Mirto *p. 118*
Miu Miu *p. 158, 160, 359*
Moncler *p. 76, 283*
Moschino *p. 28, 72, 179, 207, 272, 317, 360*
Mugler *p. 233, 358*

N

Neighborhood *p. 65*
New Balance *p. 92, 93, 94*
New Breed *p. 114*
New Era *p. 87, 89*
Next *p. 135*
Nike *p. 92, 93, 94, 283, 316*
Nodaleto *p. 133*

O

Olivier Rousteing *p. 246, 360*
Omear *p. 101*

P

Paco Rabanne *p. 270, 343, 359*
Patagonia *p. 76*
Patou *p. 15, 253, 321, 356, 357*
Paul Smith *p. 194, 196, 315, 361*
Petit Bateau *p. 99, 103*
Piccioli (Pierpaolo) *p. 286*
Pierre Cardin *p. 213, 248, 266, 330, 351, 354*
Poiret (Paul) *p. 46, 193, 228, 272*
Prada *p. 51, 208, 342, 343, 345, 359*
Pucci *p. 76, 196, 199, 359*
Puma *p. 92, 93, 316*
Pyer Moss *p. 192*

Q

Quant (Mary) *p. 160, 305*

R

Raf Simons *p. 123, 242, 272, 342*
Ralph Lauren *p. 14, 24, 25, 54, 55, 168, 170, 334, 335*
Reebok *p. 92, 94*
Repetto *p. 14*
Rick Owens *p. 50, 261, 296, 309, 318, 359*
Roger Vivier *p. 96, 97, 131, 271*
Ron Dorff *p. 104*
Row Mango *p. 58*
Rudi Gernreich *p. 291, 354*

S

Saint James *p. 16*
Schiaparelli (Elsa) *p. 131, 156, 206, 236, 237, 272, 286, 351, 360*
Schott *p. 115*
Scott (Jeremy) *p. 207, 272, 307, 331, 361*
Sebago *p. 174*
Sebti (Zhor) *p. 46*
Sonia Rykiel *p. 196, 260, 360*
Supreme *p. 77, 317*

T

Tazi (Tami) *p. 46*
Ted Baker *p. 188*
The Nines *p. 185*
Timberland *p. 28*
Tod's *p. 174*
Tricot *p. 23*

V

Vaillant (Arnaud) *p. 282, 352*
Valentino *p. 50, 286, 354*
Van Beirendonck (Walter) *p. 308, 355*
Vanessa Bruno *p. 248*
Vans *p. 93, 94, 334*
Velva Sheen *p. 13*
Versace *p. 115, 196, 198, 208, 242, 272, 287, 362*
Viktor & Rolf *p. 76, 229, 362*
Vionnet (Madeleine) *p. 218, 232*
Vivienne Westwood *p. 42, 178, 263, 272, 294, 295, 309, 326, 328, 329, 332, 333, 347, 362*

W

Wrangler *p. 62, 136, 140, 143, 145, 170*

Y

Yasmine Eslami *p. 98*
Yohji Yamamoto *p. 65, 86, 93, 145, 187, 232, 308, 309, 318*
Yves Saint Laurent *p. 46, 107, 127, 130, 136, 137, 156, 166, 170, 187, 193, 208, 212, 239, 242, 260, 271, 272, 296, 330, 339, 347, 360, 361*

&

&Daughter *p. 156*

ROUPAS E ACESSÓRIOS

ÍNDICE

A

Alpargata *p. 130*
Athleisure – Prada *p. 208*

B

Bandana *p. 38*
Barbour *p. 164*
Biquíni *p. 73*
Birkenstock *p. 50*
Boina *p. 119*
Bolsa 2.55 – Chanel *p. 202*
Bolsa Kelly – Hermès *p. 248*
Boné *p. 87*
Bordados e pedrarias – Balmain *p. 246*
Bota *p. 43*
Botões e corações – Patrick Kelly *p. 237*
Boubou *p. 134*
Bucket *p. 36*
Bumster – Alexander McQueen *p. 275*

C

Caban *p. 127*
Caftan *p. 46*
Calça cáqui *p. 54*
Calcinha *p. 99*
Camisa branca *p. 166*
Camisa florida – Paul Smith *p. 194*
Camisa jeans *p. 170*
Camisa xadrez *p. 29*
Camiseta branca *p. 10*
Cardigã *p. 15*
Casaco de pelúcia – Jean-Charles de Castelbajac *p. 226*
Casaco de tweed *p. 42*
Chapéu de palha *p. 81*
Chapéu trompe-l'œil – Elsa Schiaparelli *p. 236*
Chinelo de dedo *p. 37*
Clair de fesses – Guy Laroche *p. 274*
"Clochards" – Dior *p. 206*
Corpete – Issey Miyake *p. 262*
Crinolina – Balenciaga *p. 223*
Cueca *p. 103*
Cultura pop – Moschino *p. 207*

D

Dashiki *p. 114*
Desert boot *p. 61*
Djelaba *p. 110*
Dr. Martens *p. 20*
Dress Meets Body – Rei Kawakubo *p. 256*
Duffle coat *p. 126*

E

Estampa de lua – Marine Serre *p. 195*
Estampa psicodélica – Pucci *p. 199*

F

Fedora *p. 153*

G

Geta *p. 32*
Gola alta *p. 21*
Gorro *p. 165*
Gravata *p. 182*
Gravata-borboleta *p. 68*
Guayabera *p. 118*

H

Homem barroco – Versace *p. 198*
Huipil *p. 181*

J

Jardineira *p. 47*
Jaqueta aviador *p. 122*
Jaqueta bomber *p. 123*
Jaqueta de vinil – Courrèges *p. 267*
Jaqueta jeans *p. 64*
Jaqueta militar *p. 60*
Jaqueta perfecto *p. 115*
Jaqueta puffer *p. 76*
Jaqueta Stockman – Margiela *p. 257*
Jaqueta tang *p. 65*
Jaqueta utilitária *p. 85*
Jeans *p. 136*
Jogging *p. 144*

K

Kilt *p. 178*
Kufi *p. 105*

L

Lenço – Hermès *p. 249*
Listras – Sonia Rykiel *p. 260*
Luxo urbano – Louis Vuitton *p. 283*

M

Maiô *p. 72*
Marinière *p. 16*
Mini-crini – Vivienne Westwood *p. 294*
Minissaia *p. 160*
Mocassim *p. 174*
Mochila *p. 51*
Moda disco – Halston *p. 219*
Moda feliz – Kenzo Takada *p. 238*
Moda italiana – Dolce & Gabbana *p. 216*
Moletom *p. 55*
Monoquíni – Rudi Gernreich *p. 291*

N

Nascimento de Vênus – Thierry Mugler *p. 233*
Neoclassicismo – Alix Grès *p. 218*

P

Plataforma *p. 131*
Pochete *p. 77*
Polo *p. 24*
Pornô chique – Gucci *p. 243*

Q

Qamis *p. 135*
Qipao *p. 84*
Quimono *p. 148*

R

Regata *p. 102*
Robe de style – Jeanne Lanvin *p. 287*

S

Saharienne – Yves Saint Laurent *p. 230*
Saia balonê – Christian Lacroix *p. 256*
Saia masculina – Jean-Paul Gaultier *p. 261*
Saia-mesa – Hussein Chalayan *p. 227*
Samuê *p. 86*
Santon – Jacquemus *p. 252*
Sapatilha *p. 14*
Sapato Ghillie – Vivienne Westwood *p. 295*
Sári *p. 56*
Sarongue *p. 33*
Scarpin *p. 96*
Scarpin Pigalle – Louboutin *p. 209*
Seios cônicos – Jean-Paul Gaultier *p. 263*
Sexo sem pudor – Rick Owens *p. 296*
Shorts *p. 69*
Silhueta slim – Hedi Slimane *p. 242*
Slip dress – Calvin Klein *p. 217*
Smoking feminino – Yves Saint Laurent *p. 212*
Sobretudo *p. 152*
Space Age – Pierre Cardin *p. 266*
Speedy – Louis Vuitton *p. 279*
Suéter *p. 156*
Sutiã *p. 98*

T

Tailleur Bar – Dior *p. 213*
Tailleur Chanel – Chanel *p. 203*
Tecido antibacteriano – Coperni *p. 282*
Tecnologia aerodinâmica – Iris van Herpen *p. 297*
Tênis *p. 92*
Terno Armani – Giorgio Armani *p. 290*
Terno moderno *p. 186*
Trench coat *p. 171*
Turbante *p. 161*

V

Vermelho de alta-costura – Valentino *p. 286*
Vestidinho preto *p. 106*
Vestido Angkor – Chloé *p. 247*
Vestido bandagem – Azzedine Alaïa *p. 232*
Vestido de camponesa *p. 80*
Vestido de metal – Paco Rabanne *p. 270*
Vestido Delphos – Mariano Fortuny *p. 228*
Vestido esculpido – Balenciaga *p. 222*
Vestido meme – Viktor & Rolf *p. 229*
Vestido Mondrian – Yves Saint Laurent *p. 271*
Vestido trespassado – Diane von Fürstenberg *p. 278*

Y

Yellow boot *p. 28*

CRÉDITOS FOTOGRÁFICOS

© GettyImages:
ABC Photo archives: 133, 141
AfrikImages Agency: 314
Alain Dejean: 211, 268
Alex Dellow: 346
Anwar Hussein: 47
Archive photo: 137
Barbara Alper: 124
Bettmann: 179, 322
Bob Thomas: 176
Catwalking: 214
Columbia TriStar: 186
Daniel Simon: 234
David Montgomery: 169
Dirck Halstead: 220
Edward Berthelot: 197
Erica Echenberg: 318
Ernst Haas: 200
Estrop: 224
Fairchild: 170, 231, 308
Foc Kan: 324
FPG: 26
Gareth Cattermole-MTV: 111
Gene Lester: 53
Genevieve Naylor: 163
Gutchie Kojima-Shinko Music: 338
H. Armstrong Roberts-ClassicStock: 95
Harry Langdon: 154
Historical picture archive: 51
Howard Sochurek: 250
Image press: 254
IWM: 129
Jack Manning: 340
Jack Robinson: 182
Jean-Louis Atlan: 44
Jean-Louis Urli: 69
John Downing: 344
John Kobal Fondation: 139
John Metson Scott: 293
Kammerman/Gamma-Rapho: 215
Kirn Vintage Stock: 320
Larry Ellis: 159
Lee Lockwood: 119
Lynn Goldsmith: 131
Manchester Daily Express: 19
Mandadori portfolio: 146
Masha Raymers: 336
Matthew Sperzel: 330
Michael Ochs Archives: 12, 144, 172, 306, 310
Mirrorpix: 100, 241, 304, 316, 332
New York Daily Archive: 326
Paramount pictures: 48
Patrick Mc Mullan: 312
Penske Media: 255, 289
Peter Turnley: 116
Photo File: 88
Popperfoto: 82
Reporters associés: 269
Ron Gallela: 38
Rose Hartman: 259
Santi Visalli: 277
Science & Society Picture Library: 36
Slim Aarons: 75
Stephane Cardinale – Corbis: 184
Sunset boulevard: 73, 160
Sydney O'meara: 201
Ullstein bild: 334, 342
Victor Boyko: 230
Victor Virgile: 223, 225
Virginia Turbett: 328
Weegee (Arthur Fellig)-International Center of Photography: 66
WWD: 22, 34, 204, 229, 240, 244, 276

© Gamma Rapho:
Anthea Simms-Camerapress: 273
API: 10
Giancarlo Botti: 64, 120
Graham Wiltshire-Camerapress: 20
Jean-Philippe Charbonnier: 81
Keystone France: 24
Lebon: 171
Victor Virgile: 205, 296, 297, 298

© [2023] Museum Associates/LACMA. Licenciada por Dist. RMN-Grand Palais/image LACMA: 218
© &Daughter: 156
© Alamy: 245 (dpa picture alliance archive), 251 (Pictorial Press), 80 (United Archives GmbH), 136 (Granger-Historical Pictures archive)
© Alpha Industrie: 60, 122
© Artcurial: 206
© Balibaris: 71
© Batsheva: 79
© Birdman (Alejandro González Iñárritu), 2014: 103
© Birkenstock: 50
© Bougainvillea London: 78
© Bridgeman Images: 127, 153, 210
© Brioni: 155
© Bruce Weber: 104
© Burberry: 173
© Calvin Klein: 217
© Charles Michalet: 92
© Chloé Archives: 24
© Coleção particular: 77, 84, 115, 123, 158, 199, 219, 238, 239, 243, 252, 253, 256, 257, 261, 266, 270, 275, 294
© Coperni: 282
© Courrèges: 267
© Cristóbal Balenciaga Museoa: 222
© Diane von Fürstenberg: 278
© Dolce & Gabbana: 216
© Drake's: 42
© Emil Larsson: 263
© Eve Arnold/Magnum Photos: 63
© Evening standard archives: 56
© Frida Kahlo/Nickolas Muray Photo Archives: 181
© G.H. Bass: 174
© Giorgio Armani: 290
© Hermès: 249
© Hiro, 1967/courtesy of Victoria and Albert Museum, London: 221
© Hugh Holland: 90
© Indigo Union: 86
© Jil Sander: 166
© La Botte Gardiane: 43
© Le Grand Blond avec une chaussure noire (Yves Robert, 1972): 274
© Library of Congress: 41
© Life Photo Collection: 68
© Louboutin: 209
© Louis Vuitton: 279, 285
© Maas Museum: 150, 198, 228, 242
© Marine Serre: 195
© Max Mara: 152
© Mirto: 118
© Mudam: 227
© Musée départemental Albert Kahn: 32, 148
© Musée du quai Branly – Jacques Chirac, Dist. RMN-Grand Palais/Claude Germain: 180
© Museo del Traje, Madrid: 213
© National Archives at College Park/colorização Sebastien de Oliveira: 102
© National Gallery of Victoria, Melbourne: 262
© Neighborhood: 65
© Next: 135
© Norman Parkinson: 112
© Paris Match/Walter Carone: 106
© Paris Musées, Palais Galliera, Dist. RMN-Grand Palais/image ville de Paris: 70, 233
© Paul Smith: 194
© Peter Knapp: 265
© Peter Lindbergh (cortesia de Peter Lindbergh Foundation, Paris): 264
© Prada: 208
© Roger-Viollet: 109 (Georges Kelaïdités), 87 (Jack Nisberg), 151 (Janine Niepce), 258 (Jean-Régis Roustan), 288 (Laure Albin Guillot), 292 (TopFoto), 235 (Ullstein Bild)
© Ron Dorff: 105
© Row Mango: 59
© Sotheby's: 283
© Stephen Shore: 189
© Ted Baker: 188
© Kyoto Costume Institute: 291
© The Metropolitan Museum of Art, Dist. RMNGrand Palais/imagem do MMA: 226, 287, 207, 232, 236, 237, 246, 271
© Tom Ford: 67
© Tricot: 23
© Umrao Singh Sher-Gil: 161
© Unsplash: 31 (Romeo-a), 21 (Unseen Histories/Library of Congress)
© Valentino: 286
© Vivienne Westwood: 178, 295
© Vogue: 284

A editora empregou todos os esforços para obter os direitos sobre as fotografias reproduzidas neste livro. Se, no entanto, esta obra infringir quaisquer direitos de terceiros, por gentileza, entrar em contato com Éditions du Chêne.

SOBRE HAYLEY EDWARDS-DUJARDIN

Formada pela École du Louvre e pelo London College of Fashion, Hayley Edwards-Dujardin é uma historiadora independente de arte e moda. Ela ensina história e sociologia da moda e as conexões entre cultura visual e teoria da moda. Suas publicações e pesquisas abrangem a relação entre a arte e a moda, história das artes, fotografia, a questão do corpo e da identidade, moda contemporânea, assim como a descentralização da teoria da moda. É autora de diversas obras publicadas pelas Éditions du Chêne na coleção Ça c'est de l'art.

AGRADECIMENTOS DA AUTORA

Agradeço às pessoas próximas por seu apoio e seu entusiasmo durante os longos meses de pesquisa e de escrita necessários para a produção deste livro. Eu agradeço também àquelas e àqueles que não duvidam da influência que tiveram sobre meu trabalho: minha família, amigos, estudantes, pessoas que não conheço e trombo na rua... Obrigada por sempre provocar minha curiosidade!

Gostaria também de agradecer calorosamente a todas as pessoas que contribuíram para a criação deste trabalho: meus editores, obviamente; Emmanuel Le Vallois e Hélène Sevin, que me acompanharam com entusiasmo e motivação infalíveis; Sabine Houplain e seu olhar atento; Bureau Berger, responsável pela direção artística; Timothy Durand e The Shelf Studio por suas ilustrações; Arpiné Movsisyan, auxiliada por Ambrine Haddadi e Joséphat Mboma, pelo styling; além de Violaine Carrère, que produziu as imagens que compõem o livro.

Eu agradeço igualmente às marcas que confiaram em nós.

Por fim, obrigada a todas aquelas e a todos aqueles que fizeram e fazem a moda. Aquelas e aqueles que criam o sonho, a polêmica, o cotidiano, o político. A moda nunca vai parar de me fascinar e eu nunca vou parar de questioná-la.

ADMINISTRAÇÃO REGIONAL DO SENAC NO ESTADO DE SÃO PAULO
Presidente do Conselho Regional
Abram Szajman

Diretor do Departamento Regional
Luiz Francisco de A. Salgado

Superintendente Universitário e de Desenvolvimento
Luiz Carlos Dourado

Editora Senac São Paulo
Conselho Editorial
Luiz Francisco de A. Salgado
Luiz Carlos Dourado
Darcio Sayad Maia
Lucila Mara Sbrana Sciotti
Luís Américo Tousi Botelho

Gerente/Publisher
Luís Américo Tousi Botelho

Coordenação Editorial
Verônica Pirani de Oliveira

Prospecção
Andreza Fernandes dos Passos de Paula
Dolores Crisci Manzano
Paloma Marques Santos

Administrativo
Marina P. Alves

Comercial
Aldair Novais Pereira

Comunicação e Eventos
Tania Mayumi Doyama Natal

Edição de Texto
Ana Luiza Candido

Preparação de Texto
Cristine Sakô

Coordenação de Revisão de Texto
Marcelo Nardeli

Revisão de Texto
Cibele Machado

Coordenação de Arte
Antonio Carlos De Angelis

Editoração Eletrônica
Leonardo Miyahara

Agradecemos a Ana Paula Mendonça Alves e Daniela Nunes Figueira Belschansky pela revisão técnica das páginas 157 e 167

Impresso na China

Av. Engenheiro Eusébio Stevaux, 823 – Prédio Editora
Jurubatuba – CEP 04696-000 – São Paulo – SP
Tel. (11) 2187-4450
editora@sp.senac.br
https://www.editorasenacsp.com.br

Título original
Indémodables: Le répertoire de ce qui fait la mode

Direção
Emmanuel Le Vallois

Edição
Hélène Sevin

Assistente de Edição
Lucas Lescure

Direção Artística
Sabine Houplain

Projeto Gráfico
Bureau Berger e NWB Studio

Diagramação
Nathalie Kapagiannidi, Noémie Deslot, Sophie Della Corte

Ilustração
Timothy Durand, The Shelf Studio pelas silhuetas das páginas 305 a 347

Páginas 13, 14, 15, 16, 18, 27, 28, 29, 30, 33, 35, 37, 40, 45, 46, 49, 52, 54, 55, 58, 61, 62, 72, 74, 76, 83, 85, 89, 94, 96, 98, 99, 101, 108, 110, 113, 114, 121, 126, 128, 130, 132, 134, 138, 147, 162, 164, 165, 168, 177, 185, 202, 203, 212, 248, 260
Fotografias
Violaine Carrère
Styling
Arpiné Movsisyan, assistida por Ambrine Haddadi e Joséphat Mboma

Revisão de Texto
Clémentine Bougrat, Véronique Dussidour

Produção
Marc Chalmin

Fotogravura
Reproscan

Assessoria de Imprensa
presse_chene@hachette-livre.fr

Editado por Les Éditions du Chêne
www.editionsduchene.fr